Maren Bustorf-Hirsch

Selbstversorgung

aus dem eigenen Anbau

Bassermann

Für meine Kinder Julia, Nele, Janina und Fabian
und meine Enkel Linas, Maximilian, Jonathan und Rika

Inhalt

Wir ziehen hinaus aufs Land

Gemeinsam mit vielen anderen träumten auch wir Mitte der 70er Jahre den Traum vom »Leben auf dem Lande«. Wir sind beide oft umgezogen, hatten in verschiedenen Großstädten gelebt und wollten ihrer Anonymität und Hektik entfliehen. Außerdem bemühten wir uns schon lange um eine gesunde, vollwertige Ernährung und stellten dabei immer wieder fest, wie schwierig (damals noch) der Kauf von biologischem Obst, Gemüse und Getreide war. Unser Wunsch wuchs, selber gesunde, rückstandsfreie Lebensmittel zu säen, zu pflanzen und zu ernten. Wir begannen deshalb nach einem kleinen Haus mit einem schönen Grundstück mitten auf dem Lande Ausschau zu halten.

Mit etwas Glück fanden wir etwas, was uns gefiel. Es gab zwar noch einige Schwierigkeiten, aber trotzdem wagten wir – inzwischen mit zwei sehr kleinen Kindern – den Sprung von unserer Hochhauswohnung in ein renovierungsbedürftiges Bauernhaus in einem kleinen Dorf. Unser Grundstück hatte den Vorteil (oder auch Nachteil, je nachdem, von welchem Blickwinkel aus man es betrachtet), dass es kaum angelegt war: Außer vier alten Bäumen und einem etwa 150 m² großen Stück Gartenland gab es nur eine große Wiese. Der Gemüsegarten war zur Hälfte mit Erdbeeren bepflanzt — das erste Jahr bescherte uns daher so viele Erdbeeren, wie wir noch nie in unserem Leben gegessen hatten. Das Gemüse und die Salate, die wir auf dem verbleibenden Rest ausgesät hatten, versorgten uns zwar den Sommer über, für den Winter allerdings blieb kaum etwas übrig. Auf diese Weise spürten wir sehr schnell, dass wir nur durch geschickte Planungen unser Ziel, die Selbstversorgung, erreichen konnten. Parallel zu unserer Hausrenovierung in Eigenarbeit wälzten wir Gartenbücher über biologischen Anbau, tauschten Erfahrungen mit anderen aus und legten unseren Garten an: Eine Hecke aus Holunder, Haselnüssen, Schlehen, Sanddorn, Hagebutten und anderen einheimischen Sträuchern, verschiedene Obstbäume und ein Walnussbaum sowie Beerensträucher wurden gepflanzt, ein Kompostplatz angelegt, ein Frühbeet gebaut.

Im darauffolgenden Jahr gruben wir ein etwa 100 m² großes Stück der Wiese um, um den Gemüsegarten zu erweitern. Mit jeder Arbeit kamen wir unserer Selbstversorgung ein Stückchen näher. Seit dem letzten Jahr bringt uns das selbstgebaute Solargewächshaus noch reichere und vor allem frühere und spätere Ernten. Für uns ist ein Gewächshaus deshalb wichtig, weil wir in 700 m Höhe in einer sehr rauen Gegend wohnen, die ein Nachbar einmal so charakterisierte: »Acht Monate ist es hier Winter und vier Monate ist es zu kalt.« Seit wir auch noch eine 40 Ar große Wiese mit vielen Obstbäumen pachten konnten, können wir uns auch beim Obst ganz selber versorgen.

Wir sind ganz bewusst aufs Land gezogen, weil wir uns nicht nur für uns, sondern besonders für unsere Kinder eine natürliche und unmittelbare Beziehung zur Natur und Umwelt wünschten. Wir meinen, dass unsere Selbstversorgung eine Voraussetzung dafür ist. Beide Kinder haben eine ganz besondere Beziehung zu Lebensmitteln entwickelt. Sie essen genauso gerne wie wir die aus selbstgeernteten Produkten abwechslungsreich und schmackhaft zubereiteten Gerichte. Sie wissen, dass wir Wert auf gesunde Lebensmittel legen, sie wurden schon von klein auf in die Gartenarbeit einbezogen, halfen beim Säen, Pflanzen und natürlich ganz besonders beim Ernten. So freuen sie sich schon lange vor dem Termin auf die ersten Erdbeeren oder betrachten im Herbst voller Sehnsucht die kahlen Beerensträucher. Für sie ist es selbstverständlich, dass man das isst, was im Garten gerade wächst. Auch biologische Kreisläufe, wie zum Beispiel die Kompostbereitung, sind ihnen vertraut. Selbst zu den Lebensmitteln, die nicht im Garten wachsen, haben sie eine Beziehung. Sie kennen die Rosa im Stall der Nachbarn, von denen sie jeden Abend die Milch holen, aus der wir dann Quark, Joghurt und Käse machen. Sie wissen, dass Eier nicht unbegrenzt zur Verfügung stehen oder dass man die Sonne dringend benötigt, um das Heu einbringen oder das Getreide ernten zu können. Vor allen Dingen aber sehen sie, dass wir Spaß daran haben, so viel wie möglich selber zu machen, und das nicht nur im Bereich des Gartens und der Ernährung, sondern auch beim Haus- und Möbelbau, beim Spinnen, Stricken und Nähen. Auf diese Weise spielt für sie, ebenso wie für uns, die Welt des Konsums eine sehr geringe Rolle, und wir alle sind der Natur und ihren Abläufen viel näher gekommen.

Der nächste Schritt in unserer Selbstversorgung wäre zum Beispiel die »eigene Milch«. Wir träumen zurzeit von Hühnern, Milchschafen oder einer Ziege ... Träumen Sie doch auch ein bisschen und versuchen Sie, recht bald ein paar von Ihren Träumen in die Realität umzusetzen. Dieses Buch möchte Ihnen dabei Anregung und Hilfe zugleich sein. Es liefert keine Patentrezepte und ist nicht für Leute geschrieben, die den größten Kohlrabi und den riesigsten Kürbis in Ihrem Garten ernten möchten oder beim Anblick von Blattläusen in Panik geraten.

Selbstverständlich möchten auch wir reiche Ernten erhalten, aber nicht gegen, sondern mit der Natur. Wir möchten Ihnen deshalb besonders im ersten Teil des Buches zeigen, auf welche Weise Sie in Ihrem Garten ein biologisches Gleichgewicht erlangen können, damit auch bei Ihnen gesunde und widerstandsfähige Pflanzen wachsen. Wir hoffen, dass Ihnen unsere Erfahrungen dabei helfen werden, dass Sie sich das ganze Jahr über durch geschickte Aussaaten und natürliche Konservierungsmethoden selber versorgen können. Zu guter Letzt können Sie auch nachschlagen, wenn Sie etwas Bestimmtes über unsere einheimischen Gemüsesorten, Obstarten und Kräuter wissen möchten. Angefangen bei der Anzucht und Pflege, den Sorten, über den Pflanzenschutz und die Wahl der Partnerschaften bis hin zur Samengewinnung, der Zubereitung und Konservierung ist alles enthalten.

Inzwischen sind mehr als zwei Jahrzehnte vergangen. Unsere Kinder haben ihre eigenen Familien gegründet und leben weit weg in großen Städten. Die Wurzeln ihrer Kindheit haben sie dabei nicht vergessen. Wenn sie auch keine Selbstversorger sein können, so achten sie doch darauf, dass sie sich und ihre Familien möglichst mit Lebensmittel aus kontrolliert biologischem Anbau aus der jeweiligen Region der Jahreszeit entsprechend ernähren und ... sie sind auf der Suche nach einem passenden Garten.

Wir leben immer noch auf dem Land – allerdings haben wir inzwischen einen anderen Garten. Er lässt uns keine reinen Selbstversorger mehr sein, liefert uns aber ab dem frühen Frühjahr bis weit in den Herbst hinein frisches gesundes Obst, Salate, Gemüse und vielfältige Kräuter für den täglichen Bedarf. Produkte, die unmittelbar zu unserem Leben gehören und für uns nicht wegzudenken sind.

Überall sieht und hört man, dass bei vielen Menschen die Sehnsucht nach selbst Angebauten und selbst Hergestelltem wächst. Versuchen Sie es doch auch einmal: Selbst angebautes Obst und Gemüse – auch in kleinen Mengen frisch geerntet – schmeckt unvergleichlich gut.

Dieses Buch möchte Ihnen Anregungen geben und ein wenig helfen, diese Sehnsucht zu stillen.

Die Grundlagen der Selbstversorgung

Lohnt sich die Selbstversorgung?

Wenn Sie die beiden Abschnitte über den »Ökologischen Fußabdruck« (Seite 12) und die »Permakultur« (Seite 15) gelesen und sich mit beiden Aspekten ein wenig näher beschäftigt haben, werden Sie die obige Frage uneingeschränkt mit Ja beantworten. Lassen Sie mich aber trotzdem die Frage ein wenig genauer untersuchen.

In unserer Gesellschaft, in der viele Leute bei allem, was sie tun, die Frage stellen, welchen materiellen Nutzen ihre jeweilige Tätigkeit bringt, werden auch Sie sich vielleicht überlegen, ob sich eine Selbstversorgung überhaupt lohnt. Wenn Sie den Arbeitsaufwand in einem Selbstversorgergarten allein unter dem materiellen Aspekt betrachten, werden Sie zu dem Schluss kommen, dass er unter diesem Gesichtspunkt unrentabel ist. Es ist außerdem viel bequemer, sich in seiner Freizeit in den Liegestuhl auf den gepflegten, unkrautfreien Rasen zu legen, sich in der Sonne bräunen zu lassen und die nötigen Lebensmittel schnell und billig im Supermarkt einzukaufen. Anstrengender ist es dagegen, in seiner Freizeit einen Gemüsegarten zu bearbeiten, Obstbäume zu pflegen, überschüssiges Obst und Gemüse zu konservieren und zusätzlich noch mehr Zeit in die Zubereitung der einzelnen Mahlzeiten zu investieren. Schließlich müssen ja alle Zutaten erst geerntet, geputzt und dann sorgfältig zubereitet werden. Darüber hinaus muss auch noch ein ständiger Verzicht geübt werden, denn in einem Garten ist nicht zu jeder Zeit alles vorhanden!

Diese Betrachtungsweise ist auch ein Zeichen unserer Zeit. Heute werden immer mehr Grundstücke um die Häuser herum allein als Ziergärten verwendet. Das war keineswegs immer so. Früher waren Gärten der wertvollste Besitz der Menschen und sicherten ihnen das Überleben. Nur Adlige und Reiche konnten es sich leisten, Parks und Lustgärten anzulegen. Alle anderen waren froh, dass sie durch ihre eigene Arbeit und durch das kleine Stückchen Land, das ihnen zur Verfügung stand, ihre Ernährung verbessern oder gar sichern konnten. Dies alles änderte sich erst in den letzten 30 Jahren. Warum sollte man Bohnen im Garten säen, wenn sie doch so billig im Supermarkt zu haben waren? Warum sollte man Erdbeeren pflanzen und bis zu ihrer Reife im Juni warten, wenn man sie bereits im Winter, aus südlichen Ländern importiert, kaufen konnte? Warum sollte man auf allerlei exotische Gemüse und Früchte verzichten?

Die Beispiele ließen sich wohl beliebig fortsetzen. Hinzu kam noch, dass man auch bei der Gartenarbeit bequemer wurde: Warum sollte man Unkraut hacken – es gab doch Unkraut-ex? Warum sollte man Schnecken sammeln, wenn es doch den »Schnecken-Tod« gab und zahlreiche andere Spritzmittel, die man schon mal vorbeugend anwendete, um die »Ruhe« in dem ach so steril gewordenen Garten zu bewahren. Die Chemie hat die Arbeit und das Leben zwar vereinfacht, aber hat sie es auch verbessert? Wo ist die Vielfalt des bäuerlichen Gartens mit seinen Kräutern, Gemüse, Stein- und Kernobst, Beeren, Nüssen und Blumen geblieben? Wer weiß noch um die Zusammenhänge von Pflanzengemeinschaften? Wer weiß noch um die Wirkung von Kräutern oder wendet alte Hausmittel an? Wer kennt noch das Gefühl, wenn nach einem langen Winter endlich die Kräuter im Garten zu sprießen beginnen, der gut gehegte Wintersalat erntereif wird, und die ersten knackigen Radieschen in Scheiben geschnitten auf einem Butterbrot liegen? Wer weiß noch, wie Erdbeeren schmecken, wenn man sie schon einige Tage lang immer wieder begutachtet hat, sie aber doch so lange hängen lässt, bis sie wirklich dunkelrot und voll ausgereift sind?

Oder denken Sie nur an den langen Weg, den eine Tomate braucht, bis sie reif auf Ihrem Küchentisch liegt: Über das Säen im März, das Pikieren, das Auspflanzen und die Pflegen der Stauden bis hin zur Ernte. Und bevor Sie diese erste Tomate essen, auf die Sie sich schon so lange gefreut haben, lassen Sie erst noch die früheste und schönste hängen, um sie für die Samengewinnung im nächsten Jahr zu erhalten.

Es stimmt, Sie müssen wirklich oft verzichten – aber Sie gewinnen auch sehr viel dafür: Obst, Gemüse und Kräuter mit einem unvergleichlichen Geschmack und einer Frische, die Ihnen selbst das beste Geschäft nicht bieten kann. Sie selbst wissen, wie gesund diese Früchte sind, denn Sie allein haben alles ohne Chemie gezogen. Selbstverständlich macht auch die Luftverschmutzung vor Ihrem Bio-Garten nicht halt. Sie können aber sicher sein, dass Ihr Obst, Ihr Gemüse und Ihre Kräuter nicht zusätzlich noch Rückstände von Pestiziden, Insektiziden, Herbiziden und chemischen Düngern aufweisen.

Hand in Hand mit dieser Einstellung zu Ihrer Nahrung und deren Erzeugung werden Sie ein neues Umweltbewusstsein entwickeln. Sie schaffen für Tiere und Pflanzen wieder natürliche Lebensbedingungen und versuchen, damit in Ihrem Garten das biologische Gleichgewicht wiederherzustellen.

Sie entlasten die Umwelt, weil Sie auch in Ihrem persönlichen Bereich mit Energie sparsam umgehen, denn: Sie verzichten im Winter auf Lebensmittel, die in Gewächshäusern mit hohem Energieaufwand außerhalb ihrer eigentlichen Wachstumszeit reifen.
Sie konsumieren keine Lebensmittel, die mit hohen Transport- und Lagerkosten von Übersee oder südlichen Ländern in Ihre Gegend transportiert werden müssen.
Sie vermeiden den großen Berg an Verpackungsmaterial, weil Sie ja direkt ernten, verbrauchen und konservieren.
Sie entlasten den Müll, weil Sie alle organischen Abfälle kompostieren.
Sie wählen schonende, möglichst energiesparende Konservierungsmethoden für Ihre Ernteüberschüsse.
Sie persönlich entdecken wieder die Jahreszeiten, lernen sie schätzen, weil jede von ihnen ihren ganz besonderen Reiz hat, und lernen, wieder mehr mit ihnen in Einklang zu leben. Die Vielfalt in Ihrem Garten an Pflanzen und Tieren, die Schönheit der »Unkräuter« auf der Blumenwiese lassen Sie zu einem eifrigen Naturbeobachter werden. Ihre Freizeit ist damit sinnvoll ausgefüllt mit Arbeit, Beobachtung und Entspannung.
Und Sie selbst? Sie sind ein ganzes Stück unabhängiger vom Konsum unserer Zeit und damit auch viel »reicher« geworden.

Dass immer mehr Menschen dieses Lebensgefühl erfahren möchten, zeigen neue Berichte über Gärtnern in der Stadt in Gemeinschaftsgärten oder Gärtnern auf kleinstem Raum auf dem Balkon oder auf der Fensterbank.

➤ Ökologischer Fußabdruck

In den letzten Jahren hat bei vielen Menschen ein Umdenken stattgefunden. Es ist bekannt, dass die Ressourcen unserer Erde nicht reichen, wenn alle Menschen im gleichen Wohlstand leben würden wie die Menschen in den westlichen Industrieländern. Aus diesen Überlegungen heraus hat Mathis Wackernagel, der als Vordenker im Beeich der Nachhaltigkeit gilt, 1994 den Begriff des „Ökologischen Fußabdrucks" geprägt.

Man versteht darunter die Fläche auf der Erde, die nötig ist, um den Lebensstil und den Lebensstandard eines Menschen (oder eines Landes) dauerhaft zu ermöglichen. Dazu gehören sowohl die Fläche für die Produktion von Nahrungsmittel, die ein Mensch verbraucht, als auch die Flächen, die zur Herstellung seiner Kleidung, und seiner Wohnumwelt benötigt werden. Ebenso werden auch die Flächen berechnet, die zur Bereitstellung der Energie, die jeder für die unterschiedlichsten Aktivitäten verbraucht sowie die Flächen, die zum Abbau des von ihm erzeugten Mülls benötigt werden.
Von Land zu Land und Mensch zu Mensch unterscheidet sich der Bedarf an Raum und natürlichen Ressourcen, welche die Menschen im Alltag für ihre Nahrung, ihre Wohnung, ihr Mobilität und den Abbau ihres Mülls verbrauchen.

Ohne Schwierigkeit können Sie Ihren persönlichen ökologischen Fußabdruck unter www.footprint-deutschland.de berechnen, wenn Sie die dort gestellten Fragen zu beantworten. Der Rechner ermittlet sofort, wie viel Land erforderlich ist, um Ihnen Ihren Lebensstil zu ermöglichen und macht auch Vorschläge, wie Sie Ihren persönlichen Fußabdruck reduzieren können.
In diesem Zusammenhang, denke ich, ist es wichtig zu wissen, dass in Deutschland jede Person im Durchschnitt 4,7 Hektar verbraucht. Unsere Erde stellt aber jedem Menschen nur 1,8 Hektar zur Verfügung, d.h. eigentlich brauchen wir fast drei Erden für die Menschheit, wenn alle so lebten wie wir.

Auch wenn die einzelnen Berechnungen nicht ganz unumstritten sind, wissen wir, dass wir viel zu sorglos mit unseren Ressourcen umgehen.
Wenn Sie sich dazu entschließen, einen Teil Ihrer Nahrung in Ihrem eigenen Garten selber zu produzieren, und damit vielleicht sogar mehr pflanzliche als tierische Lebensmittel zu sich nehmen, liegt es auf der Hand, dass Sie dadurch Ihren ökologischen Fußabdruck verringern können, sparen Sie doch z. B. viele Wege zum Supermarkt, erzeugen Sie viel weniger Müll durch das Einsparen von Verpackungsmaterialien und durch die Verwertung ihrer Abfälle auf dem Kompost usw.

Die nötige Anbaufläche

Es wurden bereits viele Berechnungen aufgestellt, um herauszufinden, wie viel Land man benötigt, um sich selber versorgen zu können. Alle diese Zahlen können selbstverständlich immer nur Richtwerte sein, denn der Platzbedarf ist von den verschiedensten Faktoren abhängig: Von den Bodenverhältnissen, dem Klima, den eigenen Bedürfnissen, von der geschickten Planung bei den Aussaaten, der Doppelnutzung durch Vor- und Nachkulturen und von den Möglichkeiten, die man durch eine Intensivnutzung erhält. Oft kann man schon mit einer beträchtlich kleineren Fläche auskommen, als im Folgenden angegeben wird.

➤ Teilweise Selbstversorgung

Selbst wenn Ihnen zum Beispiel nur 25 m² Land pro Person zur Verfügung stehen, können Sie sich durch geschickte Aussaaten und Sortenwahlen je nach Jahreszeit mit Frischgemüse, Salaten und Kräutern gut selbst versorgen. Für eine zusätzliche Konservierung wird es dann allerdings in den meisten Fällen nicht reichen.

➤ Weitgehende Selbstversorgung

Wenn Sie Lagerkartoffeln und Lagerobst zukaufen, benötigen Sie pro Person etwa 70 m²:

37 m² für Gemüse, Salate und Kräuter
30 m² für Beeren und Obst,
3 m² für Wege und Kompostfläche
_____ zusammen also
70 m²

➤ Vollständige Selbstversorgung

Wenn man davon ausgeht, dass Getreide, Milch und Milchprodukte zugekauft werden, der Garten uns aber mit Obst, Beeren, Gemüse, Kartoffeln, Salaten und Kräutern versorgen soll, so benötigt eine Person etwa 170 m² Land, die sich wie folgt zusammensetzen:

20 m² für Kräuter, Salate und Gemüse, die für den Sofortverbrauch bestimmt sind,
40 m² für Gemüse und Kartoffeln, die gelagert beziehungsweise konserviert werden,
100 m² für Beeren und Früchte (Obst), die sowohl für den Sofortverbrauch als auch für die Lagerung und Konservierung bestimmt sind;
10 m² für Wege, Kompostfläche und ähnliches
______ zusammen also
170m²

(Sollten Sie auch eine Selbstversorgung bei Getreide anstreben, müssen Sie mit weiteren 120 m² pro Person rechnen, also zusammen dann etwa 290 m² Fläche zur kompletten Selbstversorgung für eine Person zur Verfügung haben.)

➤ Wie viel Anbaufläche für welchen Ertrag?

Für Sie heißt das zunächst einmal, Ihre persönlichen Gegebenheiten zu überprüfen. Steht Ihnen bereits Land zur Verfügung oder können Sie welches pachten? Welche Bodenbeschaffenheiten und welche klimatischen Bedingungen liegen vor?

Vielleicht ist das Ihnen zur Verfügung stehende Land um einiges kleiner, als die oben angegebenen Zahlen? Bedenken Sie, dass Sie Ihren Ertrag durch Ihr Geschick beträchtlich steigern können. (Versuche des Informationsdienstes für Ernährung, Landwirtschaft und Forsten haben zum Beispiel gezeigt, dass man aus einer etwa 70m² großen Anbaufläche 170 kg Obst, Beeren, Gemüse, Salate und Kräuter ernten kann.) Besonders bei einer kleinen Fläche sollten Sie vor der Aussaat noch einmal genau Ihre Essgewohnheiten und Ihre Vorlieben für bestimmte Speisen überdenken, bevor Sie entscheiden, was Sie anbauen wollen. Beachten Sie aber, dass Rohkost (als Salate, Gemüse und Kräuter) ein wichtiger Bestandteil in Ihrer Ernährung sein sollte und dass gerade hier die Frische eine große Rolle spielt. Überlegen Sie außerdem, dass Sie wenig davon haben, wenn Sie im August und September von einer wahren Gemüseschwemme heimgesucht werden. Meist können Sie dann gar nicht alles essen und verarbeiten, so dass ein großer Teil überreif auf den Kompost wandert.

Diese Tatsache gilt es daher unbedingt durch geschickte Aussaattermine und Sortenwahlen zu umgehen.

Es ist zum Beispiel sinnvoll, viele lagerfähige Sorten anzubauen, denn sie können ohne Schaden auch noch längere Zeit im Garten verbleiben.

Machen Sie sich doch einmal die Mühe, an einem langen Winterabend auszurechnen, was und wie viel Sie im Durchschnitt essen und was Sie davon anbauen können. Sie werden sehen, nach dieser einmaligen Mühe werden Sie diese Werte sehr bald in den Griff bekommen, und oft ersparen Ihnen diese Überlegungen später Enttäuschungen und viel unnötige Arbeit.

Die folgenden Zahlen sollen Ihnen dabei ein wenig helfen. Sie geben die Erträge an, die man durchschnittlich von einer Pflanze oder einer bestimmten Pflanzenmenge erwarten kann. Es versteht sich dabei von selbst, dass zum Beispiel der Gurkenertrag in einem nasskalten Sommer extrem sinken kann oder dass in einem Gewächshaus wesentlich mehr Tomaten wachsen als im Freiland. Überarbeiten Sie deshalb unbedingt die Zahlen nach Ihren eigenen Erfahrungen: Beim Baumobst, Brombeeren und Nüssen können kaum Zahlen angegeben werden. Hier spielen für den Ertrag die Witterungseinflüsse des jeweiligen Sommers, das Alter der Bäume und ihre Pflege eine ganz entscheidende Rolle. Jetzt müssen Ihre eigenen Planungen einsetzen! Möchten Sie zum Beispiel 10 kg Sauerkraut im Winter einlegen und wollen Sie auch noch einige Weißkohlköpfe für Salat und Gemüsegerichte lagern, benötigen Sie etwa 15 gut ausgereifte Köpfe lagerfähigen Weißkohls. Soll es bei Ihnen im Winter (Dezember bis März) zweimal in der Woche jeweils etwa 100 g Feldsalat geben, so benötigen Sie mindestens eine 11 m lange Reihe Feldsalat. Allerdings können Sie den Anbauplan Ihres Gartens nicht allein nach Ihrem persönlichen Geschmack und dem von Ihnen erwünschten Ertrag festlegen. Eine ganz entscheidende Rolle spielt dabei nämlich, neben dem Klima und der Bodenbeschaffenheit, auch die Auswahl der Pflanzengemeinschaften, der Fruchtwechsel und die Pflege des Bodens. Fangen Sie lieber zunächst einmal mit einer kleineren Anbaufläche an, damit Sie mit Freude und ohne Hektik Ihre Gartenarbeit genießen und Ihre Erfahrungen in Ruhe sammeln können.

Ertragsberechnung Gemüse

Art	Anbaumenge	Ertrag in g (Richtwerte)
Buschbohnen	1 Pflanze	250 bis 500
Erbsen	1 m^2	1000
Feldsalat	1 m laufende Reihe	300
Frühkohl	1 Pflanze	1000
Gurken	1 Pflanze	1000
Kohlrabi	1 Knolle	200 bis 250
Lauch	1 Stange	150 bis 200
Möhren	1 m laufende Reihe	1000
Rosenkohl	1 Pflanze	500
Rote Bete	1 m laufende Reihe	1000
Schwarzwurzeln	1 m laufende Reihe	1000
Sellerie	1 Knolle	300
Spätkohl	1 Pflanze	1500 bis 2000
Spinat	1 m laufende Reihe	500
Zwiebeln	1 m laufende Reihe	1000

Ertragsberechnung Obst

Art	Anbaumenge	Ertrag in g (Richtwerte)
Erdbeeren	10 Pflanze	2000
Himbeeren	1 Strauch	200
Johannisbeeren (rote)	1 Strauch	3000 bis 4000
Johannisbeeren (schwarze)	1 Strauch	2000
Stachebeeren	1 Strauch	2000 bis 3000
Rhabarber	1 m^2	7000

Die Gartenplanung

Wenn Sie ein Grundstück kaufen oder pachten wollen, betrachten Sie es genau, denn es sollte zu Ihnen passen: Sie sollen sich später in dem Garten wohl fühlen und möglichst viele Ihrer Ideen auch ausführen können.

› Permakultur

Wenn Sie in Ihrem Garten gesundes Obst und Gemüse ernten wollen, bedeutet dies, dass Ihr gesamter Garten ein Naturgarten sein muss, in dem das biologische Gleichgewicht stimmt. Hierzu gehört dann auch, dass Sie für viele gefährdete einheimische Tiere und Pflanzen einen Lebensraum und eine Nahrungsquelle schaffen.

Das bedeutet nichts anderes, als dass Sie Ihren Garten als ein Gesamtsystem auffassen, in dem das Zusammenleben von Pflanzen, Tieren und Menschen miteinander so kombiniert wird , dass das System theoretisch unbegrenzt funktionieren kann.
Sie folgen damit den Prinzipien der sogenannten Permakultur (siehe Linkliste). Diese nimmt Abschied vom linear-kausalen Denken – (= hier sind Schnecken, die meinen Salat fressen, sie müssen vernichtet werden) – das das Problem nicht löst, sondern immer nur verschiebt. Nach der Idee der Permakultur richtet sich die Aufmerksamkeit nicht auf einzelne Bestandteile des System (beispielsweise die Schnecken), sondern auf die ökologischen Zusammenhänge und Wechselwirkungen. Ziel ist es immer, dass sich das System (= der Garten) selbst regulieren kann bzw. durch minimale Eingriffe im dynamischen Gleichgewicht bleibt. Als Vorbild dienen dabei die Selbstregulierungsprozesse im Wald, im See oder im Meer.

Kein Wunder, dass die Erfahrungen und Erkenntnisse von »altem Wissen« aus allen Kulturen eine Grundlage für die Permakultur sind. Wenn Sie diese nutzen, entwickelt sich Ihr Garten zu einem Ökosystem und erwirtschaftet seine Erträge bei einem minimalen Pflegeaufwand. Er ist dabei nicht nur äußerst vielfältig, er sieht auch zu jeder Jahreszeit wunderschön aus und ist Ihre ökologische Nische.

Nach diesen Grundüberlegungen kann es an die konkrete Gartenplanung gehen.

Entscheidend für die spätere Gestaltung des Gartens ist die Lage des Hauses oder die der umliegenden Häuser

So kann ein gut angelegter Naturgarten aussehen. In Mischkulturen stärken die Pflanzen sich gegenseitig.

und sonstiger hoher Hindernisse. Hier sollte man vor der Planung genau die Schattenlängen betrachten. Am besten ist es, wenn Gebäude (soweit es die Bauordnung erlaubt) möglichst nah an den Grundstücksgrenzen stehen; es bleibt dann mehr Platz zur Gartengestaltung, als wenn um das Haus herum viele kleine Flächen entstehen. Aber selbst ein fertig angelegten Garten kann später noch zu einem naturnahen Garten umgestaltet werden.

➤ Die Einzäunung

Damit man sich in seinem Garten ein wenig zurückziehen und in aller Ruhe die Natur beobachten kann, sollte man ihn – so meine ich – einzäunen. Betonmauern, in welcher Form auch immer, kommen für einen Naturgarten nicht in Frage, da viele nicht fliegende Kleinlebewesen so nicht in den Garten gelangen können. Aufgeschichtete, nicht gemauerte Natursteinmauern sind dagegen gut geeignet. Darin können sich Farne, Moose, Blütenpflanzen und seltene Tierarten einnisten. Ihr Nachteil: Sie nehmen sehr viel Platz weg und eignen sich deshalb nur für größere Gärten; außerdem sind sie nicht überall erlaubt. Bei den Holzzäunen ist sicherlich der einfachste auch zugleich der schönste und zweckmäßigste: Senkrechte, junge, halbierte Fichtenstämmchen (abgerundete Naturholzlatten gehen auch), die an zwei Querverbindungen befestigt sind, sehen schön aus und sind lange haltbar.
Maschendrahtzäune sind zwar nicht schön, können aber leicht verdeckt werden, indem man Pflanzen daran hochranken lässt oder eine Hecke davor pflanzt.

➤ Was kommt wohin?

Vor der Anlage (aber auch der Umgestaltung) des Gartens sollte man sich genau überlegen, welche Bedürfnisse man hat. Wenn Sie kleine Kinder haben, sollte ein Spielplatz mit Sandkiste und Schaukel vorgesehen werden. Ein Platz zum Wäschetrocknen ist ebenfalls sehr praktisch. Vielleicht möchten Sie und Ihre Familie den Garten von einer Terrasse aus genießen? Auch wenn Sie sich gegen eine Terrasse am Haus entscheiden, ein befestigter Platz im Garten ist sicher zweckmäßig und kann überaus vielfältig genutzt werden. Die Wahl eines festen Untergrundes ist dabei eine Frage des persönlichen Geschmacks und des Geldbeutels. Es gibt hier vielfältige, naturnahe, lebendige Gestaltungsmöglichkeiten.Der Spiel- und der Wäscheplatz sollten mit Gras bepflanzt sein. Da beide meist sehr strapaziert werden, muss das Gras dort oft gemäht werden, wenn man sich nicht ständig über umgeknickte Halme und nasse Füße der Kinder ärgern will. Unbedingt nötig ist auch ein Platz für den Komposthaufen. Als nächstes gilt es zu bedenken, welcher Teil des Gartens Nutzgarten werden soll, und ob vielleicht auch noch Platz für einen Obstgarten ist. Ganz wichtig ist, dass ein Teil des Gartens Naturgarten bleibt, vielleicht mit einer Wiese und einem Teich, Hier finden all die Tiere Schutz und Nahrung, die zur Erhaltung des biologischen Gleichgewichts in unserem Garten wichtig sind.
Wer über den nötigen Platz verfügt, kann auch noch einen Geräteschuppen und ein Gewächshaus vorsehen. Wenn irgend möglich, sollte man bei den Planungen den vorhandenen Baumbestand erhalten. Bedenken Sie einmal, wie lange es dauert, bis ein Baum ausgewachsen ist – gefällt ist er in einer halben Stunde.

➤ Der Nutzgarten

Der Nutzgarten sollte sich harmonisch in den gesamten Garten einfügen. Man legt ihn am besten an der sonnigsten Stelle an. Seine Größe richtet sich einmal nach der Grundstücksgröße, zum anderen natürlich auch danach, wie viel Gemüse wir ernten wollen (vergleiche Ertragsberechnung Seite 14). Die alten Bauerngärten nehmen wir als Vorbild für seine Gestaltung: Rosen, Blumenstauden und Küchenkräuter wachsen nicht getrennt voneinander, sondern harmonisch zusammen mit Gemüsen und Salaten. Wir verzichten auf den Einsatz von chemischen Düngern, Pflanzenschutz- und Schädlingsbekämpfungsmitteln und pflanzen stattdessen unser Gemüse in Mischkulturen an, erhöhen die natürliche Fruchtbarkeit durch Kompost und Flächenkompostierung und schaffen damit auch im Nutzgarten einen Lebensraum für zahlreiche Kleinstlebewesen, Insekten und Vögel.

Je vielfältiger der Bewuchs, desto leichter erreichen wir ein natürliches Gleichgewicht. Unsere Beete oder Reihen legen wir am besten in Nord-Süd-Richtung an, um die günstigsten Lichtverhältnisse zu erhalten. Wenn die Größe des Gartens es erlaubt, errichten wir einen vom übrigen Garten abgetrennten Kompostplatz. Ist das nicht möglich, sollte eine geeignete Ecke des Nutzgartens für diesen Zweck hergerichtet werden. Der Kompostplatz sollte windgeschützt und etwas schattig liegen. Als Abgrenzung eignen sich Haselnuss- oder Holundersträucher, bei wenig Platz auch rankende Feuerbohnen, Erbsen oder dicht gepflanzter Topinambur. Auf dem Kompostplatz steht eine große Sammelkiste

Der Obstgarten wurde in einer Wiese angelegt. Hochstämmige Obstbäume müssen immer in genügendem Abstand zum nächsten Baum oder Strauch angepflanzt werden.

für Küchen- und Gartenabfälle, daneben wird ein Komposthaufen aufgeschichtet. Außerdem findet sich hier vielleicht noch Platz für Gefäße, die zur Zubereitung von Pflanzenjauchen benötigt werden.

➤ Der Obstgarten

Auch bei der Anlage des Obstgartens streben wir eine natürliche Vielfalt an. Wir verzichten deshalb auf exotische Bäume und bestimmte hoch gezüchtete Handelssorten. Stattdessen hören wir uns um, ob altbewährte, heimische Sorten wieder kultiviert wurden. Denn was nützt es, wenn Sie sich etwa einen ‚Cox-Orange'-Apfelbaum in Ihren Garten stellen, der schlecht wächst und kümmerliche Ernten erbringt, weil er den Bodengegebenheiten und dem Klima nicht angepasst ist, während eine einheimische Apfelsorte vor Gesundheit strotzen und reiche Ernten erbringen würde. Neben der Sortenwahl muss auch noch entschieden werden, welche Baumart man pflanzt.
Auch hierbei spielen die gegebenen Grundstücksverhältnisse eine Rolle. Hochstämme (Stammhöhe etwa 180 cm) haben einen hohen Platzbedarf, weil sie ein großes Wurzelwerk und große Kronen entwickeln. Man sollte sie 8 bis 10 m auseinander pflanzen. Halbstämme (Stammhöhe etwa 120 cm) benötigen einen Abstand voneinander von 5 bis 7 m, Niederstämme (Stammhöhe 80 bis100 cm) 4 bis 5 m und Büsche (Stammhöhe 40 bis 60 cm) etwa 2 m. Speziell ein Obstgarten bietet vielen Vögeln und Insekten wichtigen Schutz und Lebensraum und ist somit ein Beitrag zum aktiven Umweltschutz.

➤ Der Naturgarten

Im restlichen Teil unseres Gartens überlassen wir die Natur mehr sich selbst. Wir ergreifen lediglich ein paar unterstützende Maßnahmen und pflanzen zum Beispiel Hecken oder legen eine Blumenwiese oder einen Teich an.

➤ Die Hecke

Wann immer es Ihr Grundstück zulässt, sollten Sie an einer oder mehreren Stellen eine Hecke pflanzen. Sie besteht in der Regel aus niedrigen und höheren Sträuchern und wird gelegentlich durch einzelne Bäume ergänzt. Die Hecke dient Ihnen als Grundstücksabgrenzung und somit auch als Sichtschutz. Sie können dabei zwischen einer frei wachsenden Hecke aus verschiedenen Sträuchern und einer Schnitthecke, die weniger Platz benötigt, wählen. Eine optische Bereicherung stellen zweifelsohne Hecken aus Blütensträuchern (Heckenrose, Holunder, Weide, Haselnuss, Weißdorn, Schneeball, Schlehe, Eberesche) oder Sträuchern mit Fruchtschmuck (Pfaffenhütchen, Heckenrose, Vogelkirsche, Berberitze) dar. Außerdem ist eine Hecke ein ausgezeichneter Windschutz, der das Pflanzenwachstum im Garten steigern kann.

Darüber hinaus bietet eine solche Hecke vielen Tieren und Pflanzen einen Lebensraum. Je vielfältiger und größer sie ist, desto mehr Lebensmöglichkeiten haben die Tiere dort: Vögel finden Nistplätze, Schutz und Nahrung; Igeln und Erdkröten bietet sie schattige Verstecke und Schlafplätze. Außerdem ist sie ein Winterquartier für Insekten und kleine Säugetiere und ernährt Schmetterlinge und Insekten (Nektar- und Pollenspender).

Ganz nebenbei liefert eine Hecke nicht nur den Tieren, sondern auch Ihnen Nahrung (Holunder, Schlehen, Haselnüsse und Beeren). Wählen Sie für Ihre Hecke nur einheimische Pflanzen aus und setzen Sie sie nicht in Reih und Glied, sondern unregelmäßig und verschiedene Arten gemischt. Schneiden Sie gegebenenfalls in den ersten Jahren zu schnell wuchernde Pflanzen etwas zurück, und mähen Sie niemals den Rand der Hecke, er ist nämlich für die Tierwelt von größter Wichtigkeit.

Ein Gartenteich sieht nicht nur schön aus, sondern bietet auch vielen bedrohten Pflanzen und Tieren einen Lebensraum. Besonders die Amphibien wie Frösche und Kröten sind zudem sehr nützliche Helfer bei der Schädlingsbekämpfung.

➤ Ein Teich

Auch in einem kleinen Garten ist es möglich, einen Teich anzulegen. Dies wird in den meisten Fällen ein sogenannter Lurchenteich sein, der weder einen Abfluss noch einen Zufluss benötigt.

Je nach Kräften und Möglichkeiten wird ein Loch ausgehoben. Um möglichst viele Tiere ansiedeln zu können, sollte man den Teich in verschiedene Bereiche gliedern: Flach- und Tiefwasserzonen, Anlage von Sandbänken, Steilufern und aufgeschüttete Steinhaufen. Eine Mindesttiefe von 30 bis 60 cm ermöglicht vielen Kleintieren und Larven das Überwintern. Will man Fische halten, muss der Teich 80 bis 120 cm tief sein. Der Untergrund wird dann entweder mit wasserundurchlässigem Lehm ausgestrichen oder mit einer speziellen Plastikfolie ausgelegt. Bepflanzt werden sollte so ein kleiner Tümpel recht sparsam, weil er sonst in kurzer Zeit verwuchert. Wasser- und Uferpflanzen erhält man in vielen Gärtnereien und Gartencentern.

Schmetterlinge, Vögel und Libellen stellen sich meist nach kurzer Zeit von alleine ein. Wenn man aus einem bereits bestehenden Teich einige Liter Wasser holt, wird sich auch im eigenen bald ein vielfältiges Wasserleben entfalten. Lurche lassen sich leicht ansiedeln: Man holt einfach etwas Laich oder Kaulquappen aus anderen Tümpeln. In einem kleinen Teich werden Wasser- und Uferpflanzen in der Regel in Pflanzgefäßen ins Wasser gesetzt. Außerdem wird der Teichboden mit einer Schicht der untersten Aushuberde aufgefüllt. Auch mit einem sehr kleinen Teich schaffen Sie einen Lebensraum für sehr viele bedrohte Tierarten und für sich eine unerschöpfliche Quelle zum Beobachten der Tier- und Pflanzenwelt.

➤ Die Wiese

Aus einem unkrautfreien Rasen eine Wiese zu machen ist nicht so ohne weiteres möglich, denn allein durch seltenes Mähen entsteht noch lange keine Wiese. Am einfachsten ist es natürlich, bei einer Neuanlage statt der üblichen Rasensamen eine Mischung geeigneter Grassamen und Wiesenblumen auszubringen. Wundern Sie sich nicht, wenn nicht alle Samen der beschriebenen Pflanzen aufgehen, denn es keimen nur die, deren Bedürfnisse vom jeweiligen Boden und Klima befriedigt werden. Wer schon einen Rasen hat, könnte ihn natürlich umgraben und wie oben beschrieben weiter verfahren, dies ist allerdings ein mühseliges Unterfangen.

Man kann aber auch versuchen, die Grassode etwas aufzulockern und eine Wildblumen- und Wiesenkräutermischung auszusäen. Die Wiese wird in der Regel im Juni und im September gemäht. Ihren Rasenmäher können Sie dafür im Geräteschuppen lassen, er schafft die Arbeit nicht mehr. Sie benötigen dazu eine Sense (oder einen Balkenmäher).

Das lange Kräutergras eignet sich wegen seiner vielen Samen nicht zum Mulchen von Gemüsebeeten und in nur sehr begrenzter Menge für den Kompost. Man sollte es deshalb jemandem geben, der es als frisches Gras an seine Tiere verfüttert. Ist das nicht möglich, kann man den Grasschnitt auch zum Mulchen von Obstbäumen und Beerensträuchern verwenden. Wir mähen einen Teil unserer Wiese in regelmäßigen Abständen mit dem Rasenmäher. Er dient als Spiel- und Tobefläche für die Kinder. Der andere Teil unter den Bäumen wird stehengelassen und, wie oben beschrieben, zweimal jährlich gemäht. Eine Ausnahme machen hier nur die »Pfade«, die wir auch regelmäßig mit dem Rasenmäher in die Wiese mähen, damit wir den Nutzgarten überall erschließen können und nicht unnötigerweise das Gras heruntertreten müssen. Eine Blumen- und Wildkräuterwiese ist mit ihrer Pflanzenvielfalt nicht nur herrlich anzusehen, sondern bietet darüber hinaus auch vielen nützlichen Tieren Nahrung und Lebensraum.

Eine Wiese gehört in jeden Naturgarten. Mit ihrer Arten- und Formenvielfalt bietet sie vielen nützlichen Insekten wie Schmetterlingen, Käfern, Bienen und Wespen Nahrungs- und Lebensrtaum. Gemäht wird diese Wiese nur zweimal im Jahr.

Die wichtigsten Arbeitsgeräte und Hilfsmittel

Um den Garten bearbeiten zu können, sind einige Geräte wirklich nötig, andere überhaupt nicht. Wie bei allen Dingen, wird auch hier in Fachgeschäften ein großes Sortiment angeboten. Deshalb sollte man gut überlegen und nur die Geräte und Hilfsmittel kaufen, die wirklich benötigt werden. Im Folgenden möchte ich die Geräte vorstellen, die sich bei uns in der Praxis bewährt haben und die ich für notwendig halte.

➤ Zur Bodenbearbeitung

Sauzahn
Der Sauzahn ist ein Bodenlüfter. Er dringt tief in den Boden ein, lockert und lüftet ihn. Die natürliche Bodenbeschaffenheit bleibt dabei erhalten, ein Umgraben ist überflüssig. Vor dem Einsäen und Bepflanzen sowie nach dem Abernten eines Beetes zieht man den Sauzahn im Abstand von 10 cm durch den Boden. Er ist auch zum Lockern des Bodens während der Wachstumszeit der Pflanzen geeignet.

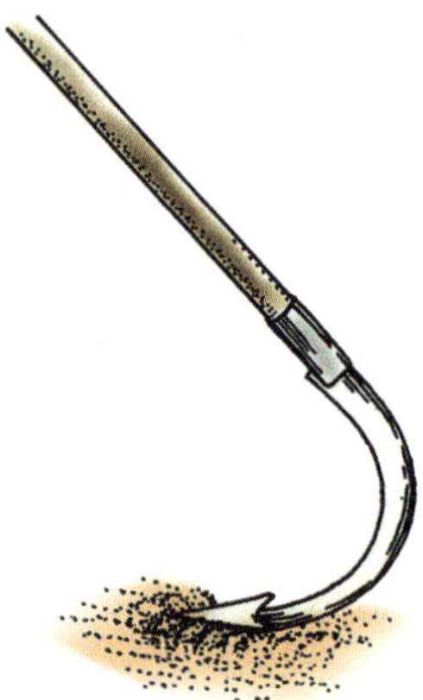

Doppelgrabegabel
Die Doppelgrabegabel besteht aus 5 Zinken, von denen 3 – außen und in der Mitte – 28 cm lang und die dazwischen liegenden 23 cm lang sind. Sie ist für eine biologische Gartenbearbeitung genauso wichtig wie der Sauzahn. Mit jedem Einstich wird eine Bodenbreite von 50 cm gelockert. Man sticht etwa alle 30 cm hintereinander in den Boden und kippt die Doppelgrabegabel einfach zu sich heran. Die Bodenschichtung bleibt erhalten, und selbst schwere Ton- und Lehmböden können ohne große Kraftaufwendung sehr schnell bearbeitet werden.

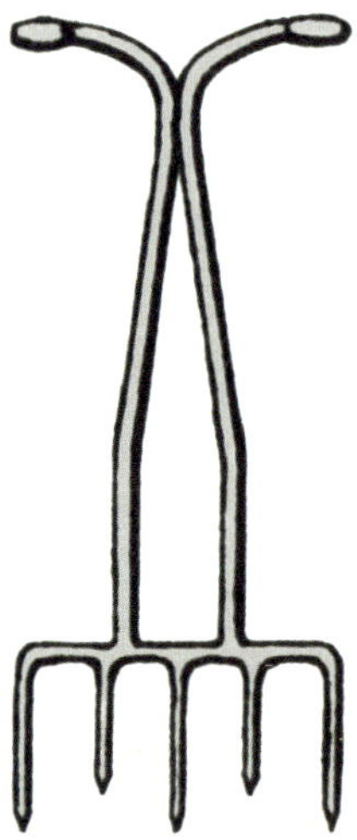

Setzholz, kleine Schaufel und Pflanzkelle
Diese Geräte leisten beim Pflanzen von Setzlingen gute Dienste.

Krümler
Den Krümler (im Handel auch unter der Bezeichnung Sternfräser erhältlich), braucht man ebenfalls zur Bodenbearbeitung. Nach der Auflockerung mit Doppelgrabegabel und Sauzahn fährt man mit dem Krümler über den Boden, der dadurch eine feinkrümelige Struktur erhält. Mit dem zusätzlich angebrachten Jätemesser kann man zudem Unkraut abschneiden. Der Krümler eignet sich auch zum Verteilen von Kompost. Oft wird statt des Krümlers auch ein Gartenwiesel verwendet.

Rechen
Statt eines Krümlers kann man auch einen Rechen verwenden. Allerdings sollten seine Zinken gehärtet sein und sehr schmal nebeneinander stehen, sonst wird der Boden nämlich nicht feinkrümelig.

Schaufel und Spaten

Umgegraben wird in unserem Garten zwar nicht, aber zum Pflanzen von Bäumen, Sträuchern und Stauden sowie zum Aufschichten von Kompost ist eine Schaufel unentbehrlich. Je nach Bodenbeschaffenheit ist zusätzlich noch ein Spaten von Vorteil.

Hacke und kurze Doppelhacke

Eine Hacke ist für das Entfernen von Unkraut, zum Zerkleinern von Erdschollen, zum Anhäufeln usw. nötig. Die kurze Doppelhacke erleichtert feinere Arbeiten.

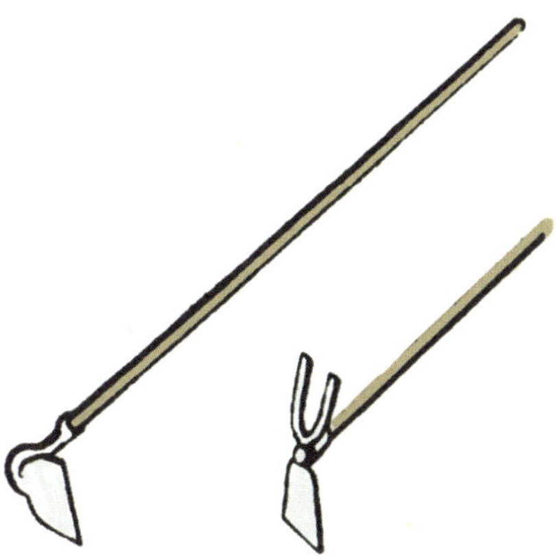

➤ Zum Schneiden und Zerkleinern

Sense und Sichel

Langes Gras oder Unkraut wird am besten mit einer Sense oder Sichel abgemäht. Mit einer Sense arbeitet man schneller; sie lohnt sich aber nur für einen Garten mit einer größeren Wiese.

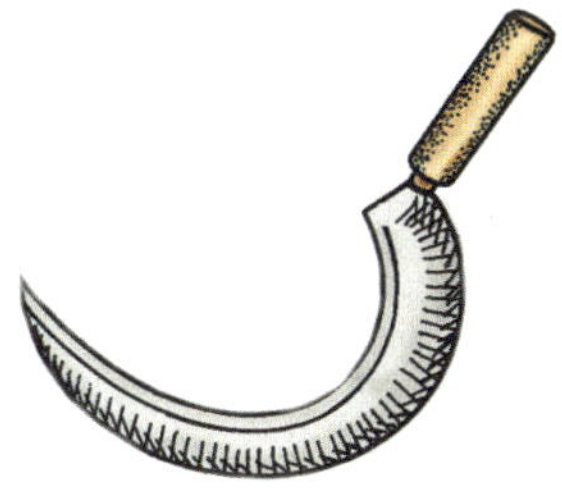

Versuchen Sie niemals, holzige Pflanzenteile mit einer Sense oder Sichel abzumähen, das Blatt wäre dann sehr schnell kaputt. Weil eine Sense (oder Sichel) ohne Gegenschneide schneidet, muss sie ganz besonders scharf sein. Deshalb muss man diese Geräte regelmäßig schleifen. Hierzu benötigt man einen Wetzstein, der vor dem Schärfen nass gemacht werden muss. Dann zieht man den Wetzstein mehrmals kräftig über die Oberfläche des Schneideblattes und hält ihn dabei sehr flach zur Schnittfläche. Sollte Ihre Sense nach mehrjährigem Gebrauch trotz Wetzstein nicht mehr richtig scharf werden, müssen Sie sie zum sogenannten Dengeln zu einem Schmied bringen.

Gartenschere

Die Gartenschere ist unbedingt nötig: Zum Ernten, zum Abschneiden von Stauden und zum groben Zerkleinern von Mulchmaterial wird sie ständig gebraucht.

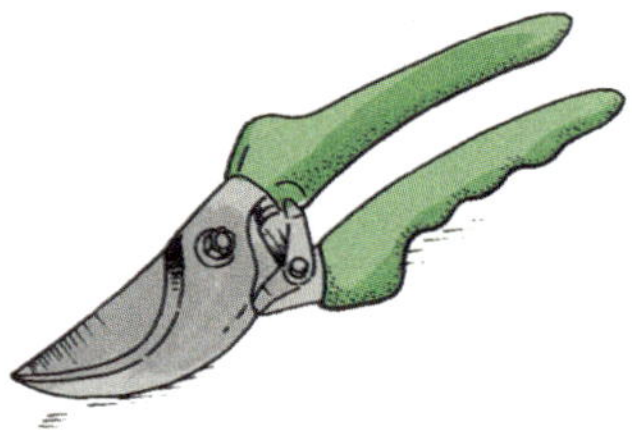

Gartenhäcksler

Gartenhäcksler oder Schredder gibt es in verschiedenen Ausführungen und Preisklassen. Sie werden elektrisch oder mit Benzin betrieben. Sie sind wohl die teuerste Anschaffung für den Garten. Ein Häcksler zerkleinert mühelos Heckenschnitt, kleinere bis stärkere Äste, Garten- und Gemüseabfälle. Er macht aus ihnen schnell handliches Kompost- und Mulchmaterial. Wer die Arbeit des Zerkleinerns und Zerschneidens nicht scheut, kann meistens auf einen Häcksler verzichten.

➤ Zum Gießen und Spritzen

Gießkanne

Wir benötigen die Gießkanne nicht nur zum Gießen der Pflanzen bei Trockenheit, sondern auch zum Ausbringen von Kräuterjauchen.

Verschiedene Gefäße und Fässer

In Ihrem Garten benötigen Sie unbedingt verschieden große Fässer aus Ton, Holz oder Plastik. In ihnen wird zum einen Regenwasser aufgefangen (wenn möglich versehen Sie Ihre Dachrinne mit einer entsprechenden Auffangvorrichtung!), zum anderen benutzt man sie zum Ansetzen von Pflanzenjauchen und sonstigen biologischen Pflegemitteln.

Gartenspritze oder Druckpumpenzerstäuber

Eine Gartendruckspritze besteht meist aus Plastik. Sie hat ein Schnellschlussventil, einen Manometer und ein Sicherheitsventil. Mit Hilfe eines Verlängerungsrohres und eines Druckablassventils können neben Wasser auch sehr gut Pflanzentees und Pflanzenjauchen auf die jeweiligen Kulturen gespritzt werden. Obwohl eine Gartenspritze sehr praktisch ist, verwende ich sie nicht so gerne, weil sie bei mir immer Assoziationen an große chemische Spritzeinsätze hervorruft. Man kann sich übrigens auch bei einem kleineren Garten mit einer Blumenspritze oder mit einem Druckpumpenzerstäuber behelfen. Das ist zwar wesentlich mühsamer, aber auch viel billiger in der Anschaffung.

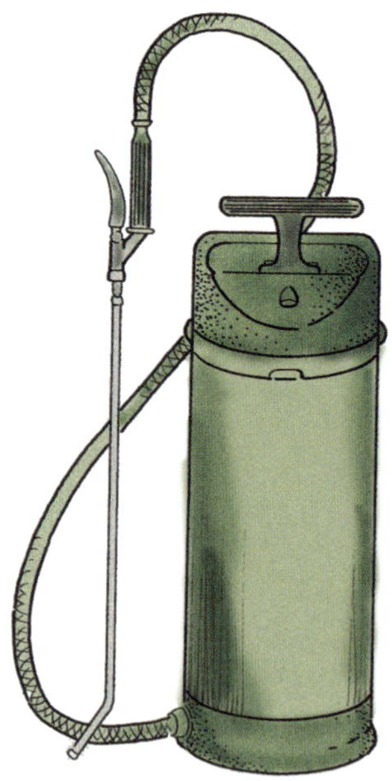

➤ Zur Pflege von Obstbäumen

Sie benötigen für die Pflege der Bäume eine Reihe von zusätzlichen Geräten.

Astschere

Die Astschere eignet sich zum Schneiden von dicken Ästen und Zweigen. In erster Linie wird sie zum Schneiden von Beerensträuchern und jungen Trieben verwendet.

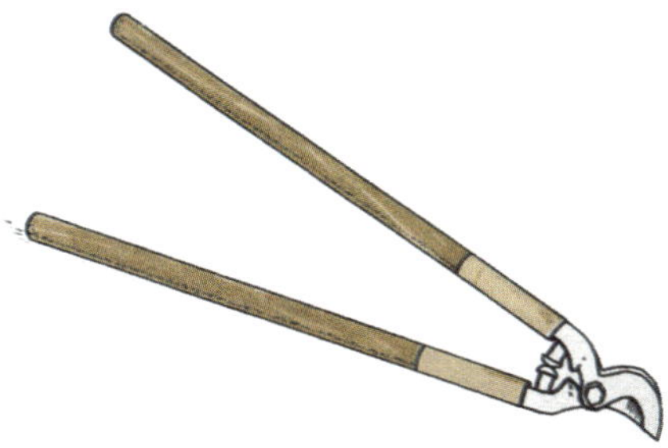

Bügelsäge

Die Bügelsäge wird zum Schneiden dicker Äste verwendet. Vorteilhaft ist, wenn man das Sägeblatt verstellen kann: Man kann dann auch noch in Astgabelungen sägen.

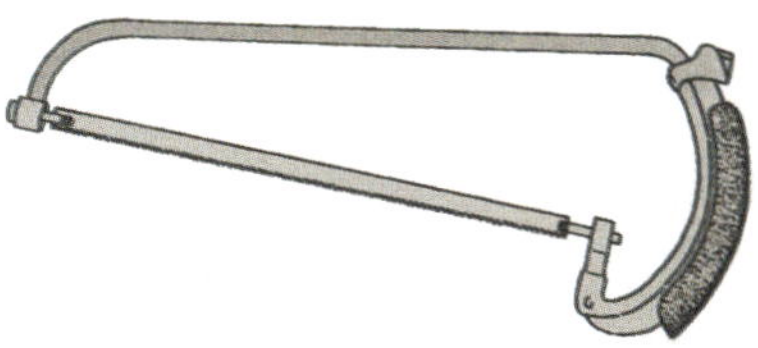

Hippe

Die Hippe wird verwendet, um die Sägeränder am Baum zu glätten oder Schadwunden auszuschneiden.

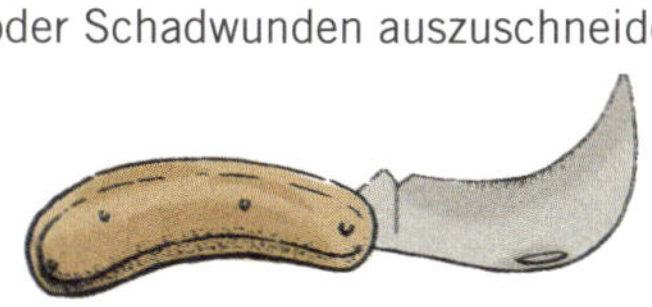

Kräftige Bürste

Wir benötigen sie zur Stammpflege. Flechten, Moose, lose Rinde und Eiablagen von Schädlingen werden damit abgebürstet.

Spachtel und Pinsel

Mit beiden wird Baumwachs auf die Schnittwunden getragen. An den Stellen, an denen die Säge größere Wunden hinterlässt, muss die Schnittfläche geglättet und Baumwachs mit dem Pinsel oder Spachtel aufgetragen werden. So wird die Wunde verschlossen, und es können keine Schädlinge eindringen.

➤ Sonstige Gartengeräte

Verschieden große Weiden- oder Spankörbe

Wir benötigen die Körbe zum Ernten von Obst und Gemüse sowie zum Einsammeln von Laub und Kompost.

Zerstäuber

Mit diesem Gerät kann man Algenkalk oder Gesteinsmehl sehr fein über Beete, Gemüse und Obstpflanzen ausstäuben. (Ein sehr feines Haushaltssieb hat übrigens eine ähnliche Wirkung.)

Schubkarre
Eine Schubkarre ist unentbehrlich für schwere Transportarbeiten. Ein Holzschubkarren sieht zwar schöner aus, die verzinkten, hartgummibereiften lassen sich aber leichter schieben.

Kompostgabel
Die Kompostgabel ist eine kleine, handliche Allzweckgabel, die man zum Aufschichten und Ausbringen des Komposts braucht.

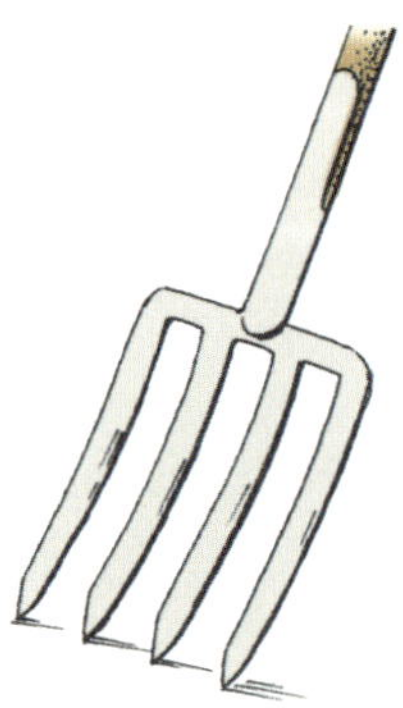

Obstpflücker

➤ Die Aufbewahrung der Geräte

Kaufen Sie nicht unbedingt die billigsten Gartengeräte, meist macht sich der teurere Anschaffungspreis durch eine bessere Qualität und eine längere Haltbarkeit bezahlt. Um die Gartengeräte schnell zur Hand zu haben, sollten Sie sie aufhängen. Dabei müssen Sie nicht unbedingt teure Aufhängevorrichtungen kaufen. Es genügt, wenn Sie bei jedem Gerät in den Stil ein Loch bohren und die Geräte dann an Nägeln, deren Köpfe abgezwickt wurden, in verschiedenen Höhen übersichtlich an einer Wand aufhängen. Am besten eignet sich dafür natürlich ein besonderer Schuppen im Garten, in dem vielleicht auch noch Platz für ein Regal ist, auf dem Blumentöpfe, Anzuchtkästen, Schnüre usw. untergebracht sind. In diesem Schuppen kann man auch noch Algenkalk, Steinmehl, Tomaten- und Bohnenstangen, den Schubkarren usw. im Winter unterbringen. Damit Sie lange Freude an Ihren Gartengeräten haben und diese Ihnen gute Dienste leisten, sollten Sie stets dafür sorgen, dass die Geräte – zumindest im Herbst – gut gereinigt, Schneidewerkzeuge geschärft und eventuelle Beschädigungen ausgebessert sind, bevor sie weggehängt werden.

Die Lebensdauer der teuren Gartengeräte hängt wesentlich von ihrer pfleglichen Behandlung und richtigen Aufbewahrung ab. So hat man nicht nur schnell alles griffbereit sondern auch die Gewissheit, dass nichts beschädigt wird.

Wichtige, immer wiederkehrende Gartenarbeiten

➤ Arbeiten im Gemüsegarten

Kein Umgraben mehr

Wenn im Herbst Ihre Nachbarn beginnen, ihre Gärten umzugraben, können Sie sich eine wohl verdiente Ruhepause gönnen. In einem biologischen Garten graben wir nicht um! (Außer wenn wir Land urbar machen wollen oder der Boden bisher stark vernachlässigt wurde!). Wir bemühen uns, die natürliche Bodenschichtung zu erhalten (siehe Abschnitt »Der Boden«, Seite 36), deshalb bleibt der Spaten arbeitslos.

Wenn auch Ihre Nachbarn behaupten, dass der Frost die umgegrabenen und durchgefrorenen Schollen mürbe macht, lassen Sie sich nicht verunsichern. Es stimmt, dass ein schwerer Boden, der umgegraben wurde, am Ende des Winters locker wird, aber bereits der erste starke Regen verdichtet diese Krümelung wieder, der Boden ist schwer wie zuvor, und ein Bodenleben kann sich nur sehr langsam aufbauen.

Wir lockern unseren Boden schnell und mühelos mit der Doppelgrabegabel: Die Zinken werden alle 30 cm in den Boden gestochen und die Gabel wird hin und her bewegt. So bleibt die Lage der Bodenschichten erhalten, sie werden aber gelockert und erhalten Luft. Anschließend führt man den Sauzahn alle 10 cm in entgegengesetzter Richtung durch den Boden. So lockert man den Boden auch in die andere Richtung, ohne ihn zu wenden. Bei leichten Böden und zur Bodenlockerung im Frühjahr reicht die Bearbeitung mit dem Sauzahn oft schon aus. Anschließend bringt man reifen oder halbverrotteten Kompost oder eventuell einen anderen organischen Dünger dort aus, wo es für den Boden nötig ist. Er wird dann mit dem Krümler oder Rechen oberflächlich dünn auf den Beeten verteilt. Niemals sollte frischer tierischer Dünger vergraben werden, denn in der unteren Bodenschicht ist nicht genügend Sauerstoff vorhanden, um die Abbauprozesse in Gang zu setzen, der Dünger fault.

Zum Abschluss erhalten die Beete oder Reihen, wenn es die Jahreszeit noch zulässt, eine Gründüngung oder eine Wintereinsaat. Wenn eine Gründüngung nicht mehr wachsen kann, bedecken Sie alle freien Reihen, Beete und Baumscheiben mit einer schützenden Schicht aus Mulch (Laub, Grasschnitt, zerkleinerte Gartenabfälle und anderem).
Während die Nachbargärten schwarz sind und dort die nackte Erde zu sehen ist, ist unser Garten von einer wärmenden Hülle bedeckt, unter der die Regenwürmer und die Mikroorganismen noch lange arbeiten, das Mulchmaterial zersetzen und so bereits die Frühjahrsarbeit vorbereiten.

Im biologischen Garten gibt es kein Umgraben mehr. Nach dem Lockern der Erde mit der Grabegabel wird der Sauzahn in entgegengesetzter Richtung durch den Boden gezogen.

Das Säen im Freiland

Vor der Aussaat im Frühling sollte der Boden im Garten gut abgetrocknet sein. Er ist dann in der Regel locker und feinkrümelig. Wo dies nicht der Fall ist, wird er noch einmal mit dem Sauzahn gelockert. Ist noch eine Mulchschicht vorhanden, genügt es, wenn diese ein wenig beiseite geräumt wird. Wer will, kann auch grobes Material abrechen, auf den Kompost geben oder anderweitig zum Mulchen verwenden.

Saatrillen werden mit der Ecke einer Hacke gezogen

Für die Aussaat im Freiland oder im Saatbeet werden mit der Ecke einer kleinen Hacke Rillen in dem gewünschten Reihenabstand in den Boden gezogen und die Samen dort hinein im nötigen Abstand ausgebracht. Die Tiefe der Rillen richtet sich nach der jeweiligen Kultur. Manche Samen müssen tiefer, andere flach gesät werden und wieder andere dürfen kaum mit Erde bedeckt sein, weil sie Lichtkeimer sind. Durch eine zu tiefe Aussaat kann sich die Keimzeit unnötig verlängern oder aber sogar in manchen Fällen die Saat gar nicht aufgehen.

Wenn unter den Pflegehinweisen zu den einzelnen Kulturen nichts anderes vermerkt wurde, gilt als Faustregel: Die Erdschicht, mit der die Samen abgedeckt werden, sollte gleich hoch sein, wie die Samen groß sind. Nach der Aussaat wird der Boden wieder leicht gerecht, die Saatrille damit geschlossen und mit der Rückseite des Rechens der Boden leicht angedrückt. Bei schweren Böden kann die Saatrille auch mit Sand geschlossen werden, es besteht dann nicht die Gefahr, dass die Samen ersticken. Anschließend den Boden gut anfeuchten.

Nach der Aussaat wird der Boden leicht gerecht

Es ist auch möglich, vor der Aussaat in die Saatrille verdünnte Pflanzenjauche zu gießen oder etwas feinkrümeligen, reifen Kompost hineinzugeben, dies fördert das Wachstum.Einige Samen sollten vor der Aussaat einige Stunden in Wasser eingeweicht werden, damit sie anschließend schneller keimen (zum Beispiel Erbsen, Neuseeländer Spinat).

Man kann auch, um die Keimung zu fördern und Krankheiten vorzubeugen, die Samen in ein sogenanntes Samenbad geben. (Dies empfiehlt sich besonders bei selbst gezogenen Samen!) Hierzu werden die Samen in einem Stoffsäckchen in ein Gefäß gelegt, das mit Kamillen- oder Baldriantee gefüllt wurde. Anschließend müssen sie dann ausgebreitet (nicht in der Sonne), angetrocknet und möglichst bald verwendet werden. Ein Kamillenbad verwendet man bei Erbsen, Rettichen, Radieschen und Bohnen, ein Baldrianbad bei Sellerie, Tomaten, Lauch und Zwiebeln.

Anzuchtkasten für die Fensterbank

Die Aussaat im Haus

Für die Anzucht im Haus verwendet man sogenannte Saatkästen. Es gibt einfache Ausführungen und teurere, die zusätzlich beheizt und bewässert werden können. Man kann sich aber auch mit Pflanzschalen behelfen und diese mit einer Glasscheibe oder Zeitung abdecken. Die Saatkästen werden mit Anzuchterde gefüllt (1/3 Kompost, 1/3 normale Gartenerde und 1/3 Sand), und die Samen breitwürfig darauf verteilt. Feine Samen deckt man locker mit Sand ab, gröbere mit Erde.

Das Pikieren

Wenn die Saat aufgegangen ist und die Pflanzen etwa 5 cm groß geworden sind, müssen sie in größere Töpfe gepflanzt werden. Diesen Vorgang nennt man Pikieren. Er wird deshalb vorgenommen, damit die Pflanzen stärkere Wurzeln ausbilden. Pikiert werden sollten: Tomaten, Kohlgewächse, Lauch, Sellerie, Kopfsalate und Paprika. Mit Hilfe eines Teelöffels oder Messers gräbt man die Pflanzen aus und setzt sie etwas tiefer als vorher (oft bis zu den Keimblättern) in einen kleinen Blumentopf, ebenfalls mit Anzuchterde gefüllt. Pflanzen, die sich schlecht verpflanzen lassen, werden in Torftöpfe ausgesät, die man dann in die Anzuchtkästen stellt. Später können die Setzlinge mit Topf in den Garten gepflanzt werden, der Torf verrottet. Samen der Pflanzen, die schnell groß werden, zum Beispiel Kürbisse und Gurken, sät man gleich in Blumentöpfen aus.

Das Pflanzen von Setzlingen

Setzlinge, deren Samen Sie in ein Saatbeet (abgetrenntes Beet im Garten), Frühbeet oder Gewächshaus ausgesät haben, pflanzt man dann an Ort und Stelle in den Garten, wenn sie neben den Keimblättern noch einige andere Blätter entwickelt haben.

Die Setzlinge werden vorsichtig ausgegraben und, wenn möglich, vor dem Pflanzen in ein »Wurzelbad« aus verdünnter Brennnessel-Jauche getaucht und bis zu 3 Stunden dort stehengelassen. Es hat sich bewährt, zum Umpflanzen die Morgen- oder Abendstunden eines trüben, vielleicht sogar regnerischen Tages auszuwählen, um die zarten Pflanzen nicht sofort der prallen Sonne auszusetzen. Man räumt das Mulchmaterial etwas beiseite, gräbt mit der Pflanzkelle ein Loch (bei Pflanzen ohne Erdballen benutzt man das Pflanzholz), setzt die Setzlinge hinein, drückt die Erde fest mit den Händen an, wässert die Setzlinge und verteilt die Mulchdecke wieder locker um die Pflanzen. Besonders bei warmem Wetter müssen die Setzlinge so lange gegossen werden, bis ihre Blätter nicht mehr herunterhängen und ihr aufrechter Stand anzeigt, dass sie angewachsen sind. Im Allgemeinen werden die Setzlinge so hoch eingepflanzt, wie sie im Saatbeet standen. Höher stehen wollen allerdings Sellerie und Kohlrabi, tiefer alle Kohlarten, Lauch und Tomaten. Viele Leute kaufen ihre Setzlinge lieber in einer Gärtnerei. Wenn Sie sie jedoch selber ziehen, können Sie genau die Sorte anbauen, die Sie wünschen; Sie allein bestimmen den Zeitpunkt des Auspflanzens und wählen die gesündesten Pflanzen aus. Und: selbstgezogene Setzlinge kosten nichts.

Pflanzenanzucht mit Hilfe von Erdtopfpresslingen

In den letzten Jahren bin ich dazu übergegangen, meine Setzlinge – so wie es die großen Gärtnereien auch machen – in sogenannten Erdtopfpresslingen selber zu ziehen. Eine solche Pflanzenanzucht hat nämlich ungeheure Vorteile: Ich kann die Erdmischung für die Presslinge ohne Kosten selber herstellen und benötige keinerlei Plastik-, Torf- oder Papiertöpfe mehr.

Die kleinen Pflänzchen durchwurzeln die Presslinge viel besser als Plastiktöpfe mit gleicher Erde. Außerdem spare ich mir das Pikieren (und damit auch Zeit und Samen) und kann die Erdtopfpresslinge problemlos ohne langes Gießen zum idealen Zeitpunkt auspflanzen. Dabei erleiden die Pflänzchen keine Wachstumsstockungen und sind daher auch viel weniger anfällig für Schädlinge und Krankheiten. Für die Erstanschaffung empfiehlt sich ein sogenannter Standardblocker zur Herstellung von vier Erdtopfpresslingen mit einer Aussparung von 18 x 18 x 18 mm. Als Anzuchterde verwende ich wiederum eine Mischung aus 1/3 Gartenerde, 1/3 Sand und 1/3 Kompost vermischt mit etwas Steinmehl, die ich zunächst durchsiebe und ein bis zwei Stunden vor dem Pressen gut anfeuchte.

Auch während der Keimzeit müssen die Presslinge dann stets gut mit Feuchtigkeit versorgt werden. Ich verwende dazu die Gartenspritze, weil ich festgestellt habe, dass kräftiges Gießen die Presslinge auswäscht oder die Samen ertränkt. Um den optimalen Auspflanzzeitpunkt zu bestimmen, ist es nicht wichtig, die Blätter der Pflanzen zu betrachten, sondern ihre Wurzeln. Werden die Wurzeln nämlich braun, ist es höchste Zeit, die Pflanzen ins Freiland zu setzen, auch dann, wenn die Blätter und der Stiel noch relativ klein sind. Vor dem Auspflanzen durchtränke ich die Presslinge gut mit Wasser (oder einem Brennnesselbad) und setze sie, wenn irgend möglich, an einem bedeckten Tag am Nachmittag in den Garten.

Die Teilung einer Staude

Die Vermehrung durch Teilung

Aber nicht nur durch Samen können Pflanzen vermehrt werden, sondern auch durch Teilung. Die Teilung ist die einfachste Form der Vermehrung. Man gräbt zum Beispiel eine Kräuterstaude aus, zerteilt sie mit der Grabgabel oder mit dem Spaten in zwei oder mehrere Stücke und pflanzt diese an verschiedenen Orten wieder ein. So werden Rhabarber, Winterheckenzwiebeln, alle mehrjährigen Kräuter und Blumenstauden vermehrt.

Der abgeschnittene Triebsteckling – ein Zweig der Pflanze – wird am Ende vorsichtig angespitzt und zum Bewurzeln einfach in die Erde gesteckt.

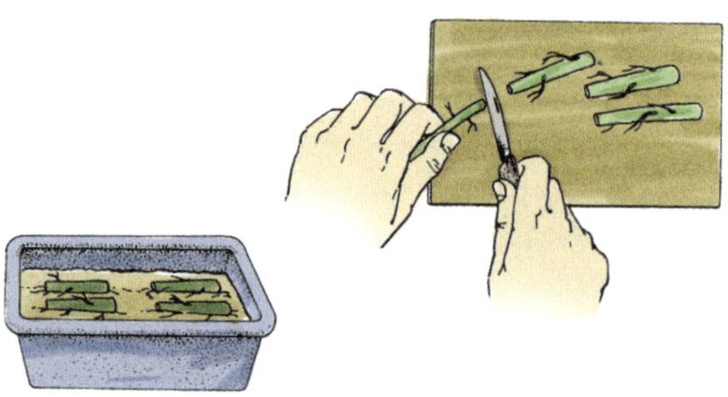

Wurzelstecklinge erhält man, indem man die Wurzeln in kleine Stücke schneidet. Zum Bewurzeln reicht eine Kiste mit stets feutchter, sandiger Erde.

Die Vermehrung durch Stecklinge

Geranien oder Johannisbeeren sind gute Beispiele für die Vermehrung von Triebstecklingen: Von der Pflanze wird eine Rute oder ein Stiel mit Blättern abgeschnitten und locker in die Erde gesteckt. Schon sehr bald schlagen die Triebstecklinge Wurzeln und können dann an Ort und Stelle gepflanzt werden. Bei der Vermehrung durch Wurzelstecklinge werden die Wurzeln in kleine Stücke geschnitten und entweder direkt an Ort und Stelle in den Garten gepflanzt oder in eine Kiste mit sandiger Erde gegeben und feucht gehalten. Auf diese Weise bilden sie sehr schnell neue Wurzeln aus.

Die Vermehrung durch Ableger

Viele Pflanzen bilden entweder über der Erde – wie bei Erdbeeren – oder unter der Erde – wie bei Himbeeren – Ableger aus. Durch einfaches Abtrennen, Ausgraben und Einpflanzen der Ableger an einen anderen Ort können die Pflanzen gut vermehrt werden.

Die Vermehrung durch Absenker

Diese Art der Vermehrung findet bei vielen Sträuchern Anwendung (zum Beispiel Stachelbeeren). Ein Zweig eines Busches wird nach unten gebogen, am Boden befestigt und etwas eingegraben. Sobald er Wurzeln ausgebildet hat, kann er vom Busch abgeschnitten und an einem anderen Ort wieder eingepflanzt werden.

➤ Arbeiten im Obstgarten

Das Pflanzen von Obstbäumen

Bevor man an das Pflanzen von Obstbäumen geht, muss genau überlegt werden, welche Obstsorte man ernten möchte, wie die Platzverhältnisse sind, das heißt, ob man einen Halb-, Hoch-, Niederstamm oder Busch pflanzen möchte. Der günstigste Zeitpunkt für das Pflanzen von Bäumen und Sträuchern ist der Herbst. Allerdings darf der Zeitpunkt der Pflanzung nicht zu spät gewählt werden, damit der Baum vor dem Frost noch anwachsen kann. Bei einer Frühjahrspflanzung muss eventuell stärker gegossen werden, außerdem ist die Entwicklung im ersten Jahr dann etwas langsamer.

1. Schritt: Das Graben eines Pflanzloches
   Als erstes muss, dem Wurzelballen der Bäume entsprechend, ein Loch gegraben werden. Es sollte bei Hochstämmen mindestens einen Durchmesser von 1 m haben und 50 cm tief sein (bei niedrigeren Bäumen genügen entsprechend kleinere Löcher). Auf jeden Fall muss das Pflanzloch jedoch tiefer sein, als der Baum in die Erde gepflanzt wird.
2. Schritt: Einschlagen eines Pfahls
   Zur Stütze des jungen Baumes (bei Sträuchern unnötig) wird ein Pfahl in das offene Pflanzloch geschlagen.
3. Schritt: Das Füttern des Pflanzloches
   Anschließend wird der Boden des Pflanzloches noch einmal mit der Hacke gelockert und 2 bis 3 Schaufeln Kompost hineingegeben.
4. Schritt: Das Setzen des Baumes
   Zunächst werden die Wurzeln des Baumes mit einer Gartenschere angeschnitten und dann wird der Baum in das Pflanzloch gesetzt. Dies geht am besten zu zweit: Einer hält den Baum, und zwar so hoch, dass die Veredelungsstelle (sichtbar als Verdickung am unteren Stammende) etwa eine Handbreit über den Boden der Umgebung herausragt. Der andere schaufelt gut Gartenerde unter und um die Wurzeln und schlämmt sie ein.
5. Schritt: Auffüllen des Pflanzloches
   Anschließend wird das Pflanzloch mit der ausgehobenen, zerkleinerten und von Steinen befreiten Erde gefüllt. Die Baumscheibe, das heißt ein Kreis von etwa 1 m Durchmesser rund um den Baum, wird dann mit etwas halbverrottetem Kompost oder Mulchmaterial abgedeckt.

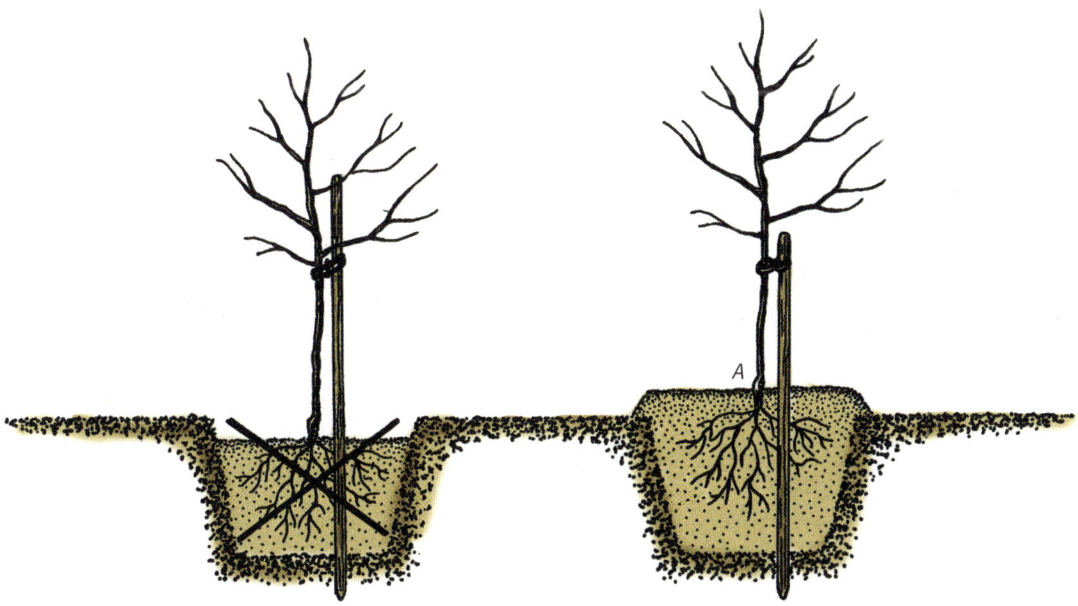

Das Pflanzloch wird etwas tiefer und breiter ausgehoben, als der Wurzelballen groß ist. Nach dem Einkürzen der Wurzeln wird der Baum so in die Erde gesetzt, dass die Veredelungsstelle (siehe Zeichnung Punkt A) etwa eine Handbreit über den Boden der Umgebung herausragt. Anschließend wird das „Pflanzloch" gefüttert, und die Erde über dem Pflanzloch etwas höher aufgeschüttet als das Bodenniveau. Zum Abschluss bindet man den Baum an einem Pfahl fest, wobei man darauf achten muss, dass dieser nicht in den Kronenbereich ragt, wie auf der linken Abbildung zu sehen. Dann wird die Baumscheibe mit Mulchmaterial abgedeckt.

Das Schneiden von Obstbäumen

Der Ertrag von Obstbäumen wird ganz entscheidend durch den Schnitt beeinflusst. Außerdem wird der Ertrag auch durch das Abspreizen der Leitäste gesteigert. Die Nebentriebe sollten waagrecht angebunden und einige Triebe auch lang gelassen werden. Dies wird gerade bei stark wachsenden Bäumen immer wieder falsch gemacht. Bei ihnen sollte man die Triebe nicht einkürzen, diese Maßnahme eignet sich nur für schwach wachsende Bäume. Die günstigste Zeit zum Schneiden von Obstbäumen ist der Winter (an frostfreien Tagen) und das Frühjahr. Aber nicht nur im Winter, sondern auch im Sommer können Bäume geschnitten werden. Dies hat den Vorteil, dass die Schnittwunden sehr schnell verheilen. Auch das Abspreizen ist im Sommer wesentlich leichter, weil die Äste während der Wachstumszeit elastischer sind.

Oft wird der Sommerschnitt auch im Zusammenhang mit dem Pflanzenschutz durchgeführt: Befallene Triebe oder kranke Äste müssen bis auf das gesunde Holz zurückgeschnitten werden. Wenn Sie davon ausgehen, dass alle Bäume zur guten Entwicklung ihrer Früchte Luft und Licht benötigen, müssen Sie alle nach innen wachsenden Äste, alle Zweige, die sich kreuzen und alle senkrecht hoch wachsenden Triebe entfernen. Beerensträucher schneidet man im Allgemeinen im Herbst oder Frühjahr zurück.

Entwicklungsperioden von Obstbäumen

Bei Obstbäumen unterscheidet man drei Entwicklungsperioden: das Jungstadium, das Ertragsstadium und das Altersstadium. Alle drei werden durch den Schnitt entscheidend beeinflusst. Im Jungstadium wächst der Baum sehr kräftig und bildet lange Triebe mit weit auseinander stehenden, seitlichen Blattknospen. Frühtragende Sorten bilden auch schon einzelne Blütenknospen. Sobald sich die Krone gut ausgebildet hat, beginnt das Ertragsstadium. Die mehrjährigen Zweige senken sich etwas nach unten und bilden Kurztriebe mit Blütenknospen. In dieser Zeit ist es wichtig, dass der Baum gut ausgelichtet und in Form gehalten wird, das steigert den Ertrag.

Im Alterstadium lässt das Längenwachstum der Triebe stark nach. Die Seitenäste und auch der Mitteltrieb hängen nach unten, und es werden nur noch kurze Fruchttriebe gebildet. Wenn der Baum nicht geschnitten wird, bleiben die Früchte klein.

Ein Baum im Ertragsstadium (Abbildung links) und derselbe Baum im Alterstadium (Abbildung rechts).

Der Pflanzschnitt

Wenn nicht schon in der Baumschule geschehen, sollte der junge Baum sofort nach dem Pflanzen geschnitten werden. Zunächst müssen alle sogenannten Konkurrenztriebe entfernt werden, so dass nur der Haupttrieb und drei Leitäste stehenbleiben. Sollte einer der Leittriebe zu steil oder zu flach stehen, muss er abgespreizt oder hochgebunden werden. Der ideale Winkel für die Entwicklung der Krone beträgt 45°. Im letzten Schritt werden dann alle vier Triebe um 1/3 eingekürzt. Wichtig ist, dass alle Leitäste in einer Höhe abgeschnitten werden, nur der Haupttrieb ragt darüber hinaus. Nur so kann sich im folgenden Jahr eine gute Krone entwickeln.

Entffernen von Konkurenztrieben

Der Pflanzschnitt

Der Verjüngungsschnitt

Überalterte Bäume müssen oft sehr stark zurückgeschnitten werden, denn sie entwickeln meist keine Jungtriebe mehr und tragen dann zwar sehr viele, aber kleine Früchte.

Entfernung von Konkurrenztrieben

Alle zu dicht stehenden Äste werden ausgelichtet, alle nach unten hängenden Astteile werden entfernt und ein Teil der Leitäste eingekürzt. Dabei sollten zur Triebanregung auch alle Nebenäste eingekürzt werden.

Baum vor dem Verjüngungsschnitt

Derselbe Baum nach dem Verjüngungsschnitt

Das Abspreizen und Hochbinden von Trieben

Stehen die Leitäste zu steil, müssen sie unbedingt abgespreizt werden, damit sich eine größere Krone entwickeln kann. Hierzu eignen sich sehr gut Holundertriebe. Wenn junge Triebe zu weit nach unten wachsen, kann man sie mit Hilfe von Bastfäden (Vorsicht, es darf nicht einschneiden) hochbinden.

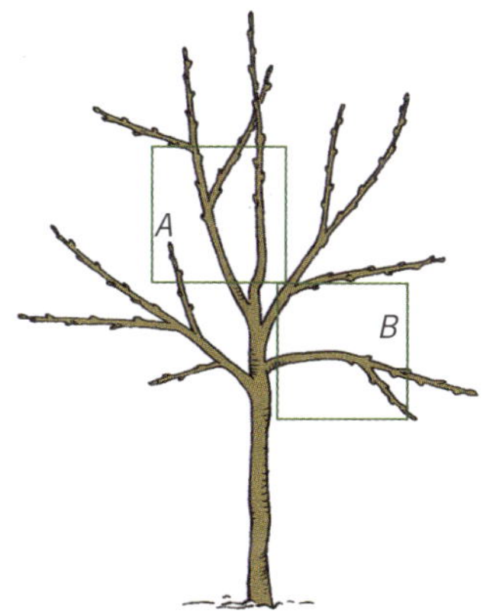

Ein Baum desssen Triebe aufgespreizt und hochgebunden werden müssen.

Das Abspreizen von Trieben (A)

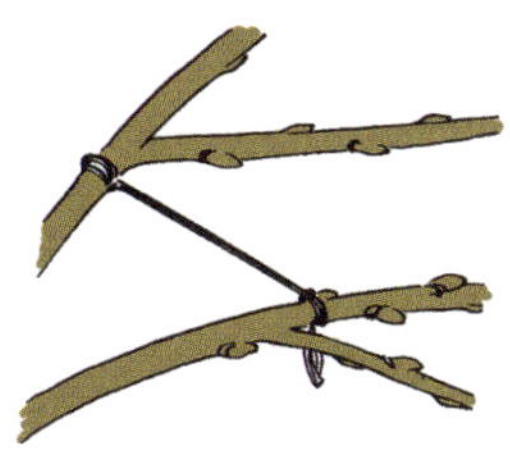

Das Hochbinden von Trieben (B)

➤ Das Entfernen von Ästen und Zweigen

Zunächst sägt man den Ast an der Unterseite bis zur Hälfte, dann an der Oberseite etwas weiter weg vom Stamm bis zur Hälfte ein. Durch sein Eigengewicht bricht der Ast ab und verletzt den Stamm nicht.
Den verbleibenden Rest kann man zunächst mit der Säge, dann mit der Hippe säubern. Abschließend wird auf die Sägewunde Baumwachs aufgetragen. Die Zweige werden kurz über den Knospen zurückgeschnitten, denn dadurch werden die Seitenknospen gezwungen auszutreiben.

Von oben nach unten: So sollten Sie keinen Ast absägen. Erst den Ast von unten ansägen, dann von oben. Anschließend den Aststummel absägen. Zum Schluss die Schnittfläche mit der Hippe nachschneiden und mit Baumwachs bestreichen.

Pflegearbeiten bei Obstbäumen

Für die Erhaltung und Pflege der Obstbäume ist eine möglichst große Baumscheibe besonders wichtig.
Auf diese Baumscheibe verteilt man im Herbst halb verrotteten Kompost oder gut verrotteten, kompostierten Mist. (Nie frischen Dünger oder unvergorene Jauche verwenden.) Außerdem gießt man die Obstbäume im zeitigen Frühjahr und nach der Ernte (über die Baumscheibe) mit einer Pflanzenjauche aus Brennnessel-, Beinwell- und Holunderblättern. Die Baumscheibe muss stets gut gemulcht oder aber mit einer Gründüngung eingesät werden. Diese friert im Winter ab und bleibt als Mulchmaterial liegen. Vorbeugendes Gießen mit Pflanzenjauchen und -brühen hat nicht nur eine düngende Wirkung, sondern hilft auch gegen Schädlinge und Krankheiten.

- Holunderblätterjauche wehrt Wühlmäuse ab.
- Brennnesseljauche wirkt gegen Blattläuse.
- Wermutbrühe hilft bei Obstmaden und Läusen.
- Rainfarntee hilft bei Milben.

Schachtelhalmtee hilft bei allen Pilzkrankheiten.
Auch Kapuzinerkresse, auf Baumscheiben gesät, wehrt Blatt- und Blutläuse ab und sieht schön aus.

Stammanstrich

Im Oktober (November) und im Februar werden die Stämme gründlich mit der Bürste von Moos, Flechten, loser Rinde und eventuellen Eiablagen befreit. Früher wurden die Bäume mit Kalkwasser angestrichen, um das Wechselspiel von Wärme und Frost im Winter zu vermindern. Die helle Farbe reflektiert nämlich die Sonnenstrahlen, vermindert dadurch die Wärme, und die Rinde bekommt nicht so leicht Risse. Wir verwenden statt des Kalkanstriches eine Brühe aus natürlichen Substanzen, die die Bäume nicht nur vor starker Sonneneinwirkung und Frostrissen schützt, sondern gleichzeitig auch die Rinde pflegt, weil ihre Zellbildung gefördert wird. Bäume, die längere Zeit so gepflegt werden, bekommen eine glatte Rinde, die Schädlingen viel weniger Unterschlupfmöglichkeiten bietet.

Diesen »Bio-Baumanstrich« kann man heute im Gartenfachhandel erstehen oder selber herstellen. Dafür koche ich etwa 75 g getrockneten Ackerschachtelhalm 10 Minuten lang in 5 l Wasser, lasse die Brühe abkühlen und gieße sie durch ein Sieb. Anschließend rühre ich Lehm oder Tonmehl ein, gebe eine Handvoll frischen Kuhdung und eine Handvoll Algenkalk dazu und lasse den Stammanstrich etwa 34 Stunden quellen. Die Lehm-Kräuter-Brühe wird mit einem Handfeger oder einem dicken Malerpinsel auf die Stämme und die dicken Äste der Obstbäume gestrichen. Reste kann man mit Wasser verdünnen und in Kronen und Beerensträucher spritzen. Zum Schutz gegen den Frostspanner bringt man nach dem Stammanstrich Leimringe dicht an den Stamm an. Die flügellosen Weibchen, die am Stamm hochklettern, bleiben daran kleben. Ende Dezember werden die Leimringe abgenommen und verbrannt.

➤ Gärtnern nach den Mondphasen

Viele Gärtner schwören darauf, dass sie reichere Ernten und gesündere Pflanzen in ihrem Garten haben, seit sie sich bei Aussaat, Pflege und Ernte nach den Mondphasen richten.
Das der Mond auf vielfältige Weise das Leben auf der Erde beeinflusst, ist seit altersher bekannt: Ebbe und Flut entstehen durch die Anziehungskraft des Mondes, Insekten benötigen das Mondlicht als Navigationshilfe, viele Menschen schlafen bei Vollmond unruhig und auch auf das Pflanzenwachstum wirken sich die Mondphasen aus. Ich könnte die Liste der Beispiele beliebig fortsetzen.
Aus einer Zeit, in das genaue Beobachten der Natur und ihrer Zyklen noch überlebenswichtig war, stammen die Überlieferungen und Erfahrungen, die sich moderne Mondgärtner heute zu Nutze machen und die sie erproben. Auch Wissenschaftler haben begonnen diese systematisch zu erforschen und können bereits manches bestätigen.
Als Pionierin auf diesem Gebiet gilt Maria Thun, die zunächst in zahlreichen Versuchen den Zusammenhang zwischen dem Stand des Mondes und dem Wachstum von Pflanzen erforschte. Sie erkannte, dass der Mond Wachstum und Gedeihen von Pflanzen begünstigen, aber auch bremsen konnte. Dabei bestätigte sie auch die einfachste Gartenregel: Was nach unten wächst, säe bei abnehmenden Mond, was nach oben wächst, säe bei zunehmenden Mond.
Ihre Erfahrungen sind aber wesentlich detaillierter und werden in dem seit 1963 jährlich erscheinenden Aussaatkalender zugrunde gelegt. Grundlage für den Aussaatkalender sind die Stellungen des Mondes in den Sternbilder und die Zuordnung der Pflanzen und ihrer Teile zu den vier Elementen.

Dabei gilt folgende Faustregel: Die besten Zeitpunkte für die Aussaat, Pflege und Ernte sind immer dann, wenn der Mond durch eines der Tierkreiszeichen wandert, dem die Pflanze zugeordnet ist.
Das Gärtnern allein nach den Mondphasen ist die einfachere Variante und erfreut sich sehr großer Beliebtheit. Den Garten auch nach den Tierkreiszeichen versorgen tun nur wenige, weil es komplizierter und zeitaufwendiger ist.

Wer den Mondkalender für sich selber in der Praxis testen möchte, sei auf den Buchtipp und die Links im Anhang verwiesen.

In der Übersicht sieht das so aus:

Erde	Wurzelpflanzen wie zum Beispiel
Stier, Jungfrau, Steinbock	Radieschen, Möhren, Kartoffeln

Wasser	Blattpflanzen wie zum Beispiel
Fisch, Krebs, Skorpion	Salat, Spinat, Mangold, Lauch

Licht/Luft	Blütenpflanzen wie zum Beispiel
Zwilling, Waage, Wassermann	Blumen, Brokkoli

Wärme/Feuer	Fruchtpflanzen wie zum Beispiel
Widder, Löwe, Schütze	Beeren, Früchte, Nüsse, Bohnen

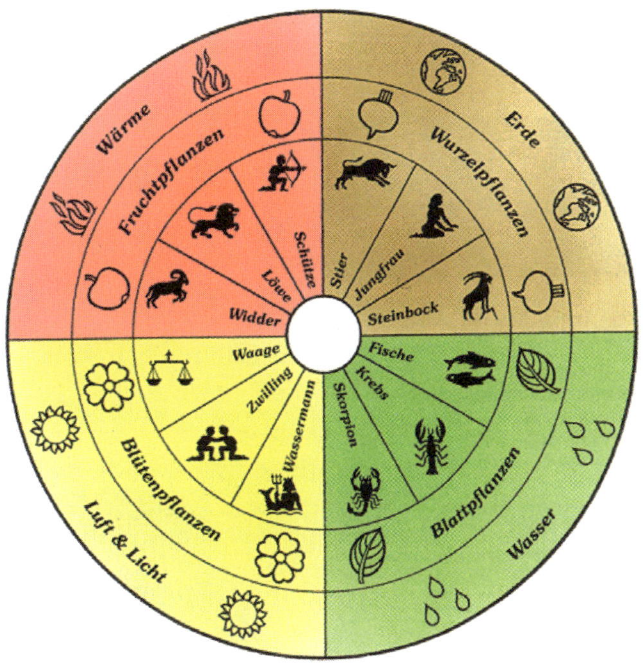

Quelle: Viergliedrigkeit Archiv Vetter nach Wikipedia

Voraussetzungen für eine gute Ernte

➤ Der Boden ist die Basis

Wenn Sie ein Stück Land neu pachten oder Ihren Garten auf einen naturgemäßen Anbau umstellen möchten, sollten Sie Ihr Augenmerk zunächst auf den Boden richten. Damit viele Arbeiten im biologischen Garten überhaupt verständlich werden, müssen Sie wissen, dass der Boden nicht ein »lebloser Klumpen Dreck« ist, sondern ein überaus vielfältiger, lebendiger Organismus, der aus verschiedenen Schichten besteht und von zahlreichen Kleinlebewesen und Mikroorganismen bevölkert wird. Über den Boden werden die Pflanzen indirekt ernährt. Die Bodenlebewesen bereiten und verwerten das von uns zugeführte organische Material (Kompost, verrotteter Mist, Mulch, Jauche, organische Dünger) und machen so die Nährstoffe für die Pflanzen verfügbar. In der Rotteschicht, die etwa 5 cm dick ist, wird das organische Material von Bakterien, Pilzen und Kleinstlebewesen (Springschwänzen, Käfern, Würmern, Spinnentieren, Tausendfüßlern usw.) abgebaut.
In der Humusschicht, die 20 bis 30cm dick ist, findet durch Mikroorganismen (Algen, Wurzelpilze, Stickstoffbakterien usw.) die Humusbildung statt, und die Nährstoffe für die Pflanzen werden aufbereitet. Sie können von den Hauptwurzeln der Pflanzen, die sich auch in dieser Schicht befinden, gut aufgenommen werden.

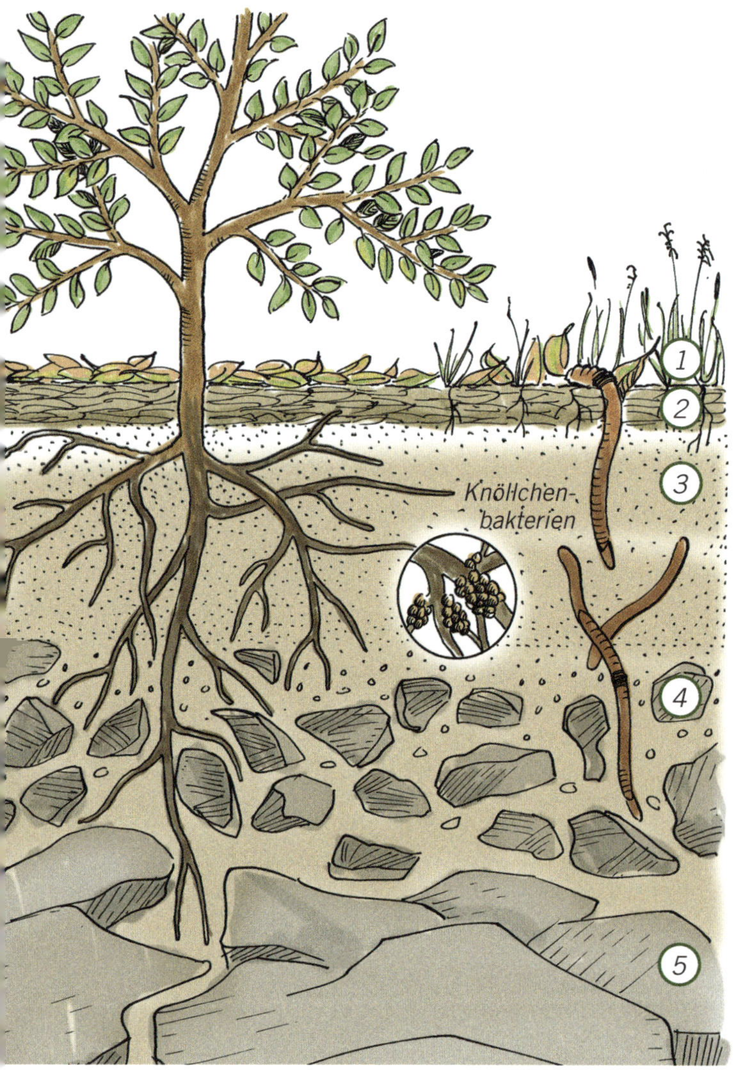

In der Mineralschicht, die bis in 1 m Tiefe reicht (manchmal auch bis 2 m) und die aus verwittertem Gestein besteht, werden die jeweiligen Mineralstoffe des Bodens freigesetzt und können mit dem Wasser zu den Pflanzen gelangen. (Hier befindet sich nämlich auch das Wasserreservoir.) Darunter befindet sich das Muttergestein, das je nach Untergrund ein Mineralstoffreservoir an Phosphor, Kalium, Magnesium usw. bildet. Durch alle Schichten hindurch, von der Rotteschicht bis hin zum Muttergestein, frisst der Regenwurm seine Gänge. Er ist unser wichtigster Helfer bei der Bodenverbesserung und Bodenbearbeitung. Durch seine Gänge sorgt er einmal für eine gute Durchlüftung des Bodens, zum anderen verarbeitet er die Erde und wertet sie auf. (Sein Kot enthält zum Beispiel viermal mehr für die Pflanze aufnehmbare Nährstoffe als die übrige Erde darum herum.)

Die Bodenbearbeitung

Es ist ganz wichtig, dass wir diesen Aufbau des Bodens nicht durcheinanderbringen, denn in jeder Schicht leben andere Wesen mit unterschiedlichen Aufgaben. Wir müssen den Boden pflegen, indem wir sein Leben erhalten!!! Wir ernähren mit organischem Material – Mulch, Kompost und organischen Dünger – die Bodenlebewesen. Diese sorgen dafür, dass unsere Pflanzen optimal ernährt werden, indem sie das organische Material aufbereiten und die Nährstoffe verfügbar machen.

Die verschiedenen Bodenschichten
1 Mulchschicht
2 Rotteschicht (etwa 3 cm)
3 Humusschicht (etwa 20-50 cm)
4 Mineralschicht
5 Mutterstein

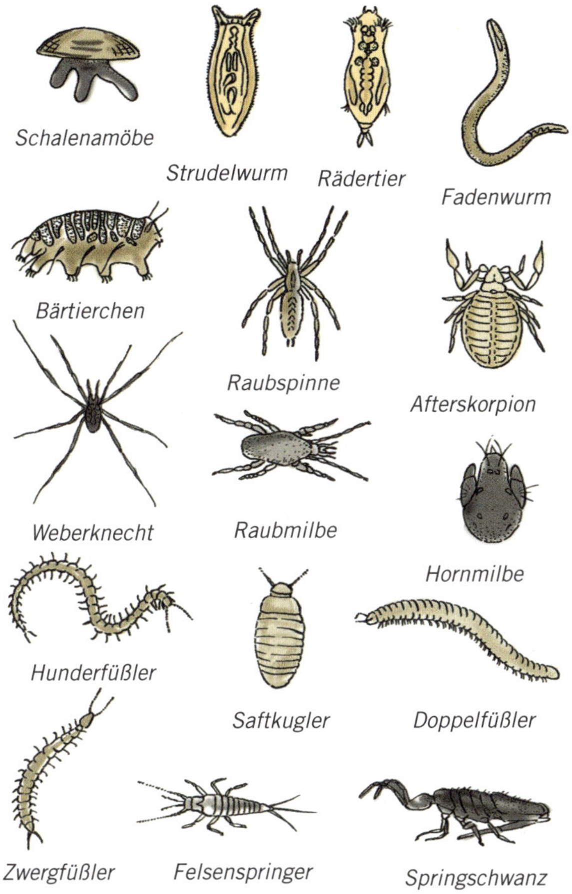

Einen Teil der Bodenlebewesen, die die organischen Materialien des Bodens aufbereiten und verwerten und so die in diesen Stoffen enthaltenen Nährstoffe aufschließen und für die Pflanzen verfügbar machen.

Durch diese indirekte Ernährung werden die Pflanzen robuster und widerstandsfähiger gegen Schädlinge und Krankheiten, als wenn sie direkt durch flüssige, chemische Dünger ernährt würden.

Wir schonen den Boden dadurch, dass wir seine Schichten nicht durch Umgraben durcheinanderbringen, sondern nur lockern und lüften. Wir bieten den Kleinstlebewesen gute Lebensbedingungen, weil wir uns bemühen, den Boden stets durch Mulchmaterial abzudecken, Unter der Wärme, der Feuchtigkeit und dem ausgeglichenen Klima der Mulchdecke können sie sich nämlich bestens entwickeln.

Die Bodenarten

Man unterscheidet zwischen Sand-, Ton- und Lehmböden. Selbstverständlich gibt es zwischen allen dreien verschiedene Übergangsformen und Abstufungen.

- Tonböden lassen sich schwer bearbeiten und sind sehr undurchlässig für Luft und Wasser. Außerdem erwärmen sie sich langsam. Bei trockenem Wetter ziehen sich die einzelnen Teilchen fest zusammen und springen, bei nassem Wetter kleben sie zusammen. Deshalb sollten sie stets gut gelockert und oft durchgehackt werden. Lockerer wird der Boden durch Kompost und Sandzugaben. Man unterstützt diese Maßnahme durch tief wurzelnde Gründüngung und eine Abdeckung, die das Bodenleben fördert, die Nährstoffe freisetzt und außerdem ein Austrocknen verhindert.

- Sandböden sind luft- und wasserdurchlässig; so schnell wie sie sich erwärmen, kühlen sie aus. Sie lassen sich zwar gut bearbeiten, aber es besteht immer die Gefahr, dass Nährstoffe und Wasser sehr schnell versickern. Deshalb ist der Humusgehalt von Sandböden sehr niedrig, und sie müssen häufig gegossen werden. Um Sandböden zu verbessern, führt man ihnen lehmhaltigen Kompost und Steinmehl zu. Durch ihren hohen Anteil an Tonmineralien verbessern sie die Wasserspeicherfähigkeit und halten die Nährstoffe. Außerdem sollte man sie stets gut mit Mulchmaterial bedecken, da die Feuchtigkeit so besser gehalten wird, die Nährstoffe nicht so leicht ausgeschwemmt werden und das Bodenleben angeregt wird.

Bei Sandböden setzt sich die Erde schnell ab und bildet einen Bodensatz, das Wasser ist klar.

- Lehmböden können in der Regel Wasser und Nährstoffe am besten speichern und sind gut durchlüftet. Durch Kompostzugaben und eine Bodenabdeckung bleibt ihre Fruchtbarkeit erhalten.

Da viele Bestandteile des Lehmbodens wasserlöslich sind, trübt sich das Wasser

Sie können übrigens ganz leicht feststellen, welche Bodenart in Ihrem Garten vorherrscht. Geben Sie eine Handvoll Gartenboden in ein Einmachglas und füllen Sie dieses zu drei Viertel mit Wasser auf. Rühren Sie gründlich um, und lassen Sie das Glas einige Zeit stehen. Wenn sich dann im oberen Teil des Gefäßes fast klares Wasser befindet und die Erde sich am Boden abgesetzt hat, so haben Sie in Ihrem Garten einen Sandboden. Ist das Wasser trüb und sind nur einige feste Bestandteile auf dem Boden, handelt es sich um einen Lehmboden. Ist der Boden sehr humusreich, verfärbt sich das Wasser braun, einige Teilchen schwimmen auf der Wasseroberfläche, andere sinken auf den Boden des Glases ab.

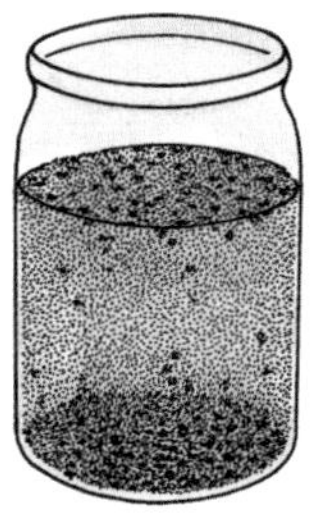

Eine deutliche Braunfärbung des Wassers zeigt einen humosen, nährstoffreichen Boden an.

Der Humus

Die Fruchtbarkeit eines Bodens richtet sich jedoch nicht nach der Bodenart, sondern nach dem jeweiligen Humusgehalt. Humus entsteht durch die Verwesung pflanzlicher und tierischer Stoffe. Chemisch gesehen besteht er zum größten Teil aus sogenannten Huminstoffen. Sie haben die Fähigkeit, Pflanzennährstoffe und Wasser zu speichern, den Boden vor Versauerung zu schützen, wegen ihrer dunklen Farbe die Wärme gut zu halten und die Bodenstruktur zu verbessern. Der Humus befindet sich in der obersten Bodenschicht. Hier findet in Zusammenarbeit mit den zahlreichen Kleinstlebewesen ein ständiger Abbau von organischem Material und ein Aufbau von Nährstoffen statt. Deshalb ist der Anteil des Humus in der obersten Bodenschicht entscheidend für Wachstum und Gesundheit der Pflanzen. Verständlich, dass jeder Gärtner bemüht ist, den Humusanteil seines Bodens durch Kompostgaben, durch regelmäßige Gründüngung und durch Mulchen anzuheben.

Fester Boden

Wenn man sich ein genaueres Bild von der Beschaffenheit des eigenen Gartenbodens machen möchte, gräbt man am besten eine Pflanze, die etwa fünf Wochen im Boden ist, vorsichtig aus und entfernt sorgsam die Erde von den Wurzeln. Ist der Wurzelballen dann klein und sind die einzelnen Wurzelstränge krumm oder gar ineinander verflochten, ist der Boden für die Pflanze offensichtlich nicht durchlässig genug. Er sollte häufiger gelockert werden, damit die Wurzeln ihn durchwachsen und sich stabilisieren können.

Nährstoffgehalt des Bodens

Um falsche Düngemaßnahmen zu vermeiden, sollte man unbedingt eine Bodenanalyse durchführen. Die ersten Frühlingstage oder der Frühherbst sind die richtigen Jahreszeiten für eine genaue Basisuntersuchung der Hauptnährstoffe. Mangelzustände können dann noch ausgeglichen werden, denn mit dem Untersuchungsergebnis erhält man zugleich Düngungs- und Bodenverbesserungsvorschläge Man kann dafür entweder seinem Garten an verschiedenen Stellen Proben entnehmen, diese mischen und an die Landwirtschaftliche Untersuchungsanstalt seines Bundeslandes oder an ein Speziallabor schicken oder sich selber sogenannte Bodentester-Sets besorgen (sie sind allerdings nicht ganz so genau). Aufgrund dieser Tests bestimmt man dann, welche Düngemaßnahmen man ergreifen muss. Oft hilft es auch schon, die wild wachsenden Pflanzen im Garten zu betrachten. Sie geben als »Zeigerpflanzen« Aufschluss über Bodenarten und Bodenverhältnisse: So wächst zum Beispiel der Ehrenpreis auf humusreichen Böden, Brennnesseln lieben einen stickstoffhaltigen Boden, und die Sumpfdotterblume fühlt sich auf einem Boden mit Staunässe wohl. Die Abbildung auf Seite 35 zeigt Ihnen weitere Zeigerpflanzen.

Saurer Boden

Das Gedeihen der Pflanzen ist ganz entscheidend vom Säuregehalt des Bodens abhängig.
Wie sauer der Boden ist, wird mit Hilfe des sogenannten pH-Wertes festgestellt. Die Bewertungsskala reicht von 0 (extrem sauer) bis 14. Zum Vergleich: Die meisten Gartenpflanzen bevorzugen einen pH-Wert, der zwischen 5,5 und 7,5 liegt. Im Handel werden von verschiedenen Firmen sogenannte pH-Test-Sets oder pH-Wert-Messgeräte angeboten. Die Messgeräte braucht man lediglich in den feuchten Boden zu stecken, sie zeigen dann den pH-Wert an. Bei manchen Testsets muss man eine Bodenprobe mit destilliertem Wasser vermischen und ein mitgeliefertes Farbteststäbchen hineinhalten. Es verfärbt sich rasch, so dass man anhand der mitgelieferten Farbskala den pH-Wert ablesen kann. Ein niedriger pH-Wert zeigt Kalkmangel an. Die Pflanzen gehen ein. Ein erstes Alarmsignal ist meist ein schwaches Wachstum des Wurzelwerks. Kalkmangel und Säuregehalt des Bodens mit Kalkzugaben entgegenwirken zu wollen, ist aber nicht ganz unproblematisch; dem Boden droht nämlich leicht eine Überkalkung, die nur schwer wieder zu beheben ist. Nur sehr wenige Pflanzen gedeihen nämlich in einem

Boden, dessen pH-Wert über 7,5 liegt. Selbst eine leichte Überdüngung mit Kalk baut viel zu schnell und vollständig Humus ab, so dass den Pflanzen bald keine Nährstoffe mehr zur Verfügung stehen. Aus diesem Grunde sollte man dem Boden nie direkt, sondern besser über den Komposthaufen Kalk in geringen Mengen zuführen. Wird der Kompost dann ausgebracht, kommt auch der Kalk in die Erde und kann so schonend gegen eine Übersäuerung wirken.

Kriechender Hahnenfuß

Ackerschachtelhalm

Brennnessel

Ackersenf

Vogelmiere

Breitwegerich

Sauerampfer

Einige Beispiele für Zeigerpflanzen, die Aufschluss über die Bodenbeschaffenheit geben:

Auf humusreichen Böden wächst: Vogelmiere (siehe Abbildung), Ehrenpreis, Echte Kamille
Auf stickstoffreichen Böden wächst: Brennnessel (siehe Abbildung), Melde, Hirtentäschel, Vogelknöterich.
Auf kalkhaltigen Böden wächst: Ackersenf (siehe Abbildung), Silberdistel, Steinklee.
Auf Böden mit Staunässe fühlen sich wohl: Kriechender Hahnenfuß (siehe Abbildung), Gänsefingerkraut, Sumpfdotterblume.
Auf schweren Böden findet man: Breitwegerich (siehe Abbildung), Vogelknöterich, Löwenzahn.
Auf nährstoffreichen Böden wächst: Ackerschachtelhalm (siehe Abbildung), Hornkraut, Pfeifengras.
Auf säurehaltigen Böden gedeiht: Sauerampfer (siehe Abbildung), Ackerstiefmütterchen, Wollgras.

➤ Richtige Düngung ist wichtig

Möchten Sie sich ausschließlich von vorgekochten Fertiggerichten in Dosen ernähren? Sie werden zwar bestimmt satt – bleiben Sie aber auch gesund und widerstandsfähig?
So ähnlich ergeht es den Pflanzen, wenn man ihnen Nährstoffe in Form von flüssigem chemischem Dünger zuführt. Solche »Kunstdünger« sind leicht löslich und werden somit von den Pflanzen direkt aufgenommen, was nichts anderes heißt, als dass die Pflanze praktisch gezwungen ist, das aufzunehmen, was sich an gelösten Nährsalzen im Boden befindet. Das birgt jedoch die Gefahr einer einseitigen und unharmonischen Ernährung mit Überdüngung. Denn durch die erhöhte Nährsalzkonzentration wird zwangsläufig auch mehr Wasser von der Pflanze aufgenommen. Das hat zur Folge, dass das Pflanzengewebe schwammig, sie selber dadurch anfälliger für Krankheiten und Schädlinge wird und dass sich ihr Geschmack und ihre Haltbarkeit verschlechtern. Außerdem schaden diese Düngesalze dem Bodenleben: stickstoffsammelnde Bakterien nehmen ab und die Regenwürmer verschwinden. Gar nicht davon zu reden, mit welch einem hohen Energie- und Rohstoffaufwand solche chemischen Dünger hergestellt werden, und wie sie immer mehr unsere Gewässer belasten! Für die Pflanzen ist es sicherlich besser und »natürlicher«, wenn sie sich die benötigten Nährstoffe und die für ihre Widerstandskräfte wichtigen Abwehrstoffe über die Wurzeln aus dem Boden holen.

Dass wir das Unsrige dazu beitragen müssen, wurde schon erwähnt. Wir führen dem Boden organisches Material zu, das den Bodenlebewesen als Nahrung dient. Es wird von ihnen abgebaut, und gleichzeitig werden damit die darin enthaltenen Nährstoffe für die Pflanzen verfügbar gemacht.

Welche Nährstoffe benötigen die Pflanzen?

- **Stickstoff**
  Stickstoff fördert das Wachstum und die Blattbildung. Wir führen ihn den Pflanzen durch Kompost, Mist und Mulch zu. Wo dies nicht ausreicht (siehe Bodentester), kann man stickstoffhaltige organische Dünger (Horn- und Blutmehl) verwenden. Wenn wir die Pflanzen mit Brennnesseljauche gießen, fördern wir die Stickstoffumsetzung im Boden. Einige Pflanzen, die sogenannten Leguminosen, können im Garten gezielt als Stickstofflieferanten eingesetzt werden. Zu ihnen gehören Erbsen, Bohnen, Ackerbohnen, Klee, Wicken und Lupinen. Ihre Wurzeln können mit Hilfe von Bakterien, mit denen sie in Symbiose leben, den Stickstoff aus der Luft in »Knöllchen« speichern. Indem man die Wurzeln der Leguminosen entweder in der Erde belässt oder zum Kompost gibt, wird der Boden mit Stickstoff versorgt.

- **Phosphor**
  Phosphor dient der Blüten- und Fruchtbildung sowie dem Aufbau der Pflanzenzellen.
  Meist ist Phosphor in einem biologischen Garten in ausreichendem Maße vorhanden. Wo dies nicht der Fall ist, können dem Kompost organische Handelsdünger wie Knochen- und Thomasmehl zugeführt werden. Genauso gut kann aber auch Geflügelmist mitkompostiert werden.

- **Kalium**
  Kalium ist für die Wurzelbildung und die Widerstandsfähigkeit der Pflanzen wichtig. Es ist meistens ausreichend vorhanden, besonders dann, wenn auch Laub und Holzasche mitkompostiert werden. Pflanzen, die einen hohen Kaliumverbrauch haben (Sellerie, Möhren, Stachelbeeren), können mit Beinwellblättern gemulcht oder mit Beinwelljauche gegossen werden.

- **Kalk**
  Der Säuregehalt des Bodens ist vom enthaltenen Kalk abhängig (Säuregehalt = pH-Wert). Kalk ist nämlich in der Lage, Säuren im Boden zu binden und das Bodenleben zu aktivieren. Bei Kalkmangel kann dem Boden über den Kompost Algenkalk oder Gesteinsmehl zugeführt werden (Seite 52).

- **Spurenelemente**
  Die Spurenelemente, zu denen unter anderem Magnesium, Eisen und Kupfer gehören, werden nur in verschwindend kleinen Mengen benötigt. Sie sind für ein gutes Gedeihen der Pflanzen unerlässlich. Normalerweise sind sie in einem guten Boden in ausreichender Menge vorhanden. Es empfiehlt sich aber, bei der Kompostierung Algen- oder Steinmehl zu verwenden, das mit Spurenelementen angereichert wurde.

Die Gründüngung

Man verwendet eine Gründüngung normalerweise als Vor- oder Nachsaat. Wenn man einen Garten neu anlegt oder übernimmt und dabei eine gewisse Bodenmüdigkeit feststellt, kann man auch eine ganzjährige Gründüngung einsäen. (Spezielle Mischungen sind im Handel erhältlich.) Eine Gründüngung im Garten hat verschiedene Vorteile: Sie beschattet den Boden und schützt vor dem Austrocknen. Wird sie abgehackt, liefert sie Mulchmaterial oder wird für den Kompost verwendet. Im Winter friert sie ab und bedeckt die Erde mit einer schützenden Hülle. Sie unterdrückt keimendes Unkraut. Tiefwurzelnde Arten erreichen eine Lockerung des Bodens und versorgen ihn mit organischen Substanzen.

Einige Arten sind in der Lage, mit ihren Wurzeln und mit Hilfe von Bakterien Stickstoff zu sammeln (Leguminosen). Aus diesem Grunde versuchen wir, wann immer es möglich ist, im Garten eine Gründüngung einzusäen:

Wenn in der Gemüsereihe erst später Pflanzen gesät oder gepflanzt werden.

Wenn wir zwischen den Gemüsekulturen Platz haben

Wenn eine Gemüsereihe abgeerntet ist und nicht erneut eingesät wird.

Man unterscheidet zwischen einer winterharten Gründüngung (Winterspinat, Zottelwicke, Winterroggen, Winterraps) und einer nicht winterharten Gründüngung, deren abgefrorene Reste entweder als Mulchmaterial auf dem Boden bleiben oder im Frühjahr abgerecht und kompostiert werden. Im Garten wird hauptsächlich die nicht winterharte Gründüngung verwendet.

- **Phacelia**

  Die Phacelia mit ihren blauen Blütenähren kann bis Anfang September ausgesät werden. Sie durchwurzelt den Boden gut und ist eine ausgezeichnete

Gründüngungspflanzen sind ein wichtiger Nährstofflieferant im biologischen Garten und helfen gleichzeitig, den Boden immer bedeckt zu halten.

Bienenweide. Man kann sie überall dorthin säen, wo Platz vorhanden ist: im Gemüsegarten, aber auch zwischen Blumenstauden. Besonders geeignet ist sie für kohlherniegefährdete Böden.

- **Gelbsenf**
  Besonders beliebt ist der rasch keimende und wachsende Gelbsenf, der den Boden sehr feinkrümelig macht. Er kann noch bis Ende September ausgesät werden. Verwendet man ihn als Voraussaat, hackt man ihn vor der Blüte ab oder reißt ihn aus und verwendet ihn als Mulchmaterial.

  Achtung: Senf nicht zu oft und nie als Voraussaat von Kohl säen, denn beide gehören zur Familie der Kreuzblütler und entziehen damit dem Boden die gleichen Nährstoffe und können sich gegenseitig Krankheiten übertragen.

- **Spinat**
  Der Spinat eignet sich gut als Zwischensaat; er ist relativ kälteunempfindlich und bedeckt den Boden zu einer Jahreszeit, in der andere Pflanzen noch nicht einmal ausgesät werden dürfen. Natürlich kann man einen Teil des Spinats essen, der Rest wird abgehackt, wobei die Blätter als Mulchmaterial auf dem Boden und die Wurzeln als Humusnachschub im Erdreich belassen werden.

- **Ackerbohne**
  Die Ackerbohne kann schon sehr zeitig im Frühling ausgesät werden, deshalb verwendet man sie besonders gern als Voraussaat. Sie ist ein guter Stickstoffsammler und durchwurzelt den Boden. Weil sie sehr viel Blatt- und Wurzelmasse erzeugt, ist sie eine ausgezeichnete Mulchpflanze. Man kann sie auch anstelle von Spinat zwischen die Reihen einer Mischkultur säen. Die Ackerbohne beeinflusst den Geschmack anderer Gemüsekulturen günstig (außer bei Zwiebelgewächsen).

- **Wicken und Klee**
  Beide können ab Anfang Mai bis Ende August gesät werden. Sie entwickeln ein feines Wurzelwerk und sind gute Stickstoffsammler

In der Übersicht sieht das so aus:

Deutscher Name	Botanischer Name	Geeignet für Boden	Aussaattermin
Bienenfreund	Phacelia tanacetifolia	jeden	März bis Ende Aug.
Buchweizen	Fagopyrum sagittatum	Sand, auch mit Lehm	März bis Ende Aug.
Esparsette	Onobrychis viciifolia	kalkhaltig	Apr. bis Mitte Aug.
Futtererbse	Pisum sativum	jeden	Apr. bis Mitte Aug.
Gelbklee	Medicago lupulina	Lehm, Ton, Löss	März bis Juni
Gelbsenf	Sinapis alba	sandiger Lehm	Apr. bis Ende Sep.
Lupine	Lupinus angustifolium	Sand, auch mit Lehm	Ende Apr. bis Anf. Sep.
Ölrettich	Rhaphanus sativus	sandiger Lehm	März bis Anf. Sep.
Sommerwicke	Vicia sativa	jeden	Apr. bis Mitte Aug.
Winterraps	Brassica napus	Lehm, Löss, Sand	August
Winterwicke	Vicia villosa	Sand, Lehm	Anfang Aug. bis Mitte Sep.

- **Ölrettich**
  Ölrettich kann bis Mitte September ausgesät werden. Er hat eine längere Wachstumszeit als Senf, durchwurzelt den Boden gut und tief und bekämpft Nematoden (Fadenwürmer).

  Achtung: Ölrettich nie als Voraussaat von Kohl säen.

- **Bitterlupinen**
  Sie haben eine sehr lange Wachstumszeit, deshalb können sie nur bis Anfang August (besonders gut auf leichten und sauren Boden) ausgesät werden. Bitterlupinen sind Stickstoffsammler und durchwurzeln den Boden gut.

Flächenkompostierung (Mulchen)
Der Wald ist das Vorbild für die Flächenkompostierung beziehungsweise das Mulchen. Sein Boden ist ständig bedeckt von herabfallenden Blättern, Nadeln und Pflanzen. Er wächst immer und braucht nie gedüngt zu werden. Wenn man im Garten die Gründüngungen abhackt, die als Voraussaat in die Gemüsereihen gesät wurden, bilden sie die erste Grundlage für den Aufbau eines Flächenkompostes.
Alles, was der Garten im Laufe des Jahres bietet, wird ständig zerkleinert und als Mulch zwischen die Gemüsekulturen gegeben. Viele Leute meinen, dass der Boden so viel schneller Nährstoffe bekommt als auf dem Umweg über den Komposthaufen (der ja auch in der Natur nirgends vorkommt). Als Materialien für eine Flächenkompostierung eignen sich:

- **abgehackte Gründüngungspflanzen**
- **verrotteter oder verkompostierter Mist**
- **Heilkräuter**
- **Wildkräuter**
- **Abfälle von Gemüseteilen bei der Ernte**
- **Grasschnitt (sofern er nicht von einer blühenden Wiese stammt)**
- **Blumen- oder Staudenabfälle**

Alles, was an gröberem und härterem Material anfällt, kann gehäckselt als oberste Schicht auf den Mulch gegeben werden. Diese robuste Bedeckung schützt den Boden vor extremen Witterungseinflüssen: Kälte, Trockenheit, Platzregen und Wind. Der Boden verschlämmt nicht, wird nicht hart oder rissig, das heißt, die stabile Krümelstruktur bleibt erhalten. Bei einer größeren Trockenheit wirkt diese Schicht als Feuchtigkeitsspeicher für das Gießwasser. Man kann diesen Mulch jederzeit betreten (auch bei Regen) und schont trotzdem das Bodenleben. Nicht nur für den Boden, sondern auch für den/die Gärtner/in bietet das Mulchen viele Vorteile:

- Der Boden bleibt locker, man muss weniger hacken.
- Der Boden verliert weniger Feuchtigkeit, man muss weniger gießen.
- Das Unkraut wird unter der Mulchdecke erstickt, man muss weniger jäten.
- Die Mikroorganismen produzieren Nährstoffe und Humus, man muss weniger düngen.
- Durch die Zersetzungsarbeit der Bodenlebewesen entstehen die wertvollen Ton-Humus-Komplexe und die Nährstoffe werden für die Pflanzen verfügbar gemacht. Insofern ist Mulch eine ständig fließende Düngequelle.
- Durch den Abbau des organischen Materials wird außerdem Kohlensäure freigesetzt. Sie bildet den Nachschub für die Kohlenstoffe, die die Pflanzen für ihren Aufbau benötigen (wird von ihnen durch die Blattunterseite aufgenommen).

Meiner Erfahrung nach ist es am besten, die Gemüsebeete nur dünn zu mulchen, damit sich keine faulenden Stellen bilden. Außerdem bietet eine dünne, lockere Mulchschicht auch den Vorteil, dass sich Schnecken unter ihr nicht so gut verkriechen können. Das grüne, leicht angewelkte Mulchmaterial mögen die Schnecken auch lieber als die frisch gesetzten Pflanzen, so dass man sie leicht ablesen kann. Eine solche Mulchdecke baut sich dann allerdings sehr rasch ab, so dass man bei Bedarf wieder nachstreuen muss. Auf Staudenbeeten, unter Beerensträuchern und Hecken kann man dagegen das Mulchmaterial ruhig länger liegen lassen. Daher eignen sich hier als Mulchmaterial auch sehr gut gehäckseltes Stroh, Rindenmulch, Sägemehl und Hobelspäne. Da sie aber allesamt stickstoffarm sind, muss der Boden vorher gut mit Kompost versorgt sein und die Pflanzen sollten auch ab und zu einen Jaucheguss erhalten.

Der Komposthaufen

Ganz allgemein gesprochen werden beim Kompostieren pflanzliche und tierische Abfälle auf einen Haufen gebracht. Regenwürmer, Pilze, Bakterien usw. bauen diese Stoffe ab und bereiten sie auf. Die Abfälle werden zu guter, sehr humushaltiger Gartenerde. Anschließend wird der Kompost dort verteilt, wo Nährstoffe gebraucht werden. Am besten sammelt man in einer Kompostkiste alles Material, das in der Küche und im Garten anfällt (siehe Bauanleitung »Kompostsammelkiste«, Seite 208). Dazu gehören Küchenabfälle wie zum Beispiel: Obst- und Kartoffelschalen, Gemüsereste, Eierschalen, Kaffeesatz, Teeblätter, Schnittblumen, Inhalt von Staubsaugerbeuteln usw. (keine mit chemischen Stoffen behandelten Abfälle verwenden!), Gartenabfälle wie zum Beispiel Grasschnitt, Unkraut, Laub, Staudenstängel, verwelkte Blumen, Obstreste, verbrauchte Erde aus Balkonkästen, Hecken- und Baumschnitt. (Kein Wermutkraut und keine hartnäckigen Unkräuter wie Ackerwinde und Quecke und keine kranken Pflanzenteile verwenden!)

Wenn sich in der Kompostkiste genügend Material angesammelt hat, beginnen wir mit dem Aufschichten des Komposthaufens. Er sollte etwa 150 cm breit und hoch und kann beliebig lang sein. Er wird immer auf einem gut gelockerten Erdboden aufgeschichtet, damit die Bodenlebewesen von dort hinaufsteigen und ihre Arbeit beginnen können. Günstig ist es, wenn der Kompostplatz durch eine Hecke oder hohe Blumenstauden gegen Wind und Sonne etwas abgeschirmt ist. Je vielfältiger das Material ist, das aufgeschichtet wird, desto besser ist der fertige Kompost. Die unterste Schicht sollte aus möglichst grobem Material (Baum- und Heckenschnitt, harte Stängel von Stauden) bestehen. Darüber breitet man eine etwa 20 cm hohe Schicht aus Abfällen (Küchenabfälle, Gartenabfälle, Mist) aus. Diese überstreut man hauchdünn mit Algenkalk, Knochenmehl, Steinmehl und etwas reifem Kompost als Kompoststarter. Wer keinen reifen Kompost besitzt, kauft für seine Umstellung auf einen naturgemäßen Garten einen fertigen Kompoststarter. Er fördert die Rotte und bringt das Bodenleben schneller in Schwung. Es folgen wieder gemischte Abfälle, die dünne Schicht Algenkalk usw., bis der Komposthaufen eine Höhe von 150 cm hat. Damit alle Materialien gut verrotten und nicht verfaulen, sollte Folgendes beachtet werden:

- Grobe Teile gut zerkleinern,
- eine gute Durchmischung,
- Feuchtigkeit, aber keine Nässe,
- gute Belüftung und Wärme, aber keine Hitze

Nach dem Aufschichten deckt man den Komposthaufen gut mit Stroh, Grasschnitt oder ähnlichem ab, und im Kompost fängt es an zu arbeiten. Zunächst werden Bakterien aktiv, die den Kompost auf eine Temperatur von fast 40 °C bringen und dann absterben. Dann machen sich thermophile Bakterien, die noch bei über 70 °C leben können, ans Werk. In dieser Phase werden auch eventuelle Krankheitskeime durch die Hitze vernichtet. Nach den thermophilen Bakterien treten Hutpilze auf, die auch den anfallenden Ammoniak verarbeiten können. Erst wenn Bakterien und Pilze 2 bis 3 Wochen ihre Arbeit getan haben, kommen die Kleinlebewesen und Regenwürmer zum Zug. Diese zweite Reifephase dauert etwa 8 Monate. Der Haufen sinkt zusammen, die Temperatur beträgt noch etwa 40 °C. Unzählige Mikroorganismen übernehmen die Zersetzung und den Aufbau von Humus.

- **Test des Kompostzustandes**
  Die Erde des Komposthaufens sollte die Feuchte eines ausgedrückten Schwammes besitzen.
  Steckt man einen Gerätestiel tief in den Kompost und zieht ihn dann wieder heraus, sollten sich an ihm keine schlierigen oder schwarzen Rückstände befinden. Sie sind ein Alarmzeichen: der Kompost enthält speckige Schichten. In diesem Fall sollte er unbedingt einmal umgesetzt werden, wobei man diese leicht fauligen Schichten auseinanderreißt. Früher wurden Komposthaufen lange gelagert und deshalb mehrmals umgesetzt (das Außenmaterial nach innen und das Innenmaterial nach außen). Bei einem sorgfältig aufgeschichteten Komposthaufen ist dies heute meist nicht nötig. Spätestens nach 9 Monaten ist er »fertig«. Wer will, kann ihn in der Zwischenzeit einmal umsetzen.

- **Die Verwendung von Kompost**
  Nach 2 bis 3 Monaten kann man den Kompost als halbreifen Mulchkompost verwenden. Dieser Mulchkompost arbeitet noch und benötigt daher ungeheuer viel Sauerstoff. Aus diesem Grunde sollte er nie mit den Wurzeln der Pflanzen in Berührung kommen, sondern stets oberflächlich auf die Beete ausgebracht werden. Er ist eine phantastische Anregung für das gesamte Bodenleben. Auch der reife Kompost wird nach 9 bis 12 Monaten in erster Linie oberflächlich ausgebracht, am besten übrigens im Frühjahr oder Herbst (allerdings nie auf kalte oder gefrorene Erde). Möchte man den Kom-

post im Sommer ausbringen, so steht dem nichts im Wege, wenn er abgedeckt (gemulcht) wird, damit Feuchtigkeit und Aktivität erhalten bleiben. Reifer Kompost kann auch für Saatrillen, Pflanzlöcher und Frühbeetkästen verwendet werden. Nach mehr als einem Jahr verliert der Kompost übrigens mit der Zeit an Nährstoffen, das heißt, er bietet dann nicht mehr die erwünschte düngende Wirkung.

- **Spezialkomposte**
  Wer sehr viel Mist – natürlich nur aus einwandfreier Tierhaltung – zur Verfügung hat, sollte auch diesen schichtweise aufsetzen und unbedingt zwischen jede Lage Mist etwas Erde, Kompost oder Steinmehl (keinen Kalk!) streuen. Bei sehr strohigem Mist muss man darüber hinaus unbedingt für regelmäßige Feuchtigkeit sorgen und den Haufen eventuell nach 3 bis 4 Monaten noch einmal umsetzen. Auch bei großen Mengen von Laub empfiehlt es sich, einen eigenen Laubkomposthaufen anzulegen. Hierfür mischt man das Laub von vielen verschiedenen Bäumen gut durch, verwendet Nuss- und Eichenbaumblätter möglichst nur in kleinen Mengen, weil sie nur schwer verrotten und stark gerbsäurehaltig sind, und streut zwischen die Laubschichten etwa alle 30 cm Kompost, Steinmehl, Kalk und etwas tierischen Dünger. Bei Laubkomposthaufen sind ein Kompostbeschleuniger und ein Umsetzen des Haufens im Frühjahr sehr empfehlenswert. Reifeprobe: Man sät Kresse in eine mit feuchter Komposterde gefüllte Schale. Wenn sie gut keimt und nicht gelb wird, ist der Kompost reif.

Andere organische Dünger

Tierische Dünger Frischer Stallmist ist eine Nährstoffbombe und sollte eigentlich nur in kompostierter Form verwendet werden, weil er sonst zu »triebig« wirkt. Außerdem nehmen Pflanzen zuweilen den Mistgeruch auf, und werden dadurch stärker von schädigenden Organismen befallen, da diese von dem Geruch angezogen werden. Wenn überhaupt, sollte man höchstens leicht angerotteten Mist schleierdünn auf tief gelockerte Beete ausbringen (nie untergraben) und nur oberflächlich mit dem Rechen einarbeiten. Niemals verwendet man Mist aus Massentierhaltung. Auf keinen Fall sollte man aber frischen oder nur leicht angerotteten Mist auf Beete mit Möhren, Zwiebeln, Bohnen, Erbsen, Petersilie und Rettich bringen. Hornspäne, Horngrieß und Hornmehl werden aus den Hörnern und Klauen von Schlachtvieh hergestellt. Sie sind sehr konzentrierte Dünger mit einem hohen Anteil an Stickstoff und Phosphor. Man sollte sie nur verwenden, wenn sonst nicht die Möglichkeit besteht, Mist in irgendeiner Form zu bekommen, und auch dann nur äußerst sparsam. Ähnliches gilt für Knochenmehl, Blutmehl und Ledermehl, die allesamt aus Schlachtabfällen hergestellt werden. Ich habe diese Dünger noch nie in unserem Garten verwendet.

- **Algendünger**
  Algendünger aus getrockneten und gemahlenen Algen enthalten viel Kalium und viele Spurenelemente, deshalb können sie auch bei einem Magnesiummangel eingesetzt werden. Meeresalgendünger aus Braun- oder Kieselalgen sind zum Beispiel Algifert oder Algan, sie werden zur biologischen Blattdüngung eingesetzt. Einige Algendünger können auch bis zu 33% Kalk enthalten, wenn sie aus den Skeletten der Rotalgen gewonnen werden. Dieser Algenkalk aktiviert besonders das Bodenleben.

- **Holzasche**
  Auch die Holzasche (ohne Zusatz von Kohlenasche) ist ausgesprochen kaliumreich, enthält aber auch Kalk und Spurenelemente. Sie wirkt jedoch nicht nur als Dünger, sondern darüber hinaus auch noch pilz- und fäulnishemmend, deshalb gebe ich sie hauchdünn in Saatrillen und Pflanzlöcher, besonders bei Sellerie und Möhren sowie bei Rosen.

- **Steinmehle**
  Steinmehle wie Urgesteinsmehl und Basaltmehl sind ein Heilmittel für jeden Garten, weil sie den Boden reichlich mit Spurenelementen versorgen und ihn dadurch enorm verbessern. Außerdem besteht bei ihnen nie die Gefahr einer Überdüngung. Bei uns im Garten sind sie unverzichtbar, verbessern sie doch die Fähigkeit des Bodens, Wasser und Nährstoffe zu halten. Außerdem lassen sie die Bodenkrümel stabiler werden, durch sie nehmen die Huminstoffe im Boden zu, und die Mikroorganismen vermehren sich. Sie binden schlechte Gerüche (in der Brennnesseljauche), puffern im Kompost die Säuren ab und fördern dort durch ihr hohes Vermögen, Sauerstoff zu binden, die Rotte.

  Phosphordünger (z. B. Thomasmehl) ist ein industrielles Abfallprodukt der Eisenerzgewinnung. Er sollte nur mit äußerster Vorsicht und bei ganz akutem Bedarf verwendet werden, weil die Gefahr der Verunreinigung des Bodens mit Schwermetallen besteht.

- **Pflanzenjauchen**
  Jauchen haben eine düngende Wirkung und eignen sich deshalb zum Gießen bei stark zehrenden Pflanzen oder wenn man einen Wachstumsschub erreichen will. Zusätzlich fördern sie die Abwehrkräfte der Pflanzen. Jauchen sollte man vor dem Gießen stets verdünnen, damit an den Pflanzen keine Verbrennungen entstehen.

  Zur Herstellung von Pflanzenjauchen werden in ein großes Gefäß aus Holz, Steingut oder Plastik (kein Metall verwenden) 10 kg frische, zerkleinerte oder 1 kg getrocknete Pflanzen gegeben und 50 l Regenwasser eingefüllt (nicht ganz bis zum Rand). Man stellt das Fass in die Sonne, breitet ein Drahtgitter darüber (damit keine Tiere hineinfallen können) und lässt den Inhalt gären. Einmal am Tag sollte umgerührt werden. Zwei kleine Schaufeln Steinmehl untergerührt, binden den Jauchegeruch. Nach etwa 2 Wochen schäumt die Jauche nicht mehr und ist fertig. Sie wird im Verhältnis 1:10 verdünnt und ausgebracht.
  (Ähnlich kann man Jauche aus 10 kg frischem oder 2 kg getrocknetem Hühnermist herstellen.)
  Karotten, Rettiche und Zwiebeln sollten keine Jauchegaben erhalten, damit keine Schadinsekten angezogen werden. Außerdem empfiehlt es sich, nach dem Ausbringen der Jauche empfindliche Pflanzen gut anzuhäufeln und zu mulchen, da auch hier der Geruch Schadinsekten anzieht.
  Brennnesseljauche Sie fördert das Wachstum und die Chlorophyllbildung. Regenwürmer mögen Boden, der mit Brennnesseljauche gedüngt wurde. Deshalb kann man auch auf den Komposthaufen zwischen die einzelnen Schichten etwas Brennnesseljauche geben.

- **Beinwelljauche**
  Sie ist sehr kalihaltig und besonders Tomaten und Sellerie, aber auch alle anderen Kulturen können damit gedüngt werden.

- **Kräuterjauchen**
  Man kann auch eine Jauchenmischung aus Brennnesseln, Beinwell, Schachtelhalm, Kamille und Küchenkräutern herstellen. Welche Kräuter in welchem Verhältnis dazu nötig sind, sollte jeder selbst durch eigenes Experimentieren herausfinden.

- **Braucht man Torf?**
  In Ihrem biologischen Garten sollten Sie ohne Torf auskommen. Hochmoore gehören zu den am stärksten gefährdeten Kulturen, was allein schon Grund genug für einen Verzicht wäre. Darüber hinaus bringt er dem Garten mehr Schaden als Nutzen:
  - In Sandböden hat er keine Wirkung, weil er sich rasch zersetzt.
  - In Lehmböden verkohlt er, weil er von der Luftzufuhr abgeschnitten ist.
  - Er fördert durch seinen hohen Säuregehalt die ohnehin schon hohe Bodenversauerung.
  - Torf speichert Wasser, deshalb wird bei Trockenheit dem Boden durch Torf zuviel Wasser entzogen, das Bodenleben wird dadurch gestört.
  - Torf unter Rosen fördert den Blattlausbefall. Sinnvoll ist Torf eigentlich nur bei Azaleen und Rhododendren, die einen stark sauren Boden lieben.

- **Braucht man Stroh?**
  Stroh kann als Kompostmaterial zwischen konzentrierte Mistlagen (siehe Mistkompost), zum Mulchen und für die Pilzzucht verwendet werden. Hat der Landwirt allerdings sein Stroh mit Fungiziden gespritzt, sollte man es lieber nicht verwenden, da es sein kann, dass es monatelang nicht verrottet.

- **Braucht man Rinde?**
  Rinde ist ein gutes Mulchmaterial, insbesondere für Zierbeete. Sie enthält natürliche Wachstumshemmstoffe und unterdrückt damit erfolgreich unerwünschte Wildkräuter. Allerdings ist sie kein Bodenverbesserer; sie lässt den Boden leicht »sauer« werden, und Pflanzen in ihrer Nähe müssen unbedingt mit Pflanzenjauchen gedüngt werden, damit sie insbesondere keinen Stickstoffmangel erleiden. Im Handel gibt es vorkompostierte Rindensubstrate. Sie lockern, lüften und düngen den Boden und sind so eigentlich ein hervorragender Ersatz für Torf. Problematisch wird der Einsatz, wenn die Rinde mit Insektiziden vorbehandelt wurde.

➤ Gute und schlechte Pflanzennachbarn

Wenn man seinen Garten nicht in viele Beete unterteilt, auf denen jeweils nur eine Gemüsekultur wächst, sondern auf einem Beet mehrere Pflanzen nebeneinander oder nacheinander anbaut, spricht man von einer Mischkultur. Diese hat den Vorteil, dass eine bessere Ausnutzung der Beete stattfindet. Außerdem erhält man gesunde Pflanzen und reiche Ernten, wenn man die Pflanzen so auswählt, dass sie sich gegenseitig im Wachstum fördern und vielleicht sogar zur Schädlingsabwehr beitragen. Auch Pflanzen können gute und schlechte Nachbarn haben, das heißt, sie reagieren in der Nähe bestimmter Pflanzen mit Wachstumsstockungen, in der Nähe anderer mit reichem Wachstum und Geschmacksverbesserungen. Die Tabelle auf Seite 48 soll Ihnen bei der Auswahl der Pflanzennachbarschaften behilflich sein; sie ist natürlich nur ein Anhaltspunkt.

Mit wachsender Erfahrung werden Sie bald selbst herausfinden, welche Pflanzen wohl gut zusammenpassen: Pflanzen, die ein ausgedehntes Wurzelwerk entwickeln, ergänzen sich meist mit solchen, die sich mehr oberirdisch ausbreiten und zum Beispiel viele Blätter oder »Köpfe« entwickeln (Sellerie und Blumenkohl). Hinweise auf gute Mischkulturpartner finden Sie zusätzlich für jede einzelne Kultur im »Abc der Nutzgartenpflanzen«.

Eine Mischkultur in Reihen (von links nach rechts): Lauch, Erdbeeren, Zwiebeln, Möhren, Zwiebeln – Blumenkohl, Sellerie, Blumenkohl, Tomaten

Gute und schlechte Pflanzennachbarn – eine Übersicht	Buschbohnen	Chicorée	Endivien	Erbsen	Erdbeeren	Feldsalat	Fenchel	Gemüsepaprika	Gurken	Kartoffeln	Kohlarten	Kohlrabi	Kopfsalat	Lauch	Mangold	Möhren	Neuseeländer Spinat	Pastinake	Petersilienwurzeln	Pflücksalat	Puffbohnen	Radieschen	Rote Bete	Sellerie	Schwarzwurzeln	Spinat	Stangenbohnen	Tomaten	Winterpostelein	Zucchini	Zuckerhut	Zwiebeln
Blumenkohl				+					+	-	-	+	+	-		+				+		+		++		+						-
Brokkoli									+	-	-		+	-								+						+				-
Buschbohnen				-					+		+	+	+	-						+			+	+				+				-
Chicorée							+					+				+											+	+				
Chinakohl	+									-	-		+	-		+										+						-
Endivien					+		+									+											+	+				
Erbsen										+			+			+				+		+	+				-	-				
Erdbeeren											+		+	++								+										++
Feldsalat																													+			
Fenchel		+	+																	+							-	-				
Gemüsepaprika									+																			+				
Gurken	++						+				+		+									-	+	+				-				+
Grünkohl											-		+	-						+		+				+						
Kartoffeln				-							-	+												-		+		-				-
Kohlrabi	+			+							-		+	+		+						+				+		+				-
Kopfsalat	+			+					+					+		+			-					-			+	+				
Lauch				-	++						+		+			+							-	+				+				
Mangold											+					+						+	+									
Möhren				+										+	+							+						+				++
Neuseeländer Spinat																												+				
Pastinake		+												+	+																	+
Petersilienwurzeln	+												-									+						+				
Pflücksalat					+		+				+											+	+		+			+				
Puffbohnen												+						+		+						+						
Radieschen	+			+					-		+		+			+				+						+	+	+				
Rosenkohl				+					+	-		+		-	+							+		+		+						-
Rote Bete									+	-		+	+	-																		+
Rotkohl	+			+					+	-		+		-	+							+		+		+						-
Sellerie	+										+			+													+	+				
Schwarzwurzeln											+	+	+							+												
Spinat	+	+	+	+	+	+	+	+	+	+	+	+	+	+	+	+	+	+	+	+	+	+	+	+	+	+	+	+	+	+	+	+
Stangenbohnen				-					+		+	+	+	-						+				+						+		-
Tomaten		+	+	-			-		-	-	+	+	+	+		+	++		++	+		+		+		+						
Weißkohl										-	-	+	+	-										+		+		+				-
Winterpostelein					+	+								+						+												+
Wirsing				+					+	-	-	+	+	-	+									+		+	+	+				-
Zucchini																											+					+
Zuckerhut							+									+																
Zwiebeln		+	+				+				-		+			++							+				-			+		

++ = ist ein sehr guter Nachbar für die Pflanze
\+ = ist ein guter Nachbar für die Pflanze
\- = ist ein schlechter Nachbar für die Pflanze

➤ Pflanzenschutzmaßnahmen

»Schädlinge« und »Unkräuter« sind eine Erfindung des Menschen und es scheint zu einem Problem unserer Zeit geworden zu sein, dass wir die Pflanzen, die wir für unsere Ernährung anbauen, auch schützen müssen Dies war keineswegs immer so: In der Natur, in der alle Pflanzen und Tiere in einer ungeheuren Vielfalt vorkommen, herrscht nämlich ein biologisches Gleichgewicht. Verschiedene Organismen halten sich gegenseitig in Schach, der eine lebt vom anderen. Da alle Glieder einer langen Kette sind, kann keine Art überhandnehmen. Von Krankheiten (verursacht durch Viren und Pilze) werden stets nur die schwächsten Pflanzen befallen und so auf natürliche Weise aussortiert.

Wir Menschen haben dieses Gleichgewicht gestört, indem wir auf die Vielfalt beim Anbau der Pflanzen verzichteten und riesige Monokulturen anlegten. Dort griffen wir, um einen hohen Ertrag zu erzielen, in das Wachstum der Pflanzen ein und versorgten sie mit chemischen Düngern. Dieser förderte zwar das Wachstum, aber die Widerstandskraft verringerte sich, die Pflanzen wurden anfällig für Schädlinge und Krankheiten. Man erfand deshalb die »Fungizide« (gegen Pilzkrankheiten) und die »Insektizide« (gegen Schadinsekten). Da auch der Boden durch die einseitige Beanspruchung durch Monokulturen ausgelaugt war, konnten sich einige Pflanzen in unerwünschter Weise ausbreiten, die »Unkräuter«. Auch sie mussten vernichtet werden. Man erfand die dritten im Bunde, die »Herbizide« (Unkrautvernichter).
Leider leben wir auch heute immer noch nicht in einem schädlings- und unkrautfreien Paradies; man hatte nämlich »die Rechnung ohne den Wirt gemacht«. Viele Insekten und Pflanzen wurden gegen die verwendeten Mittel resistent, so dass neue, noch stärkere Abwehrstoffe erfunden werden mussten. In vielen Fällen vernichtete man damit auch Tiere, die man gar nicht treffen wollte, so dass auch Nützlinge ausgemerzt wurden. Von der Problematik der »Rückstände« bei den Pflanzen einmal gar nicht zu sprechen, sollte Ihnen dieser kleine Exkurs eigentlich nur zeigen, welche Bedeutung bereits ein kleiner chemischer Eingriff für das biologische Gleichgewicht haben und welch weitreichende Folgen er nach sich ziehen kann.
In unserem Garten kommen wir ohne diese »gewaltsamen« Mittel aus und können das biologische Gleichgewicht erhalten, wenn wir drei Dinge beherzigen:

1. Wir bemühen uns, den Boden so gut wie möglich zu pflegen, denn er ist die Voraussetzung für ein gesundes Wachstum der Pflanzen (siehe Seite 34).
2. Wir berücksichtigen beim Anbau die natürlichen Gegebenheiten. Wir verwenden deshalb nach Möglichkeit nur solche Sorten, die den Bodenverhältnissen und dem Standort gut angepasst sind. Außerdem achten wir bei der Auswahl der Sorten darauf, dass sie möglichst unempfindlich für Krankheiten und Schädlinge sind. (Das gilt natürlich nicht nur für den Kauf von Samen, sondern auch für die eigene Samengewinnung.) Es gibt heute schon eine Reihe von Züchtungen zu kaufen, die auf Mineraldüngergaben angewiesen sind. Solche Sorten kommen für einen Anbau in einem biologischen Garten nicht in Frage. Um eine einseitige Ausnutzung des Bodens und eine Übertragung von Krankheiten zu vermeiden, bauen wir nie an der gleichen Stelle im darauffolgenden Jahr dasselbe an (siehe Seite 54).
3. Wir bemühen uns darum, die Pflanzen zu schützen, indem wir für sogenannte Nützlinge, die die Schädlinge fressen, bestmögliche Lebensbedingungen schaffen und Pflanzenpartnerschaften berücksichtigen, die auf natürliche Weise Schädlingen keine Chance zur Ausbreitung bieten.
So wird eine direkte Abwehr von Krankheiten und Schädlingen nur in Ausnahmefällen nötig sein.

Unsere Helfer bei der Schädlingsabwehr

Um das erwähnte biologische Gleichgewicht in unserem Garten zu fördern und zu erhalten, machen wir dort möglichst viele Nützlinge heimisch. Für die Vögel, die große Mengen Insekten, Larven, Käfer, Spinnen und Läuse fressen, legen wir Hecken mit einheimischen, Beeren tragenden Früchten an, pflanzen Bäume und verschaffen ihnen damit Sitzplätze und Nistgelegenheiten (eventuell hängen wir zusätzlich Nistkästen auf). Im Winter füttern wir die Vögel auf vernünftige Weise.

Wir legen Stein- und Asthaufen und eventuell einen Teich für Igel (sie fressen Schnecken, Raupen, Engerlinge und Würmer), Blindschleichen (vertilgen Insekten und Würmer) und Erdkröten (leben von Würmern und Schnecken) an. Wir pflanzen für die vielen nützlichen Insekten, die große Mengen von Läusen, Raupen, Puppen und anderen Insekten fressen, in unserem Garten Blumen, Stauden und andere Gewächse an, die für ihre Entwicklung nützlich sind. Dazu gehören zum Beispiel:

Wiesenkerbel, Petersilie, Dill, Phacelia, Borretsch und Brennnesseln.
Wir lassen statt des »unkrautfreien« Rasens eine Wildwiese entstehen. Wir nutzen die natürlichen Abwehrkräfte mancher Pflanzen, indem wir sie zu gefährdeten Kulturen dazusetzen. Zum Beispiel vertreibt der Borretsch den Kohlweißling, Lavendel die Ameisen, Kapuzinerkresse und Salbei Läuse, Schnittsellerie den Kohlweißling, Salbei und Knoblauch Schnecken usw. Einige Pflanzen wehren auch Pilzkrankheiten ab, wie zum Beispiel der Wermut den Säulenrost der Johannisbeeren oder der Meerrettich die Monilia.

Was tun bei Schädlingsbefall?

Was tun wir, wenn trotz aller Pflege des Bodens und Beachtung der oben beschriebenen Empfehlungen in unserem Garten dennoch Schädlinge und Krankheiten auftreten?

Als oberstes Gebot gilt: Ruhe bewahren, nicht kopflos handeln. Zunächst müssen wir feststellen, ob es sich um einen tierischen Schädling oder um eine Krankheit handelt. Im zweiten Schritt versuchen wir die befallenen Pflanzen zu stärken: Wir lockern, wässern und mulchen den Boden (dadurch werden die Bodenlebewesen zu verstärkter Tätigkeit angeregt) und düngen die Pflanze mit Brennnesseljauche. Als nächstes beobachten wir, ob bereits natürliche Feinde vorhanden sind, und der Spuk auf diese Weise schnell vorbei sein wird. Wenn jedoch keine Besserung eintritt, greifen wir zunächst zu mechanischen Mitteln, indem wir Fallen anbringen:

- Wir legen halbierte Kartoffelscheiben aus, um den Drahtwurm zu fangen,
- bringen an Obstbäumen Fanggürtel und Leimringe gegen Maden und Frostspanner an,
- hängen Kirschfruchtfliegenfallen in die Kirschbäume, um die reifen Kirschen vor Madenbefall zu schützen,
- mit Gelbtafeln in Gewächshäusern und Wintergärten locken wir weiße Fliege und Trauermücke an,
- wir graben Joghurtbecher ebenerdig ein und füllen sie mit Bier, um Schnecken zu fangen,
- bringen an Kohlköpfen einen sogenannte Kohlkragen gegen die Kohlfliege an und errichten Zäune, spannen Drähte usw.

Einige unserer tierischen Helfer bei der Schädlingsabwehr

- wir stellen einen Schneckenzaun mit gebogenen Kanten um unsere Beete, der Schnecken erfolgreich abwehrt,
- mit Gemüsefliegennetzen wehren wir Möhrenfliegen, Zwiebelfliegen, Kohlfliegen und Lauchmotten ab.

Wir sammeln Raupen, Schnecken und Käfer ab. Hierbei stellt sich dann allerdings grundsätzlich das Problem, was wir mit diesen abgesammelten Tieren machen. Dies ist eine Frage, die jeder für sich entscheiden muss. Wer sich scheut, die Tiere mit kochend heißem Wasser zu überbrühen und anschließend auf den Kompost zu geben, trägt sie vielleicht an einen nahegelegenen Waldrand, wo sie in der Regel keinerlei Schaden anrichten können. Zusätzlich entfernen wir kranke Pflanzenteile, brechen befallene Triebspitzen aus, sammeln Fallobst auf und spritzen mit kaltem oder heißem Wasser. Wenn dies alles nichts nützt, greifen wir zu unserer »Gartenapotheke« mit selbst hergestellten Mitteln.

Wiesenkerbel ist für die Entwicklung vieler nützlicher Insekten wichtig.

Die Gartenapotheke

Zur Stärkung der Pflanzen, zur Regeneration und Belebung des Bodens, aber auch bei akutem Schädlingsbefall und bei Pflanzenkrankheiten verwenden wir verschiedene selbsthergestellte Zubereitungen aus Kräutern in Form von Tees, Brühen, Kaltwasserauszügen und Jauchen. Bei der Herstellung von Tees werden die entsprechenden Kräuter mit kochendem Wasser übergossen. Danach lässt man sie etwa 10 Minuten ziehen, abkühlen und seiht sie ab. Für Kaltwasserauszüge lässt man die entsprechenden Kräuter einfach 12 bis 24 Stunden im Wasser ziehen. Anschließend werden sie dann durch ein Sieb geseiht und den jeweiligen Rezepten entsprechend gegossen oder gespritzt. Auch Brühen werden zunächst mit kaltem Wasser angesetzt. Nach 24 Stunden köchelt man sie etwa 30 Minuten auf kleiner Flamme, lässt sie abkühlen und seiht sie ab, bevor man sie dann den jeweiligen Rezepten entsprechend unverdünnt oder verdünnt spritzt. Jauchen sind in erster Linie wertvolle Flüssigdünger, dienen aber auch als Mittel zur allgemeinen Insektenabwehr. Man lässt die in Wasser eingeweichten Kräuter 10 bis 20 Tage vergären, bevor man sie stets verdünnt ausbringt.

Wermut pflanzt man unter Johannisbeeren. Er hilft den Säulchenrost abzuwehren.

- **Brennnesseljauche**

  Brennnesseljauche hat eine zweifache Wirkung: Einmal düngt sie die Pflanzen und zum anderen ist sie ein Mittel zur allgemeinen Insektenabwehr.

  Herstellung und Anwendung: 10 kg frische, zerkleinerte Brennnesseln oder 1 kg getrocknete werden mit 50 l Regenwasser in einen großen Topf gefüllt. (Das Gefäß sollte nicht ganz bis zum Rand gefüllt sein, also entweder mehr als 50 l fassen oder die Jauchenmenge muss entsprechend

Salbei hilft gegen Läuse und Schnecken

Borretsch zwischen Kohl gepflanzt, vertreibt den Kohlweißling

reduziert werden.) Man stellt das Fass in die Sonne, breitet ein Drahtgitter darüber, damit keine Tiere hineinfallen und lässt den Inhalt gären. Dazu braucht man weiter nichts zu tun, als die Jauche einmal am Tag gründlich umzurühren. Rühren Sie auch 2 kleine Schaufeln Steinmehl unter, das bindet den leicht unangenehmen Jauchegeruch. Nach etwa 2 Wochen schäumt die Jauche nicht mehr und ist dann fertig. Brennnesseljauche wird, wie alle Jauchen, im Verhältnis 1:10 verdünnt und erst dann ausgebracht.

- **Brennnessel-Kaltwasser-Auszug**
  Der Kaltwasser-Auszug ist eine unvergorene Jauche. Er wirkt gegen Blattläuse im Anfangsstadium.
  Herstellung und Anwendung: 1 kg Brennnesseln lässt man in 5 l Wasser 12 – 24 Stunden ziehen. Anschließend werden die Blätter durch ein Sieb gegossen. Der Auszug wird unverdünnt ausgebracht.

- **Ackerschachtelhalmbrühe**
  Ackerschachtelhalmbrühe wirkt wegen ihres hohen Kieselsäuregehaltes bei Pilzkrankheiten wie Schorf, Mehltau usw. aber auch bei Milbenbefall. Am besten ist es, sie vorbeugend anzuwenden und mehrmals auf Büsche, Bäume und Beete zu spritzen.
  Herstellung und Anwendung: 100 g frischer oder 15 g getrockneter Ackerschachtelhalm wird in 1 l kaltem Wasser für 24 Stunden eingeweicht, dann 20 Minuten auf kleiner Flamme gekocht, abgeseiht und im Verhältnis 1:5 mit Wasser verdünnt, gespritzt oder gegossen.

- **Rainfarntee**
  Rainfarntee wirkt ganz allgemein als Abwehrmittel gegen Insekten, dabei besonders gegen Erdbeerblütenstecher, Himbeerkäfer, Blattwespen, Erdbeer- und Brombeermilben. Zusätzlich stärkt er die Abwehrkräfte der Pflanzen, die leicht Rost oder Mehltau bekommen.
  Herstellung und Anwendung: 30 ggetrocknete oder 300 g frische Blüten und Blätter werden in 10 l Wasser eingeweicht (etwa 24 Stunden) und dann auf kleiner Flamme 20 Minuten lang gekocht. Im Verhältnis 1:2 mit Wasser verdünnt, kann er dann entweder gespritzt oder gegossen werden. (Wer mag, kann statt des Tees auch eine Jauche [siehe Brennnesseljauche] zubereiten. Sie hat die gleiche Wirkung wie der Tee, muss aber im Verhältnis 1:10 mit Wasser verdünnt werden.) Rainfarn ist giftig, daher vor Kindern zu sichern.

- **Beinwelljauche**
  Auch Beinwelljauche hat, wie Brennnesseljauche, eine düngende Wirkung und hilft gleichzeitig bei der allgemeinen Insektenabwehr. Sie kann gut mit Brennnesseljauche gemischt werden.
  Da man von ihr meist kleinere Mengen benötigt, setzt man hier nur 2 kg frische, zerkleinerte Blätter oder 200 g getrockneten Beinwell mit 10 l Wasser in einem Fass, wie unter Brennnesseljauche beschrieben, an und lässt den Inhalt gären. Im Verhältnis 1:10 verdünnt, wird die fertige Jauche dann ausgebracht.

- **Rhabarber- und/oder Meerrettichjauche**
  Eine Jauche aus Rhabarber- oder Meerrettichblättern wirkt vorbeugend gegen die Kohlhernie. Hergestellt und angewendet wird sie wie Beinwelljauche.

- **Holunderblätterjauche**
  Eine aus Holunderblättern hergestellte Jauche wirkt, unter Obstbäume und Beerensträucher gegossen, Mäuse abwehrend. Hergestellt und angewendet wird sie wie Beinwelljauche.

- **Knoblauch-Zwiebel-Jauche**
  Sie steigert die Abwehrkräfte gegen Pilzkrankheiten, vor allem bei Kartoffeln und Erdbeeren.
  Herstellung und Anwendung: 500 g Zwiebeln und Knoblauch (beide können auch einzeln verwendet werden) werden kleingeschnitten und in 10 l Wasser angesetzt. Man lässt sie vergären, verdünnt sie im Verhältnis 1:10 und gießt sie auf den Boden der Beete.

- **Zwiebel- und Knoblauchtee**
  Beide Tees wirken gegen Pilzkrankheiten und gegen Milben.
  Herstellung und Anwendung: Hierfür übergießt man 50 g Zwiebeln oder Knoblauch mit einem Liter kochendem Wasser und lässt sie 10 Minuten ziehen. Nach dem Abkühlen und Abseihen wird der Tee dann unverdünnt gespritzt.

- **Zwiebelschalen- oder Knoblauchblätterbrühe**
  Diese Brühen haben die gleiche Wirkung wie der Zwiebel- oder Knoblauchtee.
  Herstellung und Anwendung: Für ihre Zubereitung weicht man 100 bis 250 g Blätter oder Schalen mit 5 l Wasser für 24 Stunden ein. Danach lässt man sie auf kleiner Flamme etwa 30 Minuten köcheln und bringt sie nach dem Abkühlen und Abseihen unverdünnt aus.

Kapuzinerkresse sieht nicht nur schön aus, sondern wehrt auch Läuse ab.

Lavendel hilft gegen Ameisen, das heißt indirekt gegen Blattläuse.

Ackerschachtelhalmbrühe wirkt gegen Pilzerkrankungen.

Rhabarberjauche kann man vorbeugend gegen Kohlhernie gießen.

- **Wermuttee**
  Im Frühling kann Wermuttee unverdünnt gegen Blattläuse, Ameisen, Raupen und Säulenrost an Johannisbeeren ausgebracht werden. Im Juni und Juli wird er im Verhältnis 1:3 verdünnt gegen Blattläuse und den Apfelwickler eingesetzt. Im Herbst dann kann man ihn im Verhältnis 1:2 mit Wasser verdünnt gegen die Brombeermilbe anwenden.
  Das ganze Jahr über sind unverdünnte Spritzungen auch gegen den Kohlweißling wirksam. Zubereitet wird der Tee aus 100 g frischem oder 15 g getrocknetem Wermut und 1 l Wasser, genau wie der Zwiebeltee.

- **Farntee**
  Farntee ist ein Mittel gegen Schmier-, Blatt- und Schildläuse. Er wird aus 200 g frischen Farnblättern zubereitet, die man eine Stunde in einem Liter Wasser köcheln lässt, im Verhältnis 1:1 mit Wasser verdünnt und spritzt.

- **Tomatenauszug**
  2 Handvoll Tomatenblätter und Seitentriebe werden in 2 – 3 l Wasser 3 Stunden eingeweicht. Dieser Auszug wird dann alle 2 Tage zur Flugzeit der Kohlweißlinge über Kohlpflanzen gegossen und schreckt Raupen und Schmetterlinge wegen seines Geruchs ab.

- **Schmierseifenwasser**
  Es ist der letzte Ausweg bei starkem Blattlausbefall.
  Herstellung und Anwendung: 250 g reine Schmierseife werden in 10 l heißem Wasser gelöst und noch warm gespritzt.

- **Algenkalk**
  Algenkalk kann vorsichtig auf die Blätter der Pflanzen gestäubt werden. Er wirkt so gegen Insekten (Lauchmotten, Erdflöhe, Kartoffelkäfer) und Pilzkrankheiten (Schorf, Mehltau, Krautfäule).

- **Gesteinsmehl und Holzasche**
  Beide werden morgens auf die taufeuchten Pflanzen gestäubt und wirken vorbeugend gegen Läuse und Pilzkrankheiten. Ein Ring aus Steinmehl um Gurken und Salatpflanzen hält Schnecken fern (nach einem Regen muss er erneuert werden).
  Inzwischen gibt es im Handel zahlreiche biologische Pflanzenschutzmittel. Ihre Verwendung ist eine Frage der Anschauung. Auch ein »natürliches« Gift bleibt ein Gift und sollte nur in äußersten »Notfällen« angewendet werden. Von welchen Schädlingen und Krankheiten die einzelnen Pflanzen befallen werden können und welche Abwehrmaßnahmen es gibt, erfahren Sie im »Abc der Nutzgartenpflanzen«.

Schnecken

Schnecken gehören zu den größten Plagegeistern im Garten. Die beste Möglichkeit gegen sie vorzugehen ist, sie zu vertreiben oder gar nicht erst in den Garten kommen zu lassen. Dafür bieten sich spezielle Zäune aus verzinktem Eisenblech mit einem Anti-Schnecken-Knick an, über den die Schnecken nicht kriechen können. Wesentlich billiger ist es natürlich, die Schnecken mit Düften zu vertreiben. Allerdings muss man sagen, dass Senföl in Gelbsenf, Kamillen- oder auch Rizinusöl nur bedingt wirksam sind. Auch Trennstreifen aus Kalk, Gesteinsmehl, Lavagranulat und Sägemehl helfen eigentlich nur bei Trockenheit. Durch die altbewährten Lockmethoden wie Bierfallen und Kleiehäufchen werden die Schnecken andererseits zusätzlich angelockt. Besser ist es, Säcke, Bretter oder große Rhabarberblätter auszulegen. Sie halten gut die Feuchtigkeit, die Schnecken kriechen bei Trockenheit darunter und lassen sich meist mühelos absammeln.

Wer andere für sich arbeiten lassen möchte, sollte auch wissen, dass manche Tiere Schnecken mögen, z. B. Goldlaufkäfer, Weberknechte, Ameisen, Aas- und Weichkäfer, Kröten, Frösche, Maulwürfe, Igel und indische Laufenten. Alles in allem muss man aber zugeben, dass es ein Wundermittel gegen Schnecken nicht gibt. Sie ausrotten zu wollen oder gar als Erzfeind zu betrachten ist, glaube ich, der falsche Weg. Nur zu viele dürfen es nicht werden! Man sollte sich darüber im Klaren sein, dass ein Garten Schnecken in Maßen durchaus benötigt. Sie gehören zum Recycling-System der Natur, das aus Abfall die Grundlagen für neues Leben schafft. Wie Regenwürmer und Asseln zerkleinern sie grobes organisches Material – das ist die erste Stufe der natürlichen Humusproduktion. Außerdem ist der Schaden durch Schnecken in einem gesunden Gartenbiotop bei weitem nicht so groß wie in einer gestörten Umgebung.

Gesunde, kräftige Pflanzen werden weniger von Schnecken befallen als solche mit zarten, aufgeschwemmten Blättern. Trotzdem sollte man es den Schnecken ungemütlich machen. Da sie zu 95 Prozent aus Wasser bestehen, brauchen sie unbedingt einen Schutz vor der Sonne. Deshalb kriechen sie oft in Erdspalten, die sie allerdings nicht selber graben können. Dort schützen sie sich vor Hitze und legen auch ihre Eier ab. Ein garer Boden, der oft gehackt und auch nach der Bodenlockerung im Herbst sorgfältig glattgerecht wird, ist für sie ungemütlich. Dann gehen sie lieber in die Laubschicht unter die Hecke, wo Tiere ihren Bestand in Grenzen halten. Streuen Sie aber keinesfalls Schneckenkorn. Es besteht nämlich je nach Marke aus zwei verschiedenen Substanzen: Metadehyd und Marcaptodimethur – zwei hochwirksame Insektizide! Sie wirken in den Ködern als Fraß- und Kontaktgifte. Damit vergiftete Schnecken sondern große Mengen tödlichen Schleim ab, ehe sie gelähmt vertrocknen und bringen damit die natürlichen Feinde der Schnecken wie Blindschleiche und Kröte, Spitzmaus, Maulwurf und Igel gleich mit um.

Ameisen

Auch Ameisen gelten für viele als Schädlinge. Denn Ameisen halten sich Blattläuse und melken von diesen den süßen Honigtau. Sie verteidigen manchmal sogar ganze Blattlauskolonien gegenüber Marienkäfern und schädigen junge Pflanzen, indem sie ihre Stängel annagen.

Andererseits fressen Ameisen aber auch andere Insekten und Larven, z. B. Drahtwürmer oder Schneckeneier. Sie räumen bei den pflanzlichen Abfallstoffen auf und sind so auch ein Teil des Naturkreislaufs im Garten. Um nur zwei Beispiele zu nennen: sie sind eine begehrte Beute für andere Tiere (Grünspecht), sie fressen gerne Samen, insbesondere die von Wildkräutern. Wenn sie diese dann in ihr Nest schleppen, verlieren sie dabei einen Teil und sorgen so für weitere Ausbreitung. Doch man muss zugeben, dass Ameisen auch sehr lästig werden können: im Haus, auf Terrassen, in durchwühlten Rosenbeeten oder wenn im Garten die Samen nicht aufgehen.

Die beste Möglichkeit ist auch hier, sie zu vertreiben anstatt sie zu vernichten. Pflanzen wie Lavendel, Thymian, Majoran, Farnkraut, Thuja und Tomatenblätter können da enorme Hilfe leisten. Man pflanzt sie entweder dort hin, wo die Ameisen stören oder legt sie als Mulchschicht auf den Boden. Auch das Gießen mit Tees aus diesen Pflanzen oder Jauchen aus Wermut und Rainfarn sowie das Streuen von Algenkalk können schon helfen. Zusätzlich kann man natürlich Ameisenstraßen, die ins Haus führen, Barrieren vorsetzen – aus Steinmehl, vermischt mit etwas Lavendel- oder Fichtennadelöl. Oder man verschließt die Öffnung, durch die sie kommen, mit Klebstoff oder Kaugummi. Mir ist es auch schon gelungen, den Ameisen auf folgende Weise den Umzug schmackhaft zu machen: Ich habe Blumentöpfe (eventuell mit etwas Erde gefüllt) kopfüber auf die Ameisennester gesetzt. Der Ameisenstaat zieht bald ein, und ich habe ihn dann an eine Stelle gesetzt, wo er nicht stört. Nicht zuletzt sollte man bedenken, dass man die Ameisen durch eine regelmäßige oberflächliche Bodenbearbeitung ganz massiv am Nestbau und damit auch an ihrer Ausbreitung hindert.

Bessere Ernten durch gute Planung

Ein wichtiger Punkt, der über eine gute oder schlechte Ernte entscheiden kann, ist die Planung, welches Gemüse an welcher Stelle des Gartens gepflanzt werden soll. Schon ein ausgewogener Wechsel zwischen stark und schwach zehrenden Pflanzen verbessert die Wachstumsbedingungen und hilft, die natürliche Fruchtbarkeit des Bodens zu erhalten.

➤ Der Vorteil von Fruchtwechseln

Man weiß schon sehr lange, dass es für den Garten nicht gut ist, wenn jedes Jahr auf die gleiche Stelle dasselbe gesät wird: Dem Boden werden auf diese Weise einseitig Nährstoffe entzogen, und Krankheiten können sich leicht ausbreiten. Man nahm sich den Ackerbau zum Vorbild und bemühte sich, auch im Garten einen sogenannten Fruchtwechsel durchzuführen. Zu diesem Zweck wurden die Pflanzen in drei Gruppen eingeteilt. Dabei ist ihr Nährstoffverbrauch entscheidend für die Zuordnung zu einer dieser Gruppen:

- **1.Gruppe: Die Starkzehrer**
  Zu ihnen gehören alle Kohlarten, Tomaten, Kürbisse, Gurken, Lauch, Sellerie und Kartoffeln usw.

- **2.Gruppe: Die Mittelzehrer**
  Zu ihnen gehören Fenchel, Zwiebeln, Rettiche, rote Bete, Schwarzwurzeln, Möhren usw.

- **3.Gruppe: Die Schwachzehrer**
  Zu ihnen gehören Bohnen, Erbsen, Kräuter, Spinat, Feldsalat, Kopfsalat und Endiviensalat usw.

Zunächst legt man also fest, zu welcher der drei Gruppen die Gemüsearten, die man anbauen möchte, gehören. Anschließend teilt man seinen Garten in drei Bereiche mit verschiedenen Beeten ein und pflanzt in den einzelnen Jahren immer abwechselnd Stark-, Mittel- und Schwachzehrer auf die verschiedenen Beete.

	Erstes Gartenjahr	Zweites Gartenjahr	Drittes Gartenjahr
Bereich 1	Starkzehrer	Mittelzehrer	Schwachzehrer
Bereich 2	Mittelzehrer	Schwachzehrer	Starkzehrer
Bereich 3	Schwachzehrer	Starkzehrer	Mittelzehrer

Die Starkzehrer wechseln sich mit den Mittel- und Schwachzehrern in einem rollierenden System von Jahr zu Jahr ab. D. h.: Auf das gleiche Beet pflanzt man im ersten Jahr Starkzehrer wie zum Beispiel Kohl. Im zweiten Jahr folgen an dieser Stelle dann sogenannte Mittelzehrer, zum Beispiel Fenchel oder Schwarzwurzeln. Im dritten Jahr werden auf dieses Beet Schwachzehrer gesetzt, also zum Beispiel Erbsen oder Spinat. Im vierten Jahr kann man wieder von vorne anfangen.

➤ Abwechslungsreiche Mischkulturen

Mischkulturen auf Beeten

Wenn man seine Gemüsekulturen nicht getrennt in einzelnen Beeten, sondern in Mischkulturen anbauen möchte, muss vorher ein genauer Plan aufgestellt werden, wo welches Gemüse mit wem zusammen oder nacheinander angepflanzt werden soll. Dabei muss auf die Fruchtfolge nicht so stark geachtet werden, als wenn pro Beet jeweils nur eine Gemüsesorte wächst, allerdings sollte man auch hier die Hauptkultur nicht jedes Jahr auf dem gleichen Beet anbauen. Besonders bei allen Kohlarten, Kartoffeln und Möhren ist ein Wechsel wichtig.

Beispiele für eine Mischkultur in Beeten

Die flach wurzelnde Zwiebel macht der tief wurzelnden Möhre keine Konkurrenz. Außerdem werden sie auch noch aus Gründen des Pflanzenschutzes zusammen gepflanzt: Die Möhre vertreibt die Zwiebelfliege und die Zwiebel die Möhrenfliege. Nach der Ernte können auf das gleiche Beet noch abwechselnd Feldsalat und Spinat eingesät werden. Zunächst werden in das Beet Ende April Spinatreihen eingesät. Ab Mitte Mai sät man dann zwischen die erste und zweite und die dritte und vierte Reihe Buschbohnen. Im Juni wird zwischen die zweite und dritte Reihe Rosenkohl gepflanzt. Der Spinat wird bis Anfang Juni geerntet, die Buschbohnen bis Mitte August. Rosenkohl bleibt allein stehen. Ende August wird dann auf die leeren Reihen Feldsalat gesät.

Mischkulturen in Reihen

Meines Wissens war Gertrud Franck die erste, die Gemüse in Reihenmischkulturen statt in den üblichen Beeten anbaute. Lästige Trittwege, die immer gepflegt werden müssen, verschwinden so, trotzdem kann man jederzeit den Garten zwischen den Gemüsereihen betreten, weil dort eine gute Mulchdecke liegt. Ich wende diese Methode jetzt seit einigen Jahren an, allerdings mit einer Ausnahme. Erdbeeren erhalten bei mir immer noch ein eigenes Beet, ebenso wie Möhren und Zwiebeln, die gesondert auf einem Beet in Mischkultur angepflanzt werden. Wenn man sich einmal die Mühe gemacht hat, einen Plan für seinen Garten, unter Berücksichtigung der Pflanzenpartnerschaften zu erstellen, kann dieser Plan – wenn er sich bewährt hat – jedes Jahr wieder verwendet werden, denn man muss dann nur noch die einzelnen Reihen nach einem rollierenden System verschieben. Abänderungen treten nur ein, wenn man einzelne Partnerschaften austauscht. Nach der üblichen Bodenvorbereitung im Frühling werden in den Garten alle 40 oder 50 cm Spinatreihen (es eignen sich übrigens auch Ackerbohnen) eingesät. Keine Sorge, wir wollen keine Spinatplantage errichten! Der Spinat dient als Gründüngung. Er keimt und wächst schnell und beschattet und schützt somit bald die Gemüsereihen. Wenn er sich voll entwickelt hat, wird er abgehackt und bleibt als ausgezeichnetes Mulchmaterial liegen. Unseren Bedarf für die Mahlzeiten können wir leicht vorher schneiden. Die Reihen zwischen dem Spinat, auf denen die Gemüsekulturen wachsen, sind in 3 verschiedene Arten eingeteilt:

- **A-Reihen:** A-Reihen sind Hauptreihen, in denen in der Regel Gemüse gepflanzt wird, das den ganzen Sommer über diesen Platz beansprucht. (Höchstens eine Vorfrucht bis Mitte Mai ist möglich.) Hier wachsen z. B. Tomaten, Gurken, Stangenbohnen, Lagerkohl, Rosenkohl, Grünkohl, Zucchini und Kartoffeln. Die nächste A-Reihe ist von der vorherigen 1,6 – 2 m entfernt.
- **B-Reihen:** Auf ihnen wächst Gemüse, das entweder in der ersten oder in der zweiten Vegetationsperiode den Platz beansprucht. Wie zum Beispiel: Erbsen, Lauch, früher Blumenkohl, rote Bete, Fenchel, Zuckerhut, Buschbohnen, Chinakohl. Zwischen den A- und B-Reihen liegt jeweils eine C-Reihe.
- **C-Reihen:** In die C-Reihen sät man Pflanzen, die eine kurze Wachstumszeit haben und die verhältnismäßig klein bleiben. Auf den C-Reihen kann zwei- bis dreimal im Jahr angebaut werden, zum Beispiel: alle Salate, Kräuter, Kohlrabi, Karotten.

Auf diese Weise wird jeder Platz im Garten bestmöglich ausgenutzt und die Pflanzen werden sehr gut direkt mit Nährstoffen versorgt. Auf der folgenden Seite wird ein Beispiel für ein Gartenstück von 10 m Länge vorgestellt, was natürlich nur als Anregung zu verstehen ist. Selbstverständlich können sich die einzelnen Reihen ganz nach Bedarf beliebig oft wiederholen. Zwischen den A-, B- und C-Reihen ist jeweils eine Reihe Spinat gepflanzt, was in dem Beispiel durch die Blättchen symbolisiert wird.

Im darauffolgenden Jahr verschiebt sich der Anbauplan um 60 oder 75 cm. Auf die Spinatreihe des Vorjahres wird jetzt Gemüse gesät. Die Gemüsereihe des letzten Jahres erhält jetzt eine Spinateinsaat, und später wird dort der Flächenkompost aufgebaut. Das Ganze hört sich komplizierter an, als es in der Praxis ist. Allerdings sollte man sich genau an den Plan halten und nicht im Laufe des Jahres die Reihen wechseln.

Vorschlag für Mischkulturen in Reihen

Reihe	1. Jahr	2. Jahr
A	Frühkartoffeln anschließend Frühlingszwiebeln	Spinat
	Spinat	Frühkartoffeln anschließend Frühlingszwiebeln
C	früher Schnittsalat - Dill - Kohlrabi	Spinat
	Spinat	früher Schnittsalat - Dill - Kohlrabi
B	Wintersteckzwiebeln vom Herbst - rote Bete	Spinat
	Spinat	Wintersteckzwiebeln vom Herbst - rote Bete
C	Feldsalat vom Herbst - Petersilie	Spinat
	Spinat	Feldsalat vom Herbst - Petersilie
A	Tomaten, dazwischen Kohlrabi, Voraussat Ackerbohnen	Spinat
	Spinat	Tomaten, dazwischen Kohlrabi, Voraussat Ackerbohnen
C	Winterkopfsalat - Junge Karotten mit Dill - Feldsalat	Spinat
	Spinat	Winterkopfsalat - Junge Karotten mit Dill - Feldsalat
B	Sommerlauch - Winterrettich	Spinat
	Spinat	Sommerlauch - Winterrettich
C	frührer Schnittsalat - Pflücksalat mit Radieschen - Winterendivien	Spinat
	Spinat	frührer Schnittsalat - Pflücksalat mit Radieschen - Winterendivien
A	Feldsalat - Zucchini	Spinat
	Spinat	Feldsalat - Zucchini
C	Feldalat - Eissalat - Wintersteckzwiebeln	Spinat
	Spinat	Feldalat - Eissalat - Wintersteckzwiebeln
B	Erbsen - Fenchel	Spinat
	Spinat	Erbsen - Fenchel
C	Pflücksalat mit Eisezapfen - Radicchio	Spinat
	Spinat	Pflücksalat mit Eisezapfen - Radicchio
A	Schnittsellerie - dann Rosenkohl	Spinat
	Spinat	Schnittsellerie - dann Rosenkohl
C	Sommerendivien - Feldsalat	Spinat
	Spinat	Sommerendivien - Feldsalat
B	Buschbohnen - Kohlrabi	Spinat
	Spinat	Buschbohnen - Kohlrabi
C	Kerbel - Radieschen - Winterpostelein	Spinat
	Spinat	Kerbel - Radieschen - Winterpostelein
A	Feldsalat - Stangenbohnen mit Kapuzinerkresse	Spinat
	Spinat	Feldsalat - Stangenbohnen mit Kapuzinerkresse
C	früher Kopfsalat dazwischen Rettiche - Winterendivien	Spinat
	Spinat	früher Kopfsalat dazwischen Rettiche - Winterendivien
B	Erbsen - Kohlrabi	Spinat
	Spinat	Erbsen - Kohlrabi
C	Pflücksalat mit Radischen - Winterspinat	Spinat
	Spinat	Pflücksalat mit Radischen - Winterspinat

Ernteverlängerung und Ertragssteigerung

➤ Witterungsschutz ist wichtig

Viele Pflanzen haben eine so lange Wachstumszeit, dass sie unter normalen Bedingungen in unseren Breiten nicht ausreifen würden. Aus diesem Grunde muss man für sie einige unterstützende Maßnahmen ergreifen. Diese sind ebenfalls nötig, wenn man außerhalb der eigentlichen Vegetationszeit – also früher oder später im Jahr – etwas ernten möchte.

Anzucht auf der Fensterbank

Eine Möglichkeit, die ohne großen Aufwand zur Verfügung steht, ist die Fensterbank. Hier ist es warm, weil unsere Räume im Winter ja sowieso geheizt werden und meist auch sonnig sind. Bereits im Februar oder März können wir in Saatkästen die Samen aussäen, nach 3 bis 6 Wochen die jungen Pflänzchen pikieren und diese dann, wenn es die Witterung zulässt, in den Garten pflanzen. Für diese Anzucht auf der Fensterbank eignen sich alle Wärme liebenden Pflanzen, wie zum Beispiel Tomaten, Paprika, Neuseeländer Spinat, Kapuzinerkresse und Sellerie. Gurken und Kürbisse werden nicht pikiert und sollten wegen ihres großen Platzbedarfs gleich in Blumentöpfe ausgesät werden. Als Selbstversorger sollten Sie vielleicht ein wenig Abschied nehmen von Fensterbänken, auf denen Zierpflanzen wachsen. Die Fensterbänke leisten uns nämlich nicht nur in den Frühlingsmonaten gute Dienste bei der Voranzucht von Pflanzen, sondern sind im Winter unser »Zimmergarten«, in dem wir vor allem Küchenkräuter ziehen.

Im Spätherbst werden Petersilie und Schnittlauch im Garten ausgegraben, eingetopft und auf die Fensterbank gestellt. Wir können sie laufend ernten; allerdings erschöpfen sie sich nach l bis 2 Monaten, und man muss sie entweder durch eine Neuaussaat oder durch Pflanzen aus dem Garten ergänzen. Kresse kann ohne Schwierigkeiten laufend frisch auf einem mit einem feuchten Papiertaschentuch ausgelegten Teller ausgesät werden. Sie keimt dort schnell und ohne Probleme. Zur Aussaat in Blumentöpfen eignen sich auch sehr gut Dill, Schnittsellerie, Kerbel und Kapuzinerkresse, alles Pflanzen, die uns den ganzen Winter über frisches Grün liefern.

Das Frühbeet

Eine andere Möglichkeit, die Ernte vorzuziehen und zu verlängern, ist die Anlage eines Frühbeetes. In den Frühlingsmonaten kann es als Anzuchtbeet für alle Kohlarten und Salate dienen, oder ausgewähltes Gemüse wie zum Beispiel Kohlrabi, Radieschen oder Salat und einige Kräuter wachsen hier und reifen so früher als im Freiland. Außerdem kann man im Herbst Feldsalat in das Frühbeet säen und diesen dann ohne Schwierigkeiten im Winter ernten. Oder man pflanzt einige Kräuter oder Winterlauch zum Überwintern hinein. Für eine gewisse Zeit kann man auch Zuckerhut- und Endiviensalat dort einschlagen bzw. lagern. Im Sommer dient es zum Anbau Wärme liebender Pflanzen wie zum Beispiel Gurken und Paprika. Man unterscheidet zwischen einem kalten und einem warmen Frühbeet.

- **Das kalte Frühbeet**
  Wollen Sie ein Frühbeet neu anlegen, suchen Sie zunächst einen geeigneten, möglichst sonnigen Platz in Ihrem Garten aus. Messen Sie als erstes die gewünschten Umrisse Ihres späteren Frühbeetes ab. Wurde dort der Boden bisher noch nicht bearbeitet, entfernen Sie mit einem Spaten dünn die oberste Bodenschicht. Danach sollte der Boden ausnahmsweise einmal umgegraben und einige Zeit liegengelassen werden. Anschließend bearbeiten Sie den Boden mit dem Krümler oder Rechen und ziehen ihn glatt. Planen Sie Ihr Frühbeet an einer Stelle, wo der Boden schon bearbeitet ist, können Sie sich diese Vorarbeiten sparen und lediglich eine dünne Schicht Kompost ausbringen.
  Auf dieses »Beet« wird dann entweder der selbstgebaute (siehe Bauanleitung, Seite 210) oder gekaufte Frühbeetkasten gesetzt und die Fenster geschlossen. Es kann gesät werden.

Ein Frühbeet ist eine Möglichkeit, die Ernte vorzuziehen.

- **Das warme Frühbeet**
  Das warme Frühbeet gleicht dem kalten, mit dem Unterschied, dass es dort wärmer ist und es deshalb früher genutzt werden kann. Die Wärme erhält es durch eine Mistschicht.

  Für die Anlage eines warmen Frühbeetes müssen Sie das abgesteckte Beet 40 – 50 cm tief ausheben. Danach wird auf dem Boden Pferdemist verteilt. Er sollte schichtweise gut festgetreten werden und eine Höhe von 20 – 30cm erreichen. Darüber füllt man 20 cm gute Gartenerde oder Kompost und verfährt dann weiter wie schon beschrieben. Der Pferdemist erwärmt die darüber liegende Erde; dadurch können die Samen schnell keimen und die Pflanzen gut wachsen.
  Anstelle des Pferdemistes kann man auch Stroh verwenden. Es sollte aber schon im Herbst in den Kasten gebracht werden. Bevor dann im Februar die Erde eingefüllt wird, muss es kräftig mit Brennnesseljauche gegossen werden.

Wichtig ist sowohl beim kalten als auch beim warmen Frühbeet, dass man auf die richtige Wärme und das rechtzeitige Gießen achtet. Wenn die Sonne scheint, können die Temperaturen sehr schnell steigen, deshalb müssen dann die Fenster geöffnet werden. Man sollte sie aber rechtzeitig am Nachmittag wieder schließen, damit die Wärme gespeichert bleibt. Gegossen wird am besten am frühen Morgen oder abends.

Hilfsmittel aus Folien

Eine billigere Alternative zum Frühbeet (außer man verwendet alte Bretter und alte Fenster) sind die für den Garten entwickelten verschiedenen Folien.

- **Mitwachsende Folien**
  Es gibt mitwachsende Folien, die dehnbar sind und Schlitze haben. Man breitet sie einfach auf dem Beet aus, auf dem man Kulturen schützen und ein schnelles Wachstum erreichen möchte. Wenn die Pflanzen wachsen, wölben sich diese Folien. Man hat mit ihnen keine Arbeit: sie sind luft- und wasserdurchlässig. Achtung: Auch Schädlinge fühlen sich unter der Wärme dieser Folien geborgen. Ihre Verwendung ist eine Frage des persönlichen Geschmacks; ich jedenfalls kann mich nicht daran gewöhnen, dass im Frühling alle Gärten unter Plastikbahnen liegen.

Eine mitwachsende Folie

- **Reifehauben**
  Für Tomatenpflanzen wurden sogenannte Reifehauben aus geschlitzten Plastikbeuteln entwickelt. Sie werden im Herbst über die Pflanzen gestülpt, damit die Früchte auch noch bei kühlerer Witterung gut ausreifen. Allerdings muss man Tomaten dazu eintriebig ziehen (siehe Seite 154).

So kann ein warmes Frühbeet gepackt werden: Unter die Gartenerde (20 cm) kommt eine 30 cm dicke Schicht Pferdemist.

Reifehaube

- **Sonnenhüte**
  Auf jede Pflanze wird ein Sonnenhut (im Fachhandel erhältlich) gesetzt. Er schützt sie vor Schädlingen und vor Frost. Durch die Öffnung an der Spitze erhält die Pflanze genügend Feuchtigkeit. Übrigens: Ein umgestülptes großes Weckglas hat eine ähnliche Wirkung und geht nicht so schnell kaputt. Allerdings muss man dann ab und zu gießen.

Ein Sonnenhut

- **Folientunnel**
  Folien- und Gewächshaustunnel gibt es inzwischen in verschiedenen Höhen. Beim Folientunnel wird eine gelochte Folie über Bügel gezogen. Die Pflanzen werden vor Schnee und Kälte geschützt, aber Regen kann gut durchsickern. Beim Gewächshaustunnel (es gibt Größen, in denen man stehen kann) ist die Folie nicht gelocht, so dass die Wärme wie in einem Frühbeet oder Gewächshaus gespeichert wird. Die Pflanzen können gut gedeihen und man erhält frühe Ernten.
  Verwendet werden solche Gewächshaustunnel wie ein Frühbeet oder ein Gewächshaus, sie müssen also belüftet und bewässert werden.

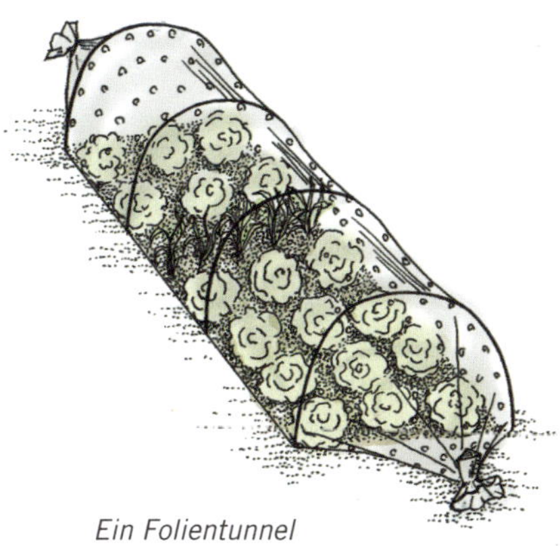

Ein Folientunnel

- **Foliendreieck**
  Wir haben uns als Alternative ein Foliendreieck selber gebaut (siehe Bauanleitungen Seite 212) und verwenden es neben Frühbeet und Gewächshaus zum Schutz von Frühkartoffeln, Bohnen und Gurken, frisch gesetzten Freilandtomaten und im Winter zum unproblematischen Ernten von Feldsalat und Winterpostelein.

Das Gewächshaus

Ein Gewächshaus bietet sehr viele Vorzüge und lohnt sich eigentlich immer. Es dient zunächst einmal der Pflanzenanzucht, später dann zum Anbau von empfindlicheren Pflanzen wie Gurken, Tomaten und Paprika, die im Gewächshaus eine reiche Ernte erbringen. Man unterscheidet zwischen frei stehenden und Anlehngewächshäusern, letztere sind besonders für einen kleineren Garten ideal. Beide bestehen entweder aus Folien oder Glas mit einer Aluminium- oder Holzkonstruktion. Es gibt sie in vielen verschiedenen Ausführungen zu kaufen, man kann sie auch selber bauen. Ich meine, dass man auf ein beheiztes Gewächshaus im Selbstversorgergarten verzichten sollte, sind doch die Energiekosten, die es benötigt, sehr hoch.

Der bewusste Umgang mit der Energie hat zur Entwicklung von Solargewächshäusern geführt, denn die Sonne liefert ja bekanntlich Licht

Ein Foliendreieck kann man sich gut selber bauen. Es besteht aus recht leichten Materialien - Holz und Folie - und kann deshalb problemlos versetzt werden.

Gewächshausformen: 1 und 2 = verschiedene Formen eines Anlehnungsgewächshauses, 3 = begehbarer Folientunnel, 4 = Glasgewächshaus

und Wärme kostenlos. Da sie aber nicht pausenlos scheint – oft ist es bewölkt, nachts scheint sie gar nicht – und im Winter sehr tief steht und daher wenig Energie liefert, muss man beim Bau eines Solargewächshauses einige Dinge beachten:

- Man muss den bestmöglichen Neigungswinkel der Glasscheiben zur Sonne hin wählen und das Dach danach konstruieren.
- Man muss das Gewächshaus gegen Wärmeverluste isolieren.
- Man muss versuchen, im Gewächshausinnern durch Wasserschläuche und Wasserbehälter Wärme zu speichern. Tagsüber nimmt das Wasser die Wärme auf, nachts gibt es sie wieder ab.

Im einem kalten Sommer hat uns unser neugebautes Solargewächshaus eine überaus reiche Ernte gebracht und damit die »Verluste« im Garten nahezu ausgeglichen. Wir können allerdings noch keine Erfahrung über die Winternutzung mitteilen, weil wir jetzt erstmalig ausprobieren, wie lange wir das Gewächshaus frostfrei halten können. Es wird sich dann zeigen, bis wann und ab wann wir wieder säen und pflanzen können. Es ist im Gewächshaus wichtig, die Temperaturen zu beobachten. Deshalb muss es im Sommer stets gut gelüftet und unter Umständen auch beschattet werden, damit die Pflanzen nicht verbrennen und sich keine Schädlinge einnisten. Beim Bewässern im Gewächshaus sollten Sie behutsam vorgehen: zuviel Wasser ist dabei genauso schädlich wie zu wenig. Gießen Sie niemals die Blätter der Pflanzen, sondern immer nur den Boden, am besten am Morgen, und verwenden Sie stets abgestandenes Wasser.

➤ Intensivnutzung bringt Vorteile

Besonders bei einem kleinen Garten sollte man überlegen, ob es neben den Möglichkeiten der Ernteverlängerungen auch Möglichkeiten zum intensiveren Nutzen des Platzes gibt. Intensive Nutzung bedeutet immer, dass auf der gleichen Fläche mehr geerntet werden kann als auf herkömmliche Weise, gleichzeitig aber auch, dass man mehr Arbeit investieren muss. Alle oben beschriebenen Möglichkeiten wie Frühbeet, Gewächshaus und Folien stellen in gewissem Sinne schon eine Intensivnutzung dar, weil man nicht nur früher, sondern auch mehrmals und mit höheren Erträgen ernten kann.
Es gibt aber noch weitere Arten der Intensivnutzung.

Die Kartoffelkiste

Ein weiteres Beispiel ist der Kartoffelanbau auf kleinstem Raum: in Kübeln, Fässern oder in einer chinesischen Kartoffelkiste. Man füllt den Boden der Gefäße mit einer dünnen Schicht Erde auf, legt die einzelnen Saatkartoffeln darauf aus und bedeckt diese mit einem Gemisch aus Kompost und Gartenerde (bei schweren Böden besteht dieses Gemisch aus 1/3 Gartenerde, 1/3 Kompost und 1/3 Sand). Immer wenn sich die Triebspitzen zeigen, werden sie mit einer neuen 3 – 5 cm dicken Schicht dieses Gemisches bedeckt. Oben angekommen, lässt man dann die Pflanzen über den Rand der Eimer oder der Kartoffelkiste wachsen, blühen und reifen. Zweckmäßig ist es, die Kartoffeln vorkeimen zu lassen und, besonders bei der Kartoffelkiste, als unterste Schicht eine Drainage aus Sägemehl oder Holzhäcksel zu verwenden. Damit auch alle Erdschichten bei einer Trockenperiode gut durchfeuchtet werden können, sollte man bei der Kartoffelkiste in der Mitte ein normales Drainagerohr einbauen, durch das man gießen und etwa alle 14 Tage mit einem Brennnessel-Kaltwasserauszug (10 l) düngen kann. Zur Vorbeugung gegen Pilzkrankheiten wird das Kartoffelkraut dreimal vor der Blüte mit Schachtelhalmtee gespritzt. Als zusätzliche Düngung empfehlen sich einige Schaufeln Holzasche und etwas Steinmehl. Selbst ein Anbau im Eimer ergibt erstaunliche Ernten. Wem es gelingt, bei guten Witterungsverhältnissen die Kartoffelkiste 1 m hoch zu bauen, erhält in guten Jahren Ernten bis zu 50 kg Kartoffeln.
(Die Bauanleitung für eine Kartoffelkiste finden Sie auf Seite 214 und 217.)

Der Tomatenring

Vom Handel wurde ein sogenannter Tomatenring entwickelt, der auf kleiner Fläche eine reichliche Ernte von Gurken und Tomaten erbringt. Um den Ring herum werden die jungen Tomatenpflanzen (oder Gurken) gesetzt. In die Mitte füllt man eine dicke Schicht reifen Kompostes. Durch seine Fruchtbarkeit und Wärme fördert er das Wachstum außerordentlich. Den ganzen Sommer über gibt man auf diese Kompostschicht zerkleinerte Küchen- und Gartenabfälle, die dort verrotten und ihre Nährstoffe an die Pflanzen abgeben.

Kartoffelkiste (1) und Tomatenring (2) sind Möglichkeiten, den Ertrag auf kleinstem Raum beträchtlich zu steigern.

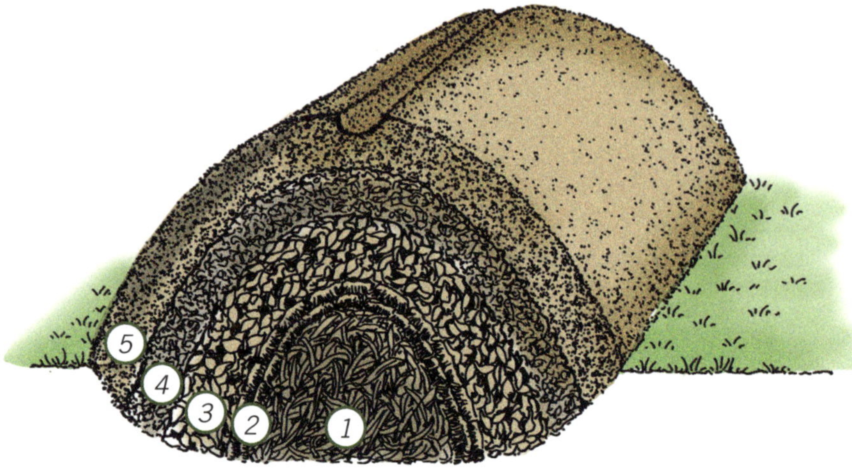

Der Aufbau eines Hügelbeetes:
1.Schicht: Aststücke, Staudenreste und grobe Pflanzenteile (etwa 40-60 cm)
2.Schicht: Rasensoden oder Erde (etwa 10 cm)
3.Schicht: feuchtes Laub (etwa 25 cm)
4.Schicht: halbverrotteter Kompost (etwa 15 cm)
5.Schicht: gesiebter, reifer Kompost gemischt mit Erde (etwa 15 cm)

Das Hügelbeet

Hügelbeete werden in China schon seit Jahrhunderten verwendet. Sie haben nämlich den Vorteil, dass sich durch die gerundeten Beete die Anbaufläche vergrößert, die Erde locker und bestens mit organischem Dünger versorgt ist, was den Anbau von mehr Gemüse auf kleinster Fläche ermöglicht.

Heute ist das ursprünglich chinesische Konzept des Hügelbeetes weiterentwickelt worden, die Hügel werden höher aufgeschichtet, und die Ernten fallen so noch üppiger aus. Die Anlage eines Hügelbeetes empfiehlt sich besonders für kleine Gärten, da man so auf kleinster Fläche viele verschiedene Gemüse anbauen und ernten kann. Allerdings erfordert die Anlage eines solchen Beetes einen ziemlichen Arbeitsaufwand, nicht nur beim Anlegen, sondern auch beim Zusammentragen der Materialien, die immerhin auf eine Höhe von 60 – 70 cm aufgeschichtet werden. Ein Hügelbeet wird am besten in Nord-Süd-Richtung angelegt, damit die Sonnenbestrahlung voll genutzt werden und mittags eine Pflanze der anderen weitgehend Schatten spenden kann. Der Durchmesser sollte am Boden etwa 120 – 160 cm betragen (das richtet sich nach Ihrer Armlänge), die Länge ist beliebig. Zunächst wird die Größe des Hügels abgesteckt und der Boden innerhalb der vorgesehenen Fläche 10 – 30 cm ausgehoben. Wächst an dieser Stelle Rasen, schichtet man die Grassoden in unmittelbarer Nähe zum anschließenden Gebrauch auf, ebenso den ausgehobenen Mutterboden.

Anschließend legt man auf den Boden als unterste, luftige Schicht zerkleinerte Äste, harte Stängelstücke von Stauden oder ähnliches. Die zweite Lage besteht aus Grassoden, die umgekehrt auf das Reisig gelegt werden, oder auch aus Erde, Stroh oder gemischten Gartenabfällen. Diese zweite Schicht sollte etwa 10 – 15 cm dick sein. Als nächstes wird eine 25 cm dicke Laubschicht aufgebaut und mit etwas Erde abgedeckt.

Auf diese geben wir eine 10 bis 15 cm dicke Schicht aus halbverrottetem Kompost, und zum Schluss wird alles mit einer Schicht Erde vermischt mit reifem Kompost abgedeckt. Den genauen Aufbau können Sie auch noch mal in der Zeichnung erkennen.
Dieser Aufbau ergibt eine Mischung aus Komposthaufen und warmem Frühbeet, und besonders Starkzehrer wachsen in den ersten Jahren sehr gut auf einem Hügelbeet, auch auf engem Raum, denn ein solches Beet bietet einen hohen Nährstoffvorrat und viel Wärme.
Am besten bepflanzt man das Hügelbeet in Mischkultur. Dabei werden die Reihen in ovalen Ringen um den Hügel gezogen. Die hohen Pflanzen sollten selbstverständlich auf dem Hügelrücken, die niedrigen am Fuße wachsen. So ein Hügelbeet können Sie 5 – 7 Jahre verwenden, bevor es erneuert werden sollte. Dann ist aber aus dem aufgeschichteten Material eine etwa 30 cm hohe Humusschicht entstanden, die Sie natürlich weiterverwenden können.

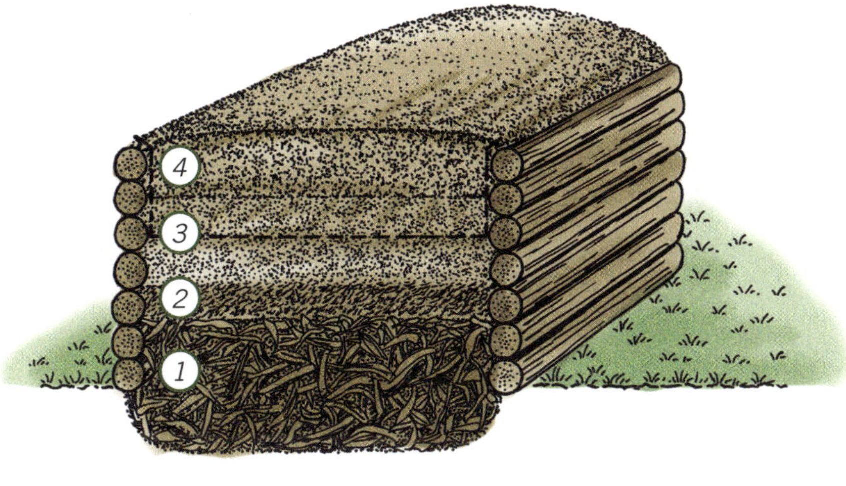

Der Aufbau eines Hochbeetes:
1. Schicht: Aststücke, Staudenreste usw. (etwa 40 cm); die Hohlräume werden mit Mutterboden gefüllt, der gut eingeschlämmt werden muss.
2. Schicht: Lehm gemischt mit verrottetem Stallmist (etwa 10 cm)
3. Schicht: Gartenerde (etwa 25 cm)
4. Schicht: reifer Kompost gemischt mit Gartenerde (etwa 20 cm)

Meiner Meinung nach eignen sich Hügelbeete besonders für kleine Gärten und sehr experimentierfreudige und sehr arbeitsame Gärtner/innen, denn sie machen sowohl bei der Anlage als auch bei der späteren Pflege wesentlich mehr Arbeit als ein normales Stück Gartenland. Allerdings bieten sie dabei den Vorteil, dass man auf kleinstem Raum mit allen möglichen Mischkulturen experimentieren kann.

Das Hochbeet

Ein Hochbeet stellt zunächst einmal eine ganz erhebliche Arbeitserleichterung dar, da man nicht mehr gebückt hantieren muss, sondern die Pflanzen bequem in Bauchhöhe vor sich hat. Die Maße Ihres Hochbeetes werden somit in erster Linie von Ihrer Körpergröße bestimmt, in der Regel wird die Höhe bei 70 – 80 cm liegen. Zunächst wird der Standort festgelegt. Die Breite eines Hochbeetes sollte etwa 120 cm betragen, die Höhe etwa 70 bis 80 cm, die Länge ist beliebig. Am vorgesehenen Standort wird dann der Boden 20 cm tief abgetragen, der Unterboden zusätzlich mit der Grabegabel gelockert und am besten noch mit Horn- und Knochenmehl gedüngt. Bevor man nun an die Füllung gehen kann, müssen erst die Seitenwände errichtet werden. Dafür eignen sich Holz oder auch Steine. Um ein Herausfallen der Erde zu verhindern, kleidet man den »Trog« am besten mit schwarzer Folie aus.
Für die Füllung brauchen Sie, genau wie beim Hügelbeet, eine Menge Material.

Die unterste Schicht besteht aus groben Pflanzenteilen, Zweigen, Ästen und Staudenabfällen bis zu einer Gesamthöhe von 40 cm (siehe auch die Abbildung). Die Zwischenräume zwischen den groben Teilen werden mit bestem Mutterboden aufgefüllt, der sorgfältig eingeschlämmt und festgestampft werden muss, damit sich das Beet später nicht senkt. Dann folgt eine 10 cm dicke Schicht Lehm, gemischt mit weitgehend verrottetem Stallmist (im Verhältnis 2:1). Anschließend werden 25 cm beste Garten- oder Humuserde aufgefüllt. Achten Sie darauf, dass diese Schicht möglichst nährstoffreich ist, und mischen Sie auch etwas Steinmehl darunter. Den Abschluss bildet dann eine 20 cm hohe Schicht reifer Kompost, vermischt mit Gartenerde.

Gegen die Wühlmäuse kann man in 30 cm Tiefe noch einen feinen Maschendraht – wie die Zeichnung zeigt – einziehen. Da ein Hochbeet, wie auch ein Hügelbeet, nährstoffreicher als ein normales Beet ist, kann es enger und abwechslungsreicher bepflanzt werden und bringt auch höhere Erträge.
Wer sich die Arbeit, die die Herstellung eines solch aufwendigen Hochbeetes bedeutet, nicht auf sich nehmen will, kann nach demselben Konzept auch nur etwa 40 cm hohe »Hoch«-beete bauen. Damit entfällt zwar der Vorteil der bequemen Arbeitshöhe, aber auch diese Beete bringen eine erhebliche Ertragssteigerung.

Die Samengewinnung

➤ Das Saatgut

Es liegt auf der Hand, dass die Samenauswahl für die Qualität, die Widerstandsfähigkeit und das Wachstum der Pflanzen entscheidend ist. Man kann in Katalogen und Samenfachgeschäften zwischen einem riesigen Angebot an Sorten wählen.

Bei vielen Gemüsen steht auf der Samentüte der Vermerk: späte oder frühe Sorte. Dieser Zusatz gibt Auskunft über die Entwicklungszeit der Pflanzen: Frühe Sorten eignen sich, weil sie eine kürzere Entwicklungsdauerhaben, für eine Frühjahrs- oder Herbstaussaat; sie versagen oft, wenn sie im Sommer angebaut werden, weil sie dann zu schnell blühen. Späte Sorten haben demgegenüber eine lange Wachstumszeit, bringen meist höhere Erträge und halten bei der Einlagerung besser. Außerdem kann man auch Sorten kaufen, die gegenüber bestimmten Krankheiten resistent sind. Die Samen wurden so gezüchtet, dass eine Widerstandskraft gegen eine oder mehrere Krankheiten vorhanden ist. Dies ist aber keine Garantie für alle Zeiten, denn oft gelingt es den Erregern, neue Arten auszubilden und damit die Resistenz zu durchbrechen.

Herkömmliche Samen

Immer mehr Samentüten tragen heute die Aufschrift F1-Hybriden. Es handelt sich dabei um Samen, die durch eine gezielte Kreuzung bestimmter Sorten entstehen. Man stellt dabei bestimmte Eigenschaften zusammen, die man von einer Pflanze erwartet und kreuzt so lange, bis man das gewünschte Ergebnis erhält. (Beispiel: Reife bei bestimmten Temperaturen, Größe, Farbe, Form, keine Kerne usw.) Die natürliche Samenvielfalt bleibt dabei auf der Strecke. Außerdem eignen sich Pflanzen, die aus Hybridsamen gezogen wurden, nicht zum Nachbau, denn die Erbanlagen spalten sich wieder auf. Man muss also immer neues Saatgut kaufen, und Hybridsamen sind sehr teuer.
Bei Samen mit dem Zusatz »Marktgärtnersorten« handelt es sich um Sorten, die im Gartenbau sehr beliebt sind, weil man sie über eine längere Zeit ernten kann. Im Gegensatz dazu werden Industriesamen angeboten, bei denen die Pflanzen nahezu zur gleichen Zeit reifen; dies ist wichtig für alle, die die Ernte maschinell pflücken.

Pillensamen

Pillensamen haben eine Umhüllung aus organischem Material. Sie nehmen Wasser gut auf, keimen sicher und sind dank ihrer Größe leicht zu säen.
Beim Kauf von pillierten Samen sollte man sehr vorsichtig sein. Sie enthalten oft, neben Pilz- und Schädlingsbekämpfungsmitteln, auch noch leicht lösliche Mineraldünger, die wir in unserem biologischen Garten ja nicht verwenden wollen.
Einige Hersteller garantieren allerdings, dass das Saatgut diese Substanzen nicht enthält.

Saatbänder

Bei Saatbändern liegen die Samen bereits im richtigen Abstand zwischen zwei Schichten dünnem festen Papier, das sich im Boden leicht und vollständig auflöst. Diese Methode hat den Vorteil, dass die Samen vor hungrigen Vögeln geschützt sind und dass man später die kleinen Pflänzchen nicht mehr verziehen muss. Allerdings sind Saatbänder relativ teuer und nur für die Freilandaussaat geeignet.

Gebeiztes Saatgut

Auf dem Saatgut tummeln sich viele, oft unerwünschte Bakterien und Viren. Um sie zu entfernen und um zu verhindern, dass sich Pflanzenkrankheiten ausbreiten können, wird das Saatgut heutzutage meist chemisch behandelt, das heißt gebeizt. Eine »seuchenartige Verbreitung« von Krankheiten ist aber im großen Stil eigentlich nur bei Monokulturen möglich, deshalb sind gebeizte Samen im Privatgarten eigentlich unnötig und überflüssig.

Biosamen

Auch im Samengeschäft rollt die Bio-Welle. Viele Samen erhalten den Zusatz »Bioselekt« oder »Biostart«. Dies bedeutet nun aber keineswegs, dass sie aus biologischem Anbau stammen. Es handelt sich dabei um ein Saatgut aus konventionellem Anbau, das eine spezielle Behandlung erhalten hat. Die Samen werden dabei mit bestimmten Pflanzenextrakten umhüllt, die den Keimprozess fördern und den Pilzbefall im Keimstadium hemmen. Oder aber sie zeichnen sich durch eine geringere Krankheitsanfälligkeit, zum Beispiel gegen Pilzkrankheiten, aus oder enthalten mehr Vitamine, weniger Oxalsäure usw. als vergleichbare Sorten. Adressen für Samen aus biologischem Anbau finden Sie inzwischen auch im Internet. Es gibt mehrere Firmen, die Öko-Saatgut anbieten und bei denen auch kleinere Mengen bestellt werden können. Ein Beispiel: www.oekoseeds.de

Eigenes Saatgut

Warum sollte man nicht den Kreis schließen und auch beim Saatgut zum Selbstversorger werden? Hier gilt – wie in anderen Bereichen auch – dass man bei den Dingen, für die man selbst verantwortlich ist, auch selber bestimmen kann, wie und auf welche Weise die Samen gezogen werden. Selbstgezogene Samen kosten nichts, und wir erhalten meist so viele, dass wir auch noch leicht welche verschenken können. Unsere Samen sind garantiert »biologisch«, weil wir sie in einem Garten, der nach naturgemäßen Gesichtspunkten bewirtschaftet wird, gezogen haben. Außerdem sind sie auch sonst in keiner Weise chemisch behandelt. Weil wir Samen stets nur an den Pflanzen ausreifen lassen, die sich besonders gut entwickelt haben (zum Beispiel frostresistent sind, früh keimen, gute Früchte entwickeln, reichlich blühen usw.), erreichen wir eine bestimmte Auslese und erhalten Pflanzen, die sich gerade auf unserem Boden und in unserem Klima gut entwickeln. Dieser Tatsache kann eine große Samenhandlung nie Rechnung tragen, denn die Samen, die sie verkauft, müssen in einer rauen Gegend ebenso keimen und wachsen wie in einer milden. Ich brauche wohl kaum noch zu erwähnen, dass das Ziehen von Samen großen Spaß bringt und Ihnen wieder ein ganzes Stück Unabhängigkeit gibt.

Praxis der Samengewinnung

Bei sehr vielen Gemüsesorten ist die Samengewinnung relativ einfach. Wie man es im Einzelnen macht, erfahren Sie für jedes Gemüse im Abc der Nutzgartenpflanzen unter dem Abschnitt »Samengewinnung«. An dieser Stelle sollen nur ein paar allgemeine Dinge zur Samengewinnung gesagt werden. Am einfachsten ist die Samengewinnung bei den einjährigen Pflanzen. Sie beginnen noch im Jahr der Aussaat zu blühen und ihre Samen (Früchte) auszubilden. Zu diesen Pflanzen gehören Paprika, Tomaten, Gurken, Zucchini, Kürbisse, Erbsen, Bohnen, Spinat, Rettich, Kresse, Dill, alle Salate, Radieschen, Brokkoli und andere. Als Anfänger sollte man zunächst von diesen Pflanzen seine Samen gewinnen und persönliche Erfahrungen sammeln. Die zweijährigen Pflanzen bilden im ersten Jahr meist nur Wurzeln und Blätter, im zweiten Jahr dann Blüten und Samen aus. Zu ihnen gehören alle Wurzelgemüse, Sellerie, Mangold, Petersilie, Lauch, Zwiebeln, alle Kohlarten und andere. Hier verlangt die Samengewinnung schon etwas Erfahrung. Die Schwierigkeit liegt darin, dass die meisten Pflanzen ausgegraben, im Keller gelagert und im nächsten Frühjahr wieder in den Garten gepflanzt werden müssen, weil sie den Winter in unseren Breiten sonst nicht überstehen. Einfach hat man es bei Schwarzwurzeln, Lauch, Mangold und Petersilie, denn sie können im Winter draußen bleiben. Wurzelgemüse und Zwiebeln lassen sich im Allgemeinen gut den Winter über aufbewahren und wieder auspflanzen. Probleme gibt es beim Kohl, weil man ihn schwer so lange lagern kann.

Einige Pflanzen (etwa Basilikum) bilden nur schwer ihre Samen in unserer relativ kurzen Vegetationsperiode aus, hier bleibt nichts weiter übrig, als die Samen zu kaufen. Andere bilden fast nie Samen aus (Meerrettich, Kräuter usw.), hier wählt man stattdessen den Weg der vegetativen Vermehrung (siehe Seite 30).

Grundsätzlich aber gilt:

- Stets die »beste« Pflanze für die Samengewinnung auswählen, also zum Beispiel einen großen Salatkopf, der spät schießt oder Erbsen, die schnell blühen.
- Stets die frühesten und besten Früchte auswählen: Also die erste gut ausgebildete, tief dunkelrote Tomate nicht essen, sondern für die Samengewinnung aufbewahren.
- Auf keinen Fall kranke oder von Schädlingen befallene Pflanzen auswählen.
- Herausgelöste Samen noch 1 bis 2 Wochen nachtrocknen lassen.
- Nur unbeschädigte Samen für den Nachbau verwenden.
- Samen kühl, trocken und schädlingssicher in gut verschließbaren Behältern aufbewahren.

Man muss aber nicht jedes Jahr von allen Gemüsen neue Samen ziehen, denn zum Teil sind diese bei sachgemäßer Lagerung sehr lange haltbar:

2 Jahre: Schwarzwurzeln, Bohnenkraut, Lauch, Fenchel. Bis 3 Jahre: Möhren, Zwiebeln, Petersilie.
4 Jahre: Kopfsalat, Feldsalat, Endivien, Spinat.
5 Jahre: Kohlarten, Radieschen Rettiche, rote Bete, Tomaten, Kresse, Erbsen, Bohnen, Sellerie.
6 Jahre: Gurken, Kürbisse, Zucchini.

Wenn Sie nicht genau wissen, ob Ihre Samen (übrigens auch die gekauften) noch keimfähig sind, machen Sie eine Keimprobe. Samen braucht man übrigens auch im Winter zur Anzucht von Sprossen, die dann den Speisezettel bereichern.

- **Keimprobe:**
  Auf ein feuchtes Löschpapier wird eine bestimmte Anzahl Samen gelegt, etwa 20 bei sehr feinen bis mittelfeinen und 10 bei größeren Samen. Man lässt diese im Dunkeln bei Zimmertemperatur keimen.
  - 75% der Samen sollten aufgehen.
  - Aber auch bei 50% kann man noch aussäen, es wird dann ganz einfach mehr Saatgut ausgebracht.
  - Bei unter 30% empfiehlt sich eine Aussaat jedoch nicht.

Selbsthergestelltes Saatbad

Vor der Aussaat können Sie eigenen Samen noch 15 Minuten in abgekühltem Kamillen-Baldrian-Tee »baden«. Dort werden sie ab und zu umgerührt, damit sie nicht zusammenkleben, anschließend durch ein Baumwolltuch gegossen, nebeneinander einem Papier ausgebreitet und am besten noch am gleichen Tag gesät. Beide Samenbäder fördern die Keimung und beugen Krankheiten vor. Ein Kamillenbad verwendet man bei Rettich, Radieschen, Bohnen und Salaten, ein Baldrianbad bei Sellerie, Tomaten, Lauch und Zwiebeln.
Einen Wermuttee als Saatbad empfiehlt die Abtei Fulda speziell für Erbsen, da diese hungrige Vögel anlocken. Durch den Wermuttee schmecken die Erbsen bitter – die Vögel mögen sie nicht und lassen sie im Boden.

Keime und Sprossen sind nicht nur leicht auf der Fensterbank zu ziehen, sondern auch eine gesunde, vitalstoffreiche Zusatznahrung.

Selbstversorgung auch im Winter

Wenn wir uns auch im Winter mit eigenen Lebensmitteln versorgen möchten, müssen wir dies bereits bei unserer Planung für die Aussaaten berücksichtigen. Eine Möglichkeit ist, durch Wintereinsaaten und Aussaaten auf der Fensterbank, im Frühbeet oder unter Folie die Erntetermine vorzuziehen oder auch zu verlängern. So können wir dann auch im Herbst, Winter und zeitigem Frühjahr etwas Frisches ernten. Oft ist es noch bis in den November hinein möglich, im Freiland Brokkoli, Endivien, Chinakohl, Zuckerhut, Spinat, Radieschen und vielleicht schon die ersten Winterkopfsalate zu ernten. Im Winter bietet uns dann der Garten Rosenkohl, Grünkohl, und – wenn man sie mit einem Schneeschutz versieht – Feldsalat und Winterpostelein (Portulak). Sobald der Schnee geschmolzen ist, stehen dann auch der im Herbst ausgesäte Spinat, Winterlauch und Schwarzwurzeln zur Verfügung. Es folgen bald Winterkopfsalat, Frühlingszwiebeln, Mangold und die ersten Kräuter.

➤ Die Ernte haltbar machen

Parallel zu diesen Möglichkeiten haben sich die Menschen schon seit Urzeiten darum bemüht, in Zeiten des Nahrungsüberschusses Vorräte für die Zeiten des Mangels anzulegen. Schon seit Jahrtausenden wurden deshalb Lebensmittel eingelagert, getrocknet, gesalzen und in Essig oder Honig eingelegt. Unsere moderne Technik und Chemie bieten uns heute noch mehr Möglichkeiten: Denken Sie nur an das Einfrieren, Einkochen und die chemische Konservierung. Wenn wir uns überlegen, welche der vielen verschiedenen Konservierungsarten wir wählen, so sollten wir uns darüber klar sein, dass es keine Methode gibt, die für alle Früchte und Gemüse gleichermaßen gut geeignet ist. Welche Form des Konservierens man letztendlich wählt, hängt von verschiedenen Faktoren ab:

- Zunächst geht es wohl darum, dass bei einer Konservierung möglichst wenige der wertvollen Inhaltsstoffe und Vitamine zerstört werden, damit wir auch im Winter vollwertiges Obst und Gemüse zu uns nehmen können. Dies bedeutet unter anderem, dass stets nur das konserviert wird, was anders nicht haltbar ist und, dass die Konservierungsmethode möglichst natürlich und gesund sein sollte. Insbesondere verzichten wir auf chemische Konservierungsmittel. Sie vereinfachen zwar eine Konservierung, sind aber eigentlich nicht erforderlich, da man auf andere natürliche Konservierungsarten ausweichen kann. Außerdem belastet eine chemische Konservierung unseren Körper beim Verzehr der Lebensmittel unnötig. Denn wenn wir im Garten bemüht sind, möglichst gesundes, »giftfreies« Obst und Gemüse zu ziehen, um Schadstoffe zu vermeiden, so wollen wir dies auch bei einer Konservierung tun.
  Auch auf den Einsatz von Zucker zum Haltbarmachen – besonders bei der üblichen Marmeladen- und Saftherstellung – sollte man verzichten. Wie gesundheitsschädlich Zucker ist, wird immer wieder bestätigt. Ich verzichte deshalb völlig auf seine Verwendung und bemühe mich, auf alternative Möglichkeiten auszuweichen.
- Außerdem geht es wohl auch darum, bei einer Konservierung möglichst energiesparend vorzugehen, das heißt: Man wählt eine Methode aus, die bei der Konservierung selbst wie auch bei der späteren Lagerung möglichst keine oder nur sehr wenig Energie benötigt.
- Letztendlich – und das sollte nicht vergessen werden – ist natürlich jede Konservierungsart eine Frage des persönlichen Geschmacks, und hier muss jeder selbst entscheiden, was für ihn richtig ist.

Für alle Konservierungsarten aber gilt:
Nur voll ausgereiftes Obst und Gemüse, das nicht beschädigt oder angefault ist, verwenden.

Das Einkellern

Einiges Obst und Gemüse hat von Natur aus die Fähigkeit, unter bestimmten Bedingungen nicht zu verderben. Deshalb kann es, ohne »konserviert« werden zu müssen, mit geringem Aufwand 2 bis 6 Monate eingelagert werden. Alles, was Sie dazu benötigen, ist ein dunkler Keller, der nicht durch eine Heizung warm oder trocken gemacht wird. Er sollte, wenn irgend möglich, eine Temperatur von 4 – 6°C haben. Temperaturen über 10 °C und unter 0°C sind ungünstig. Außerdem muss für eine gute Belüftung (am besten ist ein kleines Fenster an der Nordseite) gesorgt sein. Ideal ist es, wenn der Keller einen Naturboden aus gestampfter Erde, Lehm oder Ziegeln hat.
Etwas schwierig wird die Lagerhaltung nur deshalb, weil einige Pflanzen zum optimalen Lagern kühle und feuchte Bedingungen vorziehen, andere kühle und trockene. Es kann deshalb sein, wenn Sie nur einen Keller zur Verfügung haben, dass nicht jedes Gemüse und Obst die längstmögliche Lagerzeit bei Ihnen erreicht. Die eigene praktische Erfahrung löst dieses Problem am leichtesten. Auch wir bringen unsere Vorräte in nur einem Keller ganz gut durch den Winter.

Der Wurzelkeller

Alles Wurzelgemüse eignet sich ganz hervorragend zum Einlagern. Möhren, Pastinaken, Sellerie, rote Bete, Petersilienwurzeln und Winterrettiche werden bei uns getrennt nach Sorten in verschiedenen Kisten (siehe Bauanleitungen ab Seite 208) eingelagert. Wir bedecken den Boden jeder Kiste mit einer Schicht feuchten, aber nicht nassen Sandes und legen das Gemüse einzeln nebeneinander und getrennt nach Sorten darauf. Die erste Gemüseschicht wird mit Sand bedeckt, die nächste Schicht wird daraufgelegt, wieder mit Sand bedeckt und so weiter.

Auf diese Weise hält das Wurzelgemüse bis in den nächsten Frühling hinein und kann ganz nach Bedarf aus dem Keller geholt werden.

Wir haben bei uns im Keller noch zusätzlich ein bis zwei leere Kisten stehen, in die wir den Sand schaufeln, der beim Ausgraben des Wurzelgemüses anfällt. Diese Methode hat sich sehr bewährt, denn so ist stets nur so viel Sand in den Kisten wie zur Bedeckung des Vorrates gebraucht wird.

Kartoffeln finden ihren Platz, lose aufeinander geschüttet, in einer speziellen Kartoffelkiste (siehe Bauanleitung ab Seite 208). Chicoréewurzeln werden ebenfalls in eine Kiste mit Sand gelegt. Ganz nach Bedarf werden dann stets 4 bis 8 Wurzeln herausgeholt, in einen mit Sand gefüllten Eimer gesteckt, gründlich gegossen und bei 15 °C in einem dunklen Raum zum Treiben gebracht. Wenn kein dunkler Raum zur Verfügung steht, kann der Eimer auch abgedeckt werden.

Chinakohl, Zuckerhut und Endivien können mit den Wurzeln ausgegraben und in eine Kiste mit feuchtem Sand eingeschlagen werden. So halten sie in der Regel noch 4 bis 6 Wochen. In sehr schneereichen Gegenden können auch einige Stangen Winterlauch ausgegraben und in feuchtem Sand (oder aber auch im Frühbeet) eingeschlagen werden. Kohl mag es nicht so feucht.

Der Wurzelkeller sollte kühl und dunkel sein. Möhren halten sich am besten, wenn man sie in Sand lagert

Aus diesem Grunde gräbt man ihn am besten mit den Strünken aus und hängt ihn kopfüber an der Decke auf. Kohlrabi kann auf Brettern ausgelegt werden. So hält er sich, wie der aufgehängte Weiß- und Rotkohl, 4 bis 8 Wochen. Wirsingkohl ist nicht so lange haltbar. Zwiebeln und Knoblauch sollten kühl, aber möglichst luftig und trocken aufbewahrt werden.

Obst einlagern

Wenn man nur einen Keller besitzt, sollte man das zu lagernde Obst soweit wie möglich vom Gemüse entfernt auf Hürden nebeneinander auslegen (siehe Bauanleitung Apfelhurden Seite 215). Die einzelnen Früchte sollten sich dabei möglichst nicht berühren. Birnen und Quitten halten so, je nach Sorte, bis in den Januar hinein. Äpfel sind sehr unterschiedlich haltbar. Am besten ist es natürlich, mehrere Sorten zu lagern. Einige müssen dann bis Weihnachten verbraucht sein, andere halten bis zum Februar und ganz besondere Sorten auch

Hürden für die Einlagerung von Obst

bis in den Mai hinein. Wenn wir unseren letzten frischen Brettacher Apfel – meist im Mai – verspeist haben, dauert es nur noch 2 bis 3 Wochen, bis uns die ersten Erdbeeren im Garten wieder mit frischem Obst versorgen. Hoffentlich ist Ihr Keller so groß, dass neben den Apfelhurden, den Wurzelkisten und der Kartoffelkiste noch Platz ist für alle Säfte, alles Eingemachte, Eingelegte, Getrocknete, für die Gärtöpfe und vielleicht auch noch für ein Fässchen Most. Sie alle benötigen ebenfalls einen kühlen, dunklen, nicht zu feuchten Keller. Wenn Sie Ihre Lagerfrüchte ständig kontrollieren, Faulendes sofort aussortieren und außerdem aufpassen, dass Mäuse nicht »mitessen«, haben Sie im Winter ständig einen großen Vorrat zur Verfügung.

Haltbarmachung durch Milchsäuregärung

Die Milchsäuregärung als Konservierungsverfahren ist heute viel zu wenig bekannt, obwohl das Wissen darüber schon Tausende von Jahren alt ist.
Am häufigsten wird dieses Verfahren bei der Sauerkrautherstellung angewendet. Für eine solche Konservierung eignen sich aber auch Rotkohl, Gurken, rote Bete, Rettiche, Bohnen (letztere müssen allerdings vorher knapp weich gekocht werden) und Gemüsemischungen. Auf der Suche nach alternativen Konservierungsmethoden kommt der Milchsäuregärung heutzutage wieder eine besondere Bedeutung zu: Man braucht nämlich weder zum Konservieren noch bei der späteren Lagerung irgendwelche Energie, und das Verfahren ist darüber hinaus auch noch denkbar einfach und mit wenig Arbeit verbunden. Außerdem haben auf diese Weise konservierte Lebensmittel einen hohen Gesundheitswert: Sie bleiben roh, erfahren also keine Einbußen an Vitaminen oder sonstigen Inhaltsstoffen. Im Gegenteil, die Milchsäurebakterien bilden während des Gärprozesses noch zusätzliche Vitamine (besonders der B-Gruppe) aus. Milchsaure Gemüse wurden schon früher nicht nur als Lebensmittel, sondern auch als Heilmittel bei verschiedenen körperlichen Beschwerden verwendet.
Die Praxis der Milchsäuregärung: Das wichtigste Hilfsmittel für die Milchsäuregärung ist ein Gärtopf, den man im Haushaltswarengeschäft kaufen kann. Man verwendet heute die modernen Gärtöpfe, die über eine Wasserrinne, einen Deckel und zwei passende Beschwerungssteine verfügen, die nicht jede Woche – wie früher die Holzbretter –, gesäubert werden müssen.
In den gut gereinigten Gärtopf wird das zerkleinerte Gemüse eingeschichtet, mit entsprechenden Gewürzen versehen, leicht mit einem Holzlöffel angedrückt (nur

Kohl wird gestampft) und mit abgekochtem Salzwasser (15 g Salz auf 1 l Wasser) und mit etwas Molke (im Reformhaus erhältlich) übergossen. Der Topf darf nicht bis zum Rand, sondern nur zu 4/5 gefüllt sein.
Auf die letzte Gemüseschicht werden die Beschwerungssteine gelegt. Die Flüssigkeit sollte dann 3 – 4 cm über den Beschwerungssteinen stehen. Wo dies nicht der Fall ist, muss noch etwas Salzwasser nachgegossen werden.

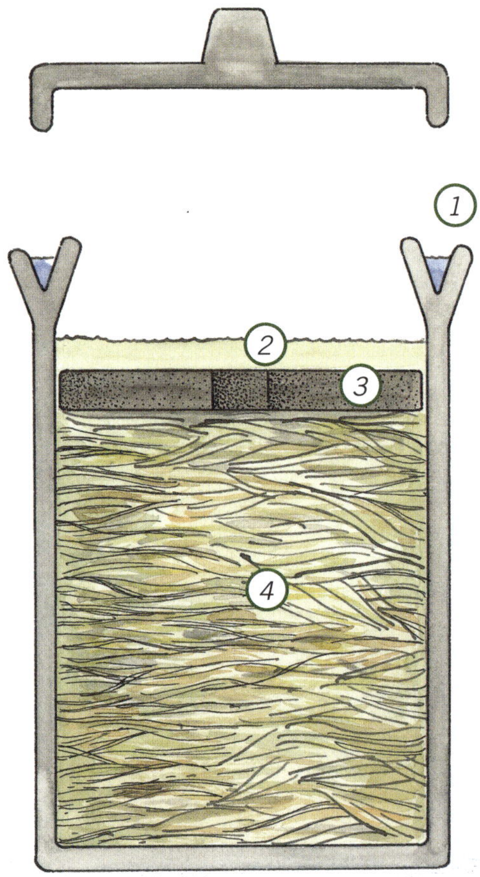

1 Wasser
2 Lake
3 Beschwerungsstein
4 Füllgut (Weißkohl)

Ein Gärtopf (hier im Querschnitt) eignet sich besonders gut zur Haltbarmachung von Weißkohl, der zu Sauerkraut vergoren wird.
Durch die Lagerung des Deckels in einer wassergefüllten Rinne können die Gase entweichen, aber kein Sauerstoff oder Keime eindringen.

Die Beschwerungssteine erzeugen einen Druck, der für das Gelingen der Gärung erforderlich ist. Zum Schluss wird der Deckel draufgesetzt und die Rinne mit Wasser gefüllt.
Die Kohlensäure, die sich bei der Gärung bildet (erkennbar durch ein stetiges »Gluck, Gluck, Gluck«) kann durch den Wasserabschluss entweichen; es können aber kein Sauerstoff und keine neuen Keime eindringen, wenn man (besonders in den ersten 3 bis 4 Wochen) dafür sorgt, dass die Wasserrinne immer gefüllt ist.
Nach dieser Zeit muss der Topf zunächst 2 bis 3 Tage warm gestellt werden. Kohl benötigt konstante Temperaturen von 20 bis 22 °C, Gurken 18 bis 20 °C und rote Bete 20 °C. Es ist wichtig, dass die Gärung möglichst schnell einsetzt und nicht unterbrochen wird, damit sich keine Fäulnisbakterien bilden können. Aus diesem Grunde gibt man Molke, in der sich bereits Milchsäurebakterien befinden, zu und dafür wird auch die Wärme benötigt. In den nächsten 10 bis14 Tagen (bei Kohl 21 Tage) schreitet die Säuerung fort und kommt dann zum Abschluss. In dieser Zeit muss der Gärtopf bei einer Temperatur von 18 °C (Kohl 15 °C) stehen. Danach wird der Topf am besten bei 0 bis 10 °C kalt gestellt, und das Gemüse hält so bis in den nächsten Sommer hinein.
Bevor Sie Ihrem Gärtopf die erste Portion entnehmen, lassen Sie ihn noch 1 bis 2 Wochen stehen, damit auch die Aromabildung zu einem Abschluss kommt.
Dann können Sie zu jeder Zeit die benötigten Portionen aus dem Gärtopf abfüllen. Legen Sie danach die Beschwerungssteine wieder sorgfältig auf den Inhalt, und achten Sie darauf, dass immer genügend Flüssigkeit über den Steinen steht.
Man kann übrigens auch Gemüse in Schraubgläsern einsäuern. Dies empfiehlt sich besonders dann, wenn man nur kleine Portionen Gemüse aus dem Garten ernten oder bestimmte Gemüsemischungen erst ausprobieren möchte.
Die Gläser müssen dazu sorgfältig gesäubert werden und wirklich fest schließende Deckel haben. Auch die Gläser dürfen nur zu 4/5 gefüllt werden. Ansonsten wird genauso verfahren wie bei einer Verwendung von Gärtöpfen. Allerdings müssen die Gläser nach dem Gärprozess nicht nur kühl, sondern, da sie durchsichtig sind, auch dunkel gestellt werden (eventuell mit einem Karton oder Tuch bedecken).
Mit Gärtöpfen ist es allerdings leichter, ein gutes Ergebnis zu erzielen, weil dort bedeutend mehr Bakterien und Pilze zusammenwirken können.

Einlegen in Essig

Leute, die es süß-sauer mögen, können Gemüse und Obst auch in Essig und Honig einlegen. Zu diesem Zweck schichtet man die voll ausgereiften und unbeschädigten Früchte in saubere Schraubgläser und kocht je nach Rezept einen Sud aus Essig, Wasser (Gemüsewasser oder Saft), Salz, Gewürzen und Honig. Er wird heiß über das Gemüse und Obst gegossen. Die Gläser deckt man zunächst nur ab. Nach 24 Stunden wird der Sud dann wieder abgegossen, aufgekocht und noch einmal kochend heiß über das Eingelegte gegossen. Jetzt müssen die Gläser sofort verschlossen und kühl und dunkel aufbewahrt werden. Der Essig hat eine stark konservierende Wirkung, ebenso wie Salz und Honig, deshalb ist süß-sauer eingelegtes Obst und Gemüse auch lange haltbar. Auf diese Weise werden zum Beispiel Gewürzgurken, Mixed Pickles, süß-saurer Kürbis oder süß-saure rote Bete hergestellt. Man kann außerdem, in Verbindung mit dem Einkochen, auf diese Art Chutney und Ketchup selber herstellen.

In Essig eingelegte Früchte sind lange haltbar.

Das Trocknen

Das Trocknen ist eine der ältesten Konservierungsmethoden für Obst und Gemüse. Es beruht auf einem einfachen Prinzip: Obst und Gemüse bestehen zu einem großen Teil aus Wasser; durch Wärme wird ihnen dieses Wasser entzogen. Bakterien und andere Kleinstlebewesen können nicht mehr gedeihen, weil ihnen das lebensnotwendige feuchte Milieu fehlt. Für das getrocknete Obst und Gemüse bedeutet dies, dass es bei sachgemäßer Lagerung nicht schimmeln kann und so sehr lange haltbar ist.
Außerdem hat das Trocknen den Vorteil, dass Vitamine und Nährstoffe geschont und weitgehend erhalten bleiben, und dass zur Konservierung keine oder nur sehr wenig Energie benötigt wird. Weil es sich um eine Art Konzentrat handelt, ist getrocknetes Obst und Gemüse intensiver und würziger im Geschmack als entsprechendes frisches.
Wie trocknet man? Zum Trocknen benötigt man eine konstante Temperatur von 40 bis 50 °C und gut zirkulierende Luft, damit die Feuchtigkeit entweichen kann.

Man trocknet entweder im Sommer oder Herbst in der Sonne oder auf dem Dachboden, bei schlechtem Wetter in der Nähe eines Ofens, im leicht geöffneten und auf 50 °C erwärmten Backofen oder auf speziellen Trockenapparaten. Man kann Obst und Gemüse zwar auch im Ganzen trocknen, aber je kleiner die einzelnen Stücke sind, desto schneller ist der Trockenvorgang beendet. Es muss immer so lange getrocknet werden, bis sich das Trockengut ledrig anfühlt. Wenn man es zur Probe auseinander bricht oder durchschneidet, dürfen keine Wassertropfen an der Schnittfläche auftreten und es sollte eine gleichmäßige Färbung angenommen haben. Die getrockneten Lebensmittel werden in gut verschließbare Schraubgläser oder Blechdosen gefüllt und kühl, trocken und dunkel aufbewahrt.

- **Das Trocknen von Früchten**
  Äpfel und Birnen schneidet man in Ringe oder Spalten und entfernt das Kerngehäuse. Wenn man sie vorher in Salzwasser taucht werden sie nicht so braun. Spalten werden auf Sieben getrocknet, Ringe werden aufgefädelt oder auf Stangen aufgezogen. Zwetschgen entkernt und halbiert man und trocknet sie auf Sieben. Beeren werden auf Sieben in der Sonne vor- und im Ofen nachgetrocknet. Erdbeeren kann man auch in Scheiben schneiden und dann trocknen. Kirschen können mit Kern getrocknet werden. Quitten kocht man in etwas Wasser weich, streicht sie durch ein Sieb und würzt die Masse mit Zimt, Honig und gemahlenen Nüssen. Anschließend füllt man sie fingerdick in die Fettpfanne des Backofens, lässt sie 4 bis 6 Stunden im Ofen und noch 1 bis 2 Tage an einem warmen Ort nachtrocknen, bevor man sie in Würfel schneidet und in Gläser füllt.
  Getrocknete Früchte werden zum Backen von Kuchen und Früchtebrot, für Brotaufstriche und den Verzehr verwendet.

Kräutersträuße werden zum Trocknen aufgehängt.

- **Das Trocknen von Gemüse**
  Buschbohnen, Pilze und Paprika (halbiert oder geviertelt) werden auf Schnüre aufgefädelt und an der Luft oder über einem Ofen getrocknet.
  Zucchini werden in Scheiben geschnitten und auf Sieben im Backofen getrocknet.
  Tomaten werden halbiert und mit der Schnittfläche nach oben auf Sieben getrocknet. Man kann auch bereits beim Trocknen Gemüsemischungen zusammenstellen, um im Winter mit ihnen Eintöpfe zu kochen. Getrocknetes Gemüse sollte vor dem Kochen stets einige Stunden in Wasser eingeweicht werden!

- **Das Trocknen von Kräutern**
  Kräuter werden locker zu Sträußen gebunden und an einem luftigen, schattigen Ort (Dachvorsprung oder Dachboden), nie in der prallen Sonne, zum Trocknen aufgehängt.
  Kräuter sind fertig getrocknet, wenn die Stängel sich leicht brechen lassen, die Blätter rascheln und die Früchte hart sind. Sie finden vielfältige Verwendung beim Würzen und zur Herstellung von Tees.

Das Einkochen

Erst seit gut hundert Jahren werden Lebensmittel unter Hitzeeinwirkung haltbar gemacht. Dabei werden die vorhandenen Keime durch das Erhitzen abgetötet und durch den Luftabschluss wird verhindert, dass neue eindringen. Auf diese Weise kann im Grunde genommen alles Obst und Gemüse haltbar gemacht werden. Allerdings muss man sich darüber im Klaren sein, dass es dann nicht den gleichen gesundheitlichen Wert wie frisches Obst und Gemüse hat und auch nicht so schmeckt. Je nach Temperatur und Dauer des Einkochens erfahren nämlich die Vitamine Einbußen und das Aroma verändert sich. Wir wählen diese Art des Haltbarmachens sehr selten und nur dann, wenn keine bessere Konservierungsmethode zur Verfügung steht.

Und so wird es gemacht: Entscheidend für eine einwandfreie Konservierung ist die Sauberkeit der Gläser (oder Flaschen) und der Verschlüsse, man sollte sie deshalb gründlich in heißem Wasser waschen und Ringe und Stöpsel unbedingt auskochen. Das Obst und Gemüse wird gewaschen, geputzt und eventuell zerkleinert in die Gläser gefüllt, bei Bedarf mit einigen Gewürzen versehen, und der Inhalt mit Wasser übergössen. Die oft empfohlene Zuckerlösung ist dabei für das Haltbarmachen nicht nötig und kann weggelassen werden. Danach werden die Gläser entweder mit einem Schraubverschluss oder mit Gummiring, Glasdeckel und Klammer verschlossen.

Es gibt jetzt zwei Möglichkeiten:

Entweder stellt man die Gläser in einen mit Wasser gefüllten, großen Topf. Das Wasser muss so hoch stehen, dass der Inhalt der Gläser ganz von Wasser umgeben ist. Danach wird das Wasser erhitzt.
Beeren müssen bei einer Temperatur von 74 °C 10 Minuten kochen, Steinobst bei 83 °C 15 Minuten und Gemüse bei 88 °C 30 Minuten. Man nimmt die Gläser sofort nach dem Ende der Einkochzeit aus dem Topf und lässt sie erkalten. Nach dem Erkalten löst man die Klammern und kann dann feststellen, ob die Deckel fest anliegen. Falls nicht, muss man sie nochmals erhitzen.

Die andere Möglichkeit ist das Einkochen im Backofen. Dazu wird der Backofen auf 200 °C vorgeheizt. Die Gläser stellt man nebeneinander, ohne dass sie sich berühren, in die mit Wasser gefüllte Fettpfanne des Backofens.
Bei 200 °C werden sie jetzt so lange erhitzt, bis in allen Gläsern feine Perlen aufsteigen. Befindet sich in den Gläsern Obst, wird der Backofen jetzt abgeschaltet Nach weiteren 30 Minuten, in denen die Gläser langsam abkühlen, können sie dann aus dem Backofen genommen werden.
Wenn Sie Gemüse einkochen, bleibt der Backofen 30 Minuten auf 200 °C eingeschaltet. Danach wird er abgeschaltet und nach weiteren 30 Minuten können dann auch Gemüsegläser herausgenommen werden.

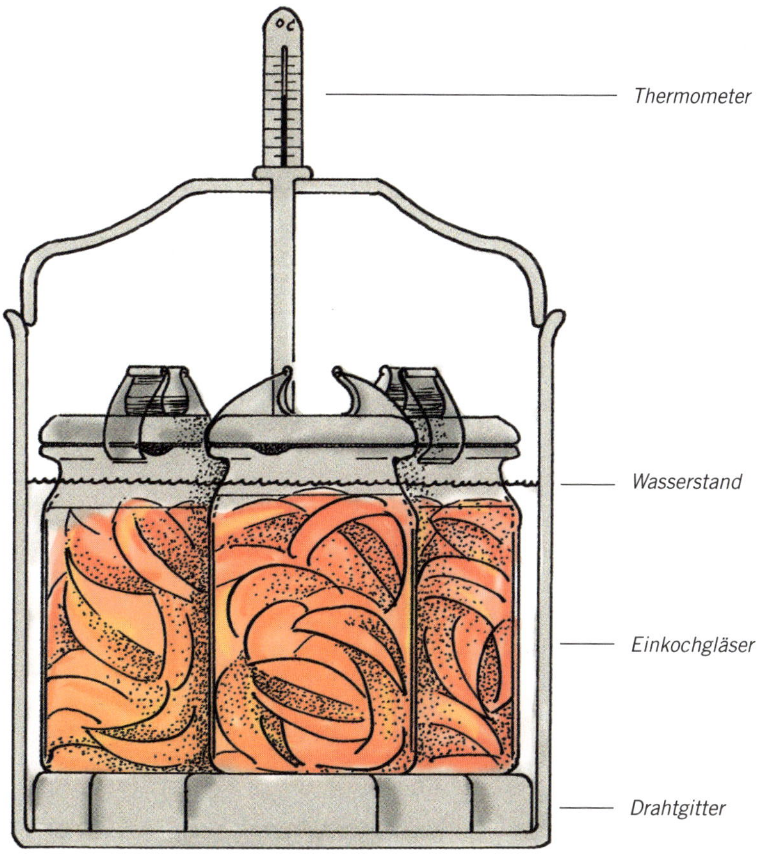

Ein Einmachtopf im Querschnitt

Die Herstellung von Most

Aus einem Teil unserer Äpfel und Birnen, die wir in der Mosterei pressen lassen, machen wir jedes Jahr »Moscht« (vergorener Apfelsaft). Jeder in unserer Gegend schwört auf sein ganz bestimmtes Rezept, einer Mischung aus verschiedenen Apfel- und Birnensorten. Most wird hier zu allen Gelegenheiten getrunken. Der ausgepresste Saft wird in ein Fass gefüllt, das unten einen Zapfhahn und oben einen Gärspund hat. In den Gärspund füllt man reinen Alkohol, damit keine fremden Pilze und Bakterien in das Fass gelangen können. Im Prinzip kann man den Apfelsaft nach dem Einfüllen sich selber überlassen. Die in ihm enthaltenen Hefebakterien setzen einen Gärprozess in Gang und wandeln den Fruchtzucker in Alkohol um. Es entsteht der »Moscht«. Durch eine gezielte Zugabe von bestimmten Hefebakterien kann man allerdings den Gärprozess beschleunigen und verbessern. Eine Mischung aus süßen und sauren Äpfeln mit Birnen ergibt wahrscheinlich den besten Most, weil so genügend Zucker und Säuren vorhanden sind. Der Alkoholgehalt des Mostes richtet sich ganz nach dem verwendeten Obst. Ganz nach Lust und Laune kann man dann meist ab Weihnachten in den Keller gehen und einen Krug Most abfüllen. Wie lange wird er wohl in diesem Jahr reichen?

Marmeladenherstellung

Bei der üblichen Marmeladenherstellung übernimmt der Zucker die Aufgabe der Konservierung. Aus diesem Grund verzichten wir völlig auf eine solche Marmelade und essen lieber ein Honigbrot oder bereiten ein Mus aus getrockneten, zerkleinerten Früchten zu, das ganz individuell gewürzt werden kann.

Man kann aber auch aus sehr reifen Spätzwetschgen ohne Zuckerzusatz ein Mus im Backofen kochen. Die Zwetschgen werden dazu halbiert und entsteint und etwa 3 Stunden in der Fettpfanne gekocht. Dann ist das Mus in der Regel eingedickt und kann in gut ausgespülte Schraubgläser gefüllt werden. Fest verschlossen ist es so etwa 6 – 8 Monate haltbar.

Wer auf Marmelade nicht verzichten möchte, kann auf die Geliermittel aus Bioläden und Reformhäuser zurückgreifen. Sie enthalten keine Konservierungsstoffe und mit ihnen lassen sich auch ohne Zuckerzusatz Marmeladen zubereiten. Unter folgenden drei Geliermitteln kann man wählen:

- Agar-Agar ist eine Meeresalge, die durch ihren hohen Pektingehalt Marmelade und Saft gelieren lässt.
- Pfeilwurzmehl wird aus den in Japan wild wachsenden Pfeilwurzeln gewonnen. Es ist ein Bindemittel, das bei Hitze sofort geliert.
- Unigel, das hauptsächlich aus Apfelpektin besteht, hat eine ähnliche Wirkung.

Das Pasteurisieren von Säften

Bei einem Obstüberschuss lohnt es sich auf jeden Fall, eigene Säfte herzustellen. Sie schmecken unvergleichlich gut und können ohne jeden Zuckerzusatz hergestellt werden. Beim Pasteurisieren bleiben der Fruchtzucker, die Fruchtsäuren und die Mineralstoffe erhalten, lediglich das hitzeempfindlichere Vitamin C erfährt Einbußen.

Marmeladen kann man auch mit Agar-Agar konservieren und so ganz auf Zucker verzichten.

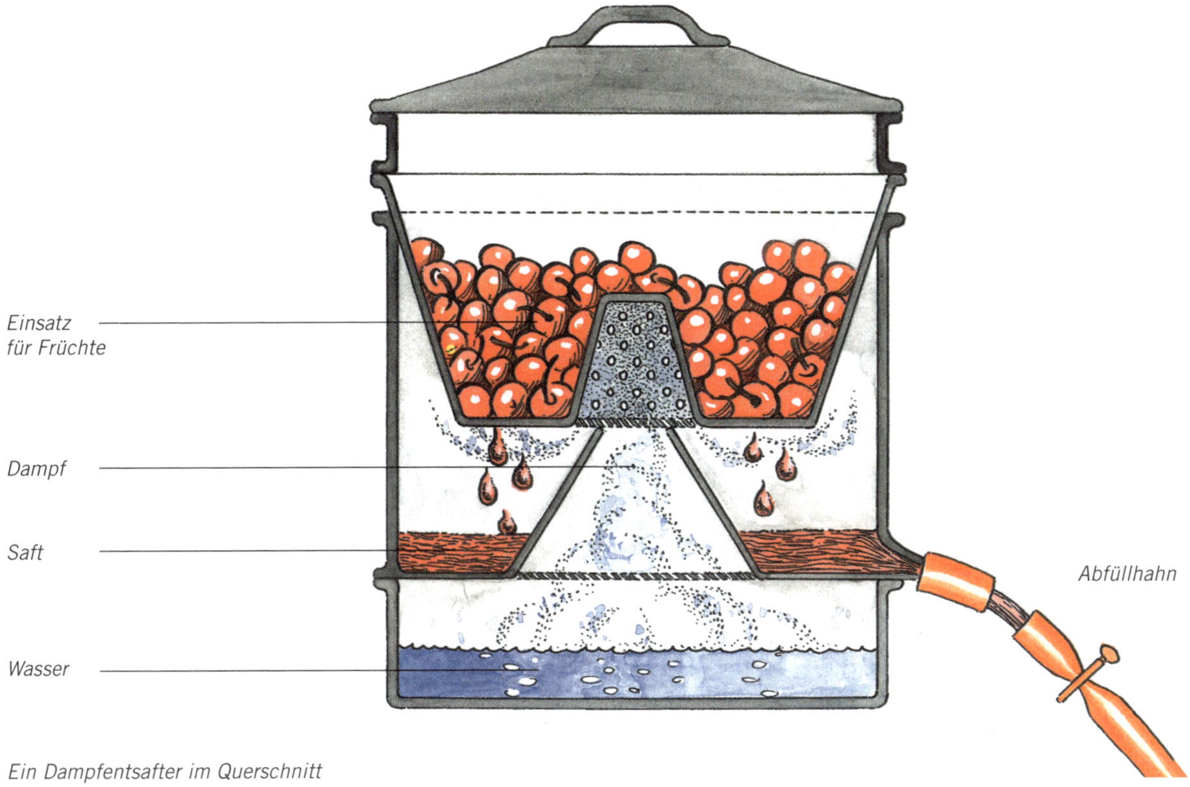

Ein Dampfentsafter im Querschnitt

Unseren Apfelsaft, den wir aus den eigenen Äpfeln in der Mosterei unseres Dorfes pressen lassen, erhitzen wir zu Hause auf 74 °C, füllen ihn mit Hilfe eines Trichters sofort in saubere Flaschen ab und verschließen diese mit einem Gummikäppchen. Auch beim Pasteurisieren müssen die Flaschen sehr gut gespült sein und vor dem Einfüllen des heißen Saftes am besten 10 Minuten im Backofen vorgewärmt werden, damit sie nicht springen. Die Gummikäppchen werden ausgekocht und bis zum Gebrauch am besten im heißen Wasser gelassen. Eine andere Möglichkeit bei kleineren Mengen ist das Entsaften im Dampfentsafter.
Er besteht aus drei Teilen: dem Wassertopf, dem Fruchtdämpfer und dem Saftabzapftopf. Der Wassertopf wird mit Wasser gefüllt und zum Kochen gebracht. Der Fruchtdämpfer wird mit dem Obst gefüllt und in den Saftabzapftopf gesetzt. Achten Sie darauf, dass der Safthahn geschlossen ist. Beide setzt man dann auf den Wassertopf. Durch den Wasserdampf werden die Früchte auf 80 °C erhitzt, geben Saft ab, der gleichzeitig sofort pasteurisiert ist. Durch das Glasröhrchen kann man genau beobachten, in welchem Moment der erste Saft da ist. Es kann dann bald mit dem Abfüllen in Flaschen begonnen werden.

Das Tiefkühlen

Das Tiefkühlen ist die modernste aller Konservierungsarten. Obst und Gemüse werden dabei sofort nach der Ernte gewaschen, zerkleinert, abgepackt und eingefroren. Dafür ist zunächst das sogenannte Schockgefrieren bei Temperaturen von 30 bis 40 °C erforderlich, bevor das Tiefkühlgut bei −18°C endgültig gelagert wird. Das Tiefgefrieren ist mit Abstand die Konservierungsmethode, die am meisten Energie erfordert und darüber hinaus oft auch noch sehr arbeitsintensiv ist, weil viele Gemüse vor dem Einfrieren noch blanchiert werden müssen. Zudem ist natürlich die Anschaffung einer ausreichend großen Tiefkühltruhe unerlässlich, was einen zusätzlichen Kostenfaktor darstellt.

Da tiefgekühlte Kost aber in Bezug auf Vitamine und Nährstoffe der Frischkost am nächsten kommt, werden besonders diejenigen diese Methode des Haltbarmachens bevorzugen, die das ganze Jahr über nach Lust und Laune alle Obst- und Gemüsearten essen wollen. Menschen, die mehr mit der Natur und ihrem Ablauf in Einklang leben wollen, werden andere Konservierungsmethoden bevorzugen.

➤ Ernte im Haus: Küchenkräuter und Sprossen

Gerade im Winter besteht das Problem darin, wie man sich ausreichend mit Frischem versorgt. Die Möglichkeiten einer Ernte im Garten sind gering (Feldsalat, Portulak, Rosenkohl und Grünkohl). Deshalb nutzen wir unsere Wohnung, um einen kleinen Zimmergarten einzurichten. Auf der Fensterbank wachsen der im Garten ausgegrabene Schnittlauch und die Petersilie. Zusätzlich können in Blumentöpfen auch noch andere Küchenkräuter eingesät werden (siehe auch: »Aussaat im Haus« Seite 27) und es kann laufend frische Kresse geerntet werden.

Außerdem kann man aber auch noch aus Samen Keimlinge oder Sprossen ziehen. Deshalb lohnt es sich durchaus, neben dem Samenvorrat für das nächste Gartenjahr, noch zusätzliche Samen für die Winterernährung zu ernten. Besonders geeignet für die Sprossenherstellung sind die Samen von Rettichen, Senf, Kresse, Erbsen, Bohnen und Sonnenblumen, die man alle selbst ziehen kann. In den meisten Fällen kaufen muss man wohl Getreide, Mais, Kürbis, Sesam und Buchweizen. Alle diese Samen wachsen in 2 bis 6 Tagen zu einem knackig frischen Gemüse heran, das man roh als Salat oder Brotbelag, gekocht in Suppen oder Gemüsegerichten verwenden kann.

Sprossenherstellung

Die Samen werden zunächst je nach Sorte 4 – 12 Stunden in Wasser eingeweicht.

Nachdem sie gequollen sind, werden sie in einem Sieb unter fließendem Wasser abgespült. Danach füllt man sie entweder in spezielle Keimapparate oder Keimboxen (im Handel erhältlich) oder in ein Einmachglas. Das Glas wird mit einem Stück Gazestoff und einem Gummiring fest verschlossen und mit der Öffnung nach unten schräg aufgestellt. Auf diese Weise kann überschüssiges Wasser noch abtropfen und gleichzeitig Luft an die Samen kommen.

Man stellt das Glas am besten bei etwa 20 °C in eine Zimmerecke, in die nicht allzu viel Licht kommt. Die pralle Sonne mögen die Samen nicht. Zweimal täglich müssen sie unter fließendem Wasser in einem Sieb abgespült und wie oben beschrieben wieder aufgestellt werden. Je nach Samenart können die fertigen Sprossen nach 2 bis 6 Tagen für den Verzehr verwendet werden. Eine Übersicht über die zur Sprossenherstellung geeignetsten Samen gibt die nebenstehende Tabelle. Der Vollständigkeit halber wurden auch Samen, die man bei uns nicht im Garten ziehen kann, aufgenommen. Manche Sprossen kann man auch im Hydrogerät zu Grünkräutern heranziehen. Auch das zeigt die Tabelle. Aber nicht nur aus Gründen der Gesundheit, sondern auch wegen ihrer geschmacklichen Vielfalt sollte man Sprossen ziehen.

Bei der Sprossenherstellung werden die Samen zunächst ein paar Stunden eingeweicht und in ein mit einem Gazestoff und einem Gummiring verschlossenes Weckglas gelegt. Zum Keimen wird das Glas dann schräg und mit der Öffnung nach unten aufgestellt.

Zusätzlich besitzen Sprossen aber auch noch weitere Vorteile: Kein anderes Lebensmittel hat einen so hohen Nähr- und Vitalstoffgehalt mit gleichzeitig so wenigen Kalorien wie Sprossen.

Außerdem kann sich auch der Ertrag sehen lassen: Wenn Sie Getreide keimen lassen, erhalten Sie zum Beispiel die doppelte Menge an Sprossen, lassen Sie Mungobohnen keimen, erhalten Sie sogar die fünffache Menge oder, anders ausgedrückt: Eine Tasse Mungobohnen ergibt fünf Tassen Mungobohnensprossen. In der Küche hat der gekeimte Samen verschiedene Namen: Man spricht von Keimlingen, Keimen, Sprossen oder Keimsprossen. Zur Ernährung können sie auf vielfältige Weise verwendet werden: als Rohkost, Brotbelag, für Salate, als Gemüse, in Suppen, für Füllungen usw. Dabei haben die Sprossen einen ganz unverwechselbaren Geschmack. Zum Kennenlernen sollte man sie deshalb nur in sehr kleinen Portionen unter die gewohnte Kost streuen. Hat man sich jedoch an ihren Geschmack gewöhnt, kann man ihren Anteil beliebig steigern und sie auch allein verwenden.

Keime und Sprossen auf einen Blick

Samensorte	Samenein-weichzeit in Stunden – •*	tägliche Spülvor-gänge	Keimdauer in Tagen	Länge des erntereifen Keims	Ertrag: Samen zu Sprossen	Wachstums-zeit im Hydrogerät in Tagen	Größe des erntereifen Grünkrauts in cm
Heimische Samen							
Bockshornklee	5	2–3	2	Samenlänge	1:4	10	4
Buchweizen	–	2	2–3	0,5 cm	1:3	14	8
Erbsen	12	4	3	Erbsenlänge	1:2	–	–
Gerste	12	2	2–3	Kornlänge	1:2,5	–	–
Hafer	4	2	2–3	Kornlänge	1:2	–	–
Hirse	8	3	3	0,2 cm	1:2	–	–
Kichererbsen	12	4	3	0,5 cm	1:4	–	–
Kresse	6	2	2	Samenlänge	1:2	6–8	4
Kürbis	16	3	3	0,3 cm	1:2	–	–
Leinsamen	4	4	2	Samenlänge	1:1,5	–	–
Rettich	4	3–4	2–4	0,3 cm	1:3	10–12	4
Roggen	12	2	2–3	Kornlänge	1:2,5	–	–
Senf	6	1	2–3	1 cm	1:2	8–12	5–6
Sonnenblumen	12	2–3	2	Kernlänge	1:3	12	8
Weizen	12	2–3	2–3	Kornlänge	1–2,5	8–12	8–10
Exotische Samen							
Alfalfa	5	2–3	3–5	3–5 cm	1:6	10	6
Linsen	8–10	3	3	2 cm	1:5–6	–	–
Lunjabohnen	10–12	1–2	3	Bohnenlänge	1:4	–	–
Mungobohnen	12	2–3	4–6	2–5 cm	1:5–6	–	–
Reis	12	2–3	3	Kornlänge	1:2,5	–	–
Sesam	4	2	2	0,2 cm	1:1,5	–	–
Sojabohnen	12	4	3	1 cm	1:4	–	–

Ausblick: Weitergehende Selbstversorgung

Vielleicht macht Ihnen Ihre Selbstversorgung mit Obst und Beeren, Gemüse, Kartoffeln und Kräutern so viel Spaß, dass Sie auch auf anderen Gebieten zum Selbstversorger werden möchten. Damit eröffnet sich Ihnen eine Fülle von Möglichkeiten – überlegen und planen Sie diesen Schritt jedoch sehr genau, denn ein Zurück ist nicht immer ganz einfach.
Wenn Sie genügend Land zur Verfügung haben, könnten Sie den Getreideanbau wagen. Getreide ist immer noch das Grundnahrungsmittel für den Menschen. Es wird gemahlen zum Backen von Brot und Kuchen und zum Herstellen von Teigwaren verwendet; man kann es im Ganzen kochen und Hauptmahlzeiten aus ihm zubereiten, und man isst es ungekocht und grob geschrotet als Müsli. Zu seinen Vorzügen gehört, dass es sich problemlos ohne irgendwelche Konservierungsmittel lagern lässt.

Wenn man für sich selber Weizen, Roggen und vielleicht etwas Nackthafer, Gerste und Dinkel anbauen möchte, benötigt man pro Person etwa 120 – 160 m² Land für eine Getreideselbstversorgung. Viele wagen allerdings den Getreideanbau in so kleinen Mengen nicht, weil die Pflege, die Ernte und der doch verhältnismäßig geringe Ertrag einige Probleme aufwerfen: Denn wo kein Mähdrescher verwendet werden kann, muss nach alter Väter Sitte das Korn mit der Sense geschnitten, locker zu Garben zum Trocknen aufgestellt und anschließend gedroschen werden. Wer kann das heute noch? Vielleicht möchten Sie aber auch Ihre eigenen Eier und Ihre eigene Milch haben, um selber zum Beispiel Butter, Käse, Joghurt, Quark, Kefir usw. herstellen zu können. Aber der Schritt zur Tierhaltung ist ein großer Schritt, der gut überlegt sein sollte: Tiere kann man nicht so ohne weiteres allein lassen, sie wollen regelmäßig gefüttert und gemolken werden, und der Stall will gesäubert sein. Andererseits vermittelt aber ein Leben mit Tieren – das Beteiligtsein an ihrer Pflege, Haltung und Aufzucht – auch ein ganz besonderes Lebensgefühl.

Am einfachsten lassen sich wohl – auch in einem kleineren Garten – Hühner halten. Es muss ja nicht gleich ein ganzes Hühnervolk sein. 3 bis 4 reichen völlig aus, um den Eierbedarf einer Familie zu decken. Allerdings benötigen auch Hühner einen Stall und ein Auslaufgehege. Das zusätzlich benötigte Futter lässt sich allerdings leicht zukaufen und problemlos lagern.
Mit Hühnern sind Sie sicherlich noch am wenigsten angebunden. Ein ideales Tier für den Selbstversorgerhaushalt ist die Ziege oder das Milchschaf. Beide haben den Vorteil, dass sie keine Herdentiere sind und deshalb auch einzeln gehalten werden können. Milchschafe liefern uns neben der Milch auch noch Wolle. Man kann davon ausgehen, dass beide im Durchschnitt 2 bis 3 Liter Milch am Tag geben; dies reicht einer Familie im Allgemeinen sowohl zum Trinken als auch zur Käse- und Butterherstellung und zu sonstiger Verarbeitung. (Eine Kuh wäre für den Selbstversorgerhaushalt schon allein wegen der Milchproduktion eine Nummer zu groß.) Sowohl Ziegen wie auch Schafe benötigen im Winter einen Stall, im Sommer eine ausreichend große Weidefläche und, wenn man kein Futter zukaufen möchte, auch noch eine Fläche, auf der Futtergetreide angebaut und Heu gemacht werden kann.
Zu den Haustieren im engeren Sinn kann man die Bienen wohl nicht rechnen, da sie in der Regel nicht in unmittelbarer Nähe des Menschen leben. Für ihre Haltung benötigt man sehr wenig Platz, und der Arbeitsaufwand bei einer Bienenhaltung ist im Vergleich zu anderen Tieren gering. Die Bienen liefern neben dem begehrten Honig (7 bis 8 kg pro Volk) auch noch Wachs (0,5 – 1 kg) und sind darüber hinaus äußerst wichtig für die Befruchtung unserer Obstbäume und Nutzpflanzen.
Nicht-Vegetarier werden die Hinweise auf die Selbstversorgung mit Fleisch vermissen. Hierzu eignet sich die Schaf-, Hühner- und Geflügelhaltung ebenso wie eine Kaninchenzucht.
Soll auch ein Schwein in dieser Runde nicht fehlen, dann ist Ihr »kleiner Bauernhof« perfekt.

Ein Jahr im Garten

Im **Januar** und **Februar** gibt es im Garten nicht viel zu tun: Genießen Sie Ihre wohl verdiente Ruhepause.

Das Gartenjahr beginnt im **März**. Holen Sie sich jetzt den noch zögernden Frühling ins Haus, indem Sie einige Zweige, die beim Ausschneiden der Bäume angefallen sind, in die Vase stellen. Bald werden die kleinen grünen Blätter erscheinen – vorausgesetzt, Sie wechseln jeden Tag das Wasser. Unsere Kinder waren jedes Jahr eifrig damit beschäftigt ausgeblasene Eier anzumalen, kleine Vögel aus Sperrholz auszusägen und zu bemalen sowie aus Filz bunte Blumen zu basteln. Alles wird an die Zweige gehängt.

Im **April** gibt es im Garten schon eine Menge zu tun. Wenn Sie sich nach getaner Arbeit in die Sonne setzen, beobachten Sie einmal die vielen Vögel, die sich jetzt die Regenwürmer als Leckerbissen aus der Erde holen.

Nach dem ersten Wochenende im **Mai** wird es oft noch einmal plötzlich kalt, und man könnte denken, der Winter will überhaupt nicht weichen. Doch meist schon wenige Tage später wird es dann so warm, dass alles in ungeheurer Schnelle zu grünen und zu blühen beginnt, und spätestens nach den Eisheiligen (15. Mai) haben wir es in der Regel geschafft: Es sind keine Nachtfröste mehr zu erwarten und die kalte Jahreszeit ist vorüber.

Der **Juni** ist der Heumonat. Anfang bis Mitte Juni beginnen die Bauern mit ihrer Arbeit. Auch wir mähen unsere Wiese, obwohl es uns um die vielen schönen Wiesenblumen und -kräuter leid tut. Die Kinder pflückten täglich große, bunte Sträuße, so dass wir schon fast keinen Platz und keine Gefäße mehr dafür hatten.

Der 22. Juni ist der Tag, an dem die Sonne am längsten scheint. In Skandinavien wird dieser Tag als Mitsommernachtstag mit viel Musik und Tanz gefeiert.
Wir feiern erst am Abend des 23. Juni (Vorabend vor Johanni) mit Freunden ein Sommerfest. Wir machen ein Sonnwendfeuer auf der Wiese oder ein kleines im Garten, und alle Kinder dürfen aufbleiben, bis nach Einbruch der Dunkelheit auch andere Feuer auf den Höhen der Umgebung zu sehen sind.

Im **Juli** gibt es meist Schulferien, und wir nutzen die Zeit zu Ausflügen mit den Enkeln. Auf unseren Radtouren finden wir ab Ende Juli/Anfang **August** im Wald Blaubeeren. Allerdings bringen wir die wenigsten mit nach Hause, die meisten wandern nicht in die mitgebrachten Körbe, sondern direkt in den Mund. Trotzdem: Für einen Blaubeerpfannkuchen, ein Blaubeermüsli oder einen Nachtisch aus Blaubeeren mit Milch reicht es meist.

Obwohl noch alles in voller Pracht zu grünen und zu blühen scheint, ist der August der Wendepunkt: das Gartenjahr hat seinen Höhepunkt überschritten. Viele Beete sind schon abgeerntet, aber in unserem Garten fällt das nicht auf, denn unser Garten ist bis zu den ersten großen Frösten und Schneefällen grün, kein Stückchen Erde schaut hervor, denn auf allen abgeernteten Reihen, auf denen für den Winter oder den kommenden Frühling nichts mehr gepflanzt wird, säen wir eine Gründüngung ein. Diese durchwurzelt den Boden, beschattet ihn, reichert ihn mit Nährstoffen an, unterdrückt das Unkraut und ist darüber hinaus ein gutes Mulchmaterial. Beim ersten starken Frost knicken die Pflanzen von selbst und bilden eine natürliche Decke und einen guten Winterschutz für die Beete.

Im **September** und **Oktober** besteht die Hauptarbeit darin, das reife Gemüse und Obst zu pflücken und zu konservieren.
Probieren Sie doch einmal beim Konservieren neben dem Einfrieren, Einkochen und der üblichen Marmeladenbereitung das Einlegen in Essig, das milchsaure Einlegen von Gurken, roter Bete, Bohnen oder ganzer Gemüsemischungen und das Trocknen von Obst und Gemüse.Die Monate November und Dezember nutzen wir zum Ausruhen, zum Basteln, Handwerken und zur Vorbereitung auf Weihnachten.

Ende **November** wird bei uns im Dorf Deckreisig verkauft. (Gibt es auch auf Märkten, beim Gärtner oder beim Förster im Wald.) Wir kaufen etwas mehr, als wir im Garten zum Abdecken der Beete und für den Schutz der Pflanzen benötigen. In die jetzt leeren Blumentröge werden Fichtenzweige gesteckt. Kinder können selbstgebastelte Windrädchen und bemalte Vögel hineinsetzen.

Die restlichen Zweige werden kleingeschnitten und zum Binden des Adventskranzes verwendet. Am 4. **Dezember**, am St.-Barbara-Tag, spazieren wir – meist bei eisiger Kälte – zu unserer Wiese und brechen einige Kirsch- und Apfelzweige (nach alter Tradition lässt die heilige Barbara sie blühen). Zu Hause werden sie ins Wasser gestellt und stehen dann Weihnachten in voller Blüte. Das Neue Jahr ist nicht mehr fern!

Januar

»Je frostiger der Januar, je freundlicher das ganze Jahr.«

Februar

»Ist's an Appolonia feucht, der Winter meist sehr spät entweicht.« (9.2.)

Im Januar lässt uns der Garten eine wohlverdiente Verschnaufpause. Alle Beete liegen hoffentlich unter einer dicken Schneedecke. Es ist klirrend kalt und möglichst oft schön sonnig. Wenn Sie durch Ihren Garten stapfen, können Sie sich in aller Ruhe Gedanken über das kommende Gartenjahr machen und anfangen zu planen, denn keine andere dringende Arbeit fällt an.

An manchen Tagen im Februar, wenn die Sonne zur Mittagszeit richtig warm scheint, spürt man schon das Nahen des Frühlings: Schneeglöckchen und Krokusse sind seine Vorboten und auch die Tage werden merklich länger. Vielleicht treibt es jetzt auch Sie hinaus, und Sie möchten am liebsten mit der Gartenarbeit anfangen – tun Sie es nicht! Es ist noch viel zu feucht, das Bodenleben ruht, und der Boden kann deshalb noch nicht bearbeitet werden. Begnügen Sie sich mit den Arbeiten auf Ihrer Fensterbank, im Frühbeet oder im Gewächshaus, und genießen Sie lieber die letzten Mussestunden, denn bald werden Sie alle Hände voll zu tun haben.

➤ Pflege und Düngemaßnahmen

Januar
An sonnigen Tagen können jetzt Bäume und Sträucher ausgeschnitten werden.
Februar
Auch im Februar können bei sonnigem Wetter Bäume und Sträucher ausgeschnitten werden. Jetzt können Sie den Stammanstrich der Bäume mit Preikobakt oder Lehmbrühe vornehmen. Anschließend werden die Baumkronen und Beerensträucher mit den Resten der Brühe übersprüht.

➤ Pflanzenschutz

Januar
Im Januar ruhen Pflanzen und sonstige Lebewesen, so dass keine Pflanzenschutzmaßnahmen nötig sind.
Februar
Im Gewächshaus können Sie die dort wachsenden oder überwinternden Pflanzen sowie die Erde vorbeugend mit Schachtelhalmtee gegen Pilzkrankheiten spritzen.

➤ Sonstige Arbeiten in Haus und Garten

Januar
Das Lagerobst und Wurzelgemüse sowie die Kartoffeln müssen regelmäßig kontrolliert und faule oder schlecht gewordene Stücke aussortiert werden.
Jetzt den Chicorée treiben lassen. Einen Gartenplan für das bevorstehende Gartenjahr aufstellen. Wenn erforderlich sollten Sie jetzt Samen bestellen oder kaufen. Den Baumschnitt für die Kompostierung zerkleinern. Eventuell etwas Reisig für die Erbsenbeete (zum Hochranken der Erbsen) aufbewahren.
Februar
Die Keimfähigkeit des Saatgutes vom letzten Jahr muss überprüft und gegebenenfalls neues Saatgut beschafft werden. Jetzt die letzten Chicoréewurzeln treiben lassen. Ein warmes Frühbeet kann jetzt gepackt werden. Wenn Sie noch kein Frühbeet haben, können Sie den Bau jetzt in Angriff nehmen. (Anleitung dazu auf Seite 57 und 210).

Säen im Freien	Säen geschützt	Pflanzen	Ernten	
	Auf der Fensterbank › Kresse		**Von der Fensterbank** › Kresse **Im Haus** › getriebener Chicorée **Auf abgedeckten Beeten oder aus dem Frühbeet** › Feldsalat › Winterpostelein **Im Freiland** *(bei mäßig hoher Schneedecke)* › Grünkohl› Rosenkohl	**Januar**
	Auf der Fensterbank › Sellerie › Tomaten *(für das Gewächshaus)* **Ins warme Frühbeet** › Kopfsalat › Radieschen	**An frostfreien Tagen** › Bäume › Sträucher	**Im Haus** › getriebener Chicorée **Aus dem Frühbeet** › Feldsalat › Winterpostelein **Im Freiland** › Grünkohl › Rosenkohl **an Schneefreien Tagen** › Winterlauch	**Februar**

› Rezeptideen

Januar
In diesem Monat gibt es wenig zu ernten. Wenn der Schnee nicht allzu hoch liegt, können Sie aber Feldsalat pflücken und ihn zusammen mit Orangen und einer Joghurt-Marinade anmachen, Auch Rosenkohl gibt es vielleicht noch frisch aus dem Garten. Backen Sie doch einmal eine pikante Torte mit einem Belag aus Rosenkohl, gemischt mit Walnüssen.

Februar
Die Triebe der Chicoréewurzeln liefern uns auch in dieser Jahreszeit frischen Salat. Mischen Sie Chicorée doch einmal mit Feldsalat, Radicchio und - wenn verfügbar - Spinat zu einem bunten Wintersalat.
Aus eingelagerten roten Beten lässt sich eine köstliche russische Borschtschsuppe zubereiten.

Der grüne Tipp

Füttern Sie jetzt die Vögel in ihrem Garten und machen Sie sie dadurch heimisch. Im Sommer werden Sie Ihre unentbehrlichen Helfer bei der Schädlingsabwehr sein.
Viele Vögel, wie zum Beispiel Meisen, sind Höhlenbrüter, die oft Probleme haben, eine geeignete »Wohnung« zu finden. Helfen Sie diesen Vögeln durch das Aufhängen von Nistkästen.

März

»Taut's im März nach Sommerart, bekommt der Lenz einen weißen Bart.«

»Sieht Sankt Gertrud Eis, wird das ganze Jahr nicht heiß.« (17.3.)

Erwarten Sie auch schon voller Sehnsucht den Frühling? Auch wenn der März der erste Frühlingsmonat ist, kann der Winter doch noch einmal mit aller Macht zurückkehren und viel Schnee bringen. Aber selbst wenn keinerlei Schneereste mehr vorhanden sind, ist oft vom Frühling keine Spur: Das Gras ist bräunlich, die Wege sind lehmig, die Bäume kahl. Auch wenn es Sie noch so sehr lockt, mit der Gartenarbeit zu beginnen: Warten Sie lieber etwas länger, dies zahlt sich bestimmt später aus. Erst wenn der Boden völlig von der Märzsonne abgetrocknet ist, dürfen Sie ihn betreten und mit den ersten Vorbereitungen beginnen.

Wenn Sie schon bald Radieschen, Rettiche, Salat oder Spinat ins Freiland säen möchten, decken Sie den Boden an diesen Stellen vor der Bearbeitung einige Tage mit einem Foliendreieck oder -tunnel ab, denn darunter kann er sich gut erwärmen und abtrocknen. Auch bei einer frühen Aussaat darf die Erde nie nass oder schmierig sein. Wenn Sie einen schweren Lehmboden haben, streuen Sie am besten etwas feinen Kompost in die Saatrillen und decken Sie sie anschließend mit Sand statt mit Erde ab, damit die zarten Samen nicht ersticken. Haben Sie bereits im Herbst einige Aussaaten, zum Beispiel Winterkopfsalat oder Spinat, vorgenommen, können Sie den März ruhig vergehen lassen, ohne viel im Garten tun zu müssen.

➤ Pflege und Düngemaßnahmen

Jetzt ist der letzte Termin, um Beerensträucher, Hecken und Bäume auszuschneiden und den Stammanstrich vorzunehmen. Alle Baumscheiben und Beerensträucher müssen mit Kompost versorgt und entweder mit Mulchmaterial abgedeckt oder durch eine Gründüngung geschützt werden. (Senf auf Baumscheiben, Klee unter Beeren.)

➤ Pflanzenschutz

Alle Beete, auch wenn sie jetzt noch leer sind, mit Schachtelhalmbrühe spritzen.

➤ Sonstige Arbeiten in Haus und Garten

Allmählich sollten Sie Ihre Lagerbestände an Wurzelgemüse, Kartoffeln, Obst usw. aufbrauchen. Die Frühkartoffeln werden zum Keimen aufgestellt. In warme Gegenden kann man die Beete schon zur Aussaat vorbereiten Der Boden wird gelockert und mit Kompost versorgt. Günstig ist es auch, jetzt Algenkalk oder Gesteinsmehl auszubringen. Wer im Herbst Winterkopfsalat gesät hat, sollten die jungen Pflanzen jetzt mit Sonnenhüten oder einen Weckglas schützen. An geeigneten Stellen werden Foliendreiecke oder -tunnel aufgestellt, damit sich die Erde darunter schneller erwärmt und frühere Aussaaten möglich sind.

➤ Rezeptideen

Die Ernte im Garten ist auch im März noch recht spärlich. Versuchen Sie doch einmal eine Löwenzahnsalat mit den ersten zarten Löwenzahnblättern. Vitaminreich und wohlschmeckend ist auch Apfelsinenmilch.

Säen im Freien	Säen geschützt	Pflanzen	Ernten
› Kresse › Petersilie › Spinat **Nur in warmen Gegenden** › Pflücksalat **Ende März** › Palerbsen **Gründüngung** › Ackerbohnen *(als Voraussaat auf dem Tomatenbeet oder in Kohlreihen)* › Klee *(unter Sträuchern)* › Senf *(auf Baumscheiben)*	**Auf der Fensterbank** › Paprika › Puffbohnen › Sellerie › Tomaten (fürs Freiland) **Ins kalte Frühbeet** › Große Gemüsezwiebeln › alle Kohlarten › Kohlrabi › Kopfsalat › Radieschen › Sommerlauch › Tagetes	**Bäume** **Sträucher** (beide müssen in Trockenperioden gründlich gewässert werden) Kopfsalatsetzlinge	**vom warmen Frühbeet** › Radieschen **Im Freiland:** **› getriebener Chicorée** › Feldsalat › Radicchio › Winterpostelein › die Sprossen der Rosenkohlstrünke › Spinat › Winterlauch **Wildkräuter** › Brennnesseln › Gänseblümchen › Löwenzahn

Der grüne Tipp

Die Hummeln schwirren jetzt oft schon durch den Garten. Sie legen ihre Eier in Erdlöchern ab. Für die Obstbäume sind sie ganz besonders wichtig, weil sie bei ihrer Nahrungssuche (Blütenpollen und Honig) die Bäume bestäuben. Machen Sie jetzt einen Frühlingsspaziergang und bringen Sie die ersten Frühlingsblumen mit nach Hause.
Auch wenn sie besonders schön aussehen: Pflücken Sie keine Schlüsselblumen, denn sie stehen unter Naturschutz. Viele andere schöne Wildblumen und -kräuter, wie Gänseblümchen und Huflattich werden den Schlüsselblumen bald folgen.

April

»Hat der April mehr Regen als Sonnenschein, wird's im Juni trocken sein.«

»Ist der April schön und rein, wird der Mai dann wilder sein.

Wir beginnen in unserer rauen Gegend meist erst jetzt mit der Gartenarbeit. Auch Schneeschauer können uns dabei nicht mehr aus der Ruhe bringen, denn der Spuk ist ebenso schnell wieder vorbei, wie er gekommen ist, und die Sonne strahlt wieder. Die Ernte im Garten fällt in diesem Monat sehr mager aus. Wir müssen jetzt schon etwas erfinderisch sein, um unseren Speiseplan ein wenig aufzulockern. Meist werden die letzten eingelagerten und eingelegten Vorräte verbraucht und mit den ersten zarten Kräutern angereichert. Sie verleihen den Speisen schon einen Hauch von Frühling und geben uns viele Vitamine.

Ein besonderes Geschenk des Frühlings sind aber jetzt die überall vielfältig wachsenden Wildkräuter. Sie bringen im Speiseplan eine große Abwechslung als Salate, Gemüse oder Suppen. Was nicht auf unserer eigenen Wiese wächst, bringen wir von den Spaziergängen mit nach Hause.

› Pflege- und Düngemaßnahmen

Auch in rauen Gegenden können die Beete jetzt zur Aussaat vorbereitet werden. Der Boden muss gelockert und mit Kompost versorgt werden.

Falls es nicht schon geschehen ist, müssen jetzt die Baumscheiben mit Kompost versorgt werden. Sobald die erste Brennnesseljauche fertig ist, werden die Obstbäume damit gedüngt.

Die Tomatenpflanzen kann man bei schönem Wetter zur Abhärtung stundenweise in den Garten stellen.

Den Rhabarber kann man unter einem umgestülpten Eimer vorzeitig zum Treiben bringen und so bald die ersten zarten Stängel ernten.

› Pflanzenschutz

Brennnessel schneiden und eine Jauche ansetzen.

Als Vorbeugung gegen Mehltau und andere Pilzkrankheiten werden die Obstbäume und Beerensträucher vor der Blüte mit Schachtelhalmbrühe gespritzt.

› Weitere Arbeiten in Haus und Garten

Lagerkartoffeln zum Keimen aufstellen.

Die im Winter gesammelten organischen Abfälle kompostieren, das heißt einen Komposthaufen ansetzen.

Eventuell den alten Komposthaufen umsetzen.

› Rezeptideen

Im Monat April muss man besonders erfinderisch sein, um etwas Frisches auf den Tisch zu bringen. Versuchen Sie doch einmal mit den ersten zarten Brennnesselblättern eine Brennnesselsuppe – genau wie eine Spinatsuppe – zu kochen. Sehr lecker und vor allen Dingen vitaminreich sind Kräuterpfannkuchen mit den ersten frischen Kräutern.

Wenn Sie den Rhabarber unter einem umgestülpten Eimer vorzeitig zum Treiben gebracht haben, können Sie Ihre Familie auch mit den ersten rohen Rhabarberstängeln überraschen.

Säen im Freien	Säen geschützt	Pflanzen	Ernten
› Kopfsalat › Mangold › Melde › Möhren › Pastinaken › Pflücksalat › Radieschen › Rettiche › Schwarzwurzeln › Sommerendivien› › Schwarzwurzeln › Sommerendivien› › Spinat › Zwiebeln› **Ende April** › Erbsen **Alle einjährigen Kräuter** › Beispiel: › Borretsch › Dill› › Petersilie › Schnittlauch›	**Auf der Fensterbank oder ins warme Frühbeet** › Basilikum › Gurken › Kapuzinerkresse › Kürbisse › Neuseeländer Spinat › Zucchini **Ins kalte Frühbeet** › Eissalat › alle Kohlarten › Kohlrabi › Kopfsalat › Lauch › Sellerie › Tagetes	**ins Gewächshaus** Schlangengurken **Ins Freiland:** › Beerensträucher (letzter Termin!) › früher Kohl › alle Blumenstauden › Frühkartoffeln › Heckensträucher (letzter Termin!) › Kohlrabi › Knoblauch (stecken) › alle mehrjährigen Kräuter-Setzlinge › Obstbäume (letzter Termin!) › Puffbohnen (Anfang April) › Schalotten (auslegen) › Sommerlauch › Topanimbur › Zwiebeln (stecken)	**vom warmen Frühbeet** › Radieschen **Im Freiland** › letzter Feldsalat › die ersten frischen Kräuter › die ersten zarten Rhabarberstengel › Spinat › Winterkopfsalat › Winterlauch

Der grüne Tipp

Wenn Sie jetzt Ihren Kompost umsetzen, neu aufschichten oder auf den Beeten verteilen, werden zahlreiche Regenwürmer zum Vorschein kommen. Freuen Sie sich, denn sie sind Ihre unentbehrlichen Helfer im Garten und verbessern, düngen und durchlüften die Gartenerde.

Die Brennnessel, von vielen als Unkraut verachtet, ist eine der wichtigsten wild wachsenden Pflanzen in unserem Garten. Kaum eine andere Pflanze ist so vielseitig verwendbar: Unentbehrlich ist sie im Garten als Mulchmaterial und zum Ansetzen von Brennnesseljauchen. In der Küche kochen wir sie wie Spinat oder bereiten eine Suppe aus ihr zu. Für eine Frühjahrskur liefert sie uns einen ausgezeichneten Tee, der eine entwässernde, blutreinigende und stoffwechselfördernde Wirkung hat. Man kann aus Brennnesseln ein Haarspülmittel herstellen: Dazu muss man klein geschnittene Brennnesselblätter mit Wasser aufkochen, einige Stunden ziehen lassen, abseihen und mit Obstessig mischen.

Natürlich muss man beim Sammeln von Brennnesseln – gerade wenn sie für die Küche bestimmt sind – darauf achten, nur abseits von Straßen oder mit Schadstoffen unbelasteten Gebieten sammelt. Handschuhe anziehen nicht vergessen!

Mai

»Der Mai, zum Wonnemonat erkoren, hat den Reif noch hinter den Ohren.«

»Ein rechter Mai fürwahr, das ist der Schlüssel zum ganzen Jahr.«

Der Mai bringt uns viel Arbeit im Garten: Wir säen, pflanzen und ernten. Auch die empfindlicheren, Wärme liebenden Pflanzen finden Ende des Monats ihren Platz im Garten. Vergessen Sie jetzt neben den vielen Gemüsesorten, die Sie säen und pflanzen, auch die Kräuter nicht: Ich meine, sie sind wohl die Pflanzen, auf die selbst im kleinsten Garten nicht verzichtet werden sollte. Unseren Gerichten verleihen Kräuter einen ganz besonderen Geschmack. Und da die meisten von ihnen nicht nur Würz- sondern auch gleichzeitig Heilkräuter sind, kommen sie mit ihren wertvollen Inhaltsstoffen auch unserer Gesundheit zugute. Wo sie in der Küche keine Verwendung finden, werden sie als Mulch auf die Beete verteilt, oder für die Herstellung von Pflanzenjauchen verwendet. Es lohnt sich beim Säen und Pflanzen ganz genau auf den Standort des jeweiligen Krautes zu achten. Richtig platziert kann durch Kräuter der Boden gesunden, Gemüsepflanzen einen besseren Geschmack erhalten, und zusätzlich können noch Schädlinge abgewehrt werden.

Pflege- und Düngemaßnahmen

Keimendes Unkraut muss jetzt ständig entfernt und der Boden gelockert werden. Die Gründüngung, die als Voraussaat ausgesät wurde, kann jetzt abgehackt werden. Das Mulchmaterial unter Beerensträuchern und auf den Beeten sollte ständig erneuert werden, um den Boden feucht und das Unkraut klein zu halten. Alle Kohlsorten, Sellerie, Gurken, Tomaten und Zucchini mit Brennnesseljauche düngen.

Pflanzenschutz

Pflanzenschutz ist jetzt besonders wichtig. Deshalb müssen ständig neue Pflanzenjauchen angesetzt werden.
Die Möhren sollten jetzt mit Zwiebelwasser gegen die Möhrenfliege gegossen werden. (Immer kräftig Wasser nachgießen, um keine anderen Schädlinge anzuziehen.) Eventuell müssen Sie Schneckenfallen aufstellen oder Schnecken absammeln.
Beete, Sträucher und Obstbäume werden vorbeugend gegen Pilz gespritzt. An den Obstbäumen Obstmadenfanggürtel und an den Kirschbäumen Kirschfliegenfallen anbringen.

Weitere Arbeiten in Haus und Garten

Der Sand aus den Einlagerungskisten wird ins Freie gebracht Meist kann er im folgenden Winter wiederverwendet werden, wenn er einen Sommer lang Sonne und Regen ausgesetzt war.

Rezeptideen

Im Mai liefert uns unser Garten schon eine Menge erntefrisches Gemüse für unseren Speiseplan. Probieren Sie doch einmal einen »Blühenden Frühlingssalat«. Hergestellt wird er aus Spinat- und jungen Mangoldblättern, Winterkopfsalat, Schafgarbe, Spitzwegerichblättern, Radieschenscheiben und gerade aufgeblühten Gänseblümchen und einer Salatmarinade. Der Rhabarber ist jetzt erntereif und kann zu einer leckeren Rhabarbergrütze verarbeitet werden.

Säen im Freien	Säen geschützt	Pflanzen	Ernten
Den ganzen Monat › Chicorée › Eissalat › Erbsen › Dill › Kamille › Lagermöhren › Mangold › Petersilie › Petersilienwurzeln › Pflücksalat › Rettiche › Radieschen › Winterlauch	**alle wärmeliebenden Pflanzen, falls noch Bedarf vorhanden ist**	**Den ganzen Monat** › Eissalat › alle Kohlsetzlingel › Kohlrabi › Kopfsalat › alle mehrjährigen Kräuter › Lagerkartoffeln› › Sommerlauch	**vom Frühbeet** › Kohlrabi › Kopfsalat
Nach den Eisheiligen (ab 15. Mai:) › Basilikum› › einjähriges Bohnen kraut › Buschbohnen › Gurken › Kapuzinerkresse › Schnittsellerie › Stangenbohnen › Zucchini		**Nach den Eisheiligen (ab 15. Mai)** › Gurken › Kapuzinerkresse › Kürbisse › Neuseeländer Spinat › Paprika › Rosmarin › Sellerie › Tagetes › Tomaten › Zucchini	**Im Freiland** › Frühlingszwiebeln › Radicchio › alle mehrjährigen Kräuter › Winterpostelein › die Sprossen der Rosenkohlstrünke › Spinat › Winterlauch

Der grüne Tipp

Im Mai können die Schnecken oft zu einer rechten Plage werden. Gerade die jungen Pflanzen und Aussaaten sind von ihnen bedroht. Bei einem großen Garten bietet ein sogenannter Schneckenzaun nur bedingt Hilfe, da es zu teuer würde, alle Beete einzuzäunen. Wenn die Schnecken Überhand nehmen, hilft nur eines: Am besten morgens und abends Schnecken sammeln und zusätzlich Schneckenfallen aufstellen.

Tagetes gibt es in vielen Sorten. Hoch wachsende, niedrige, gefüllte in allen Farben zwischen Gelb, Gold und Mahagoni. Sie blühen von Mai bis Mitte November hinein und werden bevorzugt in Balkonkästen gesetzt oder als Beeteinfassungen verwendet. Weil sie uns jedoch nicht nur als Blumen erfreuen, sondern zudem gute Schädlingsabwehrer sind, sollten sie auch im Gemüsegarten nicht fehlen. Problemlos lässt sie sich dahin verpflanzen, wo man sie gerade benötigt. Schnecken mögen Tagetes besonders gern. Stehen sie zwischen den Gemüsereihen, können dort die Schnecken leicht abgesammelt werden. Außerdem wirken sie noch bei Nematodenbefall, da ihr Geruch die kleinen Würmer vertreibt. Pflanzen Sie sie deshalb auch zu Kartoffeln, Erdbeeren, Tomaten und Lauch.

Juni

»Wie soll das Juniwetter sein? Schön warm, mit Regen, Sonnenschein.«

»Regnet's am Siebenschläfertag, der Regen sieben Wochen nicht weichen mag.«

Es ist endlich Sommer geworden! Wenn wir jetzt durch den Garten gehen, können wir beinahe jeden Tag zusehen, wie schnell alles wächst: Bohnen, Gurken, Tomaten, Kartoffeln, aber auch Kohl, alle Salate und Blumen. Der Holunder ist mit weißen Blüten übersät, wir pflücken einige Dolden, tauchen sie in Pfannkuchenteig und backen sie dann aus. Damit unsere Freude nicht durch ein großes Heer auftretender Blattläuse getrübt wird, treffen wir am besten einige vorbeugende Maßnahmen (siehe: Der grüne Tipp). Damit auch das Unkraut nicht schneller und prachtvoller wächst als alle Gemüsekulturen, hacken wir es rechtzeitig ab, mulchen unsere Beete laufend und unterdrücken so das Unkraut.

Pflege- und Düngemaßnahmen

Ständig das jetzt reichlich sprießende Unkraut entfernen und den Boden mit dem Sauzahn lockern. Durch ständiges Mulchen den Boden feucht halten und das Unkraut klein halten. Wer eine Wiese hat, muss sie jetzt mähen, auch wenn es schade um die Blumen und Kräuter ist.
Mangold- und Petersilienpflanzen vom letzten Jahr herausreißen. Die Kohlpflanzen gut anhäufeln. Das schützt vor Schädlingsbefall und erhöht die Standfestigkeit der Pflanzen.
Möhren und Chicorée vereinzeln. Nach der Ernte Rhabarber mit Kompost versorgen und mulchen.
Wöchentliche Pflegespritzungen der Tomaten mit Milchwasser erhöht ihre Widerstandskraft gegen Krankheiten. Kohl, Gurken und Tomaten mit Brennnesseljauche düngen. Bohnen und Sellerie mit Beinwelljauche und/oder Holzasche düngen.

Pflanzenschutz

Weiterhin sollten Sie laufend Pflanzenjauchen ansetzen. Nach der Blüte werden die Obstbäume vorbeugend gegen Pilzkrankheiten mit Schachtelhalmtee gespritzt. Bei Rosen, Gurken und Stachelbeeren wirkt Schachtelhalmtee vorbeugend gegen Mehltau, der besonders bei feucht-warmem Sommerwetter auftritt. Sie sollten weiterhin auf Schnecken achten und Blattläuse, wo es nötig wird, bekämpfen. (siehe: Der grüne Tipp)

Rezeptideen

Das Angebot aus dem Garten wird immer reichhaltiger. Neben diesen Rezeptvorschlägen gibt es eine Fülle von weiteren Möglichkeiten, jetzt frische Köstlichkeiten aus dem eigenen Anbau anzubieten. Gut schmeckt ein Rohkostsalat mit Kohlrabi, Karotten, Radieschen, Rettichen und Pflücksalat und einer Marinade mit Joghurt und frischen Kräutern.
Mit den ersten frischen Erbsen, gemischt mit Reis, können Sie ein schmackhaftes »Risi-Pisi« kochen. Eine besondere Köstlichkeit sind die jetzt langsam reifenden Erdbeeren, die man am besten frisch, verfeinert nur mit etwas Milch oder Sahne, genießt.

Säen im Freien	Säen geschützt	Pflanzen	Ernten
ins Freiland › Buschbohnen › Eissalat › Kopfsalat (für den Herbst) › Möhren › Pflücksalat › Radieschen › Sommerrettich › Winterlauch **Auf ein Saatbeet** › Blumenkohl › Kohlrabi **bis spätestens Mitte Juni** › Gurken › Kürbisse › Zucchini	**geschützt**	› Blumenkohl › Brokkoli › Endivien › Grünkohl (letzter Termin) › Gurken › Kohlrabi › Kürbisse › Lauch › Paprika › Rosenkohl (letzter Termin!) › Rotkohl (letzter Termin!) › Sellerie (letzter Termin!) › Weißkohl (letzter Termin!) › Wirsing (letzter Termin!) › Zucchini	› Erbsen › Erdbeeren › Johannisbeeren (Ende Juni) › Karotten › Kohlrabi › Kräuter (frisch und zum Trocknen) › Lauch › Mangold › Melde › Puffbohnen › Radieschen › Rettiche › Rhabarber › Salate › Sommerendivien › Spinat › Wintersteckzwiebeln

Der grüne Tipp

Wenn jetzt auf Obstbäumen oder Ihren sorgfältig gepflegten Gemüsepflanzen grüne oder schwarze Blattläuse auftauchen, brauchen Sie nicht gleich zu verzweifeln und womöglich anzufangen, chemische Spritzmittel zu verwenden. Beobachten Sie lieber Ihren Garten sorgfältig: Die Schädlinge treten zunächst nur in sehr begrenzter Zahl auf. Oft hilft es schon, den Boden ein wenig zu lockern und die Pflanzen mit verdünnter Brennnesseljauche zu übergießen. Auch ein Überstäuben der Beete mit Gesteinsmehl kann nützlich sein. Achten Sie auf die Nützlinge in Ihrem Garten. Wo Marienkäfer und Schwebfliegen und ihre Larven, Florfliegen, Meisen und Ohrwürmer heimisch sind, ist der Blattlausspuk bald verschwunden. Wo alles nicht helfen will, spritzt man die Pflanzen mit heißem Wasser oder einer Schmierseifenlösung ab.

Juli

»Bringt der Juli heiße Glut, so gerät der September gut.«

»Hundstage (Beginn 23.7.) hell und klar, zeigen an ein gutes Jahr. Wenn Regen sie bereiten, kommen nicht die guten Zeiten.«

Die heißen Sommertage sind da, und die Ferienzeit beginnt. Wer niemanden kennt, der seinen Garten in dieser Zeit versorgt, kann schwer über eine längere Zeit wegfahren. Glücklich kann sich derjenige schätzen, der seine Urlaubsplanung den Gartengegebenheiten anpassen kann. Einen Selbstversorgergarten länger als 14 Tage sich selbst zu überlassen ist kaum möglich. Sonst riskiert man, dass sehr viel verdirbt und die ganze sorgfältige Gartenarbeit umsonst war. Vor einem Kurzurlaub lockere ich noch einmal gründlich den Gartenboden, entferne sorgfältig das Unkraut und versehe alle Zwischenräume, die nicht durch Mischkulturen ausgefüllt sind, mit einer dicken Mulchschicht. Sie sorgt dafür, dass wir bei unserer Rückkehr keine »Wildnis« vorfinden und zusätzliches Gießen fast überflüssig wird.
Wie schön Ferien zu Hause im eigenen Garten sein können, wenn man die Ruhe genießen kann, während in den Urlaubsorten die Leute Schlange stehen, brauche ich wohl kaum zu beschreiben.

› Pflege- und Düngemaßnahmen

Alle Direktsaaten müssen jetzt ausgedünnt werden, damit sich die Pflanzen gut entwickeln können. Nach der Erdbeerernte Ende Juli (oder auch erst Anfang August) werden die Ableger ausgelichtet und die äußeren Blätter der Pflanze abgeschnitten. Lediglich einigen ausgewählten Pflanzen, die besonders gut und reichlich getragen haben, lassen wir die Ableger, um so neue Pflanzen zu bekommen. Gegebenenfalls werden die dreijährigen Erdbeeren herausgerissen und die leeren Reihen mit einer Gründüngung versehen. Abschließend werden alle Erdbeerpflanzen mit Kompost versehen und mit Brennnesseljauche gedüngt.
Abgetragene Himbeerruten müssen entfernt werden, und auch hier muss man die Pflanzen auslichten (10 Ruten pro Meter) und mit Kompost versorgen.
Noch vorhandene Gründüngungen oder Untersaaten sollten jetzt geschnitten und als Mulchmaterial verwendet werden. Auf allen Beeten sollten die Mulchschichten jetzt ständig erneuert werden.
Wöchentliche Milchspritzungen bei Tomaten vornehmen. Beim reifen Blumenkohl 2 bis 3 Blätter umknicken, damit die Köpfe weiß bleiben und vor Licht und Sonne geschützt sind.

› Pflanzenschutz

Lauchpflanzen können gegen die Lauchmotte vorbeugend mit Rhabarberblättertee gegossen werden.

› Weitere Arbeiten in Haus und Garten

Jetzt kann im Garten schon mehr geerntet werden, als Sie sofort verbrauchen können. Bei einem Ernteüberschuss sollten Sie deshalb auch an den nächsten Winter denken.

› Rezeptideen

Jetzt ist die richtige Zeit, Salat zu ernten. Besonders knackig schmeckt dabei frischer Eissalat, den Sie noch mit gehackten Walnüssen verfeinern können.

Säen im Freien	Säen geschützt	Pflanzen	Ernten
ins Freiland › Buschbohnen › Chinakohl › Pflücksalat › Radicchio › Radieschen › Winterrettich › Zuckerhut	**auf einem Saatbeet** › Endivien › Fenchel › Kohlrabi › Kopfsalat	› Blumenkohl (bis Mitte Juli) › Endivien › Kohlrabi › Kopfsalat › Winterlauch	› Blaubeeren (im Wald) › früher Blumenkohl › frühe Buschbohnen › Brokkoli › Eissalat › Erbsen › Frühkartoffeln (evtl.) › Himbeeren › Johannisbeeren › Kirschen › Kohlrabi › Kopfsalat › alle Kräuter › Lauch › Mangold › Melde › frühe Möhren › Neuseeländer Spinat › Pflücksalat › letzter Spinat › Stachelbeeren › Sommerendivien › erste Tomaten **Samengewinnung:** Feldsalat, Spinat

Der grüne Tipp

Manchem Gärtner ist schon die Lust an seinem Garten vergangen, weil die sogenannten Unkräuter schneller wuchsen, als seine gesäten Pflanzen und diese zu ersticken drohten. Dabei haben auch Unkräuter durchaus eine Funktion im Garten. Oft bieten sie durch ihre rasche Bodenbedeckung den Bodenlebewesen Schutz und liefern darüber hinaus Blütenpollen und Nektar für alle möglichen nützlichen Insekten. Durch ihre tiefe Bewurzelung schließen sie in manchen Fällen sogar den Boden für später wachsende Gemüsekulturen auf. Darüber hinaus geben sie Auskunft, welche Bodenverhältnisse in Ihrem Garten herrschen. Insofern hat der Spruch, dass jeder Gärtner das Unkraut hat, das er auch verdient, durchaus seine Berechtigung. Vielleicht sehen Sie nach diesen Überlegungen die Unkräuter auch unter einem anderen Blickwinkel? Lassen Sie sie dort wachsen, wo sie Sie nicht stören, und rücken Sie ihnen an anderen Stellen zu Leibe, indem Sie den Boden immer gut lockern, keimendes Unkraut frühzeitig abhacken und den Boden ständig mulchen.
Die Schlupfwespen sind überaus nützliche Helfer im Garten. Mit ihren Stacheln bohren sie Läuse und Raupen an und legen in ihnen ihre Eier ab. Ihre Larven fressen diese Schädlinge dann auf und helfen so bei der Bekämpfung.

August

»Anfang August heiß,
Winter lang und weiß.«

»Häufig starker Tau, hält
den Himmel blau.«

Während Sie die letzten heißen Sommertage und vielleicht auch die lauen Sommerabende genießen, vollzieht sich im Garten ganz allmählich eine Wende. Während wir nach Herzenslust unsere Mahlzeiten aus einer großen Auswahl zusammenstellen können und die Ernte in vollem Gange ist, leeren sich nicht nur die Beerensträucher, sondern auch manche Reihe im Gemüsegarten. Deutlich zeigt sich, auch wenn wir es noch nicht wahr haben wollen, und noch nicht daran denken, dass der Sommer zu Ende geht.
Jetzt heißt es, im Garten schon Vorsorge für den Winter zu treffen. Überschüssiges Obst und Gemüse wird konserviert und abgeerntete Beete mit Wintersaaten oder mit einer Gründüngung zur Bodenpflege eingesät, denn unsere Selbstversorgung soll ja über den Sommer hinaus gehen und bis in die frischkostarme Zeit des nächsten Frühjahrs reichen.

➤ Pflege- und Düngemaßnahmen

Der Boden muss weiterhin ständig gelockert, das Unkraut gehackt und die Mulchdecke immer wieder erneuert werden.
Wöchentliche Pflegespritzungen mit Milchwasser bei den Tomaten vornehmen.
Wenn die Pflanzen gegossen werden müssen, verwenden Sie am besten Regenwasser oder aber einige Tage abgestandenes Leitungswasser und gießen Sie, wenn möglich, durch die Mulchdecke: Auch Pflanzen mögen keine plötzliche eiskalte Dusche! Abgeerntete Reihen können jetzt mit Kompost versorgt und entweder die Wintersaat oder eine Gründüngung ausgesät werden.
Lagerkohl, Rosenkohl und Grünkohl braucht eine Düngung mit Brennnesseljauche oder sollte mit halbverrottetem Kompost gemulcht werden.
Auch Tomaten, Paprika und Kürbisse werden mit Brennnessel- oder Kräuterjauche gedüngt. Abgeerntete Buschbohnen nicht herausreißen sondern dicht über der Erde abschneiden, da die Wurzeln als Dünger im Boden bleiben.

➤ Pflanzenschutz

Beim Kohl müssen jetzt eventuell die Raupen abgelesen werden.

➤ Weitere Arbeiten in Haus und Garten

Alles Obst und Gemüse, was nicht für den Sofortverbrauch bestimmt ist, wird jetzt getrocknet, eingemacht, eingelegt, eingefroren oder milchsauer konserviert.

➤ Rezeptideen

In diesem Monat können wir für unseren Speisezettel »aus dem Vollen schöpfen«.
Zur heißen Jahreszeit passt ein »Gemischter Sommersalat« aus Pflücksalat, Gurken- und Tomatenscheiben und einer Joghurt-Kräuter-Marinade. Die Frühkartoffeln sind jetzt ebenfalls erntereif und schmecken köstlich als Pellkartoffeln mit Kräuterquark oder Grüner Soße. Als Nachtisch bietet sich ein sommerlicher Obstsalat aus Beeren, Mirabellen und Renekloden an.

Säen im Freien	Säen geschützt	Pflanzen	Ernten
den ganzen August › Feldsalat › Radieschen › Spinat › Winterkopfsalat › Winterpostelein › Winterrettich		› Endivien › neue Erdbeerpflanzen › Fenchel › Kohlrabi › Kopfsalat	› Augustäpfel › Blaubeeren › Bleichsellerie › Bohnen › Eissalat › Erbsen › Frühkartoffeln › Gurken › späte Johannisbeeren › Kohlrabi › Lauch › Mangold › Melde › Mirabellen › Möhren › Neuseeländer Spinat › erste Paprika › frühe Pflaumen › Radieschen › Reneklоden › rote Bete › alle Salate › Tomaten › früher Weißkohl › Wirsing › Zucchini **Samengewinnung** › Erbsen › Schwarzwurzeln › Sommerendivien › Tomaten › Winterkopfsalat
bis Anfang August › Chinakohl › Fenchel › Radicchio › Zuckerhut			
Gründüngung (bis Mitte August) › Klee › Phacelia › Sommerwicken › Klee › Phacelia › Sommerwicken (bis Mitte August) › Ölrettich › Senf			

Der grüne Tipp

In manchen Gärten werden alle abgeernteten Beete sauber geharkt, und nur noch der nackte Erdboden schaut uns an. Auf diesen »toten« Böden kann man wirklich nur noch mit großen Kunstdüngergaben etwas wachsen lassen.
Unser Garten ist dagegen bis zu den ersten großen Frösten und Schneefällen grün, kein Stückchen Erde schaut hervor, denn auf allen abgeernteten Reihen, auf denen für den Winter oder den kommenden Frühling nichts mehr angepflanzt wird, säen wir eine Gründüngung ein. Diese durchwurzelt den Boden, beschattet ihn, reichert ihn mit Nährstoffen an, unterdrückt das Unkraut und ist darüber hinaus ein gutes Mulchmaterial. Beim ersten starken Frost knicken die Pflanzen von selbst um und bilden eine natürliche Decke und so einen guten Winterschutz.
Die Raubmilbe wird heute sogar schon gezüchtet und gezielt in Wein-, Gemüse- und Gewächshauskulturen eingesetzt, damit sie als natürlicher Feind der Spinnmilben diese frisst. (Spinnmilben befallen hauptsächlich Stangenbohnen, Tomaten und Paprika. Sie saugen die Blätter der Pflanzen aus und bei starkem Befall können diese absterben).

September

»Septemberwetter warm und klar, verheißt ein gutes nächstes Jahr.«

»Warmer Herbst, langer Winter.«

Der September beschert uns meist schönes Wetter. Wenn die Nächte auch schon sehr kühl werden, ist es doch tagsüber noch so warm, dass man sich kaum vorstellen kann, dass der Sommer mit Riesenschritten seinem Ende zugeht. Fast möchte ich sagen, der September ist der schönste Monat im ganzen Jahr. Im Garten gibt es nur noch wenig zu säen und zu pflanzen. Wenn wir durch den Garten gehen und überall den Reichtum und die Fülle an Obst und Gemüse sehen, können wir uns ruhig einmal auf der Gartenbank zurücklehnen: Wir haben mit unserer Arbeit zu dieser reichen Ernte schon ein wenig beigetragen und genießen jetzt den Duft der Äpfel und Birnen und die vielen leuchtenden Farben der Herbstblumen und Früchte.
Im Haus ist bei uns an vielen Tagen der Dörrapparat in Betrieb, auf dem Birnenschnitze und halbierte Zwetschgen langsam trocknen und ihre Wohlgerüche durch das ganze Haus verbreiten, und überall stehen Körbe mit Obst und Gemüse, die es zu konservieren gilt.

➤ Pflege- und Düngemaßnahmen

Ende September sollten Sie noch einmal die Wiese mähen. Bei den Tomaten müssen die obersten Blüten abgebrochen werden, um das Ausbilden von weiteren Fruchtständen, die doch nicht mehr reifen, zu verhindern. Beim Rosenkohl wird jetzt der Spitzentrieb ausgebrochen, um die Röschenbildung zu fördern. Auf alle abgeernteten Beete wird jetzt Kompost aufgebracht und Gründüngungen ausgesät.

➤ Pflanzenschutz

Regelmäßig muss das Fallobst zusammengelesen und vernichtet werden, damit die Obstmaden, die in den heruntergefallenen Früchten sitzen, nicht auf die Bäume zurückwandern können.

➤ Weitere Arbeiten in Haus und Garten

Einige Sonnenblumen sollten Sie mit Netzen versehen, um wenigstens ein paar Kerne für den Winter vor den Vögeln zu retten.

Der Lagerkeller muss gelüftet und aufgeräumt werden, um alles für die Einlagerung der Wintervorräte vorzubereiten.
Wenn nötig, sollten Sie jetzt neuen Sand für das Einlagern der Wurzelfrüchte besorgen und die Kisten vorbereiten. Vielleicht möchten Sie sich auch eine Einlagerungskiste bauen. Eine Bauanleitung dazu finden Sie ab Seite 216. Wer mag, kann auch jetzt schon die Anzuchterde für das kommende Frühjahr aus:
1/3 gesiebtem reifen Kompost plus 1/3 normale Gartenerde plus 1/3 Sand vorbereiten.

➤ Rezeptideen

Überraschen Sie Ihre Familie oder Gäste jetzt mit einem Salatfondue. Zu möglichst vielen verschiedenen Salatsoßen – den sogenannten Dips – gibt es Spinat- und Mangoldblätter, Rettiche, Zucchinischeiben, Tomaten, Paprika, Gemüsezwiebeln, geraspelte Kohlblätter, Apfel- und Birnenschnitze, Trauben und was Ihnen sonst noch einfällt und der Garten zu bieten hat.

Säen im Freien	Säen geschützt	Pflanzen	Ernten
ins Freiland › Feldsalat › Frühlingszwiebeln › Radieschen › Spinat › Radicchio › Winterpostelein › Winterkopfsalat	**auf ein Saatbeet** › Winterblumenkohl › Winterwirsing	› Endivien › Winterkopfsalat	› Äpfel › Birnen › Blumenkohl › Bohnen › Bleichsellerie › Endivien › Gurken › Knollensellerie › Kohlrabi › Kopfsalat › Kürbisse › Lagerkartoffeln › Mangold › Melde › Späte Mirabellen › Möhren › Neuseeländer Spinat › Pastinaken › Pflaumen › Pflücksalat › Radieschen › Rettiche › Rote Bete › Rotkohl › Spinat › Weißkohl › Wirsing › Zucchini › Zwiebeln
Gründüngung › Ölrettich (bis Mitte September) › Senf	**Im Frühbeet oder Gewächshaus** › Winterpostelein		**Samengewinnung:** Feldsalat, Spinat

Der grüne Tipp

Nehmen Sie sich trotz der Ernte im Garten und der Arbeit des Konservierens die Zeit, in nahe gelegene Wälder zu radeln oder zu wandern, um Pilze zu sammeln. Am besten sammelt man bei schönem, warmem Wetter nach einem Regentag. Sammeln Sie aber nur solche Pilze, die Sie sicher kennen.
Schneiden Sie sie fingerbreit über dem Boden ab, um das Myzel nicht zu verletzen. Säubern Sie sie grob am besten schon im Wald und transportieren Sie sie in kleinen Körben nach Hause (nie in Plastiktüten).
Alle Pilze, die Sie nicht sofort verbrauchen, können Sie auch aufheben und an einem warmen, trockenen Ort in etwa 2 Tagen aufgefädelt trocknen.
Ab Juni schon treten die großen Laufkäfer mit ihren langen Beinen und festen Flügeldecken im Garten auf. Sie sind große Helfer beim Pflanzenschutz, fressen sie doch zahlreiche Raupen, Puppen, Schnecken. Ihre Larven vertilgen Insekten.

Oktober

»Ist der Oktober warm und fein, kommt ein scharfer Winter hintendrein, ist er aber nass und kühl, mild der Winter werden will.«

»Wenn abends dicker Nebel liegt, dann das schöne Wetter siegt.«

Morgens herrscht oft Nebel, aber bereits mittags ist der Himmel tief blau, und die Sonne lässt den Garten in den Herbstfarben leuchten. Im Garten ist die Erntearbeit noch immer nicht zu Ende. Selbst die Kinder helfen mit, sie sammeln Nüsse und bringen von ihren Spaziergängen Hagebutten mit. Alles Wurzelgemüse graben wir Anfang bis Mitte des Monats aus und lagern es im Keller in Sand. Der Kohl, die letzten Kohlrabi und die Chicoréewurzeln folgen. Auch Zucchini, Kürbisse und Tomaten werden abgeerntet. Nebenbei ist die Obsternte in vollem Gange. Wir pflücken das Lagerobst und schütteln die Bäume und sammeln fleißig heruntergefallene Äpfel und Birnen für das Mosten. Ende Oktober beginnt die »Mostzeit« bei uns im Dorf. Jeder lässt seine Äpfel wiegen. Anschließend werden sie dann gewaschen, zerkleinert und ausgepresst. Jeder bekommt genau den Saft seiner Äpfel und Birnen und füllt ihn in die mitgebrachten Fässer ab.

➤ Pflege- und Düngemaßnahmen

Die abgeernteten Reihen werden jetzt eingewintert: Entweder wird eine Gründüngung eingesät (Senf und Spinat) oder die Beete werden gehackt, der Boden gelockert und mit einer Schicht zerkleinerter Gartenabfälle abgedeckt (Kohlblätter, Chicoréeblätter, Blätter des Wurzelgemüses, Stauden usw.).

➤ Pflanzenschutz

Regelmäßig muss das Fallobst zusammengelesen und vernichtet werden, damit die Obstmaden, die in den heruntergefallenen Früchten sitzen, nicht auf die Bäume zurückwandern können.

➤ Weitere Arbeiten in Haus und Garten

Jetzt ist die Zeit günstig, einen Komposthaufen aufzuschichten. Eventuell Bodenproben entnehmen. Sie geben Auskunft über den Nährstoffgehalt des Bodens und ermöglichen gezielte Düngemaßnahmen.
Die meisten Ernte- und Konservierungsarbeiten fallen im Oktober an:
Das Wurzelgemüse muss eingelagert werden, die Kohlköpfe werden aufgehängt, die letzte Kohlrabi ausgebreitet. Zucchini und Kürbisse werden im kühlen Keller gelagert, Zuckerhut und Endivien im Frühbeet eingeschlagen, grüne Tomaten zwischen Zeitungspapier zum Nachreifen ausgelegt.
Chicoréewurzeln werden zum Überwintern in Torf oder Sand gesteckt, die vorgetrockneten Zwiebeln an einem kühlen, trockenen Ort aufgehängt, das Lagerobst wird sorgfältig ausgelegt. Äpfel, Birnen und Zwetschgen werden getrocknet. Aus Weißkohl wird Sauerkraut hergestellt. Holunderbeeren werden entsaftet, Apfelsaft und -most hergestellt. Das restliche Obst und Gemüse wird eingefroren, eingekocht, getrocknet oder eingelegt.

➤ Rezeptideen

In diesem Monat haben Sie die »Qual der Wahl«.
Sehr schmackhaft ist der »Blühende Herbstsalat« aus Endivienblättern, Kresse, jungen Spinat- und Mangoldblättchen, den letzten Blättern der Kapuzinerkresse und Borretschblüten. Dazu gibt es eine Sauerrahmmarinade. Ganz köstlich schmeckt an kühlen Herbstabenden auch ein ofenfrischer Zwiebelkuchen, gefolgt von einem Apfel-Brombeer-Dessert.

Säen im Freien	Säen geschützt	Pflanzen	Ernten
ins Freiland › Spinat › Wintermöhren › winterharte Markerbsen (bis Mitte des Monats)	**geschützt** › Endivien › Fenchel › Kohlrabi › Kopfsalat	› Beerensträucher › Heckensträucher › Obstbäume › Winterzwiebeln	› Bleichsellerie › Blumenkohl › Brokkoli › Buschbohnen › Chicoréewurzeln › Chinakohl › Endivien › Feldsalat › Fenchel › Kohlrabi › Knollensellerie › Kopfsalat › Kürbisse › Lagerkohl › Mangold › Möhren › Petersilienwurzeln › Pflücksalat › Radieschen › Rettiche › rote Bete › Rosenkohl › Schwarzwurzeln › Spinat › Winterrettiche › Zuckerhut › Zwiebeln
Gründüngung › Senf		**bis Anfang des Monats** › Winterblumenkohl › Winterwirsing	
nach Bedarf ins Frühbeet oder Gewächshaus › Feldsalat › Winterpostelein			

Der grüne Tipp

Räumen Sie Ihren Garten nicht »blitzblank« auf. Unter einem Reisig- oder Laubhaufen oder aber unter Holzstößen können jetzt die Igel ihre Nester bauen und ihr Winterquartier beziehen. Sie sind sehr nützliche Tiere für Ihren Garten, denn sie vertilgen Schnecken, Raupen, Würmer und Mäuse. Wenn Sie in diesen Tagen kleine, junge Igel finden, sollten Sie wissen, dass diese Ihre Hilfe dringend benötigen. Die meisten Tier- und Zoogeschäfte und der Bund für Umwelt und Naturschutz halten Informationen bereit, durch die Sie alles Wichtige erfahren, um die Igel gesund durch den Winter zu bringen. Der Holunderstrauch oder -baum ist kein Baum wie jeder andere. In früheren Zeiten wurde er als Hausbaum gepflanzt, weil man ihm magische Kräfte nachsagte. Auch in der Naturheilkunde wurde er schon immer sehr viel verwandt. Aber auch im Garten spielt Holunder noch heute eine ganz besondere Rolle: Seine Blüten werden gegessen – in Pfannkuchenteig getunkt – oder getrocknet, aus seinen Blättern bereitet man eine Jauche für den Pflanzenschutz, seine Zweige (in den Boden gesteckt) dienen der Mäuseabwehr unter Obstbäumen, gehäckselt schützen sie die Pflanzen vor Erdflöhen, und seine schwarzblauen Beeren ergeben einen wohlschmeckenden Saft, der auch zur Vorbeugung gegen Erkältungskrankheiten getrunken wird.

November »Hat Martin (11.11.) einen weißen Bart, wird der Winter lang und hart.«

Dezember »Ist´s zur Weihnacht warm und lind, kommt zu Ostern Schnee und Wind«

Es ist Ihnen hoffentlich gelungen, vor dem endgültigen Wintereinbruch alle Herbstarbeiten im Garten zu erledigen. Wenn das Wetter noch einmal schön ist, können Sie die Zeit gut nutzen, um Ihre Obstbäume zu pflegen und die letzten Aufräumarbeiten zu erledigen. Wir machen uns meist noch einmal Anfang des Monats auf, um an den Waldrändern Schlehen zu pflücken. Allerdings warten wir immer, bis es mindestens einmal kräftig gefroren hat. Die Schlehenfrüchte sind dann nämlich weniger herb. Wir bereiten einen Saft aus ihnen zu. Eine zwar etwas langwierige Arbeit, die sich aber wegen des hohen Vitamingehaltes des Saftes lohnt.
In unserem Garten ist winterliche Ruhe eingekehrt, es gibt nichts mehr zu tun. Auch im Haus sind alle Konservierungsarbeiten erledigt, die Kellerregale sind hoffentlich reichlich mit unserer Gartenernte gefüllt, so dass wir uns ganz ruhig einmal im Sofa zurücklehnen können.

➤ Pflege- und Düngemaßnahmen

November/Dezember

Die Wintersaaten mit einem Schutz aus Fichtenreisig oder Folie versehen.
Die Obstbäume abbürsten und mit einem Stammanstrich versehen. Die Baumscheiben mit Laub abdecken, wenn keine Gründüngung eingesät wurde. Alle Arbeiten wurden hoffentlich schon im November erledigt, im Dezember können Sie sich ausruhen.

➤ Pflanzenschutz

November/Dezember

Spätestens bis Anfang des Monats müssen die Leimringe gegen den Frostspanner angebracht werden. Die Umgebung von Obstbäumen sollten Sie jetzt auf Wühlmäuse kontrollieren und eventuell Fallen aufstellen oder Holunderzweige in die Gänge stecken. Im Dezember müssen die Wühlmausfallen kontrolliert und eventuell erneuert werden.

➤ Weitere Arbeiten in Haus und Garten

Jetzt haben Sie Zeit für Aufräumarbeiten wie Stangen wegräumen, Zaun reparieren, Gartengeräte in Ordnung bringen. Das Laub zusammenrechen und zur Bedeckung der Baumscheiben verwenden.
Die Einmachgläser, die Saftflaschen, die getrockneten Vorräte und das Lagerobst muss regelmäßig kontrolliert werden. Ganz nach Wunsch können Sie die ersten Chicoréewurzeln zum Treiben bringen.

➤ Rezeptideen

Die leichter verderblichen Gemüse müssen zuerst verbraucht werden. Servieren Sie jetzt öfter mal einen Endiviensalat.
Ende November ist das Sauerkraut fertig. Es schmeckt köstlich zusammen mit Kartoffelklößen. Aus den eingelagerten Birnen, gefüllt mit einer Käsecreme, lässt sich ein pikanter Nachtisch zaubern. Für Dezember passt ein Obstsalat à la Nikolaus: Birnen, Äpfel und Orangen werden mit Nüssen gemischt.

Säen im Freien	Säen geschützt	Pflanzen	Ernten
ins Freiland **November** › Buschbohnen › Chinakohl › Pflücksalat › Radicchio › Radieschen › Winterrettich › Zuckerhut	**geschützt** › Endivien › Fenchel › Kohlrabi › Kopfsalat	**› je nach Wetterlage nach Anfang des Monats:** Beerensträucher Heckensträucher Obstbäume	› letzter Blumenkohl › letzter Brokkoli › Chinakohl (bedingt je nach Wetterlage) › Endivien › Feldsalat › Fenchel (bedingt je nach Wetterlage) › Mangold (je nach Wetterlage) › Meerrettichstangen › Schwarzwurzeln › Topinambur › Winterkopfsalat › Winterlauch › Zuckerhut **Eintopfen für die Küche** › Petersilie › Schnittlauch (nach dem ersten Frost)
Dezember			Feldsalat (je nach Wetterlage im Frühbeet oder Freiland) Grünkohl Lauch (bei frostfreiem Wetter) Rosenkohl

Der grüne Tipp

Spitzmäuse gehören zu den nützlichen Tieren in unserem Garten. Sie halten keinen Winterschlaf und suchen sich Unterschlupf in Gebüschen und unter Stroh- und Reisighaufen. Spitzmäuse sind immer unterwegs; sie fressen kein Getreide, sondern Insekten, Larven, Schnecken, Maden, Asseln und Spinnen. Auch der Maulwurf ist kein Pflanzenfresser, sondern vertilgt Insekten, Puppen, Würmer und Larven.
Wühlmäuse können im Garten beträchtlichen Schaden anrichten: Sie fressen die Wurzeln von Obst- und Gemüsepflanzen an oder sogar ab, so dass die Pflanzen unter Umständen absterben. Wühlmäuse sollten Sie aus Ihrem Garten vertreiben: Entweder mit Pflanzen, die sie nicht riechen können (z. B. Holunderjauche oder Holunderzweige in die Gänge gesteckt), oder durch das Aufstellen von Fallen, die Sie natürlich regelmäßig kontrollieren müssen.
Wenn es kalt wird, drängen Haus- und Feldmäuse ins Haus. Damit Ihre Vorräte nicht von den Mäusen verbraucht werden, sollten Sie die Tiere in Fallen fangen.

Das Abc der Nutzgartenpflanzen

Gemüse und Salate

➤ Blumenkohl

(Brassica oleracea var. botrytis)
Blumenkohl gilt als die wohlschmeckendste und bekömmlichste Kohlart. Allerdings stellt er auch an den Boden sehr hohe Ansprüche.

Anbau und Pflege

Wie beim Weißkohl gibt es auch beim Blumenkohl eine Sommer-, Herbst- und Wintersorte. Dem entsprechend liegen die Aussaaten beim Sommerkohl im März, beim Herbstkohl im Mai oder Juni und beim Winterkohl Anfang August. Sobald die vorgezogenen Pflanzen neben den beiden Keimblättern drei weitere Blätter ausgebildet haben, können sie an Ort und Stelle ausgepflanzt werden. Suchen Sie dabei die kräftigsten Setzlinge heraus und pflanzen Sie sie in einem Abstand von 50 x 50 cm aus. Ich stelle die Setzlinge vor dem Auspflanzen für etwa 2 Stunden in einen Eimer, der mit verdünnter Brennnesseljauche gefüllt ist, und gebe ins Pflanzloch stets eine Handvoll Kompost mit hinein. So erhalten die Pflanzen als Wachstumsstart eine ausreichende Menge von Nährstoffen.

Nach 2 bis 3 Wochen sollten die Pflanzen etwas angehäufelt und spätestens jetzt gemulcht werden. Eine zwei- bis dreimalige Düngung mit Pflanzenjauche, die mit etwas Algenkalk versetzt wurde, fördert das Wachstum. Außerdem benötigt Blumenkohl in Trockenperioden gleichmäßige Feuchtigkeit. Blumenkohl liebt zwar die Sonne zum Reifen, damit aber die Köpfe weiß bleiben, müssen ein paar der äußeren Blätter geknickt werden, um die »Blumen« vor zu starker Sonneneinstrahlung zu schützen. Um möglichst oft frischen Blumenkohl ernten zu können, sollten Sie alle vier Wochen eine Aussaat vornehmen.

Einige Sorten

- Hilds Neckarperle (für Frühjahrs- und Sommeranbau)
- Herbstriesen (für Sommer- und Herbstanbau)
- Erfurter Zwerg (das ist ein kleiner Blumenkohl, der in 60 Tagen reif ist)
- Aprilex (winterharter Blumenkohl)
- Danova
- Violetto di Sicilia

Blumenkohl
(Brassica oleracea var. botrytis)

Pflanzenschutz

Die Kohlfliege fliegt besonders gern (Ende April/Anfang Mai) den Blumenkohl an und legt ihre Eier an seinen Füßen nieder. Ihre Larven zerfressen dann die Wurzeln und Stängel, so dass die Pflanzen absterben. Man schützt sich durch das Anhäufeln der Pflanze oder durch das Anbringen eines Kohlkragens (siehe Pflanzenschutz bei Weißkohl).
Gegen die Kohlhernie ergreift man die gleichen Maßnahmen, wie beim Weißkohl beschrieben wird.

Mischkulturen

Blumenkohl fühlt sich besonders wohl in der Nachbarschaft von Sellerie, der den Kohlweißling abwehrt. Als Nachbarn haben sich aber auch Erbsen, Gurken, Kohlrabi, Möhren, Rettiche und Radieschen, Kopf- und Pflücksalat und Spinat bewährt.
Schlechte Nachbarn sind wie bei allen Kohlsorten, Zwiebelgewächse und andere Kohlarten.

Ein Kohlkragen aus Dachpappe schützt die Kohlpflanzen vor den Larven der Kohlfliege.

Durch das Einknicken einiger Blätter bleibt der Blumenkohl schön weiß.

Ernte und Konservierung

Geerntet wird der Blumenkohl, solange die Köpfe noch weiß, geschlossen und fest sind. Der Winterkohl ist von Ende April bis Ende Mai erntereif. Die anderen Sorten können von Juli bis in den Oktober hinein geerntet werden. Dabei dürfen die äußeren Blätter direkt auf den Beeten im Garten verrotten, die Strünke wandern, eventuell etwas zerkleinert, auf den Kompost. Blumenkohl schmeckt am besten frisch; roh kann er geraspelt als Salat gegessen werden. Außerdem wird er zu schmackhaften Gemüsegerichten oder überbackenen Aufläufen verwendet. Da Blumenkohl bei geschickten Aussaatterminen von April bis in den Oktober hinein zur Verfügung steht, ist eine Konservierung eigentlich nicht nötig. Wer will, kann ihn im Ganzen oder in Röschen zerteilt blanchieren und einfrieren. Bei einer eventuellen »Blumenkohlschwemme« lohnt es sich die Blumenkohlröschen zu trocknen, um sie im Winter einem Eintopf zufügen zu können. Eine schmackhafte Abwechslung ist es auch, Blumenkohlröschen zusammen mit anderen Gemüsestückchen in Essig einzulegen. Sie erhalten so Ihre ganz persönlichen »Mixed Pickles«.

Samengewinnung

Da die Samengewinnung bei den meisten Kohlsorten sehr schwierig ist, empfehle ich, auf gekaufte Samen zurückzugreifen (siehe auch Weißkohl).

Mein Tipp

Als Zwischenkultur für alle Blumenkohlpflanzen, die im Mai oder Juni in den Garten gesetzt werden, wähle ich auf jeden Fall Sellerie. Er ist der ideale Nachbar für Blumenkohl und kann sich, wenn die Köpfe abgeerntet sind, noch gut weiterentwickeln. Beim Winterblumenkohl setze ich Winterkopfsalat zwischen die Pflanzen. Bei den Pflanzen, die im Herbst geerntet werden, säe ich Rettiche oder Kohlrabi dazwischen.

➤ Brokkoli

(Brassica oleracea var. italica)
Brokkoli wird auch als Winterblumenkohl oder Spargelkohl bezeichnet. Seine Stängel schmecken ähnlich wie Spargel, seine Köpfe ähneln dem Blumenkohl, sind aber noch geschmackvoller und vitaminreicher.
Sein Anbau lohnt sich auch in den kleinsten Garten, weil die Ernte in der Saison mehrere Male erfolgen kann.

Anbau und Pflege

Brokkoli wird entweder im März ins Frühbeet oder im April ins Freiland gesät. Sobald die Setzlinge vier Blätter entwickelt haben, werden sie in einem Abstand von 40 x 40 cm in den Garten gepflanzt oder, falls sie schon an ihrem endgültigen Platz stehen, vereinzelt. Eine Handvoll Kompost und das Angießen mit Brennnesseljauche fördern, genau wie bei Blumenkohl, das Wachstum. Die Pflanzen werden nach 2 bis 3 Wochen etwas angehäufelt und wahrend der Wachstumszeit etwa zwei- bis dreimal mit einer Kräuterjauche gedüngt.

Einige Sorten

- Spargelkohl Futura
- Sperlings Sparko
- Cala Grovis

Pflanzenschutz

Hier gelten die gleichen Maßnahmen, die beim Weißkohl ausführlich beschrieben werden.

Mischkulturen

Gute Nachbarn für Brokkoli sind Tomaten, Gurken, Salat, Radieschen und Rettiche. Schlechte Nachbarn sind alle anderen Kohlgewächse.

Ernte und Konservierung

Sobald die Pflanzen dicke, geschlossene grüne »Blumen« gebildet haben, werden diese zusammen mit einem 8 – 10 cm langen Stück Stiel abgeschnitten. Nach dieser ersten Haupternte bilden sich den ganzen Sommer über bis in den Spätherbst hinein fortlaufend Seitentriebe mit allerdings kleineren, grünen »Blumen« aus so dass Brokkoli bis zu fünfmal geerntet werden kann. Da Brokkoli einige Frostgrade verträgt, lässt man ihn im Herbst ruhig im Garten stehen; bei mildem Wetter können dann oft bis Ende November kleine Röschen geschnitten werden.
Wenn Sie die »Blumen« nicht rechtzeitig ernten, beginnen sie sehr schnell zu blühen. Aufbrechende oder erblühte Knospen sind für die Küche unbrauchbar und sollten weggeschnitten werden, damit sich neue Seitentriebe bilden können.

Brokkoli (Brassica oleracea var. italica)

Brokkoli kann man raspeln oder kleinschneiden und roh mit einer Nuss-Rahm-Soße oder einer Joghurt-Kräuter-Marinade essen. Gedünstet werden die Brokkoliröschen und die kleingeschnittenen Stängel in etwas Öl und Gemüsebrühe. Servieren kann man sie dann mit einer Sauce Béarnaise, einer Zitronensoße oder einfach mit Käse überbacken. Ausgezeichnet schmeckt auch eine Gemüsebrühe mit kleinen Brokkoliröschen und ein paar Champignons. Verfeinern Sie sie mit etwas Zitronensaft, Sahne und einem Eigelb.

Da Brokkoli von Juni bis in den Winter hinein zum Sofortverzehr in Ihrem Garten zur Verfügung steht, ist eine Konservierung eigentlich unnötig. Wer mag, kann ihn aber wie Blumenkohl einfrieren: Er wird vorher 4 Minuten blanchiert und hält – gut verpackt – 12 Monate.

Samengewinnung

Wie schon beschrieben, beginnt Brokkoli sehr schnell zu blühen, so dass es keine Schwierigkeiten macht, an der Pflanze die Samen ausreifen zu lassen. Schneiden Sie deshalb die Blüten bei zwei nahe nebeneinander stehenden Pflanzen nicht ab. (Zwei Pflanzen sind besser, weil Brokkoliblüten manchmal keine Samen ausbilden.) Kurz vor der Reife werden die Blütenstände abgeschnitten und zum Nachtrocknen aufgehängt. Reifen die Samen an der Pflanze aus, kann es sein, dass sie leicht ausfallen. Deshalb legen wir auch unter die aufgehängten Blütenstände etwas Papier, damit wir die Samen bequem auffangen können.

Mein Tipp

Da Brokkoli zu unseren Lieblingsgemüsen gehört, pflanze ich einige wenige Setzlinge, die auf der Fensterbank vorgezogen wurden, bereits im März ins Gewächshaus. Auf diese Weise steht uns das schmackhafte Gemüse schon im Mai zur Verfügung.

Buschbohnen (Phaseolus vulgaris var. nanus)

➤ Buschbohnen

(Phaseolus vulgaris var. nanus)

Die Buschbohne ist die kleinere Verwandte der Stangenbohne und wird besonders in kleinen Gärten angebaut. Man pflanzt sie einmal, um die zarten grünen Schoten zu essen, zum anderen wegen der ausgereiften Bohnenkerne, die Weiße Bohnen genannt werden und getrocknet für den Winter einen guten Vorrat bilden.

Anbau und Pflege

Wie Stangenbohnen sollten auch Buschbohnen erst ausgesät werden, wenn sich die Erde genügend erwärmt hat und keine Fröste mehr zu erwarten sind. Vor der Aussaat muss der Boden gut gelockert und mit einer Kompostschicht versehen werden. Dann werden die Buschbohnen 3 cm tief und im Abstand von 15 cm in einer Reihe ausgelegt. Der Reihenabstand zur nächsten Kultur sollte dabei 40 cm betragen. Es empfiehlt sich, stets 2 Bohnenkerne in ein Saatloch zu legen, da es sein kann, dass nicht alle Bohnen keimen, und gegebenenfalls kann später die schwächere Pflanze herausgezogen werden.

Eine andere Möglichkeit ist das Auslegen der Bohnen in sogenannten »Horsten«. Dabei gräbt man eine flache Mulde und verteilt etwa 6 Bohnenkerne auf den äußeren Rand. Bei dieser Methode sollte dann der Abstand zwischen den einzelnen Horsten 40 cm betragen. Nach dem Aufgang der Saat muss der Boden stets unkrautfrei, gut gelockert und gemulcht sein.

Bei guten Witterungsverhältnissen können Buschbohnen Anfang Juli noch ein zweites Mal ausgesät werden. Sie sind dann im Herbst erntereif.

Einige Sorten

Es gibt grüne Buschbohnen und gelbe, die sogenannten Wachsbohnen.

Grüne:

- Saxa (sie ist nicht so kälteempfindlich und kann oft schon Anfang Mai ausgesät werden)
- Delinel (französische Filetbohne)
- Favorit
- Pergousa
- Multima
- Hinrichs Riesen

Gelbe:

- Frühe Dickfleischige Wachs
- Wachs Goldetta
- Wachs Sperlings Erato

Pflanzenschutz

Buschbohnen werden im Allgemeinen stärker von schwarzen Blattläusen befallen als Stangenbohnen. Die beste vorbeugende Maßnahme ist eine ständige gute Durchlüftung des Bodens. Sind die Bohnen bereits von Läusen befallen, hilft zunächst oft schon ein Abstreifen mit den Händen und in hartnäckigen Fällen ein Abspritzen mit heißem Wasser, Brennnessel- oder Schachtelhalmbrühe. Junge Pflanzen sind bei ungünstiger Witterung außerdem sehr von Schnecken bedroht. Wenn man nicht aufpasst, sind sie oft schon abgefressen, bevor sie richtig aus dem Boden herausragen. Dagegen helfen nur ein konsequentes Absammeln der Schnecken am Morgen und Abend und das Aufstellen von Schneckenfallen (siehe Seite 126).

Mischkulturen

Gute Nachbarn sind Gurken, Tomaten, Kohlrabi, Kohl, Salate, Sellerie und rote Bete.
Schlechte Nachbarn für Buschbohnen sind alle Zwiebelgewächse und Erbsen.

Ernte und Konservierung

Ein Teil der Bohnen kann laufend frisch geerntet werden. Die Schoten aber vorsichtig abpflücken und nicht abreißen, damit die Pflanzen nicht leiden. Die Bohnen können gekocht (Bohnen eignen sich nicht als Rohkost!) als Gemüse oder Salat verwendet und genau wie Stangenbohnen eingefroren und getrocknet werden. Sehr gut schmecken Buschbohnen mit Paprika und Zwiebeln in Essig eingelegt. Sie können auch durch eine Milchsäuregärung konserviert werden.
Einen Teil der Bohnen lässt man möglichst lange auf der Pflanze ausreifen, reißt dann die gesamte Pflanze heraus, lässt sie noch nachtrocknen, enthülst sie dann und erhält so seinen Wintervorrat an weißen Bohnen.

Samengewinnung

Wenn sich die Hülsen braun verfärben und die Pflanze schon einen Teil der Blätter abgeworfen hat, sind die Bohnenkerne im Allgemeinen zur Samengewinnung genügend ausgereift. Die Bohnenkerne sollten kühl und trocken bis zum Aussaattermin gelagert werden.

Mein Tipp

Ich ziehe stets einige wenige Bohnenpflanzen im Gewächshaus vor, um schon etwas früher ernten zu können. (Auf der Fensterbank ist dies auch möglich.) In die Buschbohnenreihe zwischen die einzelnen Pflanzen säe ich stets etwas einjähriges Bohnenkraut und Kapuzinerkresse. Das sieht schön aus, liefert Gewürze und hilft, die schwarzen Läuse von den Bohnen zu vertreiben. Hilfreich ist es auch, die Ameisen zu beobachten, die in der Regel die ersten Läuse auf die Pflanzen tragen. Dagegen helfen eine ständige Durchlockerung des Bodens und das Aufstellen von Fangfallen mit Honig oder Zuckerwasser. Gefangene Ameisen müssen dann jeden Tag beseitigt werden.

➤ Chicorée

(Cichorium intybus var. foliosum)
Chicorée gehört, wie Endiviensalat, Radicchio und Zuckerhut, zur Familie der Zichoriengewächse und hat im Winter einen ständigen Platz in den Läden, weil er dann eine der wichtigsten Salatpflanzen ist.

Chicorée
(Cichorium intybus var. foliosum)

Anbau und Pflege

Im Mai wird der Chicorée in Reihen von etwa 30 cm Abstand ausgesät. Da die Pflanzen sehr tief wurzeln, ist eine gute vorherige Bodenlockerung Voraussetzung für ein optimales Wachstum. Nach dem Aufgang der Saat werden die Pflanzen auf einen Abstand von 10 – 15 cm vereinzelt, damit sie kräftige Wurzeln ausbilden können, die ja im Herbst geerntet werden sollen.
Den ganzen Sommer über benötigt Chicorée keine besondere Pflege, das regelmäßige Entfernen von Unkraut und ständiges Mulchen empfehlen sich aber. Normalerweise ist in einem guten Gartenboden keine zusätzliche Düngung erforderlich, ein einmaliges Gießen mit Brennnesseljauche ist jedoch für das Wachstum förderlich.

Einige Sorten

- Brüsseler Witloof
- Secosa (treibt ohne Deckerde)
- Mitado

Pflanzenschutz

Chicorée ist nicht anfällig für Schädlinge und Krankheiten und braucht kaum Pflanzenschutz.

Mischkulturen

Ideale Mischkulturpartner für Chicorée sind Fenchel, Möhren, Kohlrabi, Tomaten und Stangenbohnen.

Ernte und Konservierung

Wer mag, kann die kräftigen grünen Blätter der Chicoréepflanzen den Sommer über als Salat pflücken. Sie sind allerdings nicht jedermanns Geschmack, weil sie hart sind und leicht bitter schmecken. Diese Ernte ist in der Regel auch nicht unbedingt erforderlich, weil genügend andere Salatpflanzen den Sommer über zur Verfügung stehen.
Im Oktober müssen die Wurzeln der Pflanzen vorsichtig ausgegraben werden. Um sie nicht zu beschädigen, lockert man am besten dicht neben der Reihe mit der Grabgabel den Boden. Meist gelingt es dann mühelos, die Pflanzen herauszuziehen. Die Blätter werden etwa 3 cm über dem Wurzelansatz abgeschnitten und als Mulchmaterial auf den Beeten liegen gelassen. Gut ausgebildete Wurzeln werden im kühlen Keller in Sand oder Torf eingelagert. Ganz nach persönlichem Bedarf holt man die Wurzeln dann im Winter heraus und bringt sie zum Treiben.

Ich verwende der Einfachheit halber eine Sorte, die ohne Deckerde treibt. Zum Treiben benutze ich einen 10-Liter-Eimer, den ich zu 2/3 mit Torf fülle. Sechs bis acht Wurzeln haben in diesem Topf Platz. Wichtig ist, dass der Raum, in dem der Topf steht, eine Temperatur von 12 bis 15 °C hat und dunkel sein muss. Steht kein Raum ohne Licht zur Verfügung, wird der Eimer einfach mit einem Tuch oder Zeitungspapier abgedeckt. Bei regelmäßiger Bewässerung sind die getriebenen Chicorée nach 4 bis 6 Wochen erntereif.
Chicorée schmeckt köstlich als Rohkostsalat in Streifen geschnitten mit Äpfeln und Bananen oder mit roten Beten gemischt. Gedünstet kann er mit einer Zitronen-, Béchamel- oder Käsesoße serviert oder ganz einfach mit Käsescheiben überbacken werden.

Samengewinnung

Zur Samengewinnung lässt man einfach den Winter über zwei Wurzeln im Garten in der Erde. Auch in rauen Gegenden erfrieren sie in der Regel nicht. Im nächsten Sommer bilden sie wunderschöne blassblaue bis violette Blüten aus. Sobald die Samen reif sind, werden sie direkt an der Pflanze geerntet, noch 1 bis 2 Wochen nachgetrocknet und anschließend kühl und trocken aufbewahrt.

Die grünen Blätter des Chicorée werden nach dem Ausgraben etwa 3 cm über dem Wurzelansatz abgeschnitten.

In einem dunklen Raum – oder abgedeckt mit einem Tuch – können die Chicoréewurzeln bei einer Temperatur von 12 – 15° C zum Treiben gebracht werden.

Mein Tipp

Wenn Sie die Chicoréestauden nach dem Treiben sorgfältig nicht zu knapp über dem Wurzelansatz abschneiden, kann oft noch ein zweiter Austrieb gelingen. Ich schneide übrigens die Chicoréestauden vor ihrer Verwendung unten kegelförmig aus. An dieser Stelle sitzen besonders viele Bitterstoffe, die wir, wenn wir Chicorée als Rohkost verwenden, nicht so gerne mögen.

➤ Chinakohl

(Brassica chinensis)

Der Chinakohl ist die chinesische Variante unseres Weißkohls. In seinem Geschmack hat er allerdings wenig mit diesem gemein, denn er ist eher ein salatähnliches Gemüse.

Anbau und Pflege

Chinakohl wird stets als Nachkultur auf abgeerntete Reihen gesät, weil er nur eine Reifezeit von knapp 3 Monaten hat. Am besten gelingt eine Aussaat im Juli bis Anfang August direkt an Ort und Stelle in den Garten (bei früheren Aussaaten fängt er leicht an zu schießen). Zur nächsten Kultur sollte ein Reihenabstand von 40 cm eingehalten werden, und in der Reihe müssen die jungen Pflanzen auf einen Abstand von 25 bis 30 cm vereinzelt oder verpflanzt werden. Der Boden wird mit etwas reifem Kompost erneut versorgt, bei einer Flächenkompostierung genügt es, etwas Platz für die Aussaat zu schaffen. Die nicht verwendeten, ausgedünnten Pflanzen können sehr gut als Salat zubereitet werden.

Auch der Chinakohl benötigt viel Feuchtigkeit, es ist deshalb unbedingt für eine gute Mulchschicht zu sorgen.

Einige Sorten

- Nippon
- Hongkong
- Chorus Monument

Pflanzenschutz

Chinakohl ist kaum anfällig für Schädlinge und Krankheiten. Achten Sie allerdings darauf, dass die jungen Pflanzen nicht von Schnecken abgefressen werden. Erdflöhe treten besonders bei Trockenheit auf, sie schädigen die Jungpflanzen. Hier helfen gründliches Wässern, eine gute Mulchdecke und das Stäuben von Algomin. Die Kohlhernie (siehe Weißkohl) tritt bei Chinakohl meist nur in sauren Böden, die außerdem oft mit Kohl bepflanzt wurden, auf. Ein Gießen mit Brennnesseljauche und das Spritzen mit Schachtelhalmbrühe beugen vor.

Mischkulturen

Bohnen als Voraussaat oder Partner von Chinakohl sind ebenso geeignet wie Möhren, Spinat und Kopfsalat, der die Erdflöhe vertreibt. Schlechte Nachbarn sind alle Kohlgewächse.

Chinakohl (Brassica chinensis)

Ernte und Konservierung

Bis in den Spätherbst hinein kann man Chinakohl stets frisch aus dem Garten ernten, denn er verträgt Fröste bis – 5 °C. Später können lagerfähige Sorten im kühlen Keller in Sand oder Zeitungspapier eingeschlagen werden. Zu diesem Zweck entfernt man die äußeren Blätter und bindet die inneren zusammen. Bei Temperaturen von 6°C ist er in der Regel noch 6 Wochen haltbar, bei Temperaturen von 0 bis 2 °C bis zu 3 Monaten. Chinakohl wird roh wie Endiviensalat oder mit Äpfeln und Nüssen zubereitet. Er kann auch wie Wirsingkohl gedünstet oder überbacken oder als Hülle für Kohlrouladen verwendet werden. Besonders beliebt ist er, weil er keine Blähungen verursacht.

Samengewinnung

Auch hier empfiehlt es sich, wie bei vielen Kohlsorten, die Samen im Handel zu kaufen.

Mein Tipp

Chinakohl versorgt uns aufgrund seiner guten Lagerfähigkeit meist bis Ende Januar/Anfang Februar mit gartenfrischer Rohkost.

➤ Eissalat

(Lactuca sativa var. capitata)
Eissalat ist ein besonderer Kopfsalat für den Sommer. Der Name »Eis« bezieht sich darauf, dass der Salat im Gegensatz zu einem normalen Kopfsalat einige Tage im Kühlschrank haltbar ist. Hitze verträgt er gut, Frost überhaupt nicht. Deshalb wird er von April bis Ende Juni auf ein Saatbeet gesät, später dann auf einen Abstand von 35 x 40 cm verpflanzt und während der Wachstumszeit einmal mit Brennnesseljauche gedüngt. Achten Sie dabei darauf, dass nicht das Herz gegossen wird, der Salat könnte dann anfangen zu faulen. In Anbau, Pflege, Pflanzenschutz und Nachbarschaftsverhältnissen wird er wie Kopfsalat behandelt.

Einige Sorten

- Lüneburger Eis
- Bio Great Lakes
- Timo
- Roter Eissalat/Bataviasalat.
- Endivien (Cichorium endiva)

Endiviensalat ist neben Kopfsalat der beliebteste Salat in unseren Gärten. Endivien gehören wie Chicorée, Radicchio und Zuckerhut zu den Zichorienarten, sind aber im Gegensatz zu diesen schon lange in unseren Gärten heimisch. Früher wurden Endivien häufig gebleicht. Heutzutage wird dieses Bleichen kaum noch vorgenommen, denn man hat festgestellt, dass ungebleichte Köpfe wesentlich mehr Vitamine enthalten; außerdem machen sie auch beträchtlich weniger Arbeit.

Anbau und Pflege

Beim Endiviensalat unterscheidet man zwischen einer Sommer- und einer Wintersorte. Der Sommerendiviensalat (der oben abgebildet ist) wird ab März gesät und wie Kopfsalat gepflanzt und gepflegt. Er wird auch als Bindesalat oder Römischer Salat bezeichnet. Wie der Name zeigt, schätzten ihn bereits die Römer als Sommersalat. Im Mittelalter wurde er aber auch in unseren Breiten viel angebaut. Heute ist er fast in Vergessenheit geraten. Er bildet keine festen Köpfe aus, sondern aufrecht wachsende Stauden. Der Winterendiviensalat wird als Nachfrucht im Juni/Juli ausgesät und die jungen Setzlinge auf einen Abstand von 30 x 30 cm verpflanzt. Die Wintersorte bleibt sehr niedrig und hat feine gekrauste Blätter.

Sommerendivie (Cichorium endiva var. endiva)

Eissalat (Lactuca sativa var. capitata)

Einige Sorten

Sommerendivien:

- Kasseler (Römischer Salat)
- Parris
- Island cos

Winterendivien:

- Grüne Große Krause
- Eskariol Grüner (robusteste und haltbarste Sorte)
- Bubikopf Wivita
- Wallone frisée

Pflanzenschutz

Endivien sind nicht sehr anfällig für Schädlinge und Krankheiten.

Mischkulturen

Endivien sind ausgezeichnete Nachbarn für frisch gesetzte Erdbeerpflanzen, aber auch für Fenchel, Möhren, Tomaten und Stangenbohnen.

Ernte und Konservierung

Der Römische Salat (Sommerendivien) ist meist im Juni bis Juli erntereif. Man schneidet ihn in breite Streifen und bereitet ihn wie Winterendivien (oder Kopfsalat) als Rohkost zu. Erschmeckt aber auch mit Tomaten, Gurken und Radieschen gut. Kurz bevor er schießt, kann man die Stängel ernten und wie Spargel zubereiten.
Der Winterendiviensalat steht den ganzen Herbst bis in den November, in manchen Gegenden sogar bis in den Dezember hinein, zur Verfügung. Der grüne Eskariol verträgt leichte Fröste. Er kann noch im Garten bleiben, wenn man ihn mit Folie abdeckt. Mit den Wurzeln ausgegraben und in feuchtem Sand eingeschlagen, hält er sich auch noch 4 bis 6 Wochen im Keller. Manche Leute dünsten Endivien, ich verwende sie nur als Rohkost und serviere sie mit einer Joghurt-Kräuter-Marinade.

Samengewinnung

Beim Römischen Salat erfolgt die Samengewinnung wie beim Kopfsalat. Den Winterendiviensalat habe ich persönlich noch nie durch den Winter gebracht. In milden Gegenden können aber ausgesuchte Köpfe im Garten belassen werden. Sie fangen dann im nächsten Frühjahr an zu blühen und bilden Samen aus.

Mein Tipp

Schneiden Sie doch den Endiviensalat nicht, wie allgemein üblich, in feine Streifen, sondern servieren Sie einmal die ganzen Blätter zum Dippen. Sollten Sie eine Endivienschwemme in Ihrem Garten haben, können Sie die Köpfe auch in Streifen schneiden, unter eine Sahnesoße mischen und zum Beispiel zu Nudeln servieren.

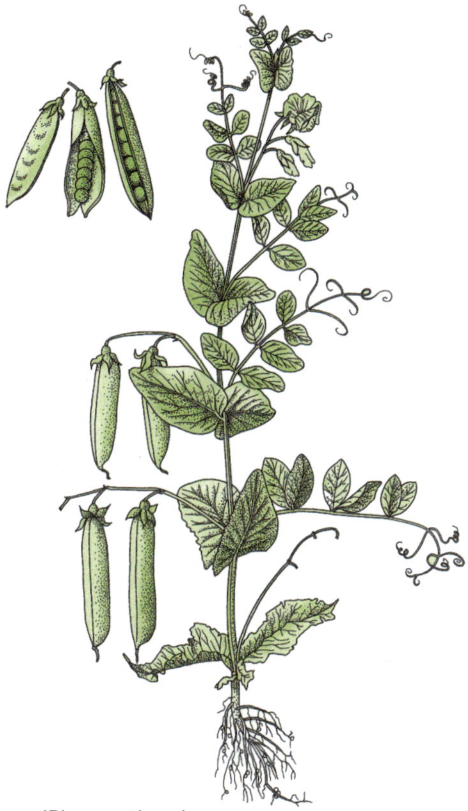

Erbsen (Pisum sativum)

➤ Erbsen

(Pisum sativum)

Erbsen gehören zu den Stickstoffsammlern im Garten (Familie der Leguminosen). Einerlei ob man die abgeernteten Pflanzen als Mulch verwendet oder in den Kompost gibt, immer versorgen sie den Garten auf natürliche Weise mit Stickstoff. Erbsen sind nicht so frostempfindlich wie Bohnen, manche Sorten vertragen sogar Temperaturen bis –12 °C, so dass diese für eine Aussaat im Herbst bestens geeignet sind.

Anbau und Pflege

Bei den Erbsen muss man 3 Sorten unterscheiden: Markerbsen, Palerbsen und Zuckererbsen. Zuckererbsen müssen ganz jung geerntet und mit der Schale gekocht werden.
Markerbsen schmecken süß und zart, solange sie jung sind. Palerbsen eignen sich am besten zum Trocknen (aber natürlich auch für den Sofortverzehr).
Je nach Sorte werden die Erbsen entweder Anfang Oktober (winterharte Markerbse) oder im zeitigen Frühjahr

von März bis Anfang Mai in den Garten gesät. Schnell reifende Sorten können auch ein zweites Mal im August ausgesät werden.

Erbsen wachsen in jedem guten Gartenboden, der im vorangegangenen Herbst gelockert und mit Kompost versehen wurde. Niedrige oder selbststützende Sorten werden jeweils in zwei Reihen nebeneinander gesät; der Reihenabstand beträgt dabei 20 cm, die Saattiefe und der Abstand zwischen den einzelnen Pflanzen 2 cm. Hohe Sorten (es gibt bis zu 130 cm hoch rankende Sorten) benötigen eine Unterstützung. Hierzu eignet sich Reisig oder Maschendraht. Bei einer Verwendung von Maschendraht sät man die Erbsen auf beiden Seiten des Drahtes aus. Am besten eignet sich hierfür ein weitmaschiger Draht von 70 bis 80 cm Höhe. Der Abstand zur nächsten Kultur sollte 40 bis 50 cm betragen. Billiger ist es allerdings, Reisig zu verwenden. Sobald die jungen Erbsenpflanzen erscheinen, steckt man das Reisig direkt neben die Pflanzen als Rankhilfe in den Boden

Da Erbsen sehr schnellwüchsig sind, genügt meist ein ein- bis zweimaliges Hacken des Bodens; dabei werden die jungen Pflanzen gleichzeitig etwas angehäufelt. Bei lang andauernder Trockenheit macht sich ein Gießen auf jeden Fall bezahlt; es ist aber in der Regel nur bei späteren Aussaaten nötig.

Einige Sorten

Zuckererbsen:

- Canosa
- Nofila
- Schweizer Riesen

Pal- oder Schalerbsen:

- Kleine Rheinländerin
- Maiperle
- Blauschalenerbse Capucijners

Markerbsen:

- Sperlings Resi
- Nova
- Aldermann
- Winfrida (winterharte Sorte)
- Salout

Pflanzenschutz

Die frisch gesäten Erbsensamen sind oft ein Leckerbissen für die Vögel. Dagegen kann man sich zum einen wehren, indem man einen Maschendraht über die Saatreihen legt, zum anderen dadurch, dass man die Erbsen vor der Aussaat 24 Stunden in Wasser einweicht; sie keimen dann schneller.
Durch eine frühe Aussaat kann man meist verhindern, dass Schnecken die jungen Pflanzen abfressen. Eine andere Gefahr für Erbsen ist der Erbsenwickler: Der kleine, braune Schmetterling legt seine Eier an die jungen Erbsenschoten. Die Larven bohren sich dann in die Schale hinein und fressen die Erbsen an oder auf. Wenn Sie Ihren Gartenboden stets gut lockern, können die Vögel im Herbst leicht die Puppen des Erbsenwicklers finden und fressen.

Mischkulturen

Gute Nachbarn sind Radieschen, Rettiche, Möhren, rote Bete, Salat und Kohl.
Tomaten und Stangenbohnen sind für Erbsen schlechte Nachbarn.

Ernte und Konservierung

Wie schon erwähnt, werden die Zuckererbsen mit der Schale gegessen. Man pflückt sie, wenn sie etwa 5 cm lang und die ersten Erbsen noch kaum ausgebildet sind, und dünstet sie in wenig Wasser mit Zwiebeln und Petersilie. Die jungen, zarten Markerbsen essen wir am

Erbsen kann man sehr gut an Reisig hochranken lassen.

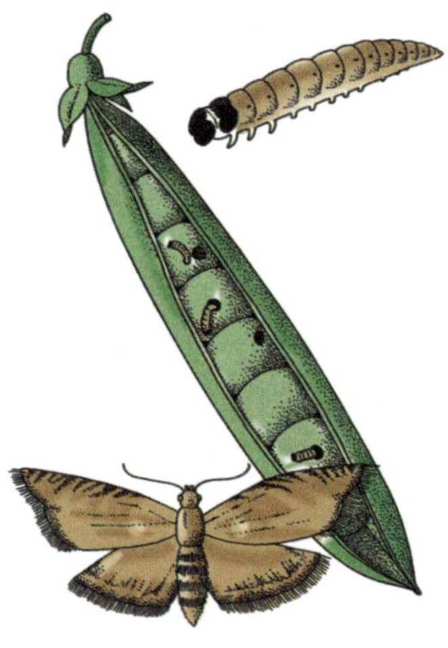

Der Erbsenwickler und die Fraßspuren seiner Larven.

liebsten roh. Sehr viele wandern direkt von der Pflanze in den Mund unserer Enkel. Aber auch in einem Reissalat oder als Gemüserohkost mit geraspeltem Kohlrabi oder Möhren schmecken sie ausgezeichnet. Wenn die Erbsen etwas größer und älter sind (übrigens auch die Palerbsen), kocht man sie am besten: Ein klassisches Gericht sind wohl junge Erbsen und Karotten, gewürzt mit viel Petersilie, Kerbel und Dill, und verfeinert mit etwas Sahne. Bekannt ist auch Risi-Pisi, das klassische italienische Gericht, mit Erbsen und Reis, gewürzt mit Zwiebeln, Dill und Koriander.

Die Schoten der jungen Erbsen sollten Sie übrigens nicht wegwerfen, denn sie sind noch reicher an Vital- und Aromastoffen als die Erbsen selbst. Kochen Sie aus ihnen eine Gemüsebrühe mit Liebstöckel und Petersilie und würzen Sie sie mit Hefeextrakt, Koriander, Kräutersalz und Butter. Sie ist eine ausgezeichnete Trinkbrühe, kann aber auch Grundlage einer Suppe oder Soße sein. Die Pal- oder Schalerbsen eignen sich am besten zum Trocknen für den Wintervorrat. Für diesen Zweck lässt man die Hülsen an den Büschen hängen, bis sie hart werden. Dann reißt man die ganzen Pflanzen aus und lässt sie an einem trockenen, luftigen Ort nachtrocknen. Wenn sie vollständig getrocknet sind, werden die Hülsen mit den Händen geöffnet und die Erbsen in einem geschlossenen Behälter bis zum Verbrauch aufbewahrt. Vor dem Kochen im Winter sollten sie wie alle Hülsenfrüchte in Wasser über Nacht eingeweicht werden. Sie schmecken dann aus gezeichnet in einem Eintopf oder einer Suppe.

Probieren Sie doch einmal, im Winter Erbsen 3 bis 4 Tage keimen zu lassen. Das Ergebnis ist verblüffend: Erbsensprossen schmecken fast wie junge Erbsen im Sommer. Wer mag, kann Erbsen selbstverständlich auch einfrieren. Sie sollten dazu allerdings vorher 2 Minuten blanchiert werden.

Samengewinnung

Ohne Schwierigkeiten können Sie Ihren Samenvorrat selber gewinnen. Lassen Sie von allen Ihren Erbsensorten einige Pflanzen stehen; am besten die, die als erste Hülsen ausgebildet haben. Die Hülsen bleiben dann an den Pflanzen hängen, bis die Erbsen völlig hart sind. Die besten Hülsen werden dann aussortiert, abgepflückt und noch einige Zeit nachgetrocknet. Dies sollte an einem trockenen, luftigen Ort geschehen, damit die Hülsen nicht faulen. Anschließend werden sie dann enthülst und die unbeschädigten Erbsen als Saatgut für den nächsten Sommer kühl und trocken aufbewahrt.

Mein Tipp

Bei einem Teil meiner Erbsenaussaat weiche ich von der Reihenkultur ab. Ich plane bereits im Herbst, an welche Stellen im Garten ich im nächsten Jahr meine neuen Erdbeerpflanzen setzen möchte. Genau an die Stelle säe ich im April oder Anfang Mai Zucker- oder Markerbsen. Sie sind dann reif und abgeerntet, wenn im August die neuen Erdbeeren gesetzt werden, und die Erdbeeren gedeihen an dieser Stelle prächtig.

Mit Erbsen lassen sich viele schmackhafte Gerichte zubereiten.

Feldsalat

(Valerianella locusta)

Der Feldsalat (Ackersalat) wuchs früher im zeitigen Frühjahr wild auf unseren Feldern und säte sich dort auch immer wieder selber aus. In unserer Gegend wurden die Kinder, gleich nachdem der Schnee geschmolzen war, mit Eimerchen aufs Feld geschickt, um diesen gesunden Wintersalat, der viel Vitamin C enthält, zu ernten. Bekannt geworden ist er auch unter den Namen »Rapunzel«.

Feldsalat (Valerianella locusta)

Anbau und Pflege

Damit im Spätherbst, im Winter und im zeitigen Frühjahr immer genügend Salat zur Verfügung steht, empfiehlt es sich, ab August bis Anfang Oktober den Salat in einem Reihenabstand von 10 cm an allen freien Stellen im Garten auszusäen. Sollte man zuviel Salat ausgesät haben, kann dieser ohne Schwierigkeiten im Frühjahr abgehackt und als Mulchmaterial verwendet werden.

Bei der späteren Ernte und beim Putzen haben Sie bedeutend weniger Arbeit, wenn Sie zwischen den Reihen ständig das keimende Unkraut jäten.

Einige Sorten

- Holländischer Breitblättriger
- Dunkelgrüner Vollherziger
- Elan
- Verte de Cambrai

Pflanzenschutz

Feldsalat ist für Krankheiten und Schädlinge nicht anfällig.

Mischkulturen

Feldsalat braucht im Grunde genommen keinen besonderen Platz im Garten: Man kann ihn zu Spinat und Winterzwiebeln säen, auf die Reihen zwischen die Erdbeerbeete, auf Baumscheiben oder als Untersaat zu Rosenkohl, Grünkohl und Winterlauch.

Ernte

Sobald die Blätter 3 bis 5cm groß sind, können von jeder Pflanze einige Blättchen geerntet werden. Wenn Sie den Feldsalat mit Reisig oder Folie abdecken, können Sie ihn auch bei Schnee ernten.

Samengewinnung

Bei warmem Wetter im Frühjahr beginnen die Pflänzchen sehr schnell zu »schießen«. Sie blühen und bilden ihre Samen aus. Sie können deshalb ohne Schwierigkeiten 1 bis 2 Pflanzen stehen lassen. Kurz vor der Samenreife werden die ganzen Pflanzen abgeschnitten und zum Nachtrocknen aufgehängt. Macht man dies nicht, kann es passieren, dass der Feldsalat seine Samen schnell selbst ausstreut.

Stellen Sie einen Eimer oder ähnliches unter die aufgehängten Pflanzen, um die herausfallenden Samen aufzufangen.

Mein Tipp

Im September säe ich mein ganzes Frühbeet mit Feldsalat ein, weil ich dort auch bei viel Schnee am schnellsten und einfachsten meinen Salat ernten kann.

Fenchel

(Foeniculum vulgäre var. azoricum)

Fenchel wird auch Knollen- oder Gemüsefenchel genannt, um ihn vom Kräuterfenchel zu unterscheiden. Seine Blattstiele verdicken sich am unteren Ende und bilden kleine Knollen aus. Seinen süßlich, aromatischen Geschmack erhält er durch das in ihm enthaltene Anisöl; für unsere Ernährung ist er deshalb so wertvoll, weil er viel Vitamin C enthält. Er liebt Licht und Wärme.

Anbau und Pflege

Fenchel wird hauptsächlich als Nachkultur angebaut. Man sät ihn von Ende Juni bis spätestens Anfang August direkt ins Freiland Gut eignen sich Reihen, auf denen vorher Erbsen oder Frühkartoffeln standen. Der Reihenabstand zur nächsten Kultur sollte 40 cm betragen. Die jungen Pflanzen werden später auf 20 bis 30 cm in der Reihe vereinzelt und im September leicht angehäufelt. Während der Wachstumszeit benötigen die Pflanzen ausreichend Feuchtigkeit und sollten zwei- bis dreimal mit Brennnesseljauche gedüngt werden.

Einige Sorten

- Sperlings Perfektion
- Cantino
- Wädenswiler
- Zefa Fino

(Die letzten beiden Sorten sind schossfest, das bedeutet, sie eignen sich auch für eine Aussaat in Töpfe ab März. Geerntet wird dann im Juli/August.)

Pflanzenschutz

Fenchel ist nicht anfällig für Schädlinge und Krankheiten; lediglich Schnecken lieben die jungen Pflanzen und müssen gegebenenfalls abgesammelt werden.

Mischkulturen

Gute Nachbarn für Fenchel sind Zichoriensalate, Pflücksalate und Salbei.
Schlechte Nachbarn sind Tomaten und Stangenbohnen.

Ernte und Konservierung

Da der Gemüsefenchel leichte Fröste übersteht, kann man ihn bis in den November hinein im Garten lassen. Zum Schutz gegen leichte Fröste kann man ihm eine lockere, dicke Decke aus Laub geben. Bei stärkerer Frostgefahr werden die Knollen ausgegraben; im Keller in Sand eingeschlagen, sind sie einige Wochen lagerfähig. Wir mögen Fenchel am liebsten gehobelt als Salat zusammen mit Datteln, Bananen und Nüssen. Er schmeckt auch ausgezeichnet gedünstet oder mit Tomaten und Käse überbacken.

Gemüsefenchel (Foeniculum vulgare var. azoricum)

Samengewinnung

Mir ist es noch nicht gelungen, in unserer rauen Gegend Fenchelsamen zu gewinnen. Vielleicht sollte ich einmal versuchen, Fenchel im Frühjahr anzubauen und dann blühen zu lassen.

Mein Tipp

Man sollte sich nicht wundern, wenn die Gemüsefenchel, die man im Garten erntet, nicht annähernd so groß sind wie die gekauften. Die Witterungseinflüsse in unseren Breiten ermöglichen wahrscheinlich kaum bessere Ergebnisse. Meiner Meinung nach ist ein Anbau aber trotzdem lohnend.

Feuerbohne

(Phaseolus coccineus)

Eine robustere Verwandte der Stangenbohne ist die Feuerbohne (auch Prunk- oder Wollbohne). Sie gedeiht auch auf nicht so guten Böden und in raueren Lagen. Sie ist ein schneller Ranker, nimmt mit Zäunen, Balkongittern und Schnüren vorlieb und ist durch ihre feuerroten Blüten auch eine Zierpflanze im Nutzgarten (es gibt auch eine weiß blühende Sorte). Wenn Sie die ganzen Hülsen essen wollen, müssen Sie sie sehr jung und klein ernten, später sind sie nämlich sehr hart. In Bezug auf Anbau, Pflege, Pflanzenschutz und Partnerschaften werden Feuerbohnen wie Stangenbohnen behandelt.

Sorte

- Butler fadenlos

Feuerbohne (Phaseolus coccineus)

Gemüsepaprika

(Capsicum annuum)

Paprika ist heute, wegen seiner vielfältigen Verwendungsmöglichkeiten, von unserem Speisezettel nicht mehr wegzudenken. Der Paprikastrauch, der aus Südamerika nach Europa kam, ist dort eine ausdauernde Pflanze, bei uns dagegen kann er nur einjährig gezogen werden. Noch viel mehr als Tomaten lieben Paprika Wärme und in der ersten Wachstumsphase ausreichende Feuchtigkeit. Deshalb gelingt der Anbau im Freiland auch nur in warmen Gegenden. In rauerem Klima muss man entweder mit Folientunneln arbeiten oder ein Gewächshaus zur Verfügung haben.

Anbau und Pflege

Die Samen der Paprikapflanzen sind mit die ersten, die im neuen Jahr ausgesät werden. Es ist nicht ganz einfach, sie zum Keimen zu bringen, denn sie benötigen dazu eine konstante Temperatur von etwa 25 °C. Wenn die Temperaturen wesentlich darunter liegen, fault der Samen in der Erde. Am besten gelingt deshalb die Anzucht in einem Minitreibhaus (eventuell beheizt) auf einer warmen Fensterbank.

Die Samen werden in kleine Töpfe Mitte Februar bis Anfang März ausgesät, mit Glas und Papier bis zum Aufgehen abgedeckt und stets feucht gehalten. Nach dem Aufgehen der Saat werden die Pflanzen hell gestellt und bei einer Größe von etwa 12 cm in einen größeren Topf und ab Ende Mai an ihren endgültigen Platz in den Gar ten gepflanzt. Geben Sie dabei eine Handvoll Kompost in das Pflanzloch und düngen Sie die Pflanze regelmäßig mit Pflanzenjauche. Der Boden um die Pflanzen sollte gemulcht werden, damit sie stets feucht, aber nicht nass gehalten werden können.

Nur wenn Paprika genügend Platz und Wärme hat, kann er sich ausreichend entwickeln. Er wird deshalb in einem Abstand von 40 x 50 cm an einer sonnigen, windgeschützten Stelle ausgepflanzt und sollte nicht im Schatten anderer Pflanzen stehen. Wenn während der Blütezeit nicht eine Temperatur von mindestens 19 °C herrscht, blühen die Pflanzen nicht und setzen damit auch keine Früchte an.

Einige Sorten

- Grüner Gemüsepaprika Szegediner
- Roter Gemüsepaprika Mariza
- Gelber Gemüsepaprika Golden Bells
- California Wonder
- Sperlings Merit

Pflanzenschutz

Paprika ist wenig anfällig für Schädlinge und Krankheiten. Blattläuse können bei zu trockenem Boden auftreten. In diesem Fall hilft ein gutes Lockern des Bodens, Mulchen, und in schlimmen Fällen das Abspritzen der Pflanzen mit heißem Wasser oder Brennnesseljauche.

Mischkulturen

Alle Pflanzen, die ebenfalls sehr viel Wärme lieben, wie Tomaten, Gurken, Basilikum oder Majoran, können in die Nähe von Paprika gepflanzt werden. Dabei ist allerdings unbedingt auf einen ausreichenden Abstand und gute Lichtverhältnisse zu achten.

Ernte und Konservierung

In der Zeit von August bis Oktober können Paprika laufend frisch geerntet werden. Dabei müssen die Früchte äußerst vorsichtig abgepflückt werden, damit andere Zweige nicht mit abbrechen. Paprika sind wegen ihres hohen Vitamin-C-Gehaltes und ihrer überaus vielfältigen Verwendungsmöglichkeiten in der Küche sehr beliebt. Sie schmecken ausgezeichnet roh als Salat zubereitet, allein oder zusammen mit Gurken und Tomaten; gedünstet mit Zwiebeln zu Reis als Risotto oder mit Tomaten, Zucchini und Auberginen (oder anderen Variationen) in einem Gemüseeintopf. Besonders lecker sind natürlich auch mit Reis oder anderem Getreide gefüllte Paprikaschoten.
Paprika lässt sich in Streifen geschnitten oder in geputzten, ganzen Schoten einfrieren und hält so 12 Monate. Ganz ausgezeichnet lässt er sich aber auch trocknen. Schneidet man ihn in Streifen, dauert der Trockenvorgang im leicht erwärmten Backofen etwa 6 Stunden. Im Winter verwendet man ihn dann als Würze für Suppen oder Soßen. Wenn man halbierte oder geviertelte Paprikaschoten trocknet, kann man sie später für einen Gemüseeintopf verwenden. Allerdings müssen sie dann vor dem Kochen stets 2 bis 4 Stunden in Wasser eingeweicht werden.

Samengewinnung

Die Samengewinnung ist bei Paprika einfach. Man wählt von einigen Pflanzen die besten Früchte aus und lässt sie überreif werden. (Dies muss nicht an der Pflanze, sondern kann auch im Haus geschehen.) Wenn Sie anfangen zu schrumpeln, entnimmt man die Samen und lässt diese noch etwa 2 Wochen nachtrocknen. Nicht zu kühl aber trocken bewahrt man diese Samen dann bis zum nächsten Frühjahr auf.

Gemüsepaprika (Capsicum annuum)

Mein Tipp

Ich pflanze Paprika in südlicher Richtung vor meine Tomaten und zu Füßen beider Pflanzen Neuseeländer Spinat, der durch seine Ranken ausgezeichnet die Feuchtigkeit im Boden hält.

➤ Grünkohl

(Brassica oleracea)

Grünkohl, auch Blatt- oder Krauskohl genannt, findet in letzter Zeit immer mehr Anhänger, weil er als Winterkohl in seinen Ansprüchen bescheiden ist, aber trotzdem einen hohen Gehalt an Vitaminen (A und C) und Mineralstoffen hat. Außerdem benötigt er keinen Platz für eine Konservierung, weil er wegen seiner Frosthärte den ganzen Winter über geerntet werden kann.

Anbau und Pflege

Bei genügend Platz im Garten wird Grünkohl Mitte Mai bis Anfang Juni direkt an Ort und Stelle, sonst im Saatbeet ausgesät. Etwa 6 Wochen nach der Aussaat sind die Setzlinge pflanzfertig. Man vereinzelt sie auf einen Abstand von 40 x 40 cm. Grünkohl eignet sich gut als Nachfrucht für Reihen, auf denen vorher Erbsen, Salat, Kohlrabi oder Frühkartoffeln standen. Bis spätestens Ende Juli sollte die Pflanzung erfolgt sein. Wenn der Boden vorher gut mit Kompost versorgt wurde, benötigt Grünkohl keine weitere Düngung.

Einige Sorten

- Lerchenzungen (halbhohe Sorte)
- Niedriger Grüner Krauser

Pflanzenschutz

Grünkohl ist sehr widerstandsfähig gegen Schädlinge und Krankheiten. Sollten dennoch Probleme auftreten, ergreifen Sie die gleichen Schutzmaßnahmen wie unter dem Stichwort »Weißkohl« geschildert.

Mischkulturen

Alle Salatsorten, Spinat, Radieschen und Rettiche haben sich als gute Nachbarn erwiesen.
Alle Zwiebelgewächse und Kohlarten (bis auf Kohlrabi) sind schlechte Nachbarn für Grünkohl.

Ernte und Konservierung

Vor dem ersten starken Frost schmeckt Grünkohl noch nicht; er wird nämlich erst dadurch bekömmlicher und milder im Geschmack. Durch seine Winterhärte steht er den ganzen Winter über zur Ernte zur Verfügung. Seine Blätter werden dabei von oben nach unten gepflückt oder als ganze Staude auf einmal abgetrennt. Grünkohl schmeckt ausgezeichnet als Rohkost zusammen mit geraspeltem Sellerie, Möhren und einer Joghurtmarinade. Dünsten Sie ihn bis entgegen anderen Empfehlungen nur in etwas Fett und mit wenig Wasser, das nach dem Ende der Kochzeit (25 Minuten) verbraucht sein sollte, und verfeinern Sie das Gericht mit etwas Sahne, Muskat und Petersilie.

Grünkohl (Brassica oleracea)

Samengewinnung

Auch hier gilt, wie bei vielen Kohlarten, dass es am sinnvollsten ist, die Samen im Handel zu erwerben.

Mein Tipp

Wenn Sie im Winter nur die Blätter des Grünkohls ernten und die Strünke in der Erde lassen, bilden sich im Frühjahr an den Grünkohlpflanzen oft noch zarte Frühlingstriebe, die sogenannten Kohlsprossen. Sie ergeben einen leckeren Frühlingssalat, den man mit Feldsalat oder geraspelten Möhren mischen kann.

➤ Gurken

(Cucumis sativus)

Gurken sind wegen ihres frischen Geschmacks und ihrer Kalorienarmut ein allseits beliebtes Gemüse. Im Garten gehören sie mit zu den wärmeempfindlichsten Pflanzen und brauchen einen sehr guten Boden.

Anbau und Pflege

Für eine gute Gurkenernte muss man einiges tun. Der Boden sollte reichlich mit Kompost und eventuell einem organischen Dünger versorgt sein. Eine im vorangehenden Herbst eingesäte Gründüngung ist auch sehr vorteilhaft. Außerdem sollten die Gurken einen windgeschützten und sonnigen Platz in Ihrem Garten erhalten. Für eine frühe Ernte empfiehlt es sich, einige Gurkensamen auf der Fensterbank vorzuziehen. Im April füllt man dazu Blumentöpfe locker mit Anzuchterde, steckt pro Topf zwei Kerne senkrecht hinein, gießt gut und stellt die Töpfe warm (20 bis 22 °C), aber nicht direkt in der Sonne auf. Nach 1 bis 2 Wochen erscheinen bereits die ersten Keimblätter. Lassen Sie die jungen Pflanzen nicht austrocknen und pflanzen Sie sie nach den Eisheiligen mit großem Abstand voneinander ins Freiland. Der Abstand zwischen den einzelnen Pflanzen schwankt von Sorte zu Sorte beträchtlich und liegt zwischen 30 und 120 cm. Man kann Gurkensamen auch Anfang bis Mitte Mai direkt ins Freiland säen. Hierzu legt man innerhalb einer Reihe alle 20 cm 3 Gurkensamen etwa 1 cm tief in die Erde und schützt die Saatstelle entweder durch ein umgestülptes Weckglas oder die ganze Reihe durch einen Folientunnel vor Kälte.

Während der gesamten Wachstumszeit sollten Sie für eine ausreichende Feuchtigkeit und für eine ein- bis dreimalige Düngung mit verdünnter Brennnesseljauche sorgen. Gurken mögen kein kaltes Wasser (sie werden sonst leicht bitter). Gießen Sie sie deshalb nur mit abgestandenem Wasser oder setzen Sie neben jede Gurkenpflanze einen Blumentopf in die Erde, den Sie mit Wasser zum Gießen füllen.

Da Gurken zu den Rankpflanzen gehören, sollte man bei ihnen die Triebspitzen abbrechen, wenn sie etwa sechs Blätter entwickelt haben. Sie bilden dann reichlicher Ausläufer und Verzweigungen. Es lohnt sich übrigens einmal ein Versuch, im Freiland Gurken an einem Klettergerüst zu ziehen. In den meisten Fällen ist die Ernte dann größer und leichter Im Gewächshaus ranken Schlangengurken ohne Hilfe an einer Schnur hoch.

Schlangengurken (Cucumis sativus)

Einige Sorten

- Sperlings Mervita (Gewürz- und Salatgurke)
- Burpless Tasty Green (Schlangengurke)
- Delikatess
- Hofanns Giganta
- Vorgebirgstrauben (kleine Einleggurke)
- Sperlings Fatum (Senfgurke)

Pflanzenschutz

Gurken sind anfällig für Pilzkrankheiten. Besonders bei sehr feuchter warmer Witterung kann echter und falscher Mehltau auftreten. Es bildet sich dabei entweder ein mehliger Belag auf den Blättern, die dann vertrocknen (echter Mehltau) oder weißgelbe Schimmelflecken auf der Blattober- und -unterseite (falscher Mehltau). Kaufen Sie deshalb möglichst nur mehltauresistente Sorten und spritzen Sie vorbeugend des Öfteren mit Ackerschachtelhalmbrühe. Im Gewächshaus werden Gurken häufig von der weißen Fliege befallen.

Zu Hunderten setzen sie sich an den Blattunterseiten fest. Die Blätter bekommen braune Flecken, den sogenannten Rußtau, der durch die Honigausscheidung der Fliegen auftritt. Vertreiben sie die weiße Fliege durch gute Lüftung. Sie können auch mit Brennnessel-Kaltwasser-Auszug spritzen.

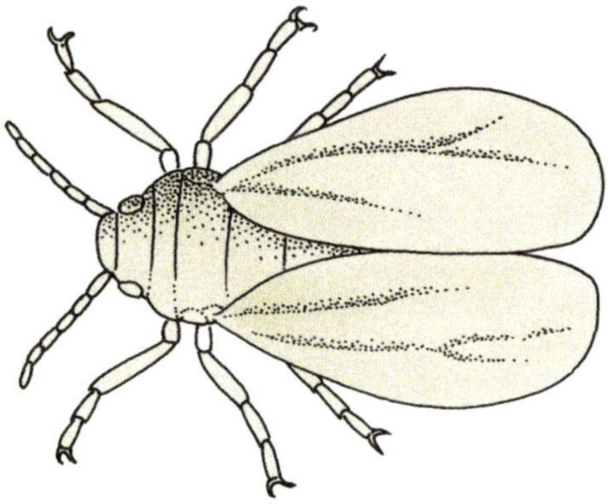

Die „Weiße Fliege" verursacht den sogenannten Rußtau.

Mischkulturen

Gute Nachbarn sind Zwiebeln, Sellerie, rote Bete, Fenchel, Kohlgewächse, Kopfsalat, Dill und Buschbohnen. Besonders letztere bieten den Gurken einen guten Wind- und Wärmeschutz. Schlechte Nachbarn für Gurke sind Radieschen und Tomaten.

Ernte und Konservierung

Von Juli bis September können Sie Ihre Gurken laufend frisch in jungem Zustand ernten. Pflücken Sie sie vorsichtig, damit Sie keine Ranken abreißen.
Frisch werden Gurken zu allen möglichen Rohkostgerichten und als Brotbelag verwendet. Gedünstet bereitet man Schmorgurken und gefüllte Gurken aus ihnen zu. Für den Wintervorrat sollten Sie kleine Gurken in Essig oder milchsauer einlegen.
Noch ein Tipp: Wenn Sie frische Gurken schälen, tun Sie es immer von der Blüte zum Stiel hin. Bitterstoffe werden dann nämlich nicht über die ganze Gurke gezogen. Obwohl es heute viele bitterfreie Sorten gibt, können Sie trotzdem bittere Gurken aufgrund von Wachstumsstörungen erhalten.

Samengewinnung

Gurken, die Sie für die Samengewinnung verwenden wollen, sollten so lange an den Pflanzen hängen bleiben, bis sie gelb werden und die Samen damit reif sind. Die Gurke wird dann in Längsrichtung aufgeschnitten, die Samen zusammen mit dem Fruchtfleisch mit Hilfe eines Löffels herausgekratzt und in eine Schüssel mit Wasser gegeben. Hier werden die Kerne vorsichtig vom Fruchtfleisch gelöst, dann in klarem Wasser abgespült und zum Trocknen etwa 10 Tage auf einem Gitternetz ausgebreitet.

Mein Tipp

In schönen Sommern ist es keine Schwierigkeit, eine gute Gurkenernte zu erhalten. Weil in unserer Gegend die Temperaturen sehr schnell absinken können, bin ich dazu übergegangen, für den Freilandanbau eine Gurkensorte zu wählen, die ich sowohl als Salat als auch als Einlegegurke verwenden kann. Außerdem lasse ich für alle Fälle die Gurken bis Mitte/Ende Juni unter einem Foliendreieck wachsen.
Einige Schlangengurkenpflanzen reifen bei mir außerdem im Gewächshaus.

➤ Kartoffeln

(Solanum tuberosum)
»Was die Sohle dem Pantoffel, ist dem Volke die Kartoffel.« Solche Sprüche zeigen ganz deutlich die Wichtigkeit der Kartoffel als Volksnahrungsmittel. Dies war nicht immer so, denn es dauerte ziemlich lange, bis das südamerikanische Nachtschattengewächs, das vor 400 Jahren von Seefahrern mit nach Europa gebracht wurde, in der deutschen Küche heimisch wurde. Bevor die Kartoffeln mithalfen, schlimme Hungersnöte im 18. und 19. Jahrhundert zu überstehen, wurden sie lediglich als Zierpflanzen in den Gärten europäischer Fürstenhäuser angebaut. Obwohl erwiesen ist, dass Kartoffeln wegen ihres einzigartigen Reichtums an Mineralstoffen und Vitaminen äußerst wertvoll für die Ernährung sind, ging der Kartoffelverbrauch in den letzten 25 Jahren stark zurück. Dies mag zum einen an gewandelten Essgewohnheiten liegen, zum anderen ist auch das Einkellern größerer Mengen in der Stadt kaum noch möglich.

Anbau und Pflege

Wenn Sie einen Garten neu anlegen oder ein Stück Wiese urbar machen wollen, können Sie dort im ersten Jahr gut Kartoffeln anbauen. Diese lockern nämlich den Boden und ersticken durch ihr großes Blattwerk sprießendes Unkraut.

Kartoffeln werden aus Saatkartoffeln gezogen. Jede Saatkartoffel bildet dabei eine Pflanze aus, die wieder bis zu 12 neue Kartoffelknollen entwickelt.

Die Saatkartoffeln besorgt man sich am besten aus einem biologischen Saatbetrieb. Man kann auch die Lagerkartoffeln vom Vorjahr verwenden, wenn diese makellos sind, noch nicht gekeimt haben und die Pflanzen frei von Krankheiten waren. Man unterscheidet zwei Kartoffelarten: die Früh- und die Lagerkartoffeln. Frühkartoffeln wachsen schnell und sind für den Sofortverbrauch bestimmt, Lagerkartoffeln bilden die Haupternte und dienen der Ernährung im Herbst und Winter.

Um möglichst früh Kartoffeln essen zu können, sollten Sie sie vorkeimen. Zu diesem Zweck legt man die Saatkartoffeln im März nebeneinander in eine Kiste und stellt sie in einen hellen Raum mit einer Temperatur von 10 bis 15 °C. Anfang April, wenn sich der Boden genügend erwärmt hat (etwa auf 7 °C), können diese Frühkartoffeln gepflanzt werden.

Graben Sie zu diesem Zweck 10 cm tiefe Furchen in einem Abstand von 40 bis 50 cm in Ihren Garten. Legen Sie alle 30 bis 40 cm eine Saatkartoffel mit den Augen (Keimen) nach oben in die Rille. Streuen Sie etwas Kompost über die Knollen und bedecken Sie sie anschließend etwa 5 cm hoch vorsichtig mit Erde, damit die Keime nicht abbrechen.

Schützen Sie Ihre Frühkartoffeln auf jeden Fall durch einen Folientunnel oder eine andere Abdeckung vor eventuell noch eintretenden Frösten. Kartoffeln für die Haupternte kommen Ende April/Anfang Mai in den Boden. Sie brauchen nicht unbedingt vorher zum Keimen aufgestellt zu werden. Viele Leute häufeln die Reihen an, wenn die jungen Blätter der Kartoffeln zu sehen sind. Dies ist nicht unbedingt erforderlich. Die Kartoffeln gedeihen, besonders wenn man sie in einer Mischkultur anpflanzt, auch so. Wenn Sie Spinat zwischen die Reihen säen, der später abgehackt wird und als Mulch liegen bleibt, ersparen Sie sich das viele Unkrautjäten und der Boden bleibt gut feucht.

Kartoffel (Solanum tuberosum)

Einige Sorten

Frühe, fest kochende Sorten:

- Sieglinde
- Saskia
- Heia

Späte, fest kochende Sorte:

- Hansa

Späte, mehlig kochende Sorten:

- Datura
- Maritta

Pflanzenschutz

Die beste vorbeugende Maßnahme gegen eventuell auftretende Pilzkrankheiten (besonders die Krautfäule) bei Kartoffeln ist ein gesunder, gut gelockerter und mit Kompost versehener Gartenboden. Vorbeugend kann außerdem mit Schachtelhalmbrühe gespritzt werden. Wenn der Kartoffelkäfer auftritt, helfen nur ein schnelles Absammeln an den Pflanzen und das Streuen von Algenkalk. Diese beiden Maßnahmen hindern den Käfer daran, seine Eier an den Kartoffelblättern abzulegen, und es entwickeln sich keine Larven, die die Blätter völlig abfressen können.

Mischkulturen

Gute Nachbarn sind Spinat, Kohlrabi, Meerrettich, Kümmel, aber auch Kapuzinerkresse und Tagetes. Schlechte Nachbarn für Kartoffeln sind Zwiebeln, Tomaten, Sellerie, Erbsen und alle Kohlarten.

Ernte und Konservierung

Frühkartoffeln sind dann reif, wenn sie eine feste Schale haben; sie können meist ab Ende Juni/ Anfang Juli geerntet werden. Bei den späten Sorten liegt die Reifezeit im August und September; meist zeigt das Welken des Kartoffellaubs ihre Reife an. Die späten Sorten können in einem dunklen Keller, am besten bei Temperaturen von etwa 7 °C, in einer Kartoffelkiste gelagert werden. Untersuchungen haben gezeigt, dass die Kartoffeln bei dieser sachgemäßen Lagerung den ganzen Winter über fast nichts von ihrem Vitamin-C-Gehalt einbüßen. (Erst im Frühjahr tritt ein nachweisbarer Rückgang ein.) Schmecken Kartoffeln einmal süß, so haben sie meistens Frost bekommen: Bei niedrigen Temperaturen wandelt sich nämlich die Stärke in Zucker um.

Haben sich Kartoffeln grün gefärbt, so waren sie längere Zeit dem Licht ausgesetzt, und es hat sich das Gift Solanin gebildet. Die grünen Stellen müssen daher unbedingt weggeschnitten werden. Um alle Vitamine und Mineralstoffe möglichst gut zu erhalten, sollten Sie die Kartoffeln nur bürsten, mit der Schale knapp weich kochen oder dämpfen oder auf dem Backblech braten und, zumindest im Sommer und Herbst, auch mit der Schale verzehren, da direkt unter der Schale die meisten Vitamine und Mineralien sitzen. Im Winter können Sie sie dann, je nach Gericht, kurz vor dem Essen oder bei Tisch pellen.

Entdecken Sie selbst die Vielseitigkeit der Kartoffel in der Küche aufs Neue: Köstlich schmecken die jungen Kartoffeln zu Kräuterquark oder mit grüner Soße. Sie schmecken aber auch gefüllt, als Salat, Suppe oder Auflauf überbacken, als Bratkartoffeln, Kartoffelbrei oder Kartoffelpuffer.

Mein Tipp

Auch wenn Sie nur über einen kleinen Garten verfügen, brauchen Sie auf den Kartoffelanbau nicht zu verzichten. Bauen Sie sich einmal eine chinesische Kartoffelkiste, denn sie benötigt wenig Platz und bringt hohe Erträge (siehe Abschnitt »Intensivnutzung«, Seite 61).

➤ Kohlrabi

(Brassica oleracea var. gongylodes)
Kohlrabi gehört zu den Kohlpflanzen und ist die anspruchsloseste unter ihnen. Kohlrabi braucht bei weitem nicht so viele Nährstoffe wie andere Kohlpflanzen und lässt sich gut in Lücken pflanzen.

Anbau und Pflege

Beim Kohlrabi gibt es sehr viele verschiedene Sorten, von denen einige leichte Fröste (bis bis 6°C) vertragen, andere sogar frostunempfindlich sind. Auf diese Weise ist es möglich, sehr lange im Herbst und schon im zeitigen Frühjahr Kohlrabi frisch aus dem Garten zu ernten. Da er keine lange Wachstumsperiode hat, eignet er sich ausgezeichnet auch als Vor- und Nachfrucht im Garten. Ab Ende Februar können die Samen im Frühbeet oder im Gewächshaus, ab März/April in ein Saatbeet oder direkt ins Freiland gesät werden. Die kleinen Pflanzen werden je nach Sorte mit einem Abstand von 15 x 30 oder 25 x 30 cm ausgepflanzt. Nutzen Sie dabei Lücken in Ihrem Garten. Kohlrabis müssen nicht unbedingt nebeneinander in einer Reihe stehen.
Setzen Sie die Pflanzen nicht zu tief und sorgen Sie für eine gute Bewässerung (einige Sorten werden bei Trockenheit leicht holzig), und geben Sie ihnen eine Mulchdecke. Außerdem ist Kohlrabi für eine ein- bis zweimalige Düngung mit verdünnter Brennnesseljauche dankbar.

Säen Sie Kohlrabi am besten in kleinen Mengen bis Ende Juli alle 4 Wochen neu aus. Der letzte Pflanztermin für Setzlinge sollte Anfang August sein. Auf diese Weise ernten Sie den ganzen Sommer über zarte, junge Kohlrabis.

Einige Sorten

- Kohlrabi Lanro
- Kohlrabi Blaro

(beide Sorten, blaue und weiße Freilandkohlrabi, werden sehr groß bis bis zu 2 kg – sind schossfest und werden nicht holzig)

- Kohlrabi Delikatess, Weißer und Blauer (besonders für die Herbsternte geeignet)
- Superschmelz
- Kohlrabi Trero (kann ab November im warmen Frühbeet ausgesät werden)

Pflanzenschutz

Schnecken mögen die jungen Setzlinge gerne. Stellen Sie deshalb Schneckenfallen auf und sammeln Sie die Schnecken ab.
Bei Trockenheit können Blattläuse auftreten, die man jedoch meist schnell durch gründliches Wässern vertreibt. Ansonsten ist Kohlrabi nicht sehr anfällig für Schädlinge und Krankheiten. Sollten dennoch welche auftreten, entsprechen alle Gegenmaßnahmen denen vom Weißkohl (siehe Seite 158).

Mischkulturen

Gute Nachbarn für Kohlrabi sind Tomaten, Bohnen, Spinat, Radieschen und Rettiche, Salat, Lauch, Möhren und Erbsen. Zwiebeln und andere Kohlarten sind schlechte Nachbarn.

Ernte und Konservierung

Kohlrabi können Sie, sobald die Knollen einen Durchmesser von 6 cm haben, laufend frisch aus Ihrem Garten ernten. Verwenden Sie auch die kleinen Blätter mit, sie enthalten viel Eisen und Vitamine (C und A).
Kohlrabi schmeckt sowohl roh als auch gedünstet ausgezeichnet.
Samengewinnung
Die Gewinnung von Kohlrabisamen ist schwierig, so dass ich auf das Angebot des Handels zurückgreife.

Kohlrabi (Brassica oleracea var. gongylodes)

Mein Tipp

Die ersten jungen Kohlrabisetzlinge pflanze ich noch zwischen meine Winterkopfsalate. Später finden dann weitere Setzlinge zwischen den Tomatenpflanzen Platz. Die letzten Kohlrabisetzlinge im August sind bei mir reine »Lückenbüßer«. Überall, wo ein Plätzchen frei ist, werden sie unter Berücksichtigung der Nachbarschaften gepflanzt.

Kopfsalat

(Lactuca sativa var. capitata)
Der Kopfsalat ist wohl der beliebteste Salat in unseren Breiten, und besonders im Frühjahr wird der erste frische Salat sehnsüchtig erwartet. Aber es gibt nicht nur für den Frühjahrs-, sondern auch für den Herbst- und Sommeranbau zahlreiche Sorten.

Anbau und Pflege

Im Gewächshaus kann der Kopfsalat schon im Februar, im Freiland ab März in ein Saatbeet ausgesät werden. Wintersorten werden im August/September ausgesät. Sobald die Pflanzen genügend groß sind, werden sie auf einen Abstand von 25 x 25 cm ausgepflanzt. Dabei brauchen Sie dem Kopfsalat nicht unbedingt eine eigene Reihe zu geben, denn man kann ihn gut als Zwischenkultur bei anderen Pflanzen verwenden. Säen Sie nie zu viel Kopfsalat auf einmal aus, es sind sonst unter Umständen zu viele Köpfe zur gleichen Zeit erntereif. An den Boden stellt er keine besonderen Ansprüche. Lediglich bei Trockenheit sollte man ihn gründlich wässern, ansonsten sorgt auch hier eine Mulchdecke für eine ausreichende Feuchtigkeit. Winterkopfsalat – im Herbst ausgesät – kann im Frühbeet überwintern. Den Winter über erhalten die Pflanzen einen leichten Schutz aus Deckreisig. Sobald der Schnee verschwunden ist, kann man einige Pflanzen mit einem Sonnenhut schützen und so schon im zeitigen Frühjahr die ersten Köpfe ernten.

Kopfsalat (Lactuca sativa var. capitata)

Einige Sorten

- Maikönig (früheste Freilandsorte)
- Attraktion
- Dolly (beide für den Sommer- und Herbstanbau)
- Winterharter Maiwunder (winterharte Sorte)
- Brauner Trotzkopf
- Rotkäppchen Salat

Pflanzenschutz

Die Setzlinge sollten unbedingt vor Schnecken geschützt werden. Achten Sie beim ersten Samenkauf darauf, dass Sie eine Sorte erwerben, die gegen Pilz- und Virusbefall resistent ist.
Bei ungünstigen Witterungs- und Bodenverhältnissen können Kopfsalate von Läusen befallen werden. Um dies zu vermeiden, wendet man am besten vorbeugende Maßnahmen an: Stets den Gartenboden gut lockern, gleichmäßig mit Wasser versorgen und mulchen.

Mischkulturen

Setzt man Kopfsalat zu Kohl, Radieschen, Rettichen und Kohlrabi, so wehrt er von diesen Pflanzen die Erdflöhe ab. Außerdem sind aber auch noch Busch- und Stangenbohnen, Erbsen, Gurken, Lauch, Möhren, Rhabarber und Tomaten gute Nachbarn.
Sellerie und Petersilie sind schlechte Nachbarn für Kopfsalat.

Ernte

Sobald die Köpfe fest sind, kann der Salat stets frisch geerntet werden. Was ist zu tun, wenn man plötzlich trotz aller Sorgfalt beim Säen eine Salatschwemme im Garten hat? Kochen Sie doch einmal, bevor die Köpfe anfangen zu schießen, aus vier bis sechs Salaten und ein wenig Spinat eine Salatsuppe, die Sie mit Sahne verfeinern und mit reichlich Petersilie und Schnittlauch bestreuen. Oder verwenden Sie einmal gedünstete, mit Oliven, Kapern und Nüssen gefüllte Salatköpfe als Füllung für eine gedeckte, pikante, salzige Torte aus Hefeteig.

Samengewinnung

Die Samengewinnung beim Kopfsalat ist sehr leicht. Wählen Sie für diesen Zweck sehr schöne und feste Köpfe aus (2 genügen völlig), die möglichst nicht als erste anfangen zu schießen. Lassen Sie sie blühen und Samen ausbilden. Da die Samen an der Pflanze nicht alle gleichzeitig reif sind, müssen Sie immer wieder hingehen und reife Samen vorsichtig mit der Hand in ein Gefäß gleiten lassen. Auf diese Weise haben Sie sehr schnell die benötigte Samenmenge bei der Hand.

Mein Tipp

Wir essen eigentlich nur Winterkopfsalate, weil wir im Sommer lieber auf die vielen anderen Salatsorten, wie Pflück- und Eissalat oder Sommerendivien zurückgreifen.
Winterkopfsalat schmeckt herzhafter und kräftiger als die Sommersorten.

➤ Kürbisse

(Cucurbita)
Alle Kürbisarten stammen aus tropischen Gebieten: Sie lieben deshalb viel Wärme, Feuchtigkeit und einen nährstoffreichen Boden. Außerdem benötigen sie sehr viel Platz, so dass ihr Anbau eigentlich nur in einem größeren Garten empfehlenswert ist. Bei dem hier abgebildeten Kürbis handelt es sich um den Speisekürbis Squash.

Anbau und Pflege

Der gelbe Riesenkürbis erfreut sich in unseren Breiten schon lange großer Beliebtheit. Aber auch neuere Kürbisarten, wie der Spaghettikürbis, die Herkuleskeule und der Squash, werden allmählich bekannter.
Die Herkuleskeule ist eine Kletterpflanze für Spaliere oder Hauswände, die übrigen bilden ein reichhaltiges Blattwerk auf dem Boden, so dass sie ohne weiteres unschöne Gartenecken schnell überwuchern können.
Zur Pflanzenanzucht werden bei allen Sorten etwa Mitte April 2 Kerne in einen Blumentopf gelegt, mit Erde bedeckt und auf eine sonnige Fensterbank gestellt. Nach der Entwicklung der ersten Blätter können die Pflanzen ab Mitte Mai an einen sonnigen Platz in den Garten gepflanzt werden. Viele empfehlen, die Kürbispflanzen direkt auf den Komposthaufen zu setzen. Weil der Kürbis einen nährstoffreichen Boden liebt, entwickelt er dort auch ein reiches Blattwerk und viele Früchte. Allerdings werden dem Komposthaufen dabei sehr viele Nährstoffe entzogen.
Besser ist es, die Kürbispflanze an den Fuß oder in die Nähe des Komposthaufens zu setzen und sie mit Mulch aus halbverrottetem Kompost zu versehen. Der Komposthaufen wird so »geschont«, die Ranken des Kürbisses können ihn aber trotzdem beschatten. Wenn man ihn dann im Sommer reichlich gießt und regelmäßig mit Pflanzenjauche düngt, lässt das Ernteergebnis auch nicht zu wünschen übrig. Sobald sich die ersten Früchte gebildet haben, legt man – je nach Sorte und Größe – ein Brett oder einen Ziegel unter sie, damit sie einen sicheren Stand haben, nicht brechen und nicht faulen können.

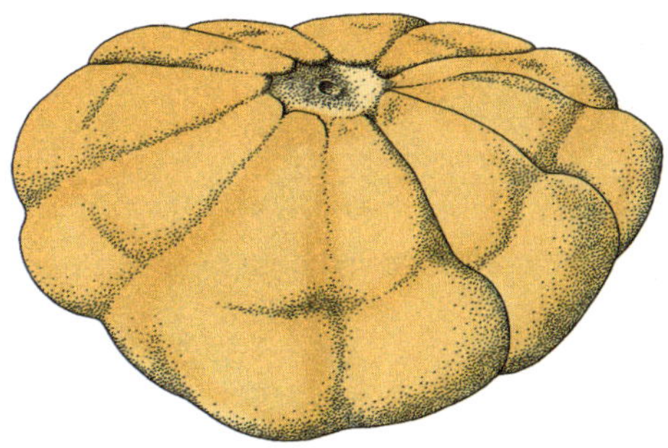

Speisekürbis „Squash" (Cucurbita)

Einige Sorten

Riesenkürbis:
- Großer Gelber Zentner

Spaghettikürbis:
- Sperlings Bologneser
- Rondinikürbis

Speisekürbis:
- White Bush
- Squash

Kletterkürbis:
- Herkuleskeule
- Schlangenkürbis

Pflanzenschutz

Junge Pflanzen werden besonders gerne von Schnecken abgefressen. In diesem Falle hilft nur eines: Das Aufstellen von Schneckenfallen und das Absammeln der Schnecken.

In extremen Jahren, in denen es sehr viele Schnecken gibt, empfiehlt es sich, die Pflanzen erst ins Freiland zu setzen, wenn sie schon eine größere Anzahl von Blättern gebildet haben.

Als Schneckenfalle haben sich mit Bier gefüllte Joghurtbecher, in die Erde eingegraben, bewährt.

Mischkulturen

Da Kürbisse wegen ihrer Größe wohl kaum auf einem normalen Gartenbeet wachsen, sondern abseits stehen, erübrigt sich die Frage nach der Mischkultur. Wenn die Pflanzen genügend Wärme, Wasser und Nährstoffe bekommen, wachsen sie in der Regel ohne Krankheiten und Schädlingsbefall heran.

Ernte und Konservierung

Da eine einzige Kürbispflanze entweder sehr große oder sehr viele Früchte ausbildet, reicht es im Allgemeinen, nur eine Pflanze je Sorte im Garten zu haben, wenn überhaupt so viel Platz ist. Die Früchte des Kletterkürbisses, der Herkuleskeule, können bis zu 150 cm groß werden. Sie werden wie Schmorgurken oder Zucchini zubereitet.

Der Spaghettikürbis produziert viele längliche, gelbe Früchte, deren Inneres, wenn sie voll ausgereift sind, spaghettiartige Fasern bildet. Er wird geschält, in etwas Salzwasser gekocht und mit Tomatensoße und Reibekäse serviert. Der Speisekürbis Squash bildet tellerförmige Früchte mit zartem Fleisch aus. Wenn die Früchte einen Durchmesser von etwa 12 cm haben, schmecken sie am besten. Der große, gelbe Speisekürbis kann in guten Jahren bis zu 50 kg schwer sein. Wenn man auf die Früchte klopft und sie hohl klingen, sind sie reif. Dieser Kürbis kann überaus vielfältig zubereitet werden: Er schmeckt köstlich in einer Gemüsebrühe, die mit etwas Sahne verfeinert wurde (so zubereitet gilt er übrigens auch als Heilnahrung bei Nierenentzündungen) oder in einer Suppe mit Kartoffeln, Lauch und Bohnen. Als Gemüse schmeckt er gut zusammen mit Paprika und Tomaten. Man kann ihn auch allein oder zusammen mit anderen Gemüsen milchsauer oder aber mit Essig süß-sauer einlegen. Ein Kürbis-Chutney schmeckt ausgezeichnet zu Reisgerichten. Große Kürbisse – luftig gelagert – halten sich in einem nicht zu kalten Keller (12 °C) noch einige Wochen. Die Kürbiskerne nicht wegwerfen, Sie können sie trocknen, rösten und im Müsli und Studentenfutter verwenden.

Samengewinnung

Die Samen werden aus den reifen Früchten herausgeholt, unter Wasser abgespült und sorgfältig getrocknet.

Mein Tipp

Der große, gelbe Speisekürbis und der Spaghettikürbis erhalten jedes Jahr ein Plätzchen in der Nähe des Komposthaufens. Besonders den Speisekürbis schätzen wir wegen seiner vielfältigen Verwendungsmöglichkeiten über alles.

➤ Lauch

(Allium porrum)
Der Lauch, auch Porree genannt, gehört zu den Zwiebelgewächsen. Er ist nicht nur ein beliebtes Gemüse, sondern ist auch seit Jahrhunderten als Würz- und Heilmittel bekannt. Durch seine Wirkstoffe stärkt er das Nervensystem, außerdem ist er noch gut für Magen, Darm und Leber. Seine besondere Bedeutung hat er als Wintergemüse erhalten. Er bietet unserer Speisekarte gerade in der Zeit Abwechslung, in der sonst kaum Frischgemüse vorhanden ist, nämlich vom späten Winter bis in den Frühling hinein.

Lauch oder Porree (Allium porrum)

Anbau und Pflege

Beim Lauch gibt es eine frost-resistente Sorte für den Winteranbau und eine kälteempfindlichere für den Sommeranbau. Letztere kann im März ins Frühbeet und bis Anfang Mai ins Freiland gesät werden. Nach etwa sechs Wochen werden die jungen Setzlinge auf einen Abstand von 30 x 15 cm in den Garten gepflanzt. Hierfür bohrt man mit dem Pflanzholz 15 bis 20 cm tiefe Löcher, gibt etwas Kompost hinzu, setzt die jungen Lauchpflanzen tief hinein und schlämmt sie kräftig ein. Während der Wachstumszeit sollten die Pflanzen beim Unkrautjäten mehrmals leicht angehäufelt werden, damit sie einen weißen Schaft bekommen. Außerdem empfiehlt es sich, für ausreichende Feuchtigkeit und eine Mulchdecke zu sorgen und die Pflanzen ein- bis zweimal mit Pflanzenjauche zu düngen.
Für den Spätwinter- und Frühlingsverbrauch wird eine winterharte Sorte von Mai bis Juni ausgesät und bis spätestens Mitte August verpflanzt.

Einige Sorten

Winterharte Sorten:

- Porree Genita
- Blaugrüner Winter

Für den Sommeranbau:

- Sperlings
- Tropita
- Herbstriesen
- Brevi
- Porree Kong Richard

Pflanzenschutz

Lauch ist sehr widerstandsfähig gegen Schädlinge und Krankheiten. Vorbeugend gegen die Lauchmotten, die die Blätter und das Innere der Pflanze zerfressen, kann man die Pflanzen mit Schachtelhalmjauche gießen. Bei Befall werden die zerfressenen Blätter zurückgeschnitten und mit Rainfarntee gespritzt.

Mischkulturen

Als gute Nachbarn haben sich Möhren, Sellerie, Tomaten, Salat, alle Kohlarten und Erdbeeren erwiesen. Schlechte Nachbarn sind Erbsen und rote Bete.

Ernte und Konservierung

Lauch sollte stets frisch aus dem Garten geerntet werden. Der früh ausgesäte Lauch steht in der Regel von Juli bis in den Herbst hinein zur Verfügung.
Der winterharte Lauch versorgt uns bei schneefreiem Wetter im Winter und sonst bis in den Mai hinein mit frischem Gemüse. Lauch verfeinert jede Suppe und jeden Eintopf, schmeckt aber auch allein sehr gut: gedünstet als Gemüse zu Reis, Nudeln und Kartoffeln oder als Belag für eine pikante Torte.

Samengewinnung

Lassen Sie im Frühjahr einfach 1 bis 3 gut ausgebildete Lauchpflanzen im Garten stehen. Sie fangen im Juni/Juli an zu blühen, und ihre Samen sind in der Regel im September erntereif.

Mein Tipp

Den Lauch für unseren Winter- und Frühlingsvorrat setze ich nicht in eigene Reihen in den Garten, sondern pflanze ihn im August in die Erdbeerreihen zwischen die neu gesetzten Pflanzen und auf die Wege zwischen die zweijährigen Erdbeerpflanzen. Mit dieser Mischkultur habe ich nur gute Erfahrungen gemacht. Beide Pflanzen ergänzen sich gegenseitig.

➤ Mangold

(Beta vulgaris)

Mangold ist eine Pflanze aus den Gärten unserer Großmütter, die in Vergessenheit geriet, heute aber wieder angeboten wird.

Mangold wird auch als »ewiger Spinat« bezeichnet, weil er ähnlich wie Spinat zubereitet wird, im Gegensatz zu diesem jedoch den ganzen Sommer über zur Verfügung steht.

Mangold gehört wegen seiner einfachen Zubereitung, seiner geringen Pflege und seiner vielfältigen Verwendung zu den Lieblingspflanzen in unserem Garten. Es gibt beim Stielmangold auch eine Sorte mit roten und gelben Rippen, die aber wie der silberstielige zu behandeln sind.

Anbau und Pflege

Bei Mangold gibt es 2 Arten: eine hellgrüne Art, von der nur die Blätter verwendet werden, und eine dunkelgrüne, bei der auch die Blattrippen sehr schmackhaft sind. Mangold wird im April oder Anfang Mai direkt an Ort und Stelle in Reihen von etwa 35 bis 40 cm Abstand ausgesät. Nur wer einen sehr kleinen Garten zur Verfügung hat, sät seinen Bedarf zunächst im Saatbeet aus. Bis zum Aufgang der Saat vergehen in der Regel 2 bis 3 Wochen. Wenn die jungen Pflanzen etwa 8 bis 10 cm groß sind, werden sie in der Reihe auf einen Abstand von ungefähr 20 cm vereinzelt oder an die gewünschte Stelle gepflanzt. Mangold braucht kaum Pflege. Es empfiehlt sich allerdings, ihn stets gut zu mulchen und in trockenen Sommern gründlich zu wässern, damit er eine große Blattmenge entwickeln kann.

Einige Sorten

- Mangold Lukullus (hellgrün mit stark gekrausten Blättern)
- Mangold glatter Silber (dunkelgrüne Sorte mit dickfleischigen, silberweißen Rippen und etwas herzhafterem Geschmack)
- Mangold Feusier (rotstielig)
- Stielmangold Walliser (winterhart)

Pflanzenschutz

Mangold ist nicht sehr anfällig für Schädlinge oder Krankheiten. Lediglich Schnecken mögen besonders den hellgrünen jungen Mangold sehr gerne. Deshalb im Frühjahr bei den Jungpflanzen und im Herbst bei den Pflanzen, die überwintern sollen, stets gründlich Schnecken sammeln!

Mischkulturen

Mangold kennt keine schlechten Nachbarn, deshalb kann man auch überall im Garten an freien Plätzen Mangoldpflanzen einsetzen. Bei wenig Platz eignen sich dazu sogar Baumscheiben, weil Mangold selbst im Halbschatten noch gut gedeiht. Sät man ihn in eine Reihe, sind Radieschen, Rettiche, Möhren, rote Bete und alle Kohlarten gute Nachbarn.

Ernte und Konservierung

Mangold kann den ganzen Sommer über geerntet werden; meist übersteht er auch die ersten geringen Fröste noch ganz gut. Gepflückt werden stets die äußeren Blätter, die inneren, jungen lässt man stehen, damit sie nachwachsen können. Zu groß gewordene, leicht welke Blätter pflückt man ab (sonst können die inneren nicht nachwachsen) und gibt sie entweder auf den Kompost oder verwendet sie als Mulch. Beide Mangoldarten können in Streifen geschnitten wie Spinat zubereitet werden. Man serviert den Mangold so zu einem Kartoffelgericht, Vollkornbrot oder als Pfannkuchenfüllung. Kleine zarte Blätter können auch sehr gut als Salat verwendet werden. Größere Mangoldblätter sind eine köstliche

Hülle für pikant abgeschmeckten Reis oder Hirse. Die Zubereitung ist der von Kohlrouladen (Krautwickel) sehr ähnlich. Beim dickfleischigen, silberstieligen, dunkelgrünen Mangold können die Rippen herausgeschnitten und wie Spargel zubereitet werden.
Man kann Mangold, in Streifen geschnitten und blanchiert, auch einfrieren. Dies ist aber eigentlich unnötig, da er lange Zeit frisch zur Verfügung steht.

Samengewinnung

Für die Samengewinnung versieht man eine Pflanze mit einem Winterschutz, lässt sie im nächsten Frühjahr neu austreiben und im Sommer Samen bilden. In der Regel sind die Samen im August reif. Man streift sie vorsichtig von den Stielen ab und bewahrt sie kühl und trocken bis zum nächsten Frühjahr auf.

Mein Tipp

Bis es zu den ersten starken Frösten kommt, hole ich beide Mangoldsorten stets frisch aus dem Garten. Danach schneide ich alle Blätter gut eine Handbreit über dem Erdboden ab und bedecke anschließend die Mangoldreihe mit Laub und mit Deckreisig. Ganz zeitig im Frühjahr, sobald es das Wetter und die Schneeverhältnisse zulassen, wird diese Schutzschicht entfernt. Der Mangold fängt mit den ersten warmen Sonnenstrahlen erneut an auszutreiben. Sehr früh erhalte ich dadurch zarte, junge Mangoldblätter als Salat. Später dann – wenn sonst noch wenig im Garten wächst – sind die überwinterten Mangoldpflanzen schon so gewachsen, dass sie köstliche Gemüsemahlzeiten liefern. Der neue Mangold wird zu dieser Zeit erst ausgesät.

Die zweijährigen Pflanzen entferne ich meist im Juni (bis auf die, die ich für die Samengewinnung benötige). Die im Frühjahr gesäten Pflanzen stehen meist ab Juli zur Ernte zur Verfügung.

Stielmangold (Beta vulgaris var. flavescens)

➤ Melde

(Atriplex hortensis)
Es gibt 100 verschiedene Meldenarten, die in ganz Europa im Allgemeinen als Unkrautpflanzen gelten. Für den Garten wurden sie schon vor langer Zeit kultiviert: Unsere Großmütter kannten sie noch unter dem Namen »Spanischer Spinat«. Heute ist die Melde allerdings nur noch selten anzutreffen.
Unter dem Namen Gartenmelde oder Rheinische Melde kann man sie, wenn man Glück hat, in einem Samengeschäft erhalten.

Anbau und Pflege, Pflanzenschutz und Mischkultur

Die Gartenmelde ist sehr anspruchslos. Weil sie nicht besonders kälteempfindlich ist, kann sie schon im März ausgesät werden. Junge Pflanzen können mit anderen Pflanzen in alle Lücken oder an den Rand des Gartens umgepflanzt werden. Sie ist kaum anfällig für Schädlinge und Krankheiten.

Ernte und Konservierung

Wenn die Pflanzen ungefähr 25 cm groß sind, können sie geschnitten und wie Spinat zubereitet werden. Melde lässt sich nicht lagern.

Samengewinnung

Wenn man die Pflanzen nicht schneidet, werden sie sehr schnell sehr groß (150 bis 200 cm), blühen rasch und bilden gut ihre Samen aus. Man streift die Samen, wenn sie vollständig ausgereift sind, vorsichtig mit den Händen ab und bewahrt sie kühl und trocken für das nächste Frühjahr auf.

Mein Tipp

Ich verwende die ganz jungen Pflanzen eigentlich nur für die ersten Frühlingssalate. Auch später im Sommer sind immer noch genügend junge Blätter vorhanden, um sie in einen Salat zu schneiden. Die größeren Blätter koche ich in der spinatarmen Zeit im Hochsommer wie Spinat oder mische sie unter sommerliche Gemüseeintöpfe.

Melde (Atriplex hortensis)

Möhre (Daucus carota sativus)

➤ Möhren

Die Möhren, auch Mohrrüben, gelbe Rüben, Karotten oder einfach Wurzeln genannt, sind das wichtigste Wintergemüse. Sie spielen schon in der Kleinkinderernährung eine Rolle und haben einen hohen Sättigungswert. Zudem sind Möhren im Winter fast in der Lage, fehlendes Obst zu ersetzen, da sie sich durch einen hohen Gehalt an Nährstoffen, Vitaminen und Mineralstoffen auszeichnen. Bedeutung haben sie aber besonders deshalb erhalten, weil sie der große Karotin-Lieferant für unseren Körper sind. Karotin (Provitamin A) wird mit Hilfe von Fett im Körper zu Vitamin A umgewandelt (deshalb sollten Sie immer etwas Öl oder Sahne zu den Möhren geben). Vitamin A benötigen wir für unsere Sehkraft und für die Schleimhautfunktionen.

Anbau und Pflege

Man unterscheidet im Allgemeinen zwischen den Sommermöhren, die für den Sofortverbrauch bestimmt sind, und den Wintermöhren, die sehr langsam wachsen, einen hohen Ertrag bringen und im Spätherbst geerntet werden. Zu den Sommermöhren zählen auch die kleinen runden Karotten. Sie bringen zwar keinen großen Ertrag, können aber meist schon nach gut 2 Monaten geerntet werden. Möhren sind nicht sehr kälteempfindlich, deshalb gehören sie mit zu den Pflanzen, die im zeitigen Frühjahr gesät werden. Am besten gedeihen sie in einem lockeren, sandigen Boden; schwere Lehmböden müssen stets gut gelockert und im Jahr vorher mit tief wurzelnden Pflanzen oder einer Gründüngung bepflanzt worden sein. Außerdem darf der Boden, auf dem Möhren wachsen sollen, nie mit frischem Mist (auch nicht im Herbst vorher) gedüngt sein, da Mist Schädlinge anzieht (Würmer, Fliegenmaden). Möhren können je nach Gegend von Ende Februar bis Anfang März ausgesät werden. (Möhren für die Lagerung sät man am besten erst im Mai oder Juni.) Ziehen Sie dazu in Ihrem Garten etwa 3 cm tiefe Rillen in einem Abstand von 20 cm, stäuben Sie etwas Algenkalk oder Steinmehl hinein, und säen Sie die Möhren dünn aus. Wenn Sie die Saatrillen wieder mit Erde geschlossen haben, sollten Sie den Boden fest andrücken (mit dem Rechen oder mit den Füßen) und gut bewässern.

Verzweifeln Sie nicht, Möhren haben eine sehr lange Keimzeit von bis zu 4 Wochen. Es empfiehlt sich deshalb auch, einige Radieschensamen als Markiersaat mitzusäen. Eine noch bessere Wirkung haben Dillsamen: Sie dienen nicht nur als Markiersaat, sondern die quellenden und keimenden Samenkörner von Dill und Möhren verhelfen sich gegenseitig zu besserem Aufgehen.
Wenn Sie das Unkraut zwischen den Möhrenreihen entfernen, seien Sie mit der Hacke vorsichtig, Sie könnten nämlich die jungen Wurzeln leicht beschädigen. Sobald sich die jungen Pflanzen zeigen, sollten sie auf einen Abstand von 2 bis 3 cm ausgedünnt werden, damit sich die Wurzeln besser entwickeln können. Für Sommermöhren und für Karotten reicht diese einmalige Ausdünnung aus. Bei Möhren, die für die Lagerung bestimmt sind, können Sie Anfang August die Reihen noch einmal auf einen Abstand von 6 bis 8 cm ausdünnen, dabei werden die ausgedünnten Möhren sicherlich reißende Abnehmer finden.
Den ganzen Sommer über lieben Möhren eine gleichmäßige Feuchtigkeit, verhelfen Sie ihnen dazu mit einer dünnen Mulchdecke. Mischen Sie unter den Mulch einige Beinwellblätter, sie versorgen die Möhren mit Kali, das sie benötigen. Das Streuen von Holzasche hat eine ähnliche Wirkung. Außerdem können Sie die Möhren an einem regnerischen Tag auch einmal mit verdünnter Brennnesseljauche düngen.

Einige Sorten

- Kugel-Karotten: Pariser Markt (reift am schnellsten)
- Sperlings Babymöhren
- Nantaise
- Rote Riesen
- Lange Rote Stumpfe
- Goldgelbe Lobberichter
- Camillo
- Nanco
- Sperlings Senta

Pflanzenschutz

Die Möhrenfliege ist der große Schädling bei den Möhren. Sie legt ihre Eier an der Möhre ab. Die ausgeschlüpften Larven bohren dann Gänge in die Möhren und können sie zum Teil ganz zerfressen. Wie schon erwähnt, sollte auf keinen Fall Mist gestreut werden, weil er unter anderem die Möhrenfliege anzieht. Durch sehr frühe und sehr späte Aussaaten kann man die Flugzeit der Möhrenfliege umgehen und sie so an der Eiablage hindern. Außerdem mögen die Fliegen den Geruch von Zwiebeln oder Lauch nicht, deshalb empfiehlt es sich unbedingt, Möhren in einer Mischkultur mit ihnen anzupflanzen. Wenn in Ihrer Gegend die Möhrenfliege sehr verbreitet ist, sollten Sie Möhren auch nur bei feuchtem Regenwetter ernten oder ausdünnen und die Erde bei den zurückgelassenen Möhren wieder gut andrücken. Die Möhrenfliege würde sonst durch den Geruch angezogen.

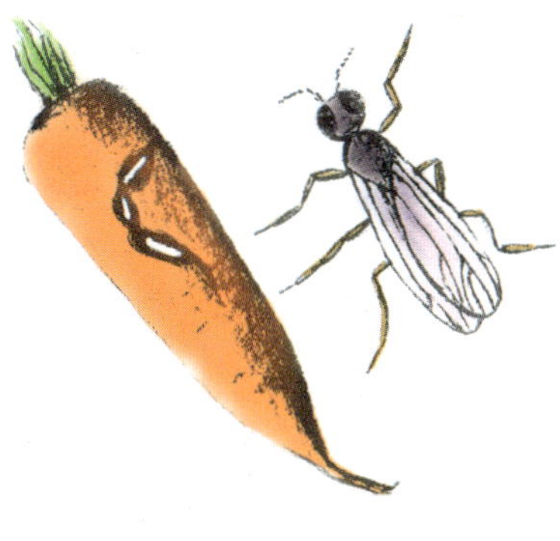

Die Larven der Möhrenfliege bohren Gänge in die Möhren.

Mischkulturen

Auch wenn jemand noch nie etwas von einer Mischkultur gehört hat, wird er in den meisten Fällen Zwiebeln und Möhren zusammen auf ein Beet säen. Denn fast jeder Gartenbesitzer weiß, dass die Möhren die Zwiebelfliege und die Zwiebeln die Möhrenfliege vertreiben. Andere gute Nachbarn sind aber auch Tomaten, Radieschen, Rettiche, Lauch, Erbsen und Mangold.

Ernte und Konservierung

Den ganzen Sommer über bis in den Herbst hinein können Sie Möhren ganz nach Bedarf ernten. Für den Wintervorrat werden sie erst kurz vor den zu erwartenden schweren Frösten und Schneefällen hereingeholt und in einem kühlen Keller in Sand eingelagert.
Fast alle Kinder knabbern Möhren roh am liebsten. Geraspelt geben sie vielen anderen Rohkostsalaten einen milden Geschmack (Sellerie, Kohlrabi, Kohl usw.). Sie schmecken roh geraspelt, aber auch ausgezeichnet allein, verfeinert mit einem geraspelten Apfel, Sahne und ein paar Nüssen.
Wenn Sie einen elektrischen Entsafter besitzen, servieren Sie ab und zu einmal einen Möhrensaft, er ist schon für ganz kleine Säuglinge verträglich.
Wie gesund und bekömmlich Möhren sind, sieht man schon daran, dass das erste Gemüse, das unsere Kinder essen, oft behutsam gedünstete Möhren sind. Möhren gehören in jede Suppe und verfeinern jeden Eintopf. Sie schmecken allein, mit viel Dill oder Petersilie gewürzt, oder zusammen mit Kohl, Lauch oder Sellerie. Was wären die jungen Erbsen ohne die zarten Karotten? Eine reine passierte Möhrensuppe hilft außerdem bei Durchfallerkrankungen.

Samengewinnung

Von den besten, in Sand eingelagerten Möhren pflanzen Sie 2 Stück im Frühjahr wieder in den Garten. Sie werden über einen Meter hoch, blühen meist im Juli/August und Ende September sind die Samen reif. Schneiden Sie die Samendolden etwas früher ab, damit sie sich nicht selber aussäen, und hängen Sie sie zum Nachtrocknen auf. Nach 1 bis 2 Wochen können dann durch leichtes Aneinanderreiben der Dolden die sehr feinen Samen herausgelöst werden.

Mein Tipp

Ich säe Ende August in eine frei gewordene Reihe zusammen mit den Frühlingszwiebeln noch einmal Möhren aus. Trotz unseres strengen Winters gelingt es so im nächsten Jahr, oft 4 Wochen vor der sonst üblichen Erntezeit, die ersten Möhren zu ernten. Wenn Ihre Möhren immer zu dicht stehen und Sie Schwierigkeiten mit dem Ausdünnen haben, können Sie auch einmal versuchen, Saatbänder oder sogenannte pillierte Samen zu kaufen. Bei den Saatbändern haben die Samen bereits den richtigen Abstand, sie brauchen nur angegossen und zugehäufelt zu werden. Bei dem pillierten Saatgut haben die feinen Samen eine schützende Hülle erhalten, so dass sie größer sind und dadurch leichter dünn ausgesät werden können

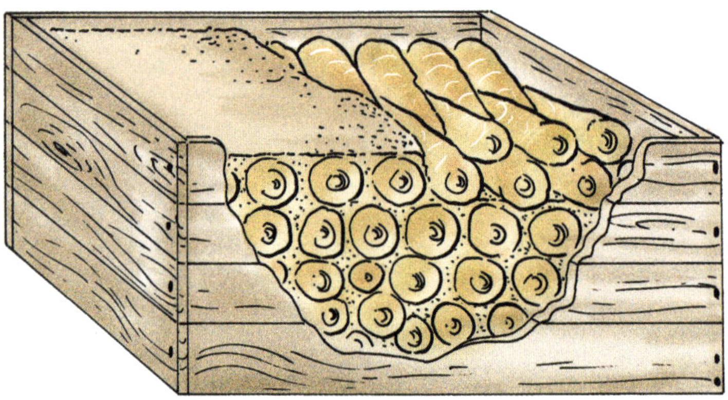

So werden Möhren in Sand eingelagert.

➤ Neuseeländer Spinat

(Tetragonia tetragonioides)
Der Neuseeländer Spinat wird nur im Sommer angebaut, weil er nicht frostfest ist und nicht schießt. Die Pflanze bildet sehr schnell weitverzweigte Triebe, die laufend geschnitten werden können. Er liebt die Wärme und kann deshalb gut in Gewächshäusern zu Paprika und Tomaten gepflanzt werden. Damit die Pflanzen schnell weitverzweigte Triebe bilden, die laufend geschnitten werden können, sollten Sie das regelmäßige Gießen nicht vergessen.

Anbau und Pflege

Es empfiehlt sich, Neuseeländer Spinat auf der Fensterbank vorzuziehen. Zu diesem Zweck weicht man die Samen im März 24 Stunden vor der Aussaat in warmem Wasser ein und lässt sie quellen, weil ihre harten Kapseln sonst noch langsamer keimen. Danach legt man 2 bis 3 Körner in einen mittelgroßen Blumentopf, bedeckt sie gut mit Erde und stellt diesen auf eine warme Fensterbank. Zum Keimen bevorzugt Neuseeländer Spinat eine Temperatur von 12 bis 15 °C. Nach dem Aufgehen der Saat lässt man die kräftigste Pflanze stehen und pflanzt sie dann, wenn keine Fröste mehr zu erwarten sind, in einem Abstand von 50 cm aus.
Da Neuseeländer Spinat sich sehr rasch ausbreitet und er immer wieder geschnitten werden kann, benötigt man nur sehr wenige Pflanzen. Für ausreichende Feuchtigkeit ist er immer dankbar.

Sorten

Es gibt keine speziellen Sorten, sondern nur die Bezeichnung: »Neuseeländer Spinat«.

Pflanzenschutz

Neuseeländer Spinat ist für Krankheiten und Schädlinge kaum empfänglich.

Mischkulturen

Neuseeländer Spinat eignet sich ausgezeichnet als Bodendecker, etwa unter Obstbäumen oder Tomaten.

Ernte

Vom Neuseeländer Spinat können während des ganzen Sommers laufend Blätter abgeschnitten und für Salate, Suppen oder als Bestandteil von Gemüseeintöpfen verwendet werden.

Neuseeländer Spinat (Tetragonia tetragonioides)

Mein Tipp

Ich verwende Neuseeländer Spinat besonders gern als Bodendecker unter meinen Tomaten im Gewächshaus, da er durch seine vielen Ranken ausgezeichnet die Feuchtigkeit im Boden hält.

Pastinake

(Pastinaca sativa)

Die Pastinake kommt auch wild wachsend vor; schon die Römer hatten sie – allerdings kultiviert – auf ihrem Speisezettel. Zahlreiche Quellen belegen, dass sie früher für die Ernährung eine große Rolle gespielt hat und ihr außerordentliche Fähigkeiten zur Linderung von Krankheiten zugeschrieben wurden (Gicht und Steinleiden). Mit der Ausbreitung der Kartoffel und der Kultivierung der Möhre ist sie aus den Gärten verschwunden. Dabei ist sie ein überaus schmackhaftes Gemüse und stellt kaum Ansprüche an den Boden, ist dazu noch wenig frostempfindlich und gut lagerfähig.

Anbau und Pflege

Bis spätestens Anfang Mai sollte man Pastinaken direkt an Ort und Stelle in einem Reihenabstand von 40 cm in den Garten säen, weil sie ein Umsetzen nicht vertragen. Sie haben eine sehr lange Keimzeit (bis zu 4 Wochen). Es empfiehlt sich deshalb, ein paar Radieschensamen als Markiersaat mitzusäen, um schnell wachsendes Unkraut gleich entfernen zu können.

Die Pastinake gedeiht in jedem lockeren Gartenboden gut. Bei schweren Böden kann sie allerdings ihre keilförmigen weißen Wurzeln nicht gut ausbilden.

Die jungen Pflanzen sollten auf einen Abstand von 20 cm ausgedünnt werden. In der ersten Zeit ihres Wachstums sind sie für viel Feuchtigkeit dankbar. Der Boden um sie herum sollte von Zeit zu Zeit mit dem Sauzahn gelockert, das Unkraut entfernt und die Zwischenräume gemulcht werden. Den Sommer über brauchen sie dann kaum eine weitere Pflege und Düngung.

Sorte

- Pastinaken Halblange

Pflanzenschutz

Im biologischen Garten wird die Pastinake kaum von Schädlingen und Krankheiten befallen. Die Schwarzfäule, bei der die Wurzelköpfe der Pastinaken verfaulen und braun werden, kommt eigentlich nur vor, wenn die Pflanzen in einem frisch gedüngten Boden wachsen.

Mischkulturen

Ich habe die Pastinaken im Garten stets wie Möhren behandelt und sie zu Zwiebeln, Lauch, Chicorée und Mangold gesät und damit keine nachteiligen Erfahrungen gemacht.

Pastinake (Pastinaca sativa)

Ernte und Konservierung

Nach den ersten leichten Frösten holt man die Pastinaken aus dem Garten herein und lagert sie in einem kühlen Keller in Sand ein. Auf diese Weise stehen sie den ganzen Winter über zur Verfügung. Man schält Pastinaken leicht, schneidet sie in Scheiben und bereitet sie wie Möhren zu.

Samengewinnung

Man behält im Keller bis zum Frühjahr eine gute Pastinake zurück und pflanzt sie dann erneut in den Garten. Die Pflanze wird etwa einen Meter hoch, beginnt im Juli/August zu blühen und bildet bis zum Herbst ihre Samen aus. Da sie sehr leicht ihre Samen ausstreut, sollten die Samenstände frühzeitig abgeschnitten und zum Nachtrocknen aufgehängt werden. Zum Auffangen der Samen ein Papier darunter legen.

Mein Tipp

Ein »Wurzeleintopf« mit Pastinaken, Möhren, Sellerie und Lauch sowie einigen Kartoffeln schmeckt ausgezeichnet. Die hellen Winterwurzeln ähneln vom Aroma her den Petersilienwurzeln, vom süßlichen Geschmack den Möhren. Allerdings haben sie durch ihren hohen Anteil an ätherischen Ölen einen etwas strengeren Beigeschmack und sind so eine würzige Alternative zu Möhren und Steckrüben.

Petersilienwurzeln

(Petroselinum crispum var. tuberosum)
Petersilienwurzeln oder Wurzelpetersilie gehören zu den Wurzelgemüsen. Ihr Grün erinnert zwar an das Küchenkraut Petersilie, wird aber nicht verwendet, man verzehrt nur die Wurzeln. Sie sind ein schmackhaftes Gemüse mit einem hohen Gehalt an Vitamin B und C.

Petersilienwurzeln (Petroselinum crispum var. tuberosum)

Anbau und Pflege

Überall dort wo Petersilie wächst, können auch Petersilienwurzeln mit Erfolg angebaut werden. Sie benötigen keine besondere Düngung. Allerdings sollte der Boden vor der Aussaat gut gelockert werden.
Im April werden die Samen direkt an Ort und Stelle dünn in einem Reihenabstand von 30cm in den Garten gesät. Da sie langsam keimen, empfiehlt es sich, sie vor der Aussaat über Nacht in lauwarmem Wasser einzuweichen und einige Radieschensamen als Markiersaat mit in die Rille zu geben. So kann sehr früh keimendes Unkraut entfernt werden. Während der Keimphase sollten die Petersilienwurzeln feucht gehalten werden. Die jungen Pflänzchen werden später auf einen Abstand von 10 cm ausgedünnt.
Während der Wachstumszeit benötigen Petersilienwurzeln keine zusätzlichen Düngergaben. Gießen ist nur bei sehr langen Trockenperioden nötig.

Einige Sorten

- Petersilienwurzeln Halblange
- Lange Glatte

Pflanzenschutz

Petersilienwurzeln sind nicht anfällig für Schädlinge und Krankheiten.

Mischkulturen

Gute Nachbarn sind Tomaten, Bohnen, Rettiche und Radieschen.
Schlechte Nachbarn sind Petersilie und Kopfsalat.

Ernte und Konservierung

Die Petersilienwurzeln sollten möglichst lange in der Erde bleiben. Vor den ersten Frösten gräbt man sie aus und lagert sie den Winter über, wie anderes Wurzelgemüse, in einem kühlen Keller in Sand. Selbstverständlich können für den Sofortverbrauch auch den Sommer über kleinere Wurzeln ausgegraben werden. Petersilienwurzeln werden im Allgemeinen mit Sellerie und Möhren als Zutat zum Suppengrün verwendet. So finden sie vielfältige Verwendung in Suppen und Soßen.

Samengewinnung

Die Samengewinnung gestaltet sich bei Petersilienwurzeln nicht ganz einfach. In milden Gegenden können zwei Pflanzen im Herbst in der Erde belassen werden, in rauen Gegenden müssen die im Sand überwinterten Wurzeln im Frühjahr erneut in den Garten gepflanzt werden. Sie werden sehr groß, im Juli/August beginnen sie meist zu blühen und im September sind in der Regel die Samen reif. Man schneidet die Dolden ab, hängt sie zum Nachtrocknen auf und löst die Samen durch Aneinanderreihen heraus.

Mein Tipp

Uns schmecken Petersilienwurzeln auch roh als Salat sehr gut. Zu diesem Zweck werden sie gerieben und mit einer Marinade aus Sahne, Zitronensaft und Öl angemacht. Gedünstet schmecken sie auch ausgezeichnet in einem Gemüseeintopf zusammen mit Kartoffeln und Pfifferlingen, verfeinert mit verquirlten Eiern und etwas Käse.

➤ Pflück- und Schnittsalat

(Lactuca sativa)

Wenn Sie erst einmal Pflück- und Schnittsalate in Ihrem Garten angebaut haben, werden Sie es bestimmt immer wieder tun. Sie bieten fast alle Vorzüge, die man sich wünschen kann: Sie sind »pflegeleicht«, was den Anbau angeht, wachsen auf jedem Boden (auch im Halbschatten), sind kaum anfällig für Schädlinge und Krankheiten und ungeheuer ertragreich, weil sie immer wieder nachwachsen. Außerdem schießen Pflücksalate nicht so schnell wie Kopfsalat und sind überaus vielfältig im Geschmack.

Anbau und Pflege

Pflück- und Schnittsalate werden je nach Sorte in Reihen von 15 bis 30 cm Abstand in 1 bis 2 cm Saattiefe gesät.

Beim Schnittsalat erfolgt die Aussaat, sobald es die Witterungsverhältnisse zulassen, also meist Ende Februar oder Anfang März. Spätere Aussaaten sind nicht ratsam, weil sie sonst schießen. Pflücksalate können von März bis Juli dünn in Reihen ausgesät werden.

Bis sich die Pflanzen gut entwickelt haben, sollten Sie unbedingt für ausreichend Feuchtigkeit sorgen.

Einige Sorten

Schnittsalat:

- Hohlblättriger Butter (früheste Sorte)

Pflücksalate:

- Amerikanischer Brauner
- Australischer Gelber
- Sperlings Korbfüller
- Gelber Eichblattsalat
- Roter Eichblattsalat
- Eis-Pflücksalat Red Salis

Pflanzenschutz

Für den Schnittsalat gelten die gleichen Maßnahmen wie für den Kopfsalat (siehe Seite 124). Pflücksalate sind kaum anfällig für Schädlinge und Krankheiten.

Mischkulturen

Pflücksalate können nahezu überall gepflanzt werden. Man kann sie auf Baumscheiben säen, als Beeteinfassung verwenden, außerdem gedeihen sie auch prächtig in Balkonkästen oder Kübeln. Gute Nachbarn sind Radieschen, Rettiche, Schwarzwurzeln, rote Bete, Tomaten, Fenchel, Kohl und Erdbeeren.

Pflücksalat (Lactuca sativa var. crispa)

Ernte und Konservierung
Sobald die Pflanzen groß genug sind (etwa 10 cm), kann mit der Ernte begonnen werden. Man pflückt stets die äußeren Blätter und lässt das Herz stehen, damit die Blätter nachwachsen können. Wenn der Salat im Spätsommer bis Herbst zu schießen beginnt, werden die Pflanzen herausgerissen, zerkleinert und als Mulchmaterial verwendet.

Pflücksalate werden wir Kopfsalat zubereitet, schmecken aber herzhafter und würziger.

Samengewinnung
Von jeder Sorte lässt man 1 bis 2 Pflanzen schießen und erntet die Samen wie beim Kopfsalat.

Mein Tipp

Uns reicht den Sommer über in der Regel je eine Reihe Schnitt- und Pflücksalat, weil beide Sorten so ertragreich sind. Übrigens können auch noch während des Schießens die kleinen, zarten, jungen Blätter der Pflanzen geerntet werden.

➤ Puffbohne
(Vicia faba)
Die Puffbohne hat die unterschiedlichsten Namen erhalten. Sie wird Saubohne, Ackerbohne, Pferdebohne oder dicke Bohne genannt. Sie ist die unempfindlichste unter den Bohnenarten, weil sie Fröste bis -5 °C ohne Schaden überstehen kann und in jedem guten Gartenboden gedeiht. Ursprünglich wurde die Puffbohne am Kaspischen Meer angebaut, heute kultiviert man sie vorwiegend im Rheinland.

Anbau und Pflege
Puffbohnen können je nach Gegend von Ende Februar bis Anfang April ausgesät werden. In milden Gegenden, in denen nicht mit schweren Schneefällen zu rechnen ist, gelingt sogar eine Aussaat im Oktober oder November. Die Samen überwintern dann in der Erde. Der Reihenabstand sollte 40 cm betragen. Entlang einer gezogenen Gartenschnur sticht man mit dem Pflanzholz alle 15 bis 20 cm ein etwa 5 cm tiefes Loch und legt jeweils eine Bohne hinein. Später werden die jungen Pflanzen etwas angehäufelt und gut gemulcht. In sehr windigen, ungeschützten Lagen kann es nötig sein, sehr hohe Pflanzen vor Wind zu schützen. Hierzu schlägt man am besten am Ende und am Anfang einer jeden Reihe einen Pfosten in den Boden und spannt 2 Schnüre, an denen die Pflanzen festgebunden werden können. Im Normalfall ist diese Maßnahme aber unnötig.

Puffbohne (Vicia faba)

Einige Sorten
- Con Amore
- Hangdown Dreifach Weiße
- Hangdown Grünkernige

Pflanzenschutz
Puffbohnen werden sehr schnell von schwarzen Blattläusen befallen. Manch einer hat es deshalb schon aufgegeben, sie in seinem Garten anzupflanzen. Um zu vermeiden, dass die Pflanzen dadurch eingehen, sollte man sie so früh wie möglich pflanzen. Wenn dann ein Läusebefall eintritt, ist die Pflanze im Allgemeinen so groß, dass man ohne weiteres die Triebspitzen, an

denen die Läuse in dicken Klumpen sitzen, ausbrechen kann. Die Läuse haben dann keine Nahrung mehr. Bei einem geringen Befall kann man zunächst auch versuchen, die Läuse durch Spritzen von heißem Wasser oder einer Schmierseifenlösung zu beseitigen.

Mischkulturen

Wenn man Spinat zwischen die Bohnenreihen sät, bleibt der Boden feucht und die Pflanzen können sich gut entwickeln. Die großen, widerstandsfähigen Puffbohnen bieten auch den kleinen, kälteempfindlicheren Buschbohnen Schutz. Diese können ab Mai zwischen die Reihen gesät werden. Gute Nachbarn sind ebenfalls Pflücksalate, Kohlrabi, Möhren und Pastinaken.

Puffbohnen werden besonders stark von schwarzen Blattläusen befallen. Bei geringem Befall kann man versuchen, die Läuse mit heißem Wasser oder einer Schmierseifenlösung abzuspritzen.

Ernte und Konservierung

Geerntet werden Puffbohnen etwa von Ende Mai bis Ende Juni. Danach kann eine Nachkultur in die Reihen gesät werden. Man pflückt die langen, grünen Hülsen, wenn die Naht noch hell gefärbt ist. Bei der Ernte muss man allerdings mit sehr viel Abfall rechnen, weil man nur die zarten, dicken, weißen Bohnenkerne kocht (1 kg Puffbohnen ergibt etwa 300 g Bohnenkerne). Die Bohnen lassen sich ausgezeichnet zu schmackhaften Suppen, Gemüse und Salaten verarbeiten. Sie werden stets in wenig Gemüsebrühe mit Bohnenkraut gegart und mit vielen frischen Kräutern gewürzt. Dicke Bohnen eignen sich sehr gut zum Einfrieren. Vorher blanchiert man die Bohnenkerne 3 Minuten, dann sind sie etwa 12 Monate haltbar. Puffbohnen kann man auch gut trocknen. Allerdings müssen die getrockneten Bohnen vor dem Kochen dann 12 Stunden eingeweicht werden.

Samengewinnung

Zur Samengewinnung lässt man die Bohnenkerne hart werden und an der Pflanze trocknen. Anschließend wird die ganze Pflanze aus dem Boden gerissen und an einem trockenen, luftigen Ort zum Nachtrocknen aufgehängt. Die Samen lassen sich herausschütteln, wenn sie vollständig trocken sind. Sie müssen den Winter über kühl und trocken aufbewahrt werden.

Mein Tipp

In unserer rauen Gegend müssen wir oft noch im März mit heftigen Schneefällen rechnen, so dass der Garten nicht vor Anfang April zu betreten ist. Aus diesem Grunde ziehe ich die Puffbohnen im Topf im Gewächshaus (Fensterbank geht auch) vor. Sobald es das Wetter zulässt, pflanze ich die oft schon recht großen Pflanzen ohne Probleme an Ort und Stelle in den Garten. Das hat den Vorteil, dass sie bei einem Läusebefall (meist im Mai) sehr groß und widerstandsfähig sind, so dass ich ohne Weiteres ihre Triebspitzen abzwicken kann.

➤ Radicchio

(Cicorium intybus var. sativum)
Radicchio ist ein Salat, der aus Italien zu uns gekommen ist. Er gehört wie Chicorée, Endivien und Zuckerhut zu den widerstandsfähigen Zichorienarten.

Anbau, Pflege und Ernte

Man sät Radicchio von Mitte Mai bis Mitte Juli an einem sonnigen Platz in einem Reihenabstand von 20 bis 25 cm in den Garten. Die jungen Pflänzchen sollten auf einen Abstand von 10 cm ausgelichtet werden, verpflanzen lassen sie sich wegen ihrer Pfahlwurzeln

nicht. Im Oktober werden dann die Blätter etwa 4 cm über dem Boden abgeschnitten, die Wurzeln aber in der Erde belassen. Im zeitigen Frühjahr (oder bei frostfreiem Wetter im Winter) können die neu ausgetriebenen, roten Blattrosetten geerntet und als knusprig frischer Salat verwendet werden. Bereiten Sie ihn mit einer Nuss-Rahm-Soße zu.
Aufgrund seiner roten Farbe ist er ein appetitlicher Farbtupfer im Grün der Winter- und Frühlingssalate. Der typische, etwas herbe Geschmack, an den man sich erst gewöhnen muss, kann durch die Zugabe von Trockenfrüchten oder von Äpfeln und Bananen etwas gemildert werden.

Sorte

- Palla Rossa

Mischkulturen und Pflanzenschutz

Die Hinweise zu Pflege, Pflanzenschutz und geeigneten Mischkulturen entsprechen denen von Chicorée (siehe Seite 106).

Radicchio (Cicorium intybus var. sativum)

Mein Tipp

Uns schmeckt Radicchio am besten in einem gemischten Wintersalat aus Radicchio, Fenchel, Chicorée, Apfelsinen und Bananen, überstreut mit ein paar gehackten Nüssen.

Rettich und Radieschen

(Raphanus sativius)
Rettiche und Radieschen gehören zu den anspruchslosesten Pflanzen in unserem Garten. Wenn Sie wollen, können Sie mit Hilfe der verschiedenen Sorten vom zeitigen Frühjahr bis in den Herbst hinein laufend ernten. Radieschen werden oft als Zwischensaat mitgesät, Rettiche dagegen können auch in einer eigenen Reihe stehen. Besonders dem Rettich werden heilende Kräfte nachgesagt: Man benutzte ihn schon immer als Mittel bei Gallen-, Leber-, Lungen- und Bronchialleiden. Er wirkt entzündungshemmend, reinigend, desinfizierend und wassertreibend. Seinen Geschmack erhält er durch schwefelhaltige Senföle.

Anbau und Pflege

Die ersten Radieschen können im warmen Frühbeet oder im Gewächshaus schon ab Februar, im Freiland in der Regel ab März ausgesät werden.
Frühlingsrettiche werden ab März/April, Winterrettiche im Juli/Anfang August ausgesät. Da die Samen von beiden Sorten genügend groß sind, sollte man bereits bei den Aussaaten auf einen richtigen Abstand achten, damit sich die Kugeln und Wurzeln gut ausbilden können.
Bei Radieschen reicht in der Regel ein Abstand von 5 bis 7 cm, bei Rettichen, je nach Sorte, ein Abstand von 8 bis 15 cm.
Während der Wachstumszeit sind beide Arten dankbar für gleichmäßige Feuchtigkeit, denn bei extremer Trockenheit werden sie leicht scharf und pelzig. Etwas Kresse, die man zu den Radieschen sät, verbessert deren Geschmack.

Rettich (Raphanus sativus)

Radieschen (Raphanus sativus var. sativus)

Einige Sorten

Radieschen:

- Hilds Sora GS
- Hilds Roter Neckarruhm
- Knacker früh
- Eiszapfen
- French Breakfast

Rettiche:

- Runder Schwarzer Winter
- Ostergruß rosa
- Hilds blauer Herbst und Winter

Pflanzenschutz

Besonders bei Trockenheit werden die Pflanzen von Erdflöhen befallen. Dagegen helfen eine gleichmäßige Feuchtigkeit und eine Mulchdecke; auch Kopfsalat – zwischen die Reihen gepflanzt – wehrt die Schädlinge ab.

Mischkulturen

Rettiche und Radieschen gelten als ideale Mischkulturpartner im Garten. Tomaten, Bohnen, Spinat, Salat, Petersilie, Möhren, Erbsen, Kohl und Kresse sind gute Nachbarn; Gurken mögen sie nicht.

Ernte und Konservierung

Rettiche und Radieschen sollten möglichst jung geerntet werden, denn dann schmecken sie knackig und frisch. »Ältere« Pflanzen werden leicht holzig und pelzig. Säen Sie deshalb am besten alle 3 Wochen neue Samen aus, dann ist Ihr Sofortverbrauch vom Frühling bis in den Herbst gesichert. Die Winterrettiche werden Ende Oktober/Anfang November aus dem Garten geholt und im kühlen Keller in Sand eingelagert. Rettiche und Radieschen werden roh verzehrt und können als Rohkostsalate zubereitet werden. Köstlich schmecken auch zarte, junge Radieschen in Scheiben geschnitten, auf ein Quarkbrot gelegt und mit Schnittlauch bestreut.

Samengewinnung

Zur Samengewinnung lassen wir einfach einige Pflanzen in der Erde. Sie schießen verhältnismäßig schnell, beginnen zu blühen und bilden ihre Samen in Schoten aus. Wenn die Schoten reif sind, pflückt man sie, öffnet sie vorsichtig mit der Hand und breitet die zunächst noch gelben Samen zum Trocknen aus. Sobald die Samen braun werden, füllt man sie in Gefäße. (Das gilt für Rettiche und Radieschen.) Bei den Winterrettichen belässt man 1 bis 2 Pflanzen den Winter über in der

Erde; im darauffolgenden Jahr beginnen sie dann ebenfalls zu blühen und Samen auszubilden.

Mein Tipp

Wer den Rettich, wie in Süddeutschland üblich, spiralförmig aufschneiden möchte, benötigt hierfür einen speziellen Rettichschneider. Die Spirale wird in den Rettich gedrückt und durch kreisrundes Drehen des Messers lässt sich der Rettich in einem Stück in gleichmäßiger Stärke aufschneiden. Ein altes Hausmittel gegen Husten und Erkältung ist übrigens der Saft von Winterrettichen: Man höhlt sie kegelförmig aus und gibt 1 bis 2 Teelöffel Zucker hinein. Anschließend muss die Spitze angeschnitten und der Rettich auf ein Glas gesetzt werden, so dass der heraustropfende Saft aufgefangen wird.

➤ Rhabarber

(Rheum rhabarbarum)

Früher, als man noch nicht frische Früchte aus allen Ländern importierte, war der Rhabarber das erste frische Obst im Frühjahr, das sehnsüchtig erwartet wurde. Rhabarber kann ohne großen Aufwand jedes Jahr von neuem geerntet und auf vielfältige Art zubereitet werden.

Anbau und Pflege

Rhabarber vermehrt sich schnell und bildet große Stauden aus. Reservieren Sie ihm deshalb in Ihrem Garten einen Extraplatz, der im Frühling geschützt, warm und sonnig ist, damit die Pflanze recht früh zu treiben beginnt. Im Sommer darf der Platz ruhig schattig und etwas feucht sein: Sie können Rhabarber also durchaus unter Obstbäume pflanzen.

Die jungen Wurzelstöcke werden im Herbst in einen gut gelockerten und mit Kompost vorbereiteten Boden in einem Abstand von 70 cm gepflanzt und mit Mulch abgedeckt. Jeweils nach der Ernte im Juni/Juli düngen Sie die Pflanzen noch einmal kräftig mit Pflanzenjauche und etwas Kompost.

Rhabarber (Rheum rhabarbarum

Pflanzenschutz

Für Krankheiten und Schädlinge ist Rhabarber nicht anfällig.

Mischkulturen

Wenn der Rhabarber in Ihrem Gemüsegarten steht, können Sie Spinat, Kopfsalat und Kohl in seine Nähe pflanzen.

Ernte und Konservierung

Geerntet wird erst im zweiten Jahr nach der Pflanzung und zwar immer nur so viele Stiele, dass die Pflanze noch weiter wachsen kann. Sie können dabei von ausgewachsenen Rhabarberpflanzen auf einem Quadratmeter etwa 7 kg ernten. Drehen Sie bei der Ernte die Stiele vorsichtig ab.

Blühender Rhabarber sieht nicht nur schön aus, sondern es schadet der Pflanze auch nicht, wenn man sie zum Blühen kommen lässt.

Ich lasse den Rhabarber immer blühen: Mir gefallen die großen, blumenkohlähnlichen Blüten, und die Pflanzen nehmen keinen Schaden.
Aus den Rhabarberstängeln kocht man ein erfrischendes Kompott, eine Grütze oder backt einen Kuchen. Für den Wintervorrat kann aus Rhabarber auch Saft hergestellt werden; dabei empfiehlt es sich, etwa 100 g Erdbeeren auf 1 kg Rhabarber hinzu zugeben, um den leicht säuerlichen Geschmack zu mildern.

Mein Tipp

Die ersten zarten Rhabarberstängel können Sie auch roh, sehr fein geschnitten, für einen Nachtisch verwenden.

➤ Rosenkohl

(Brassica oleracea var. gemmifem)
Rosenkohl gehört zu den Delikatessen unter den Kohlpflanzen. Er spielt für die Winterernährung eine große Rolle und gedeiht in jedem guten Gartenboden.

Anbau und Pflege

Rosenkohl wird von Mitte April bis Ende Mai an Ort und Stelle in den Garten oder in ein Saatbeet gesät. Bis spätestens Ende Juni sollten die Setzlinge auf einen Abstand von 50 x 50 cm ausgepflanzt sein. Hierbei wirkt sich eine Zugabe von etwas Kompost und ein Angießen mit verdünnter Brennnesseljauche fördernd für das Wachstum aus. In regelmäßigen Abständen sollte der Boden rund um die Pflanze angehäufelt werden. Eine Mulchdecke und eine zwei- bis dreimalige Düngung mit verdünnter Brennnesseljauche sind empfehlenswert. Mitte September sollte man die Spitzen des Rosenkohls abdrehen, damit er nicht mehr weiter in die Höhe wächst, sondern seine Röschen voll ausbilden kann.

Einige Sorten

- Hilds Ideal
- Wilhelmsburger
- Prince Askold
- Hassa

Pflanzenschutz, Mischkulturen und Samengewinnung

Für Rosenkohl gelten die gleichen Bedingungen wie für Weißkohl (siehe Seite 158).

Ernte und Konservierung

Alle Rosenkohlsorten sind winterhart, am besten schmeckt er sogar erst nach den ersten stärkeren Frösten.
Rosenkohl wird – obwohl er zum Tiefgefrieren geeignet ist – stets frisch aus dem Garten geerntet. So versorgt er uns auch im Winter reichlich mit Vitaminen. Man beginnt mit dem Pflücken an den untersten Röschen und pflückt immer weiter nach oben. Die abgeernteten Kohlstrünke werden erst im zeitigen Frühjahr, wenn man den Garten wieder betreten kann, herausgerissen, zerkleinert und auf den Kompost gegeben. Wenn Sie in einer Gegend mit langen, schneereichen Wintern wohnen, können Sie auch die ganzen Pflanzen im Spätherbst herausreißen und im Frühbeet oder im sehr kalten Keller einschlagen und nach Bedarf abernten.

Diese Maßnahme empfiehlt sich aber wirklich nur bei extremen Witterungsbedingungen. Die wenigsten Leute wissen, dass man Rosenkohl auch roh essen kann. Dazu wird er ganz fein geraspelt und mit einer Joghurt-Kräuter-Marinade als Salat zubereitet.

Üblicher ist es, ihn in wenig Fett und Wasser zu dünsten oder mit Käse zu überbacken. Ganz besonders lecker ist auch eine salzige Wintertorte mit Rosenkohl. Dazu wird der Rosenkohl zusammen mit ein paar Zwiebeln 10 Minuten angedünstet und dann auf einen Mürbeteig in eine runde Backform gelegt. Darüber kommt ein Guss aus saurer Sahne, Eiern und geriebenem Käse, gewürzt mit Pfeffer, Muskat und gehackten Walnüssen. Das Ganze dann bei 200 °C 90 Minuten backen und möglichst heiß servieren.

Mein Tipp

Wir bemühen uns, unseren Rosenkohlvorrat im Garten bis Anfang März verbraucht zu haben. Bedingt durch die Witterungsverhältnisse in unserer Gegend, die in manchen Jahren einen ständigen Wechsel von tiefem Frost, hohem Schnee und warmem Frühlingssonnenschein mit sich bringen, ist es schon vorgekommen, dass die Röschen anfingen zu faulen und für die Küche leider nicht mehr verwertbar waren.

Rosenkohl (Brassica oleracea var. gemmifera)

Rote Bete

(Beta vulgaris var. conditiva)

Rote Bete, auch rote Rübe oder Rande genannt, gehört zu den anspruchslosen Pflanzen in unserem Garten. Ihre Heilkraft wird schon seit über 2000 Jahren immer wieder lobend erwähnt. Schon die alten Griechen, die Römer, aber auch in jüngerer Zeit Pfarrer Kneipp haben der roten Bete eine stark blutreinigende Kraft zugeschrieben.

Sie liefert uns viele Vitamine (A, B), Frucht- und Traubenzucker, Fett und Eiweiß. Durch ihren hohen Gehalt an Eisen, Kalium, Phosphor und Schwefel hilft sie bei der Erneuerung der roten Blutkörperchen. Außerdem soll rote Bete den Blutdruck regulieren und die Nerven und Gehirntätigkeiten stärken. Nach neuesten Untersuchungen meint man sogar, dass sie der Bildung von Tumoren entgegenwirken kann. Aber rote Bete ist nicht nur gesund, sondern kann sehr abwechslungsreich zubereitet werden. Ist das nicht Grund genug, sie im Garten anzupflanzen?

Anbau und Pflege

Die rote Bete nimmt auch mit einem schattigen Platz in Ihrem Garten vorlieb. Der Boden sollte im Herbst gut gelockert und mit Kompost versehen sein. Zusätzliche Düngegaben sind nicht erforderlich.

Rote Bete (Beta vulgaris var. conditiva)

Säen Sie rote Bete im Mai und Juni in einem Reihenabstand von 30 cm in etwa 2 cm tiefe Rillen dünn aus. Rote Bete kann in milderen Gegenden auch früher ausgesät werden, weil sie zu Beginn ihres Wachstums nicht sehr frostempfindlich ist. Allerdings besteht dann die Gefahr, dass sie anfängt zu »schießen«. Bei Temperaturen von 10 °C beginnt sie nach etwa 3 Wochen zu keimen. Einige Radieschensamen als Markiersaat oder noch besser einige Dillsamen, die ähnlich wie bei Möhren auf die Rote-Bete-Samen eine günstige Wirkung haben, sind empfehlenswert.
Die jungen Pflänzchen müssen dann auf einen Abstand von 6 cm ausgedünnt werden, damit sich ihre Wurzeln gut entwickeln können. Die Pflanzen, die Sie für den Wintervorrat vorgesehen haben, sollten Sie auf 10 cm ausdünnen. Es ist auch möglich, die jungen Setzlinge zu verpflanzen; sie wachsen allerdings nicht ganz problemlos wieder an. Suchen Sie sich deshalb am besten einen regnerischen Tag für das Umpflanzen aus, im anderen Fall müssen Sie sonst meist eine Woche täglich gründlich gießen bis das aufrechte Stehen der Pflanzen anzeigt, dass sie angewachsen sind.
Auch während der Wachstumszeit ist rote Bete für ausreichende Feuchtigkeit und eine Mulchdecke dankbar. Beinwellblätter versorgen dabei den Boden mit dem nötigen Kalium, das die Pflanzen brauchen. Eine ähnliche Wirkung hat das Gießen mit Beinwellbrühe.

Einige Sorten

- Rote Kugel
- Sperlings Dardani
- Forona (längliche, walzenförmige Rübe)
- Loma

Pflanzenschutz

Die rote Bete ist nicht anfällig für Schädlinge und Krankheiten.

Mischkulturen

Zwiebeln, Salat, Kohlrabi und Gurken sind gute Nachbarn. Kartoffeln, Mais und Lauch mag die rote Bete nicht als Nachbarn.

Ernte und Konservierung

Den ganzen Sommer und Herbst über kann rote Bete laufend frisch (schon ab einem Durchmesser von 5 cm) geerntet werden. Die rote Bete für den Wintervorrat sollte keinen Frost abbekommen, sie verändert sonst ihren Geschmack; deshalb wird sie im Oktober geerntet. Drehen Sie dabei die Blätter vorsichtig ab, damit die Wurzel nicht verletzt wird und kein Saft ausströmen kann. Oder schneiden Sie, um ganz sicher zu gehen, die Blätter 3 cm über dem Wurzelansatz ab.

Gelagert wird rote Bete wie alles Wurzelgemüse im kühlen Keller in Sand. Man kann rote Bete, wie in der Sowjetunion üblich, sehr gut milchsauer einlegen, um dann im Winter einen original russischen Borschtsch zu kochen. Borschtsch schmeckt übrigens auch kalt und kann auch aus frischer rote Bete gekocht werden.
Die meisten Leute kennen rote Bete nur süß-sauer in Essig eingelegt. Sie schmeckt aber auch ausgezeichnet als Rohkostsalat mit Äpfeln, Sahne und geriebenen Nüssen.

Eine Delikatesse ist rote Bete, die auf einem Backblech 45 Minuten gebacken und mit Salz, Pfeffer und frischer Butter serviert wird. Aber auch als Gemüse ist sie durchaus kein Lückenbüßer! Dünsten Sie sie einmal zusammen mit Apfelwürfeln oder würzen Sie sie nach dem Dünsten russisch mit viel Dill und Joghurt! Frisch ausgepresster Rote-Bete Saft, teelöffelweise vor der Mahlzeit »eingenommen«, sollte Bestandteil einer jeden Frühjahrskur sein.

Samengewinnung

Den Winter über werden 3 bis 4 kleine Rote-Bete-Wurzeln für die Samengewinnung (am besten gesondert) aufbewahrt. Dabei darf der Keller nicht zu trocken sein und sollte eine Temperatur von 7 °C haben.
Im nächsten Frühjahr werden die Pflanzen im Abstand von 50 cm nicht zu tief in den Garten gepflanzt. Ab Juni beginnen sie zu blühen und im September sind die Samen erntereif. Unten am Stiel werden die Pflanzen abgeschnitten und zum Nachtrocknen aufgehängt. Nach 1 bis 2 Wochen können die Samen dann durch leichtes Aneinanderreihen sehr schnell herausgelöst werden.

Mein Tipp

Rote Bete ist sehr zart und schmackhaft, wenn sie nicht zu lange in der Erde bleibt. Säen Sie deshalb lieber zwei- bis dreimal neu aus. Für den Wintervorrat braucht die Aussaat in der Regel deshalb auch nicht vor Juni zu erfolgen. Viele Leute scheuen sich davor, rote Bete zuzubereiten, weil sie beim Putzen rote Hände bekommen, die schwer zu säubern sind. Für Rohkost bürste ich die Wurzeln nur ganz gründlich ab und verwende sie mit Schale. Vor dem Kochen wasche ich die Wurzeln unter fließendem Wasser, gare sie in reichlich Salzwasser und ziehe die Schale erst dann – wenn überhaupt nötig – wie bei Pellkartoffeln ab.

➤ Rotkohl

(Brassica oleracea)
Für den Rotkohl gelten die gleichen Kultur- und Pflegemaßnahmen wie für Weißkohl (siehe Seite 158). Es gibt eine frühe Sorte, die für den Sofortverbrauch bestimmt ist, und eine späte, die eine sehr gute Lagerfähigkeit besitzt. Rotkohl schmeckt roh als Salat und gedünstet als Gemüse. Er lässt sich auch wie Weißkohl für eine milchsaure Gärung verwenden.

Einige Sorten

- Frührot
- Marner Rocco

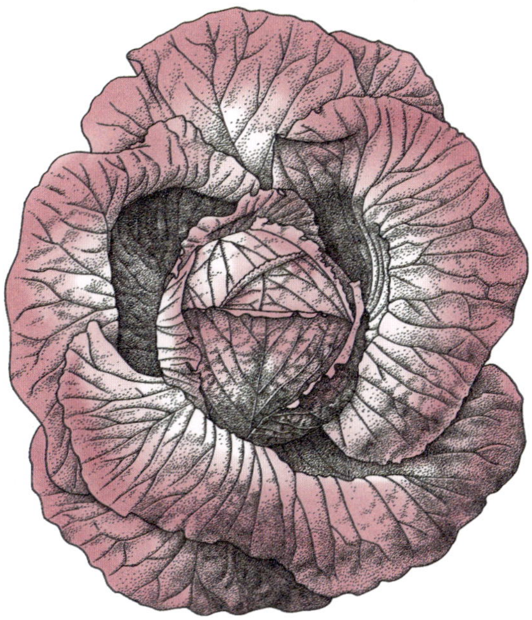

Rotkohl (Brassica oleracea var. capitata rubra)

➤ Sellerie

(Apium graveolens)

Der Sellerie ist eine alte europäische Wildpflanze. Lange Zeit wurde er nur in Klostergärten angebaut, weil er nicht zur alltäglichen Ernährung, sondern hauptsächlich als Medizin verwendet wurde (bei Steinleiden, Gelbsucht, Wassersucht).

Die moderne Wissenschaft hat seine außerordentliche Bedeutung für die Ernährung unterstrichen. Als besonders wichtig ist sein hoher Mineralgehalt anzusehen, der bei vielen Krankheiten lindernd wirkt. Darüber hinaus machen ihn aber seine ätherischen Öle zu einem schmackhaften Gemüse. Heute unterscheiden wir drei Arten: Den Knollensellerie mit seiner fleischig verdickten Wurzel, der bei uns hauptsächlich angebaut wird, den Bleich- oder Staudensellerie. der in England, Frankreich und Amerika, in letzter Zeit aber auch bei uns immer beliebter wird, und den Schnittsellerie, dessen Blätter man als Gewürz verwendet.

Anbau und Pflege

Knollensellerie ist sehr kälteempfindlich. Seine Anzucht ist nicht ganz einfach und gelingt nur im warmen Frühbeet oder auf der Fensterbank. Ende Februar/Anfang März säen Sie die Samen am besten in einem Kistchen aus, das Sie mit einer Glasscheibe bedecken. Während der Keimzeit (30 Tage) sollten Sie dann unbedingt für gleichmäßige Feuchtigkeit und Wärme sorgen (15 bis 18 °C). Die Pflanzen müssen pikiert werden und können nach den Eisheiligen in einem Abstand von 40 x 40 cm ausgepflanzt werden. Knollensellerie benötigt einen guten, schweren Boden und ausreichende Feuchtigkeit. Setzen Sie Ihre Pflanzen auf keinen Fall zu tief in die Erde und häufeln Sie sie auch nicht beim Unkrauthacken aus Versehen an. Ihr Sellerie bildet sonst keine Knollen aus (diese dürfen ruhig ein wenig aus der Erde herausragen). Mulchen Sie die Pflanzen gut, aber so, dass die Knollen frei bleiben. Weil Sellerie reichlich Kali benötigt, hat sich dabei ein Mulchen mit Farn- oder Beinwellblättern bestens bewährt. Auch eine 1- bis 2-malige Düngung mit verdünnter Brennnesseljauche verträgt er gut.

Staudensellerie (Bleichsellerie) ist etwas weniger empfindlich. Säen Sie ihn wie den Knollensellerie aus, und pikieren Sie ihn 1- bis 2-mal. Die Setzlinge werden möglichst tief eingepflanzt. Im August müssen sie mehrmals angehäufelt werden, damit die Stängel schön weiß bleiben. Das Bleichen kann man aber auch erreichen, wenn man die Stängel zusammenbindet und sie in Stroh- oder Packpapier einhüllt. Lediglich die obersten Blätter sollten noch zu sehen sein. Schnittsellerie wird direkt in den Garten gesät. Am besten eignen sich hierzu die Reihen, in denen später Kohl gepflanzt werden soll. Er bietet nämlich den Kohlpflanzen Schutz vor Raupen und Erdflöhen. Außerdem ist auch er eine Abwehrpflanze für den Kohlweißling.

Staudensellerie (Apium graveolens var. dulce)

Einige Sorten

- Knollensellerie: Sperlings Dolvi
- Magdeburger Markt
- Bleichsellerie: Englischer Weißer Goldgelber (selbstbleichend)
- Stangensellerie: Tall Utah
- Schnittsellerie: Schnittsellerie

Knollensellerie (Apium graveoleus var. rapaceum)

Pflanzenschutz

Bei lang anhaltenden, kalten Niederschlägen kann sich die Blattfleckenkrankheit (eine Pilzkrankheit) ausbreiten. Die meisten Sorten sind heute zwar dagegen resistent; es empfiehlt sich aber trotzdem, die Pflanzen vorbeugend mit Ackerschachtelhalmtee zu spritzen. Die Selleriefliege kommt eigentlich nur sehr selten vor. Ihre Maden bohren in den Blättern Gänge, die befallenen Blätter sollten am besten sofort abgebrochen werden. Wenn man die Pflanze mit verdünnter Brennnesseljauche besprüht, wird die Fliege durch den Geruch vertrieben und legt ihre Eier nicht ab.

Mischkulturen

Gute Nachbarn sind alle Kohlgewächse, besonders Blumenkohl, Buschbohnen, Stangengurken, Lauch, Tomaten und für Bleichsellerie auch Möhren. Sellerie eignet sich nicht für eine Mischkultur mit anderen Selleriepflanzen, Kopfsalat und Kohlrabi.

Ernte und Konservierung

Vor den ersten großen Frösten wird der Knollensellerie aus dem Garten geholt, von seinen Blättern befreit und in einem kühlen Keller in Sand eingelagert. So steht er als schmackhaftes Wurzelgemüse den ganzen Winter über zur Verfügung.
Bleichsellerie kann ab August geerntet werden. Er verträgt auch noch leichte Fröste. Eine Zeitlang kann man ihn noch durch einen Folientunnel oder durch eine dicke Strohschicht, die allerdings tagsüber bei Sonnenschein entfernt werden muss, schützen. Bleichsellerie hält sich, in Sand eingeschlagen auch einige Wochen im Keller. Schnittsellerie kann den ganzen Sommer über frisch von den Beeten gepflückt und als Würzzutat für Suppen und Soßen verwendet werden. Einen Teil der Sellerieblätter sollten Sie, auch wenn sie ein wenig von ihrer Würzkraft verlieren, unbedingt trocknen, um vielleicht auch selber Selleriesalz herzustellen. Einen Teil können Sie auch auf den Beeten den Winter über stehen lassen; er ist dann in der Regel im Frühjahr wieder zum Schnitt bereit.

Sowohl Knollen- wie auch Staudensellerie schmecken roh ganz köstlich. Denken Sie nur an den berühmten Waldorfsalat in seinen vielfältigen Variationen. Man kann aber auch eine einfache Sellerie-Möhren-Rohkost mit einer Joghurt-Marinade zubereiten. Beim Staudensellerie werden die Stängel sehr fein geschnitten und so zum Beispiel mit einer Frischkäsemarinade oder mit kleingeschnittenen Äpfeln, Bananen und einer Joghurtmarinade angerichtet. Außerdem können die Sellerie-Stangen auch mit einer pikanten Quarkcreme gefüllt werden. Gedünstet schmeckt Staudensellerie hervorragend mit einer Béchamel-, Hollandaise- oder Käsesoße.

Samengewinnung

Einen Teil des überwinterten Schnittselleries lässt man blühen und sammelt die reifen Samen im Sommer ein. Zur Samengewinnung beim Knollensellerie bewahrt man schöne Knollen aus dem Wintervorrat auf, pflanzt sie im Frühjahr in den Garten, lässt sie treiben, blühen und sammelt – wie bei anderem Wurzelgemüse – im Herbst die Samen. Die Samengewinnung beim Staudensellerie gestaltet sich deshalb so schwierig, weil es nicht einfach ist, die Pflanze durch den Winter zu bekommen: Hierfür müssen die Wurzeln unbeschädigt ausgegraben werden und den ganzen Winter über mit Erde bedeckt sein. Die Blätter müssen mit Stroh abgedeckt sein und im Keller sollte eine Temperatur von etwa 0 °C und eine hohe Luftfeuchtigkeit herrschen. Wenn sie bei diesen Bedingungen überwintern, können die Pflanzen im Frühjahr wieder in den Garten gepflanzt werden, und die Samengewinnung erfolgt wie oben beschrieben. Ich persönlich habe es noch nie geschafft und kaufe diese Samen.

Mein Tipp

Meine Knollenselleriesetzlinge setze ich zwischen den Blumen-, Wirsing- und Weißkohl, den ich im Sommer ernten möchte. Sobald der Kohl geerntet ist, hat der Sellerie reichlich Platz, um sich zu entwickeln.
Schnittsellerie säe ich immer als Voraussat in die Reihen, in die der Lagerkohl gepflanzt wird. Sobald der Kohl gesetzt wird, schneide ich die ersten Pflanzen ab, die anderen können in den Zwischenräumen weiterwachsen und bleiben zum Teil im Herbst in der Reihe stehen, wenn der Kohl geerntet wird. Bleichsellerie bekommt bei mir eine eigene Reihe. Manchmal setze ich zwischen die Pflanzen Sommerlauch, der, wie der Bleichsellerie, bis zum Herbst geerntet wird.

Schwarzwurzel (Scorzonera hispanica)

➤ Schwarzwurzeln

(Scorzonera hispanica)
Schwarzwurzeln sind zu Unrecht in Vergessenheit geraten. Im Geschmack ähneln sie dem Spargel und werden deshalb auch oft als »Spargel des armen Mannes« bezeichnet. Sie enthalten reichlich Phosphorsäure und Eisen und regen dadurch die Hirn-, Herz-, Nieren- und Nerventätigkeiten an.

Anbau und Pflege

Schwarzwurzeln können sowohl im zeitigen Frühjahr als auch im frühen Herbst (Wintersaat) ausgesät werden. Sie gedeihen in jedem gut gelockerten, mit Kompost versorgten Gartenboden, der möglichst keine Steine enthält. Gut eignen sich die Stellen, an denen im Jahr vorher Kartoffeln gepflanzt wurden. Schwarzwurzeln werden dünn in Reihen von etwa 30 cm Abstand gesät und die jungen Pflänzchen später auf einen Abstand von 7 bis 10 cm vereinzelt. Sie benötigen für ihre Entwicklung viel Feuchtigkeit, deshalb ist bei Trockenheit ein gründliches Gießen und eine Mulchdecke sehr wichtig. Achten Sie beim Unkrauthacken darauf, dass die zarten, jungen Wurzeln nicht verletzt werden. Wer will, kann Schwarzwurzeln während der Wachstumszeit einmal mit Brennnesseljauche gießen, erforderlich ist es aber in einem guten Gartenboden nicht.

Einige Sorten

- Schwarzer Pfahl
- Einjährige Riesen

Pflanzenschutz

Schwarzwurzeln sind nicht anfällig für Krankheiten und Schädlinge. Wenn sie im Garten überwintern, sollte man sie, wenn nötig, vor Mäusen schützen.

Mischkulturen

Besonders gut vertragen sich Schwarzwurzeln mit Kopfsalat, Schnittsalat, Kohlrabi und Lauch. Sie haben keine speziellen schlechten Nachbarn.

Ernte und Konservierung

Die im Frühjahr gesäten Schwarzwurzeln können in der Regel ab September geerntet werden. Dabei sollte man sehr sorgfältig vorgehen, damit die langen, dicken Wurzeln nicht abbrechen. Ich steche mit der Grabegabel dicht neben die Schwarzwurzelreihe ein, lockere durch vorsichtiges Hin- und Herbewegen den Boden und ziehe die Pflanzen dann heraus.

Es ist möglich, die reifen Schwarzwurzeln den Winter über in der Erde zu belassen und ganz nach Bedarf zu ernten. In Gegenden mit langen Frost- und Schneeperioden können sie aber auch im Oktober/ November ausgegraben und in einem kühlen Keller in Sand eingelagert werden. Die im Frühherbst gesäten Schwarzwurzeln stehen in der Regel ab Mai zur Ernte bereit. Schwarzwurzeln schmecken grob geraspelt als Rohkostsalat mit einer Nuss-Sahne-Marinade, als Gemüse gedünstet mit einer Béchamel- oder Käsesoße oder in einer Suppe, verfeinert mit Sahne und Eiern.

Samengewinnung

Die Samengewinnung ist bei Schwarzwurzeln sehr einfach. Sie brauchen lediglich eine der im Frühjahr ausgesäten Wurzeln in der Erde zu belassen. Sie wird im nächsten Jahr dann sehr groß und entwickelt eine Vielzahl gelber Blüten. Wenn die Samen reif sind (sie erinnern ein wenig an Pusteblumen), werden sie vorsichtig gepflückt, noch 1 bis 2 Wochen nachgetrocknet und durch Aneinanderreihen mit den Händen von den Härchen befreit und kühl und trocken aufbewahrt.

Mein Tipp

Vor der Zubereitung werden Schwarzwurzeln gründlich gebürstet, mit einem Sparschäler dünn geschält und – damit sie weiß bleiben – in eine Schale mit Wasser und Obstessig (oder Milch und 1 Esslöffel Mehl) gelegt. Man kann sie aber auch nur bürsten, in Salzwasser garen und erst dann schälen.

Beim Ernten der Schwarzwurzeln muss man vorsichtig sein, damit die langen, dicken Wurzeln nicht abbrechen. Am besten lockert man den Boden durch vorsichtiges Hin- und Herbewegen mit der Grabegabel.

Spinat

(Spinacia oleracea)

Unzählige kleine Kinder wurden von ihren Müttern geplagt, Spinat wegen seines hohen Eisengehaltes zu essen. Wissenschaftlich ist inzwischen zwar erwiesen, dass Spinat weniger Eisen enthält, als allgemein angenommen (3,1 mg auf 100 g), trotzdem ist er ein wichtiges Gemüse, weil er uns besonders in der vitaminarmen Zeit im Frühjahr mit reichlich Vitaminen (besonders C) versorgen kann. Außerdem spielt er im biologischen Garten als Dünge- und Mulchpflanze eine große Rolle.

Anbau und Pflege

Spinat gedeiht auf allen guten, humusreichen Böden. Ihr biologisch bearbeiteter Garten bietet also beste Voraussetzungen für sein gutes Wachstum. Spinat sollte niemals zusätzlich gedüngt werden, weil sonst leicht eine Stickstoffüberdüngung eintreten kann.

Spinat wird je nach Sorte entweder im Herbst von Ende August bis Anfang Oktober oder im zeitigen Frühjahr von März bis Anfang Mai ausgesät. Eine spätere Aussaat lohnt sich hier nicht mehr, weil Spinat bei zu trockenem und heißem Wetter sehr leicht anfängt zu »schießen«.

Man sät ihn in Reihen von 20 bis 25 cm Abstand in etwa 3 cm Tiefe nicht zu dicht aus. Eine zu dichte Saat ergibt nämlich später kleine, spitze, gelbe Blätter. Dünn ausgesät können große, dickfleischige Spinatblätter entstehen. Weil Spinat sehr schnell keimt, kann man sehr bald zwischen den Reihen das Unkraut mit der Hacke entfernen.

Einige Sorten

- Spinat Matador (winterhart)
- Sperlings Monopa (mehltauresistente Sorte)
- Atlanta

Pflanzenschutz

Im biologischen Garten wächst Spinat im Allgemeinen ohne Probleme, er ist frei von Schädlingen und Krankheiten. Sollten sich bei feucht-warmen Wetter einmal gelbe Flecken auf den Blättern und Schimmel auf ihrer Unterseite bilden, so handelt es sich um falschen Mehltau. Es bleibt dann nichts weiter übrig, als die Pflanzen herauszureißen. Natürlich eignen sich solche Pflanzen dann auch nicht für den Kompost oder als Mulchmaterial, sondern werden am besten vernichtet.

Mischkulturen

Spinat ist die Mischkulturpflanze des biologischen Gartens schlechthin. Deshalb sollte er auch nicht nur für die Küche, sondern auch als Dünge- und Mulchpflanze

Spinat (Spinacia oleracea) und seine Blüten

angebaut werden. Durch seine dichten Blattreihen sorgt er für Schatten und Feuchtigkeit bei anderen Kulturen. Bevor er schießt, hackt man ihn ab, die Blätter ergeben dann ein ausgezeichnetes Mulchmaterial. Die Wurzeln des Spinats werden dabei einfach im Boden belassen, dort verrotten sie schnell. Durch die absterbenden Wurzeln und die abgehackten Blätter kann sich ein vielfältiges Bodenleben entwickeln.

Ernte und Konservierung

Spinat reift sehr schnell. Im Allgemeinen kann man schon nach einem Monat zarte Blättchen für einen Salat ernten; nach 6 bis 8 Wochen sind die Blätter groß genug für eine Gemüsemahlzeit und können nach Bedarf geerntet werden. Den im Herbst ausgesäten Spinat erntet man, sobald die Beete im Frühjahr von der Sonne beschienen und abgetrocknet sind. Wer mag, kann Spinat auch einfrieren. Allerdings muss er vorher in kleinen Portionen blanchiert werden. Eigentlich ist aber eine Konservierung unnötig. Denn durch eine überlegte Aussaat erhält man das ganze Frühjahr über und bis zu den ersten Schneefällen Spinat stets frisch aus dem Garten. In der spinatarmen Zeit im Sommer kann man ohne weiteres auf spinatähnliche Pflanzen zurückgreifen: Melde, Mangold, Neuseeländer Spinat.

Viele Leute mögen Spinat nicht, weil sie seinen Geschmack mit der gehackten und pürierten Tiefkühlware der Industrie verbinden: Blattspinat schmeckt unvergleichlich besser. Beim Dünsten werden beim Spinat lediglich die großen Stiele entfernt, die Blätter unter fließendem Wasser gewaschen und tropfnass in etwas Butter, mit Zwiebeln, Knoblauch und Kräutern gedämpft, bis sie zusammenfallen. So zubereitet schmeckt Spinat ausgezeichnet zu allen möglichen Kartoffelgerichten, zu Nudeln und Reis.
Etwas Spinat, getrocknet und gerebelt, kann zum Würzen von Kartoffelpüree oder Omeletts verwendet werden.

Samengewinnung

Man sollte sich bemühen, nur die Samen von den Pflanzen zu ernten, die als letzte anfangen zu blühen. Wenn sich die Blätter gelb verfärben und die Samen braun werden, sind diese reif. Am besten streift man die Samen dann vorsichtig mit der Hand ab. Kühl und trocken aufbewahrt, bleibt Spinatsamen bis zu 5 Jahren keimfähig. Spinat gehört zu den Fremdbefruchtern. Seine staubfeinen Pollen verbreiten sich durch den Wind bis zu einem halben Kilometer. Es kann leicht sein, dass Sie keine reine Spinatsorte erhalten, wenn auch in den Nachbargärten der Spinat schießt.

Mein Tipp

Ich säe laufend von Mitte August bis Anfang Oktober Spinat in frei gewordene Reihen aus. Auf diese Weise erhalte ich bei einem schönen Herbst bis in den November hinein und dann wieder ab Anfang März laufend frischen Spinat für Salat, Suppen und Gemüsegerichte. Im Frühjahr dient mir der eingesäte Spinat hauptsächlich als Reihenbegrenzung für die anderen Kulturen und als Dünge- und Mulchmaterial.

➤ Stangenbohne

(Phaseolus vulgaris var. vulgaris)
Die Stangenbohne wurde im 17. Jahrhundert eigentlich als Zierpflanze aus Südamerika nach Europa mitgebracht. Trotz neuerer Züchtungen ist sie die anspruchsvollste Bohnenart im Garten: Sie braucht viel Platz, einen guten Boden und viel Wärme. Stangenbohnen sind deshalb auch besonders für große Gärten und, wegen des hohen Ertrages, für große Familien geeignet.

Anbau und Pflege

Wie es schon der Name verrät, wächst diese Bohnenart an Stangen aus Aluminium, Draht oder Holz. Je nach Platzverhältnissen gibt es dabei unterschiedliche Möglichkeiten.
Jede Pflanze braucht, damit man einen guten Ertrag erhält, eine eigene Stange zum Hochranken. Möchte man zwei Reihen pflanzen, werden je zwei gegenüberstehende Stangen schräg gegeneinander gestellt und zusammengebunden. Durch eine festgebundene Querstange wird die gesamte Konstruktion dann stabilisiert. Allerdings benötigt diese Konstruktion sehr viel Platz und wirft auch viel Schatten, wenn die Bohnen ausgewachsen sind. Bei weniger Platz ist es auch möglich, in einer Ecke des Gartens 8 Stangen schräg gegeneinander

Stangenbohne (Phaseolus vulgaris var. vulgaris)

zu stellen, festzubinden und an ihnen die Bohnen hoch wachsen zu lassen.

Bei noch weniger Platz ziehen Sie um eine einzelne Stange einen Kreis in die Erde und legen 8 Kerne verteilt etwa 3 cm tief in die Erde. Alle 8 Bohnenpflanzen ranken dann um die eine Bohnenstange herum. Der Ertrag ist allerdings nicht so groß, wie bei den erstbeschriebenen Methoden. Die Bohnenkerne dürfen niemals zu früh in die Erde gegeben werden, weil sonst die Saat bei Kälte im Boden verfault. Mitte Mai ist in der Regel die Erde so gut erwärmt, dass sich die Bohnen gut entwickeln können. Der Boden sollte mit einer Schicht reifen Komposts versehen sein; wer mag, kann auch noch etwas Knochenmehl hinzufügen.

Während der Wachstumszeit müssen Bohnen gut feucht gehalten werden, damit sie sich zufriedenstellend entwickeln können. Um eine reiche Blüte und damit auch viele Bohnen zu erhalten, kann man die Pflanzen mit Baldriantee spritzen oder mit Baldrianjauche übergießen.

Einige Sorten

- Rekord
- Neckarkönigin
- Goldregen
- Biancy
- Blauhilde
- Bertina

Pflanzenschutz

Bei gutem Boden treten kaum Krankheiten auf; außerdem sind die meisten Bohnensorten heutzutage resistent gegen Pilzerkrankungen wie Brennflecken- und Fettfleckenkrankheit. Um einer eventuellen Verbreitung von Pilzkrankheiten entgegenzutreten, sollten reife Bohnen nur bei trockenem, sonnigem Wetter geerntet werden. Gegen die schwarzen Blattläuse hilft meist ein gutes Durchlüften des Bodens und ein Teppich aus Kapuzinerkresse.

Mischkulturen

Gute Nachbarn für Stangenbohnen sind Zucchini, Gurken, Sellerie, Kohl und Kohlrabi, alle Salate und eben Kapuzinerkresse.
Schlechte Nachbarn für Bohnen sind alle Zwiebelarten, Lauch, Knoblauch und Erbsen.

Ernte und Konservierung

Ab Mitte August können in der Regel die ersten zarten, jungen Bohnen geerntet werden. Lassen Sie sie nie zu groß werden, denn dann werden sie hart. Achten Sie darauf, dass kleine Kinder Bohnen nie roh essen, weil sie sie mit Erbsen verwechseln. Bohnen müssen immer gekocht werden, weil sie das giftige Phasin enthalten, das erst beim Kochen verschwindet.
Bohnen werden stets in wenig Wasser mit Bohnenkraut, Zwiebeln und Knoblauch gedünstet. Am Ende der Kochzeit können sie dann noch mit Salz, Pfeffer und viel Petersilie gewürzt werden. So gekocht schmecken sie kalt als Salat oder als Gemüsegericht. Besonders lecker ist, wenn man am Ende der Kochzeit noch ein paar Tomaten ohne Schale mitdünstet. Bohnen eignen sich gut zum Einfrieren. Geputzt, gebrochen oder geschnippelt und 3 Minuten blanchiert, halten sie dann im Gefriergerät gut verpackt 12 Monate. Genauso gut lassen sie sich aber auch trocknen und zwar sowohl die ganzen jungen Schoten als auch die Bohnenkerne. Die jungen zarten Bohnen werden zu diesem Zweck auf Schnüre aufgefädelt und an einem luftigen Ort zum Trocknen aufgehängt. Kühl und trocken aufbewahrt, halten sie so den ganzen Winter. Vor dem Kochen müssen sie allerdings, genau wie Bohnenkerne, einige Stunden eingeweicht werden. Aus getrockneten Bohnenschalen kann man übrigens auch einen Tee herstellen; er ist ein altes Hausmittel, das entwässernd wirkt. Außerdem kann man aus Bohnenschalen zusammen mit Erbsenschoten, vielen Kräutern, Sellerie, Möhren und Petersilienwurzeln eine vegetarische Brühe herstellen. Das Gemüse wird dazu 30 Minuten gekocht und anschließend durch ein Sieb gestrichen.

Samengewinnung

Von den ersten Bohnen sollten Sie einige an der Pflanze ausreifen lassen, um sie als Saatgut für den nächsten Sommer zu gewinnen. Wenn sich die Hülsen gelblich verfärben und die Kerne ganz hart sind, sind sie erntereif. Sie werden dann enthülst, und die Kerne kühl und trocken aufbewahrt.

Mein Tipp

Für unsere raue Lage verwende ich im Allgemeinen die Sorte »Blauhilde«. Dies ist eine tief violett gefärbte Bohnensorte (wird beim Kochen wieder grün) mit einem intensiven Bohnengeschmack. Sie ähnelt mit ihren runden Hülsen eher den Buschbohnen als den langen, flach-ovalen Hülsen der üblichen Stangenbohnen. In Skandinavien habe ich gesehen, wie man Stangenbohnen an Strohzöpfen hochranken lassen kann. Diese Methode gefiel mir schon vom Aussehen her so gut, dass ich sie in unserem Garten nachgeahmt habe. Außerdem erhalten die sonnenliebenden Bohnen dadurch genügend Licht, können gut wachsen, und die Konstruktion benötigt wenig Platz.

Zu diesem Zweck werden 3 bis 4 Latten von 50 cm Länge sternförmig zusammen genagelt und oben auf einer Bohnenstange befestigt. Aus Stroh müssen dann 6 bis 8 2 bis 2,5 m lange Zöpfe geflochten werden, die mit dem einen Ende am Ende je einer Holzlatte, mit dem anderen im Boden befestigt werden. Jeweils am Ende eines Strohzopfes werden zwei Bohnenkerne eingepflanzt, die gut an den Zöpfen hochranken können.

Tomate

(Lycopersicon lycopersicum)

Der Stolz eines jeden Gartenbesitzers sind die Tomaten, denn hier hat man so deutlich wie bei keinem anderen Gemüse die Möglichkeit, die großen Unterschiede zwischen den gekauften und den selbstgezogenen Früchten zu schmecken. Tomaten, die verkauft werden, müssen im unreifen Zustand gepflückt werden und haben oft lange Transportwege. Sie pflücken Ihre eigenen Tomaten dagegen erst, wenn sie wirklich dunkelrot und voll ausgereift sind. Die Heimat der Tomaten ist das tropische Mittel- und Südamerika. Dort werden sie als mehrjährige Pflanzen gezogen. Zunächst kamen sie als Zierpflanzen im 16. Jahrhundert nach Europa und wurden erst in unserem Jahrhundert als Nutzpflanze entdeckt und immer beliebter.

Anbau und Pflege

Tomaten lieben einen guten Boden, viel Sonne und Feuchtigkeit. Diese drei Dinge sind aber gewöhnlich in unseren Breiten nicht selbstverständlich vorhanden. Dafür haben sie aber den nicht zu unterschätzenden Vorteil, dass sie jahrelang – genau wie Stangenbohnen – an der gleichen Stelle angebaut werden können. Wenn Sie also eine sonnige Südwand besitzen oder sonst einen geschützten Ort in Ihrem Garten, so ist dies der ideale Platz für einen jahrelangen Tomatenanbau. Allerdings muss der Boden im Herbst mit reichlich Kompost (eventuell noch zusätzlich einem organischen Dünger) versorgt werden. Außerdem sollten die abgeernteten Tomatenpflanzen zerkleinert und zusätzlich als Düngemulch verwendet werden. Sobald im Frühjahr der Schnee geschmolzen ist, können die widerstandsfähigen Ackerbohnen als Vorfrucht auf das Tomatenbeet gesät werden. Weil Tomaten in unseren kurzen Sommern nicht ausreifen würden, müssen sie auf der Fensterbank vorgezogen werden. Im Allgemeinen reicht es aus, wenn diese Aussaat etwa 2 Monate vor dem zu erwartenden Pflanztermin erfolgt. Dies wird in den meisten Fällen der März sein.

Die Samen werden in kleine Kistchen ausgesät, die möglichst mit einer Glasscheibe bedeckt sind. Stellen Sie sie an einen warmen (mindestens 20 °C) und sonnigen Ort. Etwa 3 Wochen nach dem Säen können die gesunden, gut entwickelten Pflänzchen pikiert und in kleine Töpfe (Joghurtbecher) oder in größere Kästen auf einen Abstand von 8 cm bis zu den Keimblättern eingepflanzt werden. Die jungen Pflänzchen sind jetzt für jeden Sonnenstrahl dankbar, dürfen aber in dieser Zeit nicht zu sehr gewässert werden. Nach weiteren 3 bis 4 Wochen müssen sie noch einmal – wie oben beschrieben – pikiert werden (am besten in einen normalen Blumentopf). Außerdem können Sie jetzt damit beginnen, Ihre Pflanzen ein wenig abzuhärten: Stellen Sie sie bei schönem Wetter in den Garten oder ins Frühbeet. Wenn die Temperaturen dort nachts nicht unter 10 bis 12 °C fallen, können die Tomatenpflanzen draußen bleiben. Im Zweifelsfall holen Sie sie aber ins Haus. Nach den Eisheiligen (20. Mai) können Ihre Tomaten, die zu dieser Zeit am besten schon einmal geblüht haben sollten, an ihren endgültigen Standort gepflanzt werden. Dort werden vorher die Ackerbohnen herausgerissen und als Mulchmaterial liegengelassen.

Gleichzeitig mit den Tomaten können Ringelblumen oder Senf eingesät werden, die man dann bei einer Größe von 10 bis 15 cm abhackt und ebenfalls als Mulch verwendet. Graben Sie Pflanzlöcher im Abstand von 50 bis 70 cm, füllen Sie in alle etwas Kompost und setzen Sie die Tomatenpflanzen schräg bis zu den Blättern hinein; auf diese Weise können sie am besten Seitenwurzeln ausbilden. Gießen Sie die Pflanzen zum Schluss mit etwas verdünnter Brennnesseljauche an. Tomaten sind von Natur aus Rankpflanzen und benötigen deshalb eine Kletterhilfe. Deshalb werden neben jede Pflanze etwa 1,50 bis 2 m lange Holz- oder Spiralstäbe aus verzinktem Stahl in den Boden ziehen und erst dann alle neuen Seitentriebe auszugeizen. Die Tomaten wachsen dann mehr in die Breite. Wenn Sie sich für die letztere Methode entscheiden, reicht ein Stab als Rankhilfe nicht aus. Sie benötigen dann zusätzlich Drähte oder Gitter, an denen die Seitentriebe immer wieder angebunden werden müssen.

Während der Wachstumszeit sollten die Pflanzen mehrmals mit verdünnter Brennnesseljauche gedüngt werden. Besonders wichtig ist es auch, dass Sie stets für ausreichende Feuchtigkeit sorgen. Wässern Sie zu diesem Zweck die Tomaten gründlich im Wurzelbereich, gießen Sie nie über die Blätter und verwenden Sie nach Möglichkeit warmes, abgestandenes Wasser. Man kann auch – wie bei Gurken – einen Blumentopf neben der Pflanze eingraben und dort hinein das Wasser geben, es erreicht dann die Wurzeln der Pflanze langsamer. Im September sollten Sie, damit die Tomaten ihre Früchte gut ausbilden, die obersten Blütentriebe abdrehen. Bei ungünstigen Witterungsverhältnissen kann man jetzt eintriebig gezogene Pflanzen mit Reifehauben, die aus gelochter Folie bestehen, überziehen.

Einige Sorten

Ziertomaten:

- Minibel (wächst auch in großen Blumentöpfen, kleine Früchte von 3 cm Durchmesser)

Tomaten:

- Sperlings Rodeo
- Sperlings Refa
- Hilds Matina
- Roma (Ketchup-Tomate)
- Fleischtomate Große Rote
- Patio (wächst strauchig)
- Goldene Königin (gelbe Tomate)

Kirschtomaten:

- Sperlings Bistro
- Sweet Cherry

Pflanzenschutz

Wenn Sie Tomaten – wie gerade beschrieben – säen, pflanzen und pflegen, treten normalerweise kaum Krankheiten und Schädlinge auf.
Damit aber auf jeden Fall möglichst keine der unten genannten Virus- und Pilzkrankheiten auftreten, sollten Sie die Tomaten vorbeugend etwa einmal im Monat mit Schachtelhalmtee gießen. Außerdem stärken wöchentliche Spritzungen mit Milchwasser (1/4 l Milch auf 2 l Wasser) die Widerstandskraft sehr. Einige Tomatenkrankheiten:
Strichelkrankheit: An Blättern und Stängeln erscheinen braune Streifen und das Gewebe stirbt ab.
Mosaikkrankheit: Die Blätter sind dunkelgrün und hell mosaikartig gefärbt.
Gelbspitzigkeit: Junge Blätter und Triebe werden gelb.
Braunfleckenkrankheit: Zunächst zeigen sich am Stamm dunkle Flecken und die Pflanze stirbt ab.
Die weiße Fliege (siehe Gurken) tritt eigentlich nur im Gewächshaus bei unzureichender Lüftung und unregelmäßiger Bewässerung auf. Vertreiben Sie sie durch gute Belüftung und durch Gießen und Spritzen mit Brennnesseljauche.

Mischkulturen

Pflanzt man Petersilienwurzeln neben Tomaten, verbessert sich der Geschmack der Tomaten sehr. Kohlrabi,

Tomate (Lycopersicon lycopersicum)

Rettich, Salat oder Lauch können sehr gut zwischen die Tomatenpflanzen gesetzt werden. Möhren, Kohlgewächse, Neuseeländer Spinat, Spinat, Petersilie, Pflücksalat, Radieschen, Sellerie und alle Zichorienarten sind ebenfalls gute Nachbarn. Tomaten vertragen sich nicht gut mit Erbsen, Fenchel, Gurken und Kartoffeln.

Ernte und Konservierung

Den ganzen Sommer über, meist ab Ende Juli, können Sie Ihre Tomaten für den täglichen Bedarf stets frisch pflücken. Sie werden in Scheiben geschnitten und geviertelt und als Brotbelag oder zu allen möglichen Salatvariationen verwendet.
Außerdem können Tomaten mit Käse gebacken, mit verschiedenen gekochten Getreidearten gefüllt oder

Das Ausgeizen von Tomaten

zusammen mit anderen Gemüsen gekocht werden. Unentbehrlich sind sie auch für einen Pizzabelag. Bei einer Tomatenschwemme im Garten lohnt es sich, sie einzukochen um aus ihnen zum Beispiel im Winter eine Tomatensoße oder -suppe herzustellen oder eigenes Tomatenketchup, Tomatenmark oder Tomatensaft zu bereiten. In Scheiben geschnitten, können Tomaten auch getrocknet und im Winter dann als Würzmittel verwendet werden. Wenn Anfang Oktober die Tage kürzer und die Nächte sehr kühl werden, sollten Sie alle Tomaten – auch die grünen – ernten. Man breitet diese grünen Tomaten nebeneinander, ohne dass sie sich berühren, auf Zeitungspapier in einem nicht zu warmen Raum aus. Anschließend deckt man sie mit einer Lage Zeitungspapier ab, um sie vor Lichteinfall zu schützen. Alle 2 bis 3 Tage kontrolliert man die Tomaten und verbraucht die roten, reifen Früchte. Auf diese Weise haben wir meist noch bis Weihnachten frische Tomaten. Vergessen Sie nicht, die Tomatenblätter und -stängel zu zerkleinern und als Mulchmaterial auf die Tomatenbeete zu geben.

Samengewinnung

Wahrscheinlich werden auch Sie nicht nur eine Tomatensorte in Ihrem Garten ziehen, sondern für jede Gelegenheit und jedes Gericht auch die passende Tomate haben wollen.

Suchen Sie sich deshalb für die Samengewinnung von jeder Sorte eine besonders schöne, früh gereifte Tomate aus und lassen Sie diese Tomaten an der jeweiligen Pflanze überreif werden. Anschließend werden dann die Samen herausgelöst, kurz in Wasser gelegt und abgespült. Vor der endgültigen Lagerung sollten sie allerdings mindestens eine Woche zum Trocknen ausgebreitet werden.

Mein Tipp

An der Stelle in unserem Garten, an der es sich bewährt hat, Tomaten zu pflanzen, ziehe ich diese an einem Drahtgitter und lasse sie in der Regel zwei- bis viertriebig wachsen.

Einige meiner Tomatensetzlinge verwende ich aber auch als Abwehrpflanzen und setze sie zum Beispiel in die Kohlreihe. Dort lasse ich sie, um Platz zu sparen, eintriebig an einem Stock hochranken. Meine Tomaten für das Gewächshaus säe ich bereits Ende Januar/Anfang Februar aus, um dadurch eine möglichst frühe Ernte zu erzielen. Im Gewächshaus lasse ich so viele Triebe wie möglich stehen und erhalte so von wenigen Pflanzen eine überaus reiche Ernte.

➤ Topinambur

(Helianthus tuberosus)

Der Topinambur gleicht äußerlich der Sonnenblume. Er wird genauso groß, hat aber kleinere Blüten und bildet an den Wurzeln Knollen aus, die dann geerntet werden. Topinambur ist eine äußerst anspruchslose Pflanze, versorgt uns aber reichlich mit Kalk- und Kieselsäure, was unserer Haut, unseren Haaren, Knochen und Zähnen zugute kommt. Für Zuckerkranke ist Topinambur ein wichtiges Gemüse, denn das darin enthaltene Inulin soll insulinhaltend wirken.

Anbau und Pflege

Im zeitigen Frühjahr wird im Garten ein 10 cm tiefes Loch gegraben und die Knolle oder ein Teil davon hineingelegt. Selbst das kleinste Stück einer Knolle kann dabei noch Wurzeln ausbilden. Halten Sie genügend Abstand zu Nachbarpflanzen, denn Topinambur kann über 2 m groß werden. Sonst stellt er allerdings keinerlei Ansprüche. Allerdings können Sie ihn, wenn Sie ihn erst einmal angebaut haben, nur schwer wieder loswerden.

Pflanzenschutz

Für Krankheiten und Schädlinge ist Topinambur glücklicherweise nicht anfällig.

Mischkulturen

Da Topinambur sehr groß wird und ohne Schwierigkeiten jedes Jahr an dergleichen Stelle wächst, gibt man ihm zweckmäßigerweise einen besonderen Platz am Rande der Gemüsebeete oder in einer Gartenecke.

Ernte und Konservierung

Im Spätherbst können die Knollen ausgegraben und gegessen werden. Sie halten sich auch den Winter über, wenn Sie sie im Keller in Sand einschlagen. Man kann die Knollen schälen und geraspelt unter Rohkostsalate mischen.

Gedünstet schmeckt Topinambur mit einer Zitronen-, Pilz- oder Tomatensoße. Auch ein Topinambur-Auflauf, verfeinert mit Lauch, Möhren und Selleriestückchen und mit Käse und Sahne überbacken, ist sehr delikat.

Topinambur (Helianthus tuberosus)

Mein Tipp

An einer Seite unseres Kompostplatzes haben wir eine »Hecke« aus Topinambur gepflanzt. Hier können sie sich ungestört ausbreiten, und wir können ganz nach Bedarf Knollen ausgraben und sicher sein, dass sie im nächsten Jahr wieder nachwachsen, denn einige Knollen werden immer den Winter über in der Erde gelassen

➤ Weißkohl

(Brassica oleracea)

Beim Weißkohl gibt es, wie bei allen anderen Kohlarten auch, eine frühe Sorte für den Sofortverbrauch. Der meiste Kohl wird aber wohl für den Wintervorrat angebaut.

Anbau und Pflege

Da der Kohl sehr viele Blätter entwickeln muss, benötigt er neben reichlich Wasser auch viele Nährstoffe. Die Kohlreihe sollte deshalb bereits im Herbst mit Kompost und eventuell einem organischen Dünger versehen sein. Während der Wachstumszeit erhält er dann in regelmäßigen Abständen als zusätzliche Düngung noch Brennnesseljauche und Steinmehl. Weißkohl wird am besten im März oder April ins Frühbeet oder auf einem Saatbeet ausgesät. Er keimt und entwickelt sich sehr schnell. Wenn die Pflanzen etwa 10 bis 15 cm groß sind, werden Sie an Ort und Stelle in den Garten gepflanzt. Kohl braucht für seine Entwicklung sehr viel Platz. Die Setzlinge werden deshalb, auch wenn sie zunächst noch etwas verloren wirken, in einem Abstand von 50 x 50 cm ausgepflanzt. Nutzen Sie den freien Platz vorübergehend für eine Zwischenkultur. Wenn Sie Ihre Kohlköpfe zu dicht pflanzen, erhalten Sie nur sehr kleine Köpfe und Krankheiten können sich schneller ausbreiten. In heißen Sommern sollten Sie stets für reichlich Feuchtigkeit in Ihrer Kohlreihe sorgen. Wässern Sie deshalb die Wurzeln gut, lockern Sie den Boden wiederholt mit dem Sauzahn und bedecken Sie den Fuß der Pflanze mit einer Mulchdecke; das hält die Feuchtigkeit.

Wer Sommerkohl pflanzt, kann den Abstand der Pflanzen etwas geringer wählen (40 x 40 cm), da dieser nicht so groß wird. Bedenken Sie aber beim Anbau von Sommerkohl, dass er nicht lagerfähig ist. Pflanzen Sie deshalb nicht zu viele Köpfe, denn Ihr Garten liefert ja gerade im Sommer viele andere frische Köstlichkeiten. Wenn man im Frühjahr für den Sofortverbrauch frischen Kohl ernten möchte, sät man eine winterharte Sorte im August aus. Im September werden dann die Setzlinge in einem Abstand von 40 x 40 cm etwas tiefer, als sie im Saatbeet standen, in den Garten gepflanzt. Bevor die ersten starken Fröste und Schneefälle beginnen, deckt man die Pflanzen mit Reisig ab. Im Mai werden Sie dann bereits den ersten Kohl in Ihrem Garten ernten können.

Weißkohl (Brassica oleracea)

Einige Sorten

- Marner Lagerweiß
- Dithmarscher Früher
- Glückstädter
- Braunschweiger
- Spitzkohl Erstling

Pflanzenschutz

Beim Kohl können eine Reihe von Krankheiten und Schädlingen auftreten, gegen die man sich aber im biologischen Garten gut schützen kann.

Die gefürchteste ist die Kohlhernie. Die Pflanzen beginnen zu welken und an den Wurzeln erkennt man Schwellungen und Knoten. Kohlhernie wird durch die Sporen eines Pilzes hervorgerufen. Sie kann man deshalb so schwer aus seinem Garten verbannen, weil

die Sporen des Pilzes 7 Jahre lang im Boden bleiben können.
Um dieser Krankheit vorzubeugen, empfiehlt es sich, etwas Algenkalk in das Pflanzloch der Setzlinge zu streuen. In sauren Böden entwickelt sich die Krankheit besonders gut, hier hilft nur ein regelmäßiges Kalken. Durch gute Bodenbearbeitung und Mischkulturen ist der Krankheit auf jeden Fall vorgebeugt. Säen Sie auch niemals Senf in die Reihen als Gründüngung, in die Kohl gepflanzt werden soll. Er gehört nämlich, wie Kohl, zur Familie der Kreuzblütler und breitet die Krankheit mit aus. Vorbeugend können die Pflanzen auch mit Schachtelhalmtee gespritzt werden.

Tritt die Krankheit erst einmal in Ihrem Garten auf, sollten Sie an die gleiche Stelle mindestens 4, besser 7 Jahre lang keinen Kohl mehr pflanzen. Um die Krankheit nicht weiter auszubreiten, dürfen befallene Pflanzen auch nicht auf den Kompost.

Ein häufig vorkommender Schädling ist der Kohlweißling. Seine Raupen können in Windeseile die Blätter bis auf das Gerippe abfressen. In einem biologischen Garten begegnen wir dem Schädling dadurch, dass wir die Eier und Raupen absammeln. Zusätzlich können die Pflanzen noch mit einer Schmierseifenlösung oder mit Wermuttee oder einer Brühe aus Tomatenblättern gespritzt werden.

Vorbeugend empfiehlt sich eine Mischkultur mit Tomaten, Spinat, Sellerie und Borretsch, die alle die Kohlweißlinge von ihrem Anflug auf die Kohlpflanzen ablenken. Ein seltener Schädling bei Kohl ist die Weiße Fliege (Kohlmotte). Hunderte dieser kleinen Insekten setzen sich auf der Unterseite der Blätter fest. Die Blätter bekommen braune Flecken, Rußtau genannt, der durch die Honigausscheidung der Insekten entsteht. Als Hilfsmaßnahmen können die Pflanzen mit einem Kaltwasserauszug aus Brennnesseln gespritzt werden. Erdflöhe versehen die Kohlblätter zwar mit einem hübschen Lochmuster, stören aber die Entwicklung der Pflanzen. Am besten entwickeln sich Erdflöhe bei Trockenheit, deshalb sollte der Boden stets gut feucht gehalten und mit einer Mulchdecke versehen sein. Mischkulturen mit Salat und Spinat vertreiben diese Schädlinge. Bei akutem Befall hilft auch ein Spritzen mit Wermutbrühe und das Ausstreuen von Algenkalk.

In der Zeit zwischen Ende April und Anfang Mai legt die Kohlfliege ihre Eier am Fuß der frisch gesetzten Kohlpflanzen ab. Die Maden dringen in die Erde ein und zerfressen die Wurzeln und Stängel. Die Folge davon ist, dass die Blätter welken und die Pflanzen absterben.

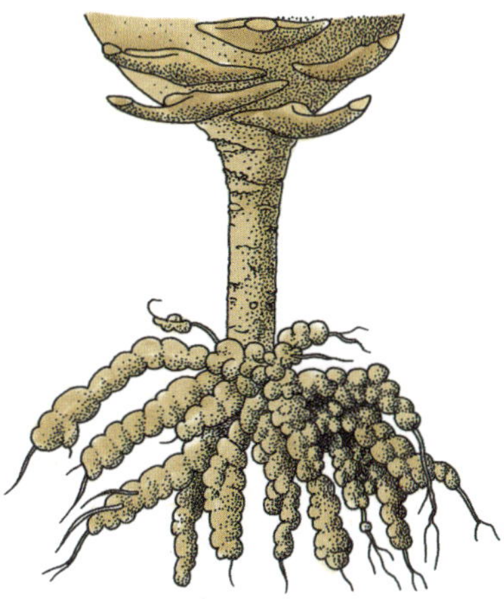

Die gefürchtete Kohlhernie erkennt man an den Schwellungen und Knoten der Wurzeln.

Die Raupen des Kohlweißlings können die Kohlblätter in Windeseile bis auf das Gerippe abfressen

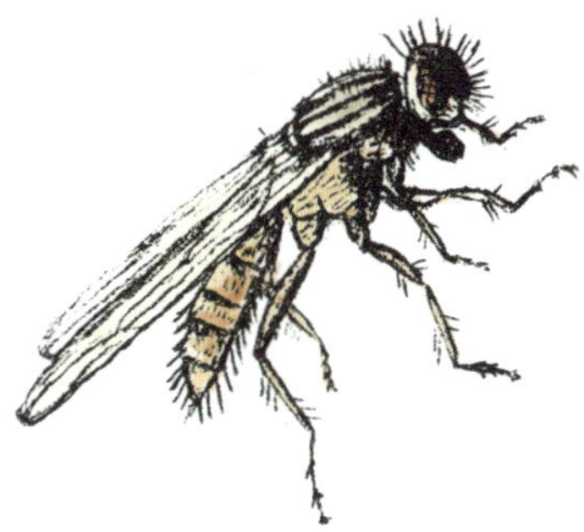

In der Zeit zwischen Ende April und Anfang Mai legt die Kohlfliege ihre Eier am Fuß der Kohlpflanzen ab. Am besten schützt man die Pflanzen dagegen mit einem Kohlkragen.

Erdflöhe versehen die Kohlpflanzen zwar mit einem aparten Lochmuster, hemmen aber dabei ihre Entwicklung.

Tritt die Kohlfliege in Ihrem Garten verstärkt auf, setzen Sie Kohl erst Ende Mai in den Garten; auch Herbstaussaaten sind nicht gefährdet. Ein wirksamer Schutz ist auch ein sogenannter Kohlkragen. Er besteht aus einem 10 – 15 cm großen Quadrat aus Dachpappe. An einer Seite wird dieses Quadrat bis zur Mitte hin eingeschnitten und so um den Stängel gelegt. Die Kohlfliege legt zwar auch ihre Eier darauf ab, aber die Maden können nicht in die Erde dringen. Vorbeugend werden alle Pflanzen stets gut angehäufelt.

Mischkulturen

Gute Nachbarn sind Salate, Erbsen, Erdbeeren, Gurken, Kohlrabi, Mangold, Radieschen, Sellerie, Spinat, Stangenbohnen und Tomaten, wobei, wie schon oben erwähnt, Kopfsalat, Sellerie, Tomaten und Spinat aus Gründen des Pflanzenschutzes bevorzugt zusammen mit Weißkohl angebaut werden sollten.
Schlechte Nachbarn für Weißkohl sind Zwiebeln, Lauch, Knoblauch, Kartoffeln und andere Kohlarten.

Ernte und Konservierung

Weißkohl sollte man stets zusammen mit seinen Wurzeln ernten, damit sich etwaige Krankheiten nicht im Boden festsetzen können. Sind die Wurzeln von der Kohlhernie befallen oder weisen sie Larven der Kohlfliege auf, müssen sie verbrannt werden. Gesunde Wurzeln klopft man am besten mit dem Hammer etwas weich, bevor man sie auf den Komposthaufen gibt. Frühjahrs- und Sommerkohl müssen sofort verbraucht werden, sie sind nicht lagerfähig, halten allerdings einige Tage im Kühlschrank. Aus kleinen Köpfen kann gut ein lieblicher (mit Sahne, Honig, Nüssen) oder pikanter Salat hergestellt werden.
Große Köpfe dünstet man in etwas Fett mit möglichst wenig Wasser. Man kann Weißkohl aber auch zusammen mit Möhren und Zwiebeln zubereiten. Seine Blätter sind eine ausgezeichnete Hülle für gekochten Reis, Hirse oder Grünkern (Krautwickel, Kohlrouladen). Eine Kohlsuppe aus frischem Weißkohl und Sauerkraut sowie ein paar Kartoffeln, verfeinert mit ein paar Pilzen, saurer Sahne und Gewürzen, schmeckt einfach köstlich. Der Herbstkohl kann sehr lange auf den Beeten bleiben, denn er verträgt Temperaturen bis –5 °C. Vor den ersten zu erwartenden großen Schneefällen sollte man ihn allerdings hereinholen. In einem kühlen, aber frostfreien Keller wird er entweder auf Stroh gelegt und mit Stroh zugedeckt oder kopfüber an den Strünken aufgehängt. Aus sehr großen Köpfen kann man ausgezeichnet Sauerkraut herstellen.

Samengewinnung

Kohl gehört in bezug auf die Samengewinnung zu den zweijährigen Pflanzen. Schon dies allein macht die Samengewinnung schwierig, da man Kohl nur selten unbeschadet über den Winter bekommt. Außerdem wird die Samengewinnung dadurch erschwert, dass im Garten alle Kohlarten ziemlich zur gleichen Zeit blühen, so dass man nur schwer reine Samen erhalten kann. Aus diesem Grunde empfiehlt es sich, auf die Samen des Handels zurückzugreifen.

Mein Tipp

Um Sauerkraut für den Winter herstellen zu können, baue ich stets einige Köpfe Spitzkohl an. Sie brauchen nicht ganz so viel Platz, weil sie mehr in die Höhe wachsen, und werden sehr schwer. Außerdem lassen sie sich gut mit dem Krauthobel zerkleinern. Je nach Bedarf benötigt man 5 bis 10 Köpfe (das sind in der Regel 20 kg Kraut).

➤ Winterpostelein

(Portulaca oleracea var. sativa)

Der Winterpostelein ist ein Verwandter des Portulaks und wurde früher häufig zuammen mit Feldsalat, dem er in der Kultur ähnelt, als Wintersalat angebaut.

Anbau und Pflege

Im Freiland wird Winterpostelein im August dünn in Reihen von 10 cm Abstand ausgesät. (Im Frühbeet oder Gewächshaus kann eine Aussaat in Töpfe auch noch im September vorgenommen werden.) Die jungen Pflänzchen werden auf einen Abstand von 10 – 15cm vereinzelt. Jede einzelne Pflanze breitet sich dann sehr bald so stark aus, dass das gesamte Beet bedeckt ist. Winterpostelein stellt an den Boden keine besonderen Ansprüche, nur an feuchten Stellen wächst er weniger gut.

Sorte

- Winterpostelein

Pflanzenschutz

Schnecken mögen Winterpostelein sehr gerne. Sorgen Sie deshalb bei großer Feuchtigkeit für einen Schneckenschutz.

Mischkulturen

Im Garten wird Winterpostelein gerne zu Erdbeeren oder Feldsalat gepflanzt. Gute Nachbarn sind aber auch Pflücksalate, Lauch, Petersilie, Wintersteckzwiebeln und Schnittlauch.

Winterpostelein (Portulaca oleracea var. sativa)

Ernte und Konservierung

Winterpostelein ist ertragreicher als Feldsalat, denn er wächst mehrmals nach. Bereits im Herbst kann man anfangen, die Blätter zu schneiden. Die Haupternte liegt allerdings im Februar und März. Decken Sie ihn deshalb mit Fichtenreisig oder Folie ab, damit er im Winter nicht erfriert.

Mein Tipp

Wenn der Winterpostelein im Frühling anfängt zu blühen, können auch seine kleinen weißen Blüten mit unter den Salat gemischt werden.

Wirsingkohl (Brassica oleracea)

Zucchini (Cuburbita pepo)

➤ Wirsingkohl

(Brassica oleracea)

Der Wirsingkohl ist der robusteste unter den Kopfkohlarten. Er ist sehr widerstandsfähig gegen Krankheiten und gegen Frost und bildet schnell seine Köpfe aus. Für Wirsingkohl gelten die gleichen Kultur- und Pflegemaßnahmen wie für Weißkohl. Ich setze im Frühjahr nur einige wenige Wirsingkohlsetzlinge ins Freiland. Hauptsächlich säe ich im August oder September eine winterfeste Sorte im Saatbeet aus und pflanze die Setzlinge Anfang bis Mitte Oktober zwischen bereits ausgesäte Spinatreihen. Als Zwischenpflanzung nehme ich Winterkopfsalat. Mitte bis Ende November bedecke ich die Pflanzen mit etwas Reisig, und Ende April/Anfang Mai kann ich schöne Wirsingköpfe ernten.

Einige Sorten

- Praeco (frühe Sorte)
- Marner Grüfewi
- Dauerwirsing (späte Sorten)

➤ Zucchini

(Cucurbita pepo)

Als wir zum ersten Mal unseren Garten bepflanzten, staunten viele Leute über die reiche Ernte an unseren Zucchinipflanzen, sie waren damals als Gartenpflanzen in unserer Gegend noch unbekannt. Inzwischen sind Zucchini auch hier in den Gärten anzutreffen, versprechen sie doch in der Regel eine große Ernte und können in der Küche überaus vielfältig verwendet werden. Zucchini gehören zu den Kürbispflanzen und stammen aus Italien und Frankreich. Sie eignen sich auch bei uns ausgezeichnet für einen Freilandanbau, im Gewächshaus ist es ihnen zu heiß.

Anbau und Pflege

Zucchini keimen sehr leicht und schnell, deshalb kann man sie bereits Anfang Mai direkt ins Freiland säen. Sie bilden keine Ranken wie der Kürbis werden aber sehr groß; deshalb sät man im Abstand von 1 m jeweils 3 Samen und belässt später nur die besten Pflanzen. Ist der Mai sehr kalt, kann auch noch einmal eine Aussaat Ende des Monats vorgenommen werden. Wenn der Boden gut mit Kompost versorgt wurde, und die Pflanzen während der Wachstumszeit wiederholt mit Pflanzenjauche gedüngt werden, wachsen sie sehr schnell und bilden viele Früchte aus. Achten Sie auch stets auf genügend Feuchtigkeit. Wässern Sie an warmen Tagen die Pflanzen gründlich im Wurzelbereich, und mulchen Sie den Boden.

Einige Sorten

- Zucchini Diamant
- Sperlings Goldfieber (gelbe Früchte)
- Black Jack

Pflanzenschutz

Durch Wassermangel im Boden und hohe Luftfeuchtigkeit können sich an den Pflanzen weiße Flecken, also Mehltau, bilden. Hier schafft man durch gründliches Wässern und Mulchen schnell Abhilfe. Vorbeugend gegen Pilzkrankheiten können Sie Schachtelhalmbrühe spritzen.

Mischkulturen

Gute Nachbarn von Zucchini sind Stangenbohnen und Zwiebeln. Säen Sie zwischen die Zucchinipflanzen Kapuzinerkresse; mit ihren vielen Ranken hilft sie schnell den Boden zu bedecken.

Ernte und Konservierung

Zucchini sollte man am besten pflücken, wenn sie ungefähr 20 cm groß sind; dann sind sie am zartesten und können mit der Schale zubereitet werden. Größere Früchte können selbstverständlich auch noch verwendet werden. Allerdings sollte man diese dann besser schälen, würfeln und nicht mehr roh verwenden. Durch regelmäßiges und frühzeitiges Ernten kann der Ertrag sehr gesteigert werden.
Erst wenn sich die ersten starken Nachtfröste anmelden, müssen alle Früchte geerntet werden. Man kann sie in einem kühlen Keller nebeneinander gelagert ein paar Wochen ohne weiteres aufbewahren.

Eingefrorene Zucchini schmecken meiner Meinung nach sehr wässrig und werden sehr weich. Ich schneide sie lieber in 0,5 bis 1 cm dicke Scheiben und lasse sie auf Sieben im Backofen etwa 6 Stunden trocknen. Dabei bleibt ihr typischer Eigengeschmack ausgezeichnet erhalten. Frisch werden sie entweder alleine

Gute Nachbarn von Zucchini sind Stangenbohnen und Zwiebeln. Säen Sie außerdem zwischen die Zucchinipflanzen Kapuzinerkresse, die den Boden vorm Austrocknen schützt.

gedünstet oder in Gemüseeintöpfen verwendet. Sie können dabei in einer südlichen Variante mit Auberginen, Paprika und Tomaten oder in einer nördlichen zusammen mit Wirsingkohl und Tomaten zubereitet werden. Zucchini schmecken aber auch ausgezeichnet gefüllt oder in Scheiben geschnitten auf einem Backblech gebacken. Verwendet man sie roh, werden sie am besten geraspelt und mit einer Joghurt-Kräuter-Marinade angemacht.

Samengewinnung

Von großen Früchten, die überreif sind und nicht mehr gegessen werden können, erhält man ohne Schwierigkeiten Samen. Zu diesem Zweck entfernt man die äußere Schale, gibt das Fruchtfleisch in eine mit Wasser gefüllte Schüssel und löst mit den Fingern vorsichtig das Fleisch von den Samen. Anschließend lässt man die Samen sorgfältig nachtrocknen.

Mein Tipp

Ich ziehe die Zucchinipflanzen im Gewächshaus (die Fensterbank reicht auch aus) vor. Ende April säe ich die Samen dafür in Blumentöpfe und pflanze die jungen Zucchini Ende Mai an Ort und Stelle ins Freiland. Eine andere Möglichkeit ist es, die Samen bei einer frühen Aussaat mit einem Sonnenhut oder einem großen Weckglas zu bedecken. Dadurch werden sie zum einen vor extremen Witterungseinflüssen, zum anderen vor gefräßigen Schnecken geschützt. Sind die Pflanzen dann groß und widerstandsfähig genug, können die Sonnenhüte Ende Mai entfernt werden.

➤ Zuckerhut

(Cicorium intybus var. foliosum)

Er gehört wie Endivie, Chicorée und Radicchio zur Familie der Zichoriengewächse. Er wird auch als Zichoriensalat oder Fleischkraut bezeichnet und ist eine Schweizer Spezialzüchtung mit etwa 40 cm hohen sehr festen Köpfen und einem leicht herben Geschmack.

Zuckerhut (Cicorium intybus var. foliosum)

Anbau und Pflege

Der Zuckerhut ist eine gute Nachkulturpflanze, weil er nicht vor Mitte Juni bis Mitte Juli gesät werden sollte. Er ist anspruchslos und deshalb für jeden Gartenboden geeignet.

Man sät ihn in einem Reihenabstand von 30 cm; die jungen Pflanzen werden später auf einen Abstand von 20 cm vereinzelt, ein Verpflanzen vertragen sie nicht. Während der Wachstumszeit kann Zuckerhut mit Pflanzenjauche gedüngt werden, in einem guten Gartenboden ist diese Maßnahme allerdings meist nicht nötig.

Sorte

- Sperlings Kristallkopf

Pflanzenschutz

Zuckerhut ist nicht sehr anfällig für Schädlinge und Krankheiten.

Mischkulturen

Er ist ein guter Nachbar für Fenchel und Möhren.

Ernte und Konservierung

Im Spätsommer schließen sich die Blätter des Zuckerhuts zu festen, tütenförmigen Köpfen, die bis zu 40 cm groß werden können. Ab Oktober ist er dann erntereif. Zuckerhut kann dann allerdings noch eine Zeit im Garten bleiben, denn er übersteht Fröste bis – 6 °C ohne Schaden. Bevor stärkere Fröste auftreten – also in der Regel Ende November – wird der Zuckerhut mit den Wurzeln ausgegraben und im Keller in feuchten Sand eingeschlagen. So hält er sich einige Wochen. Zuckerhut wird wie Endivien oder Chicorée roh als Salat oder aber auch gedünstet als Gemüse verwendet.

Mein Tipp

Ich dünste Zuckerhut in Streifen geschnitten wie Wirsingkohl oder verwende seine Blätter als Hülle für Getreidespeisen.

Gemüsezwiebel (Allium cepa)

➤ Zwiebeln

(Allium cepa)

Zu den Zwiebelgemüsen gehören neben allen Zwiebelarten auch noch der Knoblauch und der Lauch. In der Küche werden Zwiebeln als Würzmittel, roh zu Salaten oder als Gemüse verwendet. Die Zwiebel spielt zusammen mit dem Knoblauch schon seit Jahrhunderten eine Rolle in der Volksheilkunde und gilt als die »Königin« unter den Gemüsen. Man benutzte und benutzt sie – zerkleinert und mit Wasser und etwas Honig gekocht – bei Husten, Erkältungen, Asthma und allen Katarrhen. Hier wirkt sie schleimlösend und auswurffördernd.
Sie wirkt auch bei allgemeinen Verdauungsstörungen, Gallenblasenentzündungen und Bluthochdruck. Wickel und Auflagen aus Zwiebelscheiben werden bei Gelenkkrankheiten, Geschwüren, Verbrennungen und Insektenstichen angewendet.

Anbau und Pflege

Da es so viele verschiedene Zwiebelsorten und Möglichkeiten ihres Anbaus gibt, werden bestimmt auch Sie mit ein bisschen Ausprobieren die richtige Zwiebel für Ihren persönlichen Geschmack finden. Alle Zwiebeln lieben einen guten, lockeren Boden, der allerdings niemals mit frischem Mist gedüngt sein sollte, weil die Zwiebeln sonst schlecht reifen und Schädlinge angezogen werden. Eine Düngung während der Wachstumszeit ist im Allgemeinen nicht erforderlich. (Manche Leute düngen ihre Zwiebeln mit Holzasche, weil der in ihr enthaltene Kali die Haltbarkeit bei der späteren Lagerung erhöhen soll. Ich persönlich habe allerdings bei meinen Zwiebeln keine Unterschiede feststellen können.)

Suchen Sie für Ihre Zwiebeln einen sonnigen Platz aus, sie werden es Ihnen danken. Ab März können sie in Reihen von 20 cm Abstand sehr dünn ausgesät werden. Sie ent¬wickeln sich zunächst sehr lang¬sam. Es kann bis zu 4 Wochen dauern, bis das erste zarte Grün zu sehen ist. Die jungen Zwiebelpflänzchen müssen dann auf einen Abstand von 7 bis 10 cm vereinzelt werden. Gesäte Zwiebeln sind im Allgemeinen etwa 4 Wochen später reif als Steckzwiebeln, zeichnen sich aber durch eine sehr gute Haltbarkeit bei der Lagerung aus. Steckzwiebeln sind kleine runde, etwa haselnussgroße Zwiebeln, die je nach Gegend im März oder April in

Schalotten (Allium cepa)

Reihen von 20 cm Abstand gesteckt werden. An einer Schnur entlang wird dabei mit dem Pflanzholz alle 10 bis 15 cm ein 3 bis 5 cm tiefes Loch gedrückt und die Steckzwiebeln mit der Wurzel nach unten hineingegeben. Anschließend füllen Sie das Loch mit Erde auf und klopfen diese gut fest, damit die Vögel nicht an die Pflanzlöcher gehen.

Frühlings- oder Perlzwiebeln sind nicht lagerfähig, sondern immer für den Sofortverbrauch bestimmt. Die Frühlingszwiebeln werden im August in einem Reihenabstand von 25 cm ausgesät und später in der Reihe auf 7 bis 10 cm vereinzelt. Sie bleiben den Winter über im Garten und versorgen uns bereits ab Anfang Mai mit frischen jungen Zwiebeln und Zwiebelgrün. Sät man diese Sorte im März aus, so entwickeln sich schnell kleine weiße Zwiebeln, die vorwiegend als Perlzwiebeln zum Sauereinlegen benutzt werden.
Große Gemüsezwiebeln können im Februar/März auch unter Glas ausgesät werden. Allerdings muss man sie dann einmal pikieren, bevor sie im Mai auf einen Abstand von 30 x 15 cm in den Garten gepflanzt werden.

Die Winterheckenzwiebel (siehe Seite 183) wird auch als ewige Zwiebel bezeichnet. Sie ist winterhart, treibt jedes Jahr neu aus und wird ähnlich wie Schnittlauch verwendet.
Die Schalotten werden wie Steckzwiebeln gepflanzt, sie benötigen allerdings einen größeren Abstand untereinander. Man legt sie im April in die Erde und klopft diese dann gut fest. Selbst wenn es noch kalt ist, bilden sie bald ein dichtes Wurzelwerk und ein Büschel frischer grüner Blätter aus. Ende Juni hat sich dann um diese »Mutterschalotte« bereits ein ganzes Nest neuer Schalotten gebildet. Sollten sich während der Wachstumszeit bei irgendeiner Zwiebel Blütenstängel oder Blüten ausbilden, so müssen diese abgezwickt werden. Wenn die Pflanzen nämlich blühen und Samen ausbilden, entwickeln sich die Zwiebeln nicht genügend.

Sorten

- Saatzwiebeln: Zittauer Gelbe
- Braunschweiger Blutrote
- Gemüsezwiebeln Yellow Sweet
- Frühlingszwiebeln
- Perlzwiebeln Weiße Königin
- Steckzwiebeln: Stuttgarter Riesen
- Braunschweiger Blutrote
- Schalotten

Pflanzenschutz

In der Regel sind Zwiebeln nicht sehr empfindlich. Beim Auftreten der Zwiebelfliege jedoch kann im Ernstfall die gesamte Zwiebelernte vernichtet werden. Die Zwiebelfliege legt ihre Eier an den Zwiebeln ab. Ihre Maden zerfressen dann die Zwiebel und ihre Röhrenblätter von innen, so dass die Zwiebeln anfangen zu faulen.
Umgehen Sie am besten die Flugzeit der Fliege (von Mitte April bis Mitte Mai) durch spätere Aussaaten und

vertreiben Sie sie, indem Sie Zwiebeln in Mischkultur mit Möhren anpflanzen. Auf diese Weise habe ich noch nie Schäden durch die Zwiebelfliege im Garten gehabt. Falls trotz aller Vorsichtsmaßnahmen die Zwiebelfliege auftritt, geben Sie die befallenen Pflanzen nicht auf den Kompost, sondern verbrennen Sie sie.

Mischkulturen

Der beste Mischkulturpartner für die Zwiebel ist die Möhre, weil sich beide gegenseitig ihre ärgsten Schädlinge, die Möhren- und die Zwiebelfliege, vertreiben. Gut ist aber auch eine Kombination mit Zucchini, roter Bete, Kopfsalat, Fenchel und Zichoriensalaten.
Kohl und Stangenbohnen sind schlechte Nachbarn.

Ernte und Konservierung

Die Zwiebeln sind reif, wenn das Zwiebelgrün anfängt braun zu werden. Dies ist bei Steckzwiebeln im Allgemeinen bis Ende August der Fall, bei Saatzwiebeln im September.
Holen Sie die Zwiebeln für die Winterlagerung nicht zu früh aus dem Garten, warten Sie, bis die Stängel von alleine umknicken und trocken werden. Je besser die Zwiebeln auf dem Beet vortrocknen, desto haltbarer sind sie im Winter. Ernten Sie Ihre Zwiebeln an einem sonnigen, warmen Herbsttag. Das welke Grün wird nicht entfernt, sondern 6 bis 10 Zwiebeln werden locker zu Bündeln zusammengebunden und etwa zwei Wochen unter einem Dachvorsprung oder auf dem Dachboden zum Nachtrocknen aufgehängt. Zur endgültigen Lagerung werden diese Bündel dann an einem kühlen, aber frostfreien, luftigen Ort aufgehängt. Selbstverständlich können Sie für den Sofortverbrauch den ganzen Sommer über kleinere Zwiebeln direkt vom Beet ernten. Zwiebeln sind roh und gekocht ein unentbehrliches Würzmittel in der Küche. Sie schmecken aber auch als Gemüse allein: Denken Sie nur an so klassische Gerichte wie die französische Zwiebelsuppe oder den schwäbischen Zwiebelkuchen. Große Gemüsezwiebeln lassen sich aber auch sehr gut mit Reis und Pilzen füllen.

Samengewinnung

Zwiebeln, von denen man Samen gewinnen möchte, lässt man den Winter über in der Erde. Im nächsten Frühjahr treiben sie schnell wieder, werden groß und bilden Blüten und Samen aus. Um im nächsten Jahr wieder Schalotten ernten zu können, müssen Sie von Ihrem Vorrat einige Schalotten zurückbehalten: Sie werden dann als neue »Mutterschalotten« im April in den Garten gesetzt.

Mein Tipp

Es gibt inzwischen auch winterharte Steckzwiebeln, die im September gesteckt werden. Auf diese Weise stehen im Allgemeinen schon ab Ende Mai große Zwiebeln für den Sofortverbrauch in der Küche bereit.

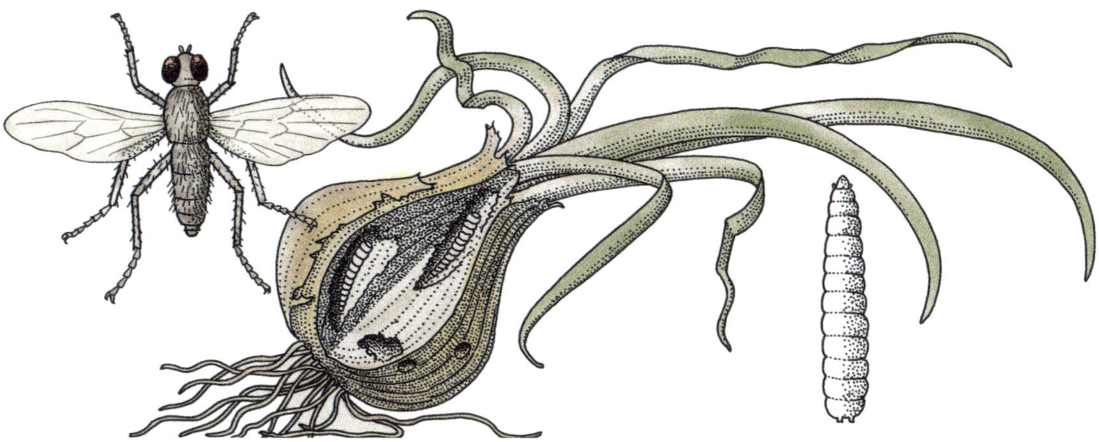

Die Zwiebelfliege legt ihre Eier an den Zwiebeln ab und ihre Maden zerfressen die Zwiebel und die Röhrenblätter von innen. Gegen diesen Schädling hilft eine Mischkultur mit Möhren.

Gartenkräuter

Anis

(Pimpinella anisum)

Anis ist ein uraltes Heil- und Gewürzkraut, das jedes Jahr neu ausgesät werden muss. Man verwendet von der Pflanze die ausgereiften Samen. Schon früher würzte man Brote mit gemahlenem Anis, Weihnachtsgebäck, Kompotte, Obstsalate, Suppen und Rotkohl. Außerdem ist Anis Bestandteil von Hustentees, weil er husten- und krampflösend wirkt.

Anis wird im Mai in Reihen mit einem Abstand von 30 cm ausgesät. Da bis zum Aufgehen der Saat 3 bis 4 Wochen vergehen können, empfiehlt es sich, einige Radieschensamen als Markiersaat beizugeben. Die jungen Anispflanzen werden dann später auf einen Abstand von 15 cm vereinzelt. Anis liebt eine sonnige Lage und einen kalkhaltigen Boden. Die Pflanzen werden etwa 50 cm hoch. In einem kühlen, nassen Sommer kann es allerdings passieren, dass die Samen nicht voll ausreifen können. Sobald sich die Samen an den Dolden bräunlich zu färben beginnen, werden die Fruchtstände abgeschnitten, zu Sträußen gebunden und zum Nachreifen und Nachtrocknen kopfüber aufgehängt. Nach 1 bis 2 Wochen lassen sich die Samen leicht über einem Tuch ausklopfen.

Anis (Pimpinella anisum)

Baldrian

(Valeriana offtcinalis)

Baldrian ist eine ausdauernde, sehr groß wachsende Staude, die bis zu 1,5 m hoch wird und von Juli bis August mit vielen weiß-rosa Blüten übersät ist. Baldrian wird zwar nicht als Küchenkraut verwendet, ist aber deshalb von großem Interesse für unseren Garten, weil ein Tee aus Baldrianblüten zur Blühanregung über alle die Gemüsepflanzen gespritzt werden kann, von denen wir später die Früchte ernten. Außerdem kann aus seinen Blättern eine Jauche hergestellt werden, mit der man Blumenstauden und Rosen düngt. In der Naturheilkunde ist Baldrian ein klassisches Beruhigungsmittel bei Nervosität, Schlaflosigkeit, Überarbeitung und nervösem Herzklopfen. Um diesen Baldriantee herzustellen, zieht man 2 Teelöffel der kleingeschnittenen und getrockneten Wurzel 12 Stunden lang in ¼ l kaltem Wasser aus; für einen Badezusatz benötigt man etwa 100 g Wurzeln, die mit 1 l kaltem Wasser angesetzt werden.

Baldrian (Valeriana officinalis)

Basilikum

(Ocimum basilicum)
Das wärmeliebende Basilikum gehört zu den einjährigen Kräutern. Je nach Sorte und Witterungsverhältnissen kann es zwischen 15 und 60 cm groß werden. Basilikum enthält einen sehr großen Anteil an ätherischen Ölen, die man spürt, wenn man die Pflanze nur leicht berührt: Basilikum verströmt dann einen intensiven Duft. Da Basilikum sehr kälteempfindlich ist, empfiehlt es sich, die Pflanzen auf der Fensterbank vorzuziehen. Säen Sie zu diesem Zweck die Pflanzen im März in ein Kistchen aus und bedecken Sie sie nur mit wenig Erde; Basilikum benötigt nämlich Licht zum Keimen. Bei ausreichender Feuchtigkeit erscheinen bald die Keimblätter. Die jungen Pflänzchen sollten einmal pikiert werden und können dann nach den Eisheiligen an einen sonnigen Platz in den Garten gepflanzt werden. Schnittsalate und Gurken haben sich dabei als gute Nachbarn erwiesen.

In milden Gegenden kann Basilikum auch ab Mitte Mai direkt ins Freiland gesät werden. In nasskalten Sommern gedeiht es allerdings im Garten schlecht. Zur Vorsicht setze ich deshalb immer eine Pflanze ins Gewächshaus. Dort wird sie sehr groß und deckt einen großen Teil unseres Basilikumbedarfs. Die jungen Blätter können laufend frisch gepflückt werden. Man würzt mit ihnen Suppen, Soßen, Gemüse (Ratatouille), Kartoffelgerichte und Pilze oder stellt eine provenzalische Kräutermischung her.

Für den Wintervorrat können die Blätter auch sehr gut getrocknet werden.
Da Basilikum für seine Samenentwicklung sehr lange braucht, reicht die Zeit in unseren Breiten meist nicht aus, um die Pflanzen bis zur Samenreife zu ziehen. Ich kaufe deshalb Basilikumsamen.

Basilikum (Ocimum basilicum)

Bohnenkraut

(Satureja hortensis)
Bohnenkraut, auch Pfefferkraut genannt, ist ein einjähriges Küchenkraut. Es riecht sehr würzig und schmeckt pfeffrig. Als Heilkraut wirkt es krampflösend, magenstärkend, hilft gegen Blähungen und macht schwere Speisen verdaulicher. Im April und Mai kann das Bohnenkraut dünn in Reihen mit einem Abstand von 20 cm ausgesät werden. Dabei darf es nur wenig mit Erde bedeckt werden, weil es Licht zum Keimen benötigt. Verziehen Sie nach dem Aufgang der Saat zu

Bohnenkraut (Satureja hortensis)

dicht stehende Pflanzen auf einen Abstand von 20 cm. Bohnenkraut liebt Sonne und, wenn es erst einmal gekeimt hat, eher Trockenheit. Buschbohnen, Rettiche und Kopfsalat mögen Bohnenkraut in ihrer Nähe. Es verbessert ihren Geschmack und vertreibt außerdem die Läuse.

Die Blätter des Bohnenkrauts können jederzeit geerntet werden, am würzigsten sind sie jedoch kurz vor und während der Blüte. Deshalb werden auch die blühenden Pflanzen abgeschnitten, locker zu Sträußen gebunden und zum Trocknen aufgehängt.
Frisch oder getrocknet ist Bohnenkraut das klassische Gewürz für alle Bohnengerichte; Eintöpfe aus Hülsenfrüchten soll es bekömmlicher machen. Außerdem verwendet man es ganz nach Geschmack auch zu Kohlgerichten, Salaten und Soßen. Bohnenkraut unter einen Brotteig gemischt ergibt ein würziges Brot.

Wenn Sie Samen gewinnen wollen, lassen Sie 1 bis 2 Pflanzen blühen und Samen ansetzen. Ernten Sie diese, bevor sie braun werden, damit sie nicht vorher ausfallen. An einer sonnigen Stelle am Rande meiner Gemüsebeete wächst schon seit Jahren das Bergbohnenkraut. Es ist äußerst widerstandsfähig und vor allem mehrjährig. Bereits im Frühjahr versorgt es uns mit frischen Blättern. Verwendet wird es wie Bohnenkraut.

Borretsch

(Borago officinalis)
Wenn Sie Borretsch einmal in Ihrem Garten gesät haben, werden Sie ihn nur noch schwer wieder vertreiben können. Aber seine herrliche, himmelblaue Blütenpracht ist ein schöner Blickfang und lockt zudem noch zahlreiche Bienen an.
Borretsch braucht nur einmal ausgesät zu werden, und das am besten im März oder April als Voraussaat bei Kohl.
Wenn Sie den Kohl pflanzen, sollten Sie alle Borretschpflanzen bis auf eine entfernen und die übrigen entweder zum Würzen oder aber hauptsächlich zum Mulchen verwenden (seine haarigen Blätter vertreiben die Schnecken sehr gut). Diese eine Pflanze, die bis zu 80 cm groß werden kann, reicht aus, um durch ihren Duft den Kohlweißling von seinem Anflug auf die Kohlpflanzen in der Reihe abzulenken.

Verpflanzen kann man Borretsch wegen seiner langen Wurzeln schlecht. Wenn Sie es trotzdem versuchen wollen, dann nur bei regnerischem, feuchten Wetter. Wenn Sie in Ihrem Garten über einen schweren Boden verfugen, können Sie Borretsch als Helfer einsetzen: Er durchwurzelt den Boden und lockert ihn. Die jungen ovalen Blätter können den ganzen Sommer über frisch verwendet werden, konservieren lassen sie sich schlecht. Verwenden Sie sie gehackt zum Würzen von Gurkensalat und anderer Rohkost, für Salatmarinaden und Quark, und geben Sie die Blätter als Beigabe zu Kräutersuppen, Mangold- oder Spinatgerichten.
Auch die himmelblauen Blüten sind essbar. Streuen Sie sie einmal über Blattsalate, das sieht wunderschön aus und schmeckt zudem köstlich.
Borretsch bildet sehr leicht Samen und sät sich selber aus. Lassen Sie im Frühjahr nur wenige Pflanzen stehen und verwenden Sie den Rest zum Mulchen.

Borretsch (Borago officinalis)

Brunnenkresse (Nasturtium officinale)

Brunnenkresse

(Nasturtium officinale)
In unseren Breiten wächst die Brunnenkresse wild in fließenden Gewässern. Man sagt ihr nach, dass sie eine Zeigerpflanze für reines Wasser ist.
Im Garten lässt sie sich aber auch in wasserdichten Gefäßen kultivieren. Dabei werden die Samen von März bis Anfang August in diese Gefäße gestreut, gut mit Erde abgedeckt, stets feucht bis nass gehalten und an einem schattigen Ort aufgestellt.
Nach 2 Wochen erkennt man in der Regel bereits die ersten Pflänzchen. Ab diesem Zeitpunkt sollte das Wasser im Gefäß stets 1 cm über der Erde stehen, und es empfiehlt sich außerdem, die Pflanzen zweimal während der Wachstumszeit mit verdünnter Brennnesseljauche zu gießen. Sobald die Triebe etwa 15 cm lang sind, können sie zum ersten Mal geschnitten werden. Man verwendet die frischen Blätter mit ihrem leicht scharfen, etwas bitteren Geschmack zum Würzen von Blattsalaten, Quark und Kräuterbutter.

Currykraut

(Helichrysum italicum(
Das Currykraut stammt aus dem Mittelmeerraum und hat bei uns seinen Namen von seinem Geruch erhalten, der uns an Currymischungen erinnert. Allerdings hat es mit dem Currygewürz nichts zu tun, dessen Hauptbestandteile bekanntlich Curryblättern, Kardamom, Koriander, Kurkuma und Kümmel sind.
Es ist auch unter dem Namen italienische Strohblume bekannt, Seine Blätter sind grau- weiß. Es blüht im Juni und Juli uns sieht dann im Kräuterbeet mit seinen gelben Blüten eher wie eine Blume aus.
Leider ist das Currykraut nur bedingt winterhart. Ich topfe es wie Rosmarin ein und überwintere es im Haus. Die Zwiege des Currykrautes werden wie Bohnenkraut mit gekocht und vor dem Servieren entfernt. Es passt gut zu Suppen und Reis.

Dill

(Anethum graveolens var. hortorum)
Dill gehört zu den einjährigen Kräutern und ist ein uraltes Heil- und Küchenkraut. Durch seinen hohen Anteil an ätherischen Ölen erhält er seinen frischen, leicht herben Geschmack. Da sich Dill schlecht verpflanzen lässt, sollten Sie ihn ab Ende März in einem Reihenabstand von 20 cm direkt in den Garten aussäen. Er darf nur ganz flach gesät und mit wenig Erde bedeckt werden, weil er ein Lichtkeimer ist. Am besten gedeiht er an einem sonnigen Platz, zusätzliche Feuchtigkeit benötigt er nur selten. Um stets frischen Dill zur Hand zu haben, empfiehlt es sich auf jeden Fall, ihn bis Ende Juni mehrmals auszusäen. Günstig ist es, ihn zusammen in einer Saatreihe mit Möhren oder als Zwischensaat zu Gurken zu geben. Aber auch Bohnen, Erbsen und Zwiebeln sind gute Nachbarn.
Die grünen, zarten Blätter des Dills können laufend frisch verwendet werden. Sie würzen Salate, Suppen, Marinaden, Kartoffeln, Quark und Butter. Die Blüten und Samen von Dill benutzt man zum Einlegen von Gurken oder zum Ansetzen von Kräuteressig. In der Naturheilkunde findet ein Tee aus Dillsamen bei Blähungen, Magenverstimmungen und Schlaflosigkeit Verwendung. Beim Einfrieren oder Trocknen verlieren die Dillblätter sehr viel von ihrem Aroma und ihrer Würzkraft. Beide Konservierungsarten sollten deshalb nur angewandt werden, wenn Dill in einer Kräutermischung nicht fehlen soll. Dill kann sehr schnell sehr hoch wachsen (50 bis 100 cm) und blühen. Von Juni

bis August bildet die Pflanze dabei große strahlenförmige Dolden aus, die viele kleine gelbe Blüten haben. Man schneidet diese Dolden für die Samengewinnung ab, wenn die Samen leicht braun werden. Anschließend hängt man sie an einem luftigen Ort zum Nachtrocknen auf.

Dill (Anethum graveolens var. hortorum)

Estragon

(Artemesia dracunculus)
Estragon gehört zu den mehrjährigen Kräutern in unserem Garten. Da man ihn nur in sehr kleinen Mengen benötigt, genügt es, einen einzigen Ableger in den Garten zu pflanzen. Erbitten Sie ihn von Freunden oder kaufen Sie ihn in einer Gärtnerei.
Bereits im zweiten Standjahr hat sich Estragon so sehr vergrößert, dass Sie ohne weiteres Wurzelausläufer verschenken können. Estragon gedeiht sowohl in der Sonne als auch im Halbschatten; für gleichmäßige Feuchtigkeit ist er dankbar.
Die frischen grünen Triebspitzen können den ganzen Sommer über gepflückt werden. Man würzt mit ihnen sparsam Salate, Marinaden und Suppen, verwendet sie zum Herstellen von Estragon-Essig oder zum Einlegen von Gurken.

Estragon (Artemesia dracunculus)

Fenchel

(Foeniculum vulgare var. dulce)
Der Fenchel ist ein bis zu 2 m hohes, mehrjähriges Küchenkraut, das mit dem Gemüsefenchel verwandt ist. Er benötigt einen nährstoffreichen, feuchten Boden, viel Wärme und Sonne, damit seine Samen ausreifen können. Im Frühjahr wird Fenchel dünn auf ein Saatbeet in Reihen ausgesät. Im Herbst wird er etwa hand-

hoch über der Erde abgeschnitten, erhält einen Winterschutz aus Fichtenreisig und wird im darauffolgenden Frühjahr an seinen endgültigen Standort gepflanzt. Im Spätsommer beginnen die Samen zu reifen. Schneiden Sie jeweils die braunen Dolden ab und klopfen Sie die Samenkörner heraus. Sie finden als Brotgewürz oder als Tee Verwendung, der besonders kleinen Kindern bei Blähungen verabreicht wird. Zarte Fenchelblätter kann man auch zum Verfeinern von Gerichten verwenden.

Fenchel (Foeniculum vulgare var. dulce)

Kapuzinerkresse

(Tropaeolum)

Die Kapuzinerkresse ist eine südamerikanische Kresseart. Sie hat lange dünne Stängel, schildförmige Blätter und wunderschöne Blüten in herrlichen Gelb-, Orange- und Rottönen und ein kresseähnliches Aroma. Wegen ihrer Kältempfindlichkeit darf sie nicht vor Mitte Mai in 2 cm tiefe Saatrillen und in einem Abstand von 10 cm in den Garten gesät werden. Kapuzinerkresse lässt sich gut verpflanzen, deshalb kann man sie auch schon für einen früheren Gebrauch auf der Fensterbank oder im Gewächshaus in kleinen Blumentöpfen vorziehen. Sie gedeiht sowohl in der Sonne als auch im Halbschatten. Kapuzinerkresse eignet sich ganz vorzüglich als Untersaat auf Baumscheiben und bei Stangenbohnen. Selbstverständlich können Sie auch Ihre Blumentröge und -kästen statt mit den üblichen Geranien mit Kapuzinerkresse füllen.

Blätter und Blüten der Kapuzinerkresse können Sie mit anderen Blattsalaten mischen und anrichten. Fein geschnitten schmecken die Blätter auch unter Quark gemischt oder auf Butterbrote gestreut. Die geschlossenen Blütenknospen können wie Kapern in Essig eingelegt und auch so verwendet werden.

Von der Kapuzinerkresse können Sie sehr leicht Samen gewinnen: Nach der Blüte die grünen Samen pflücken und zum Trocknen ausbreiten, bis sie braun werden.

Kapuzinerkresse (Tropaeolum)

Kerbel

(Anthriscus cerefolium)

Kerbel gehört zu den einjährigen Kräutern in unserem Garten und ist ein uraltes Heilkraut. Wegen eines hohen Gehalts an Vitamin C und wegen seiner entschlackenden und blutreinigenden Wirkung wurde er schon lange in der Volksheilkunde für Frühjahrskuren verwendet. Kerbel ist ein Verwandter der Möhren und der Petersilie; sein süßer Geruch und Geschmack erinnern ein

Kerbel (Anthriscus cerefolium)

Knoblauch (Allium sativum)

wenig an Anis. Schon ab März kann Kerbel dünn in Reihen von 10 cm Abstand in den Garten gesät werden, da er nicht sehr kälteempfindlich ist. An den Boden stellt er dabei keinerlei Ansprüche. Günstig ist es, Kerbel bereits mit dem ersten Salat und später zu Buschbohnen und Rettichen zu säen, denn er schützt vor Läusen und Mehltau und vertreibt darüber hinaus auch noch Schnecken und Ameisen. Gepflückt werden die zarten jungen Blätter vor der Blüte. Je häufiger Sie dabei ernten, desto später setzt die Blütenbildung ein. Man verwendet Kerbel für Rohkost, Quark und Soßen und kocht natürlich die klassische Frühlings-Kerbel-Suppe. Kochen Sie Kerbel nicht mit, sondern geben Sie ihn immer erst ganz zum Schluss an die Speisen. Da Kerbel sehr schnell blüht und auch rasch Samen ansetzt, können Sie ohne Schwierigkeiten für den eigenen Bedarf Samen ernten.

Knoblauch

(Allium sativum)

Knoblauch ist schon seit Jahrtausenden überall auf der Erde als Würz- und Heilmittel bekannt. Er wirkt blutreinigend, magenstärkend und bakterientötend. Bereits die Pharaonen befahlen den Arbeitern an den Pyramiden, täglich Knoblauch zu essen. Er sollte ihnen Schutz gegen Epidemien geben.

Knoblauch gehört zur Familie der Zwiebelgewächse und wird auch wie diese angebaut. Dazu werden die Knoblauchzwiebeln in die einzelnen Zehen geteilt und diese etwa 5 cm tief in die Erde gesteckt. Es empfiehlt sich, zum Stecken einheimische Knoblauchzwiebeln zu verwenden, weil die südländischen in vielen Fällen unserem Klima nicht gewachsen sind.

Knoblauch liebt einen guten, warmen, aber nicht frisch gedüngten Boden. Er ist mehrjährig und kann lange an einem Ort bleiben. Im Garten ist er eine gute Mischkulturpflanze: Man kann ihn überall dort hineinstecken, wo Wühlmäuse vertrieben werden sollen, also etwa auf Baumscheiben oder an den Rand der Gemüsebeete. Knoblauch kann auch gut zu Erdbeeren gepflanzt werden, wenn diese schimmelanfällig sind. Auch Möhren, Gurken, Tomaten und rote Bete entwickeln sich sehr gut, wenn Knoblauch ihr Nachbar ist. Nur Stangenbohnen, Erbsen und Kohl mögen ihn nicht. Die jungen, zarten, grünen Knoblauchspitzen können im Frühling geschnitten und zum Würzen von Quark, Salaten,

Koriander (Coriandrum sativum)

Kresse (Lepidium sativum)

Marinaden und Suppen verwendet werden. Wenn das Grün verwelkt ist, können die Knoblauchzwiebeln für den Winterbedarf ausgegraben und wie Zwiebeln zum Trocknen aufgehängt werden. Einen Teil der Knoblauchzwiebeln kann man ohne weiteres im Garten lassen, sie treiben im Frühling neu aus. Wer den Geschmack von Knoblauchzehen schätzt und ihren Duft nicht scheut, kann sie roh oder gekocht zum Würzen von Salaten, Suppen, Gemüse, Quark und Butter verwenden.

Koriander

(Coriandrum sativum)
Koriander war im Mittelalter ein wichtiges Gewürz, das zunächst aus dem Nahen Osten und Indien eingeführt, später aber auch in Mitteleuropa kultiviert wurde. Mit den frischen Blättern des Korianders können Suppen gewürzt werden, außerdem sind sie ein Bestandteil des original indischen Curry.
Die ausgereiften Samen werden im Ganzen zum Einlegen von roten Beten verwendet, gemahlen würzt Koriander Weihnachtsgebäck (er ist Bestandteil des Lebkuchengewürzes), aber auch Brote und Brötchen, Eintöpfe und alle die Speisen, die einen orientalischen oder indischen Charakter haben. Im April wird Koriander dünn in Reihen ausgesät; er stellt wenig Ansprüche an den Boden, gedeiht aber am besten an einem sonnigen Ort mit einem etwas kalkhaltigen Boden. Nach dem Aufgehen werden die jungen Pflänzchen auf einen Abstand von 20 cm ausgelichtet.
Weil die Samen sehr leicht ausfallen, müssen sie kurz vor ihrer Reife geschnitten und zum Nachtrocknen aufgehängt werden. Nach 1 bis 2 Wochen können die Samen dann durch Schütteln leicht herausgelöst werden.

Kresse

(Lepidium sativum)
Die Gartenkresse bringt uns im Frühjahr das erste frische Grün und damit auch die ersten Vitamine (besonders Vitamin C). Sie kann im zeitigen Frühjahr in einem Kasten oder breitwürfig im Garten ausgesät werden. Nach 5 Tagen zeigen sich die ersten Blättchen und nach 3 Wochen, wenn sie etwa handhoch ist, kann sie geschnitten werden. Weil sie sehr schnell schießt, ist es ratsam, sie nur in kleinen Mengen und alle 14 Tage neu auszusäen, dann hat man sie ständig frisch zur Verfügung. Gartenkresse wirkt bakterientötend und deshalb

Kümmel (Carum carvi)

Lavendel (Lavandula angustifolia)

auf manche anderen Pflanzen aggressiv. Empfindliche Pflanzen, die nach ihr an die gleiche Stelle gepflanzt werden, können daher unter Umständen Wachstumsstörungen erleiden. Man kann Kresse als Salat zubereiten oder als Zutat zu anderen Salaten, Rohkost, Marinaden, Kräuterbutter und Quark verwenden. Fein gewiegt, schmeckt sie auch ausgezeichnet auf einem Butterbrot. Sie hat einen radieschenähnlichen Geschmack.
Unsere Kinder haben im Winter Gartenkresse in Blumentöpfen ausgesät, auf die Fensterbank gestellt und damit auch einmal für das Abendessen gesorgt.

Kümmel

(Carum carvi)
Kümmel wächst in ganz Europa bis nach Norwegen wild, ebenso in Nordafrika, Persien und in der Türkei. Als Standort bevorzugt er dabei feuchte Wiesen. Er gehört zu den ältesten Gewürzen, die uns bekannt sind. Kümmel gehört zu den zweijährigen Kräutern: Im ersten Jahr bildet er nur seine Wurzeln und Blätter aus, im zweiten Jahr kann er bis zu 1 m hoch werden, blüht von Mai bis Juli in weißen Doldenblüten und im August/September sind dann seine Samen gereift. In unseren Breiten trifft man ihn auch wild auf feuchten Wiesen an. Im Garten wird er im Juni oder Juli in einem Reihenabstand von 20 cm ausgesät und die jungen Pflanzen auf einen Abstand von 15 cm vereinzelt. Pflanzen Sie ihn nicht in die Nähe von Fenchel; stehen aber Kartoffeln in seiner Nähe, wird deren Geschmack deutlich verbessert.
Im ersten Jahr können mit seinen Blättern Suppen und Salate gewürzt werden.
Die ausgereiften Samen verwendet man ganz oder gemahlen zum Würzen von Kartoffeln, Sauerkraut und Weißkohl, Käse und Quark Außerdem ist Kümmel ein beliebtes Brotgewürz. In der Naturheilkunde wird auch ein Tee aus Kümmelsamen zubereitet, der bei Magen- und Darmverstimmungen lindernd wirkt.

Lavendel

(Lavandula angustifolia)
Lavendel ist eine ausdauernde Heil- und Duftpflanze aus dem südlichen Europa, die inzwischen auch bei uns heimisch geworden ist. Man pflanzt Lavendel deshalb oft zu Rosen, wo er hilft, die Blattläuse abzuwehren. Lavendel wird im März in Kistchen unter Glas ausgesät. Er hat eine sehr lange Keimzeit und muss

einmal pikiert werden; im Mai kann er dann in den Garten gesetzt werden.
Einfacher ist es, sich 2 bis 3 junge Pflanzen in einer Gärtnerei zu besorgen und sie später durch Stecklinge zu vermehren. Die jungen, schmalen Blätter, die wie Nadeln aussehen, können den ganzen Sommer über geerntet und in der Küche ähnlich wie Rosmarin verwendet werden (zu Eintöpfen und Soßen).
Von Juli bis September blüht Lavendel. Man schneidet die duftenden blauen Blüten, bindet sie zu kleinen Sträußchen und trocknet sie. Als Hausmittel werden sie in den Wäscheschrank gelegt, wo sie die Motten vertreiben. In Wohnräumen aufgehängt, vertreiben sie auch Fliegen und Mücken. Außerdem werden die getrockneten Blüten noch für kosmetische Zwecke (Duftwasser und Badezusätze) verwendet.

Liebstöckel (Levisticum officinale)

Liebstöckel

(Levisticum officinale)
Auch Liebstöckel ist eine mehrjährige Pflanze in unserem Kräutergarten. Sie benötigen eine, höchstens zwei Pflanzen, die Sie am besten als Setzlinge kaufen. Falls erforderlich, kann man Liebstöckel später dann leicht durch Teilung vermehren oder verjüngen.
Er stellt keinerlei Ansprüche an Boden und Pflege und gedeiht ganz unproblematisch.
Seine Blätter schmecken würzig und erinnern ein wenig an »Maggi«. Die jungen, zarten Blätter können Sie den ganzen Sommer über pflücken und zu Suppen, Salaten und Eintöpfen sparsam verwenden. Man kann ihn auch trocknen; allerdings verliert er dabei Aroma.

Meerrettich (Armoracia rusticana)

Meerrettich

(Armoracia rusticana)
Meerrettich ist – wie der Name es schon verrät – eine Rettichart und wächst überall in Europa wild. Der Meerrettich stammt aus Südosteuropa und Westasien. Er wurde schon im 12. Jahrhundert in unseren Gärten angepflanzt und ist heute in ganz Europa verbreitet. Seine Heilwirkung ist schon lange bekannt. Er enthält viel Vitamin C, Eisen, Phosphor und Schwefel. Durch seine Inhaltsstoffe regt er den Appetit an, wirkt blut- und knochenbildend und fördert den Gallenfluss und die Verdauung. In der Küche verwendet man ihn zu Soßen, Quarkspeisen und als Brotaufstrich, gemischt mit geriebenen Äpfeln und Sahne. Außerdem ist er unentbehrlich beim Einlegen von Gurken und roten Beten in Essig.

In Ihrem Garten benötigt Meerrettich sehr viel Platz, denn er bildet kräftige Wurzeln mit vielen Seitentrieben aus, die leicht andere Pflanzen erdrücken können. Suchen Sie deshalb einen Platz aus, an dem er sich ungestört jahrelang vermehren kann. Auszurotten ist er dann allerdings kaum noch. Ich habe Meerrettich unter die Baumscheibe meiner Kirschbäume gepflanzt. Hier gedeiht er ungestört und wirkt gleichzeitig vorbeugend gegen die Monilia, eine Pilzkrankheit, von der Kirschbäume häufig befallen werden.
Sie können im März die kleinen Seitentriebe, die Fechser genannt werden, in einer Gärtnerei kaufen und in den Garten pflanzen. (Man rechnet dabei im Durchschnitt mit 10 Fechsern für die Versorgung eines 4-Personen-Haushalts.) Man kann aber auch ganz einfach eine dicke Meerrettichstange in Stücke schneiden und diese einzelnen Stücke eingraben. Sie bilden bald Wurzeln aus und entwickeln sich zu kräftigen Pflanzen. Ganz nach Bedarf können den Sommer über die kleinen Seitentriebe der Hauptwurzeln für den Sofortverbrauch ausgegraben werden.
Im Spätherbst gräbt man dann auch einen Teil der größeren Wurzeln aus und schlägt sie im Keller in Sand ein. So stehen sie jederzeit zur Verfügung.

Melisse

(Melissa officinalis)
Die Melisse (Zitronenmelisse) ist schon seit dem Mittelalter eine sehr geschätzte Heil- und Gewürzpflanze. Wenn Sie die Blätter ein wenig mit den Fingern zerreiben, entfaltet die Melisse ihren typischen Zitronengeruch (daher auch der Name).
Wenn Sie die Melisse an einen sonnigen Platz in Ihrem Garten pflanzen und im Herbst regelmäßig mit etwas Kompost versorgen, kann sie jahrelang am gleichen Ort stehen. Sie sät sich beim Blühen leicht selbst aus, breitet sich aber auch durch Wurzelausläufer aus und wird bis zu 1 m hoch. Kalkulieren Sie deshalb einen großen Abstand zu den Nachbarpflanzen ein. Wer mag, kann Zitronenmelisse im April aussäen und die jungen Pflänzchen später vereinzeln. Einfacher ist es aber, sich einen oder zwei Stecklinge oder eine Jungpflanze zu besorgen; sie werden sehr schnell groß und reichen für den Bedarf einer Familie völlig aus.

Vor dem Winter schneidet man Zitronenmelisse zurück und versieht sie in rauen Gegenden mit einem Schutz aus Fichtenreisig. Den ganzen Sommer über können die jungen Blättchen frisch geerntet werden: Sie würzen Tomaten, Salate, Quark und Kräutersoßen. Außerdem ergibt ein Tee aus den Blättern mit Honig und Zitronensaft gewürzt einen ausgezeichneten sommerlichen Durstlöscher. In der Heilkunde gilt dieser Tee außerdem als nervenberuhigend, aufheiternd und krampflösend und soll das Einschlafen erleichtern. Kurz vor der Blüte ist der Gehalt an ätherischen Ölen und Aromastoffen am größten.

Olivenkraut

(Santolina veridis)
Das Olivenkraut hat seinen Namen von seinem erstaunlichen Aroma erhalten. Die feinen grünen Nadelblättchen schmecken und riechen tatsächlich wie eingelegte Oliven.
Manchen nennen das Gewürz- und Heilkraut seines Aussehens wegen auch grünes Zypressenkraut.
Ich habe das Olivenkraut vor ein paar Jahren durch Zufall im Gartenfachhandel entdeckt und seitdem hat es in meinem Kräuterbeet einen nicht mehr wegzudenkenden festen Platz. Die Pflanze wird bis zu 50 cm hoch, liebt Sonne, gedeiht aber auch im Halbschatten. Sie ist äußerst robust, pflegeleicht und winterhart und blüht über aus reichlich von Juni bis September.

Ich verwende die ganzen oder fein geschnittenen Nadelblättchen verschwenderisch als Gewürzkraut für Pesto, zu Salatmarinaden, im Salat und eigentlich zu allen mediterranen Gerichten von Pasta über Pizza bis Bruschetta oder Caprese sowie als Zutat für Öle.
Als Heilkraut wirkt das Olivenkraut appetitanregend, verdauungsfördernd und beugt Blähungen vor.

Oregano

(Origanum vulgare)
Oregano wird auch als wilder Majoran, Staudenmajoran oder Dost bezeichnet und gehört zu den mehrjährigen Kräutern. Er ist ein Verwandter des echten Majorans, der hauptsächlich in südeuropäischen Ländern zu Hause ist. Oregano gedeiht aber auch in unseren Breiten. Allerdings ist seine Würzkraft sehr den Witterungsverhältnissen abhängig. Je mehr Sonne er bekommt, desto würziger ist sein Geschmack. Sie können Oregano zwar im Frühjahr aussäen, einfacher ist es jedoch, sich eine Pflanze in einer Gärtnerei zu besorgen. Geben Sie ihr den sonnigsten und trockensten Platz in Ihrem Garten

Melisse (Melissa officinalis)

Oregano (Origanum vulgare)

Petersilie (Petroselinum crispum)

und schützen Sie sie im Winter durch etwas Reisig. Im Frühjahr wird die Staude dann bis kurz über dem Boden zurückgeschnitten. Sie breitet sich rasch aus, so dass man sie bei Bedarf ohne Schwierigkeiten durch Wurzelausläufer vermehren kann.
Den ganzen Sommer über können die jungen Blätter frisch geerntet werden. Wenn der Oregano blüht, hat er seine größte Würzkraft. Dann wird er geschnitten und getrocknet. Er behält auch in getrockneter Form ausgezeichnet sein Aroma. Oregano ist das klassische Pizzagewürz. Man verwendet ihn aber außerdem auch zum Würzen von Tomaten, Käse, Suppen und südländischen Gemüsen.

Petersilie

(Petroselinum crispum)
Petersilie ist wohl das beliebteste Küchenkraut, das in unseren Gärten wächst. Sie gehört zu den zweijährigen Pflanzen. Im ersten Jahr bildet sie hauptsächlich ihre Blätter aus. Im zweiten Jahr wächst sie hoch und beginnt im Juni und Juli zu blühen.
Für die Küche ist Petersilie deshalb so wichtig, weil sie allen Speisen einen herb-würzigen Geschmack verleiht und uns mit wichtigen Mineralstoffen und Vitaminen (vor allem A, B und C) versorgt. Die Petersilie benötigt im Garten einen guten, nahrhaften, aber niemals frisch gedüngten Boden ohne Staunässe. Sie gedeiht auch noch im Halbschatten. Da sie überhaupt nicht kälteempfindlich ist, kann man sie bereits ab März in Reihen von 20 cm Abstand oder breitwürfig aussäen. Verzweifeln Sie nicht, Petersiliensamen keimen sehr langsam; es dauert oft über 4 Wochen, bis die ersten Blättchen erscheinen. Es empfiehlt sich deshalb, einige Radieschensamen als Markiersaat mit in die Reihen zu geben, damit Sie sprießendes Unkraut leicht und schnell entfernen können. Sorgen Sie in der Keimzeit unbedingt für ausreichende Feuchtigkeit.

Petersilie ist nicht sehr anfällig für Schädlinge und Krankheiten. Sobald die Pflänzchen kräftig genug sind, kann Petersilie laufend geschnitten werden. Der Ertrag ist am größten, wenn jeweils nur die schweren, dunkelgrünen Stängel geerntet werden. Wenn Sie die Petersilie mit etwas Fichtenreisig im Spätherbst abdecken, können Sie auch noch bei leichtem Schneewetter und im folgenden Frühjahr ernten. Erst wenn sie anfängt zu blühen, werden die Blätter hart und schmecken nicht mehr. Dann muss die Petersilie entfernt werden. Petersilie verfeinert fast jedes Gericht und jede Kräutermischung. Sie sollte möglichst nicht gekocht werden, weil Aromastoffe und Vitamine zerstört werden. Geben Sie sie deshalb stets erst ganz zum Schluss an die Speisen. Eine Ausnahme bilden Gerichte, in denen Petersilie

fast wie ein Gemüse verwendet wird, etwa als Belag für einen Gemüsekuchen.
Petersilie sollte nie am gleichen Ort oder in der Nähe von Petersilienwurzeln und Kopfsalat angebaut werden. Sie entwickelt sich dann schlecht. Ansonsten ist sie eine gute Mischkulturpflanze und gehört unbedingt in den Gemüsegarten und nicht auf ein besonderes Kräuterbeet. Sie bildet eine gute Pflanzengemeinschaft mit Gurken, Tomaten, Lauch und Zwiebeln. Von Radieschen und Rettichen wehrt die Petersilie Erdflöhe ab.
Zur Samengewinnung lassen Sie einige Petersilienpflanzen im zweiten Standjahr blühen und Samen ausbilden. Wenn sich die Samendolden braun verfärben, sind sie erntereif. Man schneidet sie dann ab, hängt sie noch etwa 2 Wochen zum Nachtrocknen auf und löst dann die Samen durch vorsichtiges Aneinanderreihen heraus.

Pfefferminze (Mentha piperita)

Rosmarin (Rosmarinus officinalis

Pfefferminze

(Mentha piperita)
Die wohl bekannteste Minzenart in unseren Breiten ist die Pfefferminze. Daneben gibt es noch zahlreiche weitere Sorten, die alle sehr aromatisch sind, sich aber durch verschiedene Duftnuancen unterscheiden.
Die Pfefferminze kommt in unseren Breiten auf feuchten Wiesen oder Bachrändern wild vor. Auch im Garten bevorzugt sie deshalb einen schattigen, leicht feuchten Platz. Da sie sehr stark wuchert, sollten Sie sie unbedingt getrennt von anderen Kräutern und Gemüse anpflanzen oder den Pflanzplatz durch Bretter, die halb in die Erde gegraben werden, abteilen. Pflanzen Sie einige Wurzelableger der Pfefferminze auf Ihr Beet. (Sie erhalten sie fast in jeder Gärtnerei.) Entfernen Sie in der ersten Zeit sorgfältig das Unkraut. Dies wird nicht lange nötig sein, denn bald decken die Pflanzen den Boden dicht zu. Frische Minzeblätter können jederzeit geerntet werden. Man verwendet sie in der Küche für die Zubereitung von Soßen oder Tees. Kalter Pfefferminztee ist ein sommerlicher Durstlöscher, warmer beruhigt den Magen und wird auch bei Übelkeit und Krämpfen verabreicht. Wegen ihres erfrischenden, aromatischen Geschmacks ist die Pfefferminze auch ein gern gesehener Bestandteil einer Hausteemischung. Kurz vor der Blüte im Juli wird die Pfefferminze geschnitten, locker zu Sträußen gebunden und zum Trocknen aufgehängt. Im September ist sie dann meist noch einmal nachgewachsen, so dass sie ein zweites Mal geschnitten werden kann.

Pimpinelle

(Sanguisorba minor)
Die Pimpinelle (Bibernelle) gehört zu den anspruchslosen und mehrjährigen Kräutern in unserem Garten.
Je mehr Sonne sie erhält, desto besser ist ihr Aroma. Im Garten benötigen Sie im Allgemeinen nicht mehr als 2 Pflanzen, denn Pimpinelle lässt sich schlecht konservieren, sie verliert beim Trocknen ihr Aroma. Verwenden Sie deshalb stets die jungen Blätter frisch, schneiden Sie die Pflanze ab und zu zurück und die Blüten heraus, sie treibt dann sehr schnell neu aus. Mit Pimpinelle werden Salate und Marinaden, Suppen und Quark gewürzt. In der Naturheilkunde wurde ihr schon von alters her eine entgiftende und appetitanregende Wirkung zugeschrieben.

Ringelblume

(Calendula officinalis)
Die Ringelblume ist eine typische Bauerngartenblume. Sie wird sich immer wieder in Ihrem Garten selber aussäen, wenn sie erst einmal heimisch geworden ist, und Sie mit ihren gelb-orangefarbenen Strahlenblüten erfreuen. An den Stellen, an denen Sie sie nicht gebrauchen können, reißen Sie sie einfach heraus und verwenden sie als ausgezeichnetes Mulchmaterial. Mit

Pimpinelle (Sanguisorba minor)

Ringelblume (Calendula officinalis)

Salbei (Salvia officinalis)

den zarten Blättern der gerade aufbrechenden Blüten können Sie Salate würzen und ihnen Farbe verleihen. Die Blütenblätter können aber auch getrocknet und für eine Kräuterteemischung verwendet werden. Sie ist eine uralte Heilpflanze. Ringelblumenauszüge, als Salbe verarbeitet, heilen Wunden und Entzündungen.

Rosmarin

(Rosmarinus officinalis)
Rosmarin ist eine Gewürzpflanze, die aus dem Mittelmeerraum zu uns gekommen ist. Sie benötigt demzufolge viel Sonne und Wärme und übersteht den Winter in unseren Breiten im Allgemeinen nicht draußen im Freien. Deshalb wird die Pflanze den Winter über eingetopft, an einen hellen, kühlen, aber frostfreien Ort gestellt und nur äußerst sparsam gegossen. Im Frühjahr, wenn keine Fröste mehr zu erwarten sind, kann die Pflanze dann wieder ins Freie gesetzt werden.

Wenn Sie über einen schweren Gartenboden verfugen, sollten Sie unbedingt den Platz, an dem Sie Rosmarin pflanzen wollen, durch Sand und Kieselsteine auflockern. Die einzelnen Blätter des Rosmarins können laufend frisch gepflückt, aber für den Wintervorrat auch getrocknet werden. Sie behalten ihr Aroma sehr gut. In der Küche werden Gemüse, pikante Suppen und Soßen sowie italienische Gerichte mit Rosmarin gewürzt, außerdem ist er Bestandteil einer provenzalischen Kräutermischung.
Ein Tee aus getrocknetem Rosmarin oder ein Aufguss als Badezusatz haben eine kreislaufanregende Wirkung.

Salbei

(Salvia officinalis)
Salbei ist in allen Mittelmeerländern zu Hause, er wächst dort sogar auf Felsenhängen wild. Schon die Griechen verwandten ihn als Arznei, die Römer brachten ihn wahrscheinlich in unsere Gegend. Hier wurde er dann im Mittelalter besonders in Klostergärten angepflanzt. Am einfachsten ist es, wenn Sie sich von dieser im Süden beheimateten Gewürzpflanze 2 Jungpflanzen kaufen, die sich dann durch Absenker fast von alleine vermehren und verjüngen. Wie Thymian und Rosmarin liebt auch Salbei einen sonnigen, trockenen Boden. Schwere Böden sollten deshalb unbedingt mit etwas Sand aufgelockert werden. Im Allgemeinen können Sie Salbei den Winter über im Garten lassen, wenn Sie ihm einen leichten Schutz aus Fichtenreisig geben und ihn erst im Frühjahr zurückschneiden. Er treibt dann aus dem alten Holz neu aus. Die jungen Blätter können den

Schnittlauch (Allium schoenoprasum)

Thymian (Thymus vulgaris)

ganzen Sommer über frisch geerntet werden. Man kann sie aber auch für den Wintervorrat kurz vor der Blüte abschneiden und trocknen. (Dabei nicht zu viele Blätter abschneiden, denn die Blätter schützen den Strauch im Winter vor Kälte.)
Mit Salbei werden Pizzas, Quiches oder überbackene Gemüsegerichte gewürzt; außerdem ist er Bestandteil einer provenzalischen Kräutermischung. Ein Tee aus getrockneten Salbeiblättern hilft bei hartnäckigem Husten. Gut schmecken auch Salbeiblätter, die in Bierteig getaucht und in Öl schwimmend ausgebacken werden.

Schnittlauch

(Allium schoenoprasum)
Schnittlauch ist eine winterharte Pflanze und mit den Zwiebelgewächsen verwandt, was man unschwer an seinem Geschmack feststellen kann. Er wirkt appetitanregend und senkt den Blutdruck. Außerdem versorgt er uns mit reichlich Vitamin C, aber auch mit A und B. Wenn Sie sich nicht im Frühjahr Schnittlauchpflanzen in einer Gärtnerei kaufen wollen (etwa 5 Pflanzen reichen für eine vierköpfige Familie), können Sie ihn auch leicht im April oder August aussäen. Alle 2 Jahre sollten Sie ihn dann im Herbst oder im Frühjahr durch Teilung vermehren oder verjüngen.

Schnittlauchpflanzen, die zum Treiben für den Winter bestimmt sind, werden Ende Oktober aus dem Boden genommen, sollten so bis zum Dezember liegen bleiben und gut durchfrieren. Anschließend werden sie etwa einen Tag lang in warmes Wasser gestellt und dann eingetopft. Wenn man sie zunächst einige Tage sehr warm stellt und dann in einem Raum von 15 bis 18 °C lässt, beginnen sie gut zu treiben.

Sobald Schnittlauch groß genug ist, kann er laufend geschnitten werden. Der Ertrag ist dann am größten, wenn alle Pflanzen gleichmäßig und regelmäßig geschnitten und die Blüten entfernt werden. Wer will, kann Schnittlauch auch einfrieren.
In der Küche verwendet man ihn zu Salaten, Quark, Rührei, Suppen, Soßen, Kartoffelsalat und für Kräutermischungen. Wenn Sie einige der rötlich-lilafarbenen Blüten des Schnittlauchs stehen lassen, können Sie sehr leicht die schwarzen, dreieckigen Samen ernten und für eine neue Schnittlauchaussaat im Herbst verwenden. Aufbewahren sollte man sie nicht zu lange, weil sie höchstens ein Jahr keimfähig sind.

Thymian

(Thymus vulgaris)
Thymian war ursprünglich im Mittelmeerraum beheimatet; heutzutage gibt es aber auch eine winterharte, mehrjährige Sorte, die in unseren Breiten gedeiht. Thymian liebt einen trockenen, sonnigen Standort. Es reicht völlig aus, wenn Sie sich 2 Jungpflanzen besorgen, die Sie später bei größerem Bedarf leicht durch Teilung selbst vermehren können. Thymian sollte nicht im Herbst, sondern im Frühjahr zurückgeschnitten werden. Er treibt dann neu aus und verholzt nicht so schnell.

Die kleinen Zweige können jederzeit frisch gepflückt werden; sie eignen sich aber auch ausgezeichnet zum Trocknen. In der Küche verwendet man Thymian zu Suppen, Tomatensoßen, südländischen Gerichten und zu einer provenzalischen Kräutermischung. Ein Tee aus getrocknetem Thymian lindert sehr gut Husten.

Wermut

(Artemisia absinthium)
Wermut wächst überall in Europa wild; er ist eine sehr große, bis zu 1,5 m hohe, winterharte Staude, die reichlich Platz im Kräutergarten benötigt.
Wermut stellt keine besonderen Ansprüche an den Boden und sollte nur in der Nähe von Johannisbeeren stehen, um von diesen den Säulenrost abzuwehren. Pflanzt man ihn an andere Plätze im Garten, wird das Wachstum der benachbarten Pflanzen stark gehemmt. Abgeschnittene Teile verwendet man deshalb auch nur als Mulch unter Johannisbeeren, sie sollten nicht auf den Kompost. Da Sie für Ihren Garten höchstens 1 bis 2 Pflanzen benötigen, ist es am besten, sich diese in einer Gärtnerei zu besorgen.
Als Küchengewürz wird Wermut kaum verwendet, weil sein ständiger Verzehr gesundheitsgefährdend ist. In der Heilkunde wird er bei Magenbeschwerden verabreicht, ist auch Bestandteil einiger Kräuterliköre.

Winterheckenzwiebel

(Altium fistulosum)
Diese Zwiebelsorte stammt ursprünglich aus Sibirien und wird heute besonders viel in China und Japan kultiviert. Sie liebt die Sommerwärme, ist aber völlig kälteunempfindlich.
An den Boden stellt sie keinerlei Ansprüche und kann jahrelang an der gleichen Stelle bleiben. Bei der Winterheckenzwiebel bilden sich neben einer Hauptzwiebel viele kleine Nebenzwiebeln aus. Geerntet werden aber nicht die Zwiebeln, sondern die grünen, röhrenförmigen Blätter, die zwar größer und kräftiger im Geschmack als Schnittlauch sind, ihm aber sonst in der Verwendung ähneln. Man kann diese das ganze Jahr über ernten. Besonders aber bei schneefreiem Wetter im Winter und zu Beginn des Frühlings verfeinert das frische Grün Salate, Suppen, Quark- und Butterbrote und versorgt uns mit reichlich Vitamin C.

Wermut (Artemisia absinthium)

Ysop (Hyssopus officinalis)

Die Winterheckenzwiebel entwickelt kugelige, weißlich-grüne Blüten, aus denen bei Bedarf leicht die Samen geerntet werden können. Außer durch Aussaat kann man sie aber auch noch durch Teilung vermehren.

Ysop

(Hyssopus officinalis)
Der Ysop bildet kleine, etwa 40 cm große Halbsträucher aus und gehört zu den anspruchslosesten mehrjährigen Kräutern in unserem Garten. Er liebt einen trockenen Boden mit etwas Kalk und viel Sonne. Am besten gedeiht er, wenn man ihn wie Thymian behandelt und auch in seine Nähe pflanzt. Im Garten benötigt man im Allgemeinen 1 bis 2 Pflanzen, so dass es am einfachsten ist, Setzlinge zu kaufen. Während des ganzen Sommers bis zur Blüte können die jungen Blätter frisch geerntet werden. Man würzt mit ihnen sparsam Salate, Soßen, Bohnen und Kartoffelsuppen. Kurz vor der Blüte wird Ysop geschnitten und zum Trocknen aufgehängt.

Wildkräuter

Besonders im Frühjahr, wenn im Garten noch nicht allzu viel wächst, bringen Wildkräuter Abwechslung in Ihren Speisenplan und versorgen Sie mit vielen Vitaminen und Mineralstoffen. Noch vor hundert Jahren wurden sie ganz selbstverständlich in der Küche verwendet; man schätzte sie nicht nur wegen ihres besonderen Geschmacks, sondern auch wegen ihrer Heilwirkungen. Viele Jahre wurden sie als »Unkräuter« missachtet, einige werden aber bereits wieder kultiviert.

Am besten ist es, wenn Sie diese Wildkräuter direkt vor Ihrer Haustür auf der Wiese Ihres Gartens ernten können, denn dann können Sie sicher sein, dass Sie keine Reste von Dünge- oder Pflanzenschutzmitteln enthalten. Beim Sammeln in der freien Natur ernte Sie am besten nur abseits der Straßen und auf Wiesen, von denen Sie wissen, dass sie nicht gerae gedüngt wurden.

Den leicht bitteren Geschmack bei Wildkräutern, der für viele ungewohnt ist, können Sie dadurch dämpfen, dass Sie unter Wildkräutersuppen und –gemüse eine geriebene Kartoffel geben und Wildkräutersalat mit Milchprodukten anmachen oder kombinieren und grüne Smoothies mit Obst zubereiten.

Brennnessel (Urtica dioica)

Bärlauch

(Allium ursinum)
Bärlauch wächst bei uns in Süddeutschland im März und April in schattigen und feuchten Wäldern und bedeckt an seinen Ausbreitungsstellen den gesamten Waldboden.An seinem Geruch ist er sofort zu erkennen. Dieser zeigt seine Verwandtschaft mit Schnittlauch, Zwiebeln und Knoblauch an. Deshalb wird er im Volksmund oft auch als Knoblauchspinat oder Waldknoblauch bezeichnet. Er wurde schon im Mittelalter als alte Heilpflanze bei Verdauungsbeschwerden eingesetzt. Bärlauch wird vor allem vor seiner Blüte gesammelt. Verwendet werden die länglich elliptischen Laubblätter. Ich mische Bärlauch roh unter Salate, bereite eine Bärlauchbutter oder ein Bärlauchpesto zu, erhitzt verliert er seinen charakteristischen Geschmack.

Da Bärlauch ja vor allem vor der Blüte gesammelt wird, sind seine Blätter schon mit den äußerst giftigen Blättern von Maiglöckchen und Herbstzeitlosen verwechselt worden. Wenn man jedoch die Fundstellen auch zur Blütezeit kennt, dürfte diese Verwechslung nicht eintreten.

Auch wenn Bärlauch nicht unter Naturschutz steht, sollte man an den Fundorten immer nur ein Blatt pro Pflanze ernten, um die Bestände zu schonen. Vielleicht machen Sie es aber wie ich: Ich habe mir schon vor Jahren einige Pflanzen im Gartenfachhandel besorgt und sie unter unsere Büsche gepflanzt. Sie bilden im Frühjahr einen grünen Teppich am Gartenrand und zieren im Mai mit ihren weißen Blüten unseren Garten.

Beinwell

(Symphytum officinale)
Beinwell wächst wild auf feuchten Wiesen, wird etwa 1 bis 2 Meter hoch und erfreut uns durch seine glockenförmigen, dunkelvioletten Blüten. Er ist eine ausgezeichnete Bienenweide. Die zarten, jungen Blätter können wie Spinat zubereitet werden (allerdings ist sein Verzehr umstritten). Die zerquetschen Wurzeln können mit etwas heißem Wasser zu einem Brei verrührt und für einen heilenden Umschlag bei Risswunden, Quet-

Beinwell (Symphytum officinale)

Gänseblümchen (Bellis perennis)

Huflattich (Tussilago farfara)

schungen und Blutergüssen verwendet werden. Eine Pflanze steht am Rand meiner Gemüsebeete und ich verwende die Blätter hauptsächlich für die Produktion von Jauche oder zum Mulchen.

Brennnessel

(Urtica dioica)
Brennnesseln gehören zu den wichtigsten Pflanzen in unserem Garten. Aus ihnen stellen wir die berühmt-berüchtigte Brennnesseljauche her, verwenden ihre Blätter als Mulch (die behaarten, brennenden Blätter wehren Schnecken ab und halten außerdem die Feuchtigkeit sehr gut), und aus den zarten jungen Frühjahrstrieben lässt sich eine ausgezeichnete Suppe oder ein Gemüse (gekocht wie Spinat) herstellen.
Ein Tee aus frischen Brennnesselblättern gilt als Heilmittel Rheuma und Gicht.
Schneiden Sie die Blätter immer vor der Blüte ab, und ziehen Sie Handschuhe dabei an.

Gänseblümchen

(Bellis perennis)
Gänseblümchen – auch Tausendschönchen genannt – gehören zu den ausdauerndsten Blütenpflanzen einer Wiese. Schon im zeitigen Frühjahr kann man die hübschen, weißrosa Blüten bewundern, und oft blühen sie noch bis in den November hinein. Sie wachsen fast auf jeder Wiese, bevorzugen aber einen eher feuchten Standort. Die Blütenköpfe wenden sich immer dem Licht zu – nachts und bei Regenwetter bleiben sie geschlossen.
Die kleinen zarten Blätter und kaum aufgegangenen Blüten der Gänseblümchen können im zeitigen Frühjahr als Salat gegessen werden. Sie schmecken nicht nur gut, sondern wirken auch blutreinigend und entwässernd.

Huflattich

(Tussilago farfara)
Der Huflattich ist fast über ganz Europa, Nordasien und -afrika verbreitet. Er wächst überall an Hecken, Zäunen, Wegrändern, feuchten Äckern und sogar auf Schuttplätzen, bevorzugt aber lehmige Böden.
Charakteristisch für den Huflattich sind seine gelben, auf einzelnen Blütenschäften sitzenden Blütenköpfe, die vor den rundlichen, herzförmigen Blättern ab Mitte März erscheinen. Seine jungen Blätter kann man als

Beigaben für Salate, Suppen und Gemüsegerichte verwenden. Man kann sie aber auch trocknen und daraus einen Tee bereiten. Huflattichtee ist ein bewährtes Hausmittel bei Reizhusten und Bronchitis.

Löwenzahn

(Taraxacum officinale)

Bestimmt wächst auch auf Ihrer Wiese oder Ihrem Rasen der Löwenzahn als »Unkraut«. Im Frühling können Sie die zarten jungen Blätter (später werden sie bitter) für einen Salat verwenden oder Kräutermarinaden und Frühlingssuppen mit ihnen würzen. Die Blätter enthalten viele wichtige Vitamine und Mineralstoffe und wirken außerdem blutreinigend und entwässernd. Inzwischen kann man auch Löwenzahnsamen kaufen, um ihn im Garten auszusäen. Aber warum soll man sich diese Mühe machen, wenn er doch quasi umsonst und ohne unser Zutun vor der Haustür wächst.

Sauerampfer

(Rumex patientia)

Obwohl der Sauerampfer auch wild auf unserer Wiese wächst, habe ich 2 Pflanzen an den Rand meines Gemüsebeetes gesetzt und so immer einige Sauerampferblätter zum Würzen für Salate oder Marinaden.
Sie können auch Frühlingssuppen (zusammen mit Brennnesseln und anderen Wildkräutern) aus Sauerampfer kochen oder ihn zusammen mit Spinat als Gemüse zubereiten.

Er sollte bei einer Frühjahrskur nicht fehlen, weil er blutreinigend, appetitanregend und verdauungsfördernd wirkt und viel Vitamin C enthält. Wegen seines hohen Oxalsäuregehaltes genießt man ihn besser aber nur in kleinen Mengen. Verwenden Sie stets die jungen Blätter, ältere werden bitter.

Wegerich

(Plantago)

Der Spitzwegerich (Plantago lanceolata) ist eine etwa 40 cm hohe Pflanze mit lanzettförmigen Blättern, die in einer Rosette wachsen. Die Blütenähren sind bräunlichgrün und werden etwa 10 cm lang (Abbildung oben).
Der Breitwegerich (Plantago major) wird nur etwa 30 cm hoch, hat eiförmige, dunkelgrüne Blätter und blüht in gelblichweißen Blütenähren (Abbildung unten).

Löwenzahn (Taraxacum officinale)

Spitz- und Breitwegerich wachsen auf allen Wiesen, Äckern und Weiden. Die bitter-herb schmeckenden Blätter können zu Salaten, Suppen und Soßen verwendet werden. Beim Breitwegerich sollte man die Fäden an der Blattunterseite wie bei Bohnen abziehen. Ein Tee aus getrockneten oder frischen Wegerichblättern ist ebenfalls ein gutes Hustenmittel.

Wiesenschaumkraut

(Cardamine pratensis)

Das Wiesenschaumkraut kommt in fast ganz Europa bis hin nach Asien vor.

Die Pflanze wird etwa 30 cm hoch und blüht von Mai bis Juli – je nach Standort – blassrosa, hellviolett oder weiß.

Wiesenschaumkraut bevorzugt feuchte Böden und wächst auf Wiesen und an Bachrändern. Die jungen, zarten Blättchen kann man zum Würzen von Salaten, Soßen und Quarkspeisen verwenden. Aber Vorsicht bei der Dosierung: Sie haben einen bitter-herben, recht scharfen, kresseartigen Geschmack.

Sauerampfer (Rumex patientia)

Wegerich (Plantago)

Wiesenschaumkraut (Cardamine pratensis)

Beeren

Brombeeren

(Rubus species)
Brombeeren sind die letzten Beerenfrüchte, die wir im Garten ernten. Bis in den Oktober – manchmal sogar bis in den November hinein – reifen die schwarzen Beeren in der Herbstsonne heran und versorgen uns noch einmal mit vielen Vitaminen (besonders A) und Mineralstoffen.

Anbau und Pflege

Die Brombeere ist eine typische Waldpflanze und ähnelt in der Pflege den Himbeeren (siehe Seite 191). Allerdings ist sie wesentlich widerstandsfähiger und anspruchsloser.
Brombeeren werden am besten im zeitigen Frühjahr wie Himbeeren gepflanzt und zurückgeschnitten. Allerdings sollte der Abstand bei rankenden Sorten 2 bis 3 m betragen. Auch Brombeeren benötigen, um Waldbedingungen nachzuahmen, sofort nach der Pflanzung eine Mulchdecke, die ständig erneuert werden sollte. Gedüngt werden sie im Herbst und im zeitigen Frühjahr mit Kompost und verdünnter Pflanzenjauche.

Bei Brombeeren – auch bei der dornenlosen Sorte – ist es wichtig, dass sie regelmäßig zurückgeschnitten werden, damit sie nicht anfangen zu verwildern. Für den Schnitt ist es wichtig zu wissen, dass Brombeeren stets am zweijährigen Holz tragen. Am einfachsten und übersichtlichsten ist es deshalb, wenn man die ein- und zweijährigen Ruten getrennt links bzw. rechts an einem Drahtspalier verteilt. Die abgetragenen zweijährigen Ruten werden unmittelbar nach der Ernte knapp über dem Boden abgeschnitten. So schafft man Platz für den Neuaustrieb im folgenden Jahr. Gleichzeitig lässt man etwa 6 der einjährigen Triebe stehen und entfernt die übrigen schwachen. Auf diese Weise erhalten Sie nie ein undurchdringliches Dornengestrüpp.

Sorten

Theodor Reimers (rankend, mit Dornen)
Thornfree (rankend, ohne Dornen)
Black Satin

Ernte und Konservierung

Ernten Sie die Brombeeren erst, wenn sie wirklich reif sind und beim Pflücken fast von selbst abfallen, denn dann sind sie am süßesten und aromatischsten. Verwenden Sie sie ähnlich wie Himbeeren zum So-essen, im Müsli, als Nachtisch und für Kuchen.
Wer mag, kann Brombeeren für den Wintervorrat auch einfrieren oder Saft oder Marmelade aus ihnen zubereiten.

Reife Brombeeren haben eine glänzend schwarze Farbe.

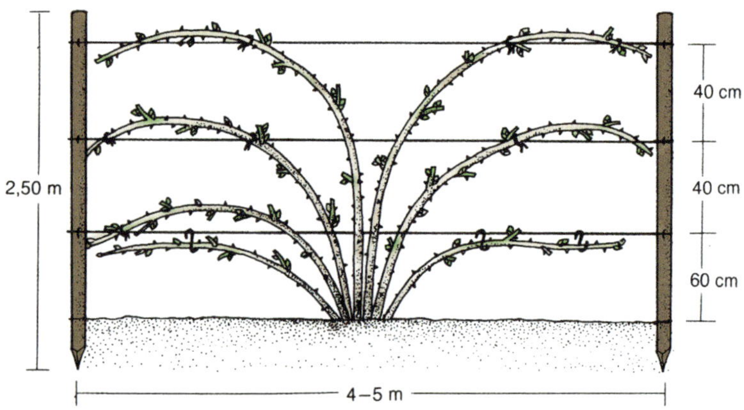

Brombeeren müssen nach dem Abernten jährlich geschnitten werden, denn nur wenn die alten, abgetragenen Ranken entfernt werden, können sich die jungen fruchttragenden gut entwickeln.

Mein Tipp

Trocknen Sie auf jeden Fall einige Brombeerblätter, sie ergeben zusammen mit getrockneten Himbeerblättern einen aromatischen Haustee, der je nach Jahreszeit durch verschiedene andere Zugaben (Hagebutten, Fenchel, Malven) im Geschmack variiert werden kann.

Brombeeren gibt es als Gartenstrauch, sie wachsen aber auch überall wild. Brombeerhecken sind ein idealer natürlicher »Zaun« für den Naturgarten.

Erdbeeren

(Fragaria x ananassa)
Mit den ersten Erdbeeren, die man pflückt und voller Genuss in den Mund steckt, beginnt für uns jedes Jahr der Sommer. Unsere Kinder kontrollierten jeden Tag die Erdbeeren, betrachteten die zunächst noch grünen Früchte und waren glücklich, wenn sie die ersten reifen entdeckten.

Anbau und Pflege

Es gibt wahrscheinlich so viele Möglichkeiten, Erdbeeren anzubauen, wie es auch Sorten gibt. Wir bauen unsere Erdbeeren in dreijähriger Kultur an und im Gegensatz zum sonstigen Garten auf Beeten. Jedes Jahr wird ein neues Beet angelegt; die dreijährigen Erdbeeren werden herausgerissen, die zwei anderen Beete bleiben bestehen. Beim Anlegen der Beete gehen wir nach einem »rollierenden System« vor, so dass bei uns frühestens nach 6 bis 8 Jahren wieder an der gleichen Stelle Erdbeeren wachsen. Auf den Platz, auf dem im August die neuen Erdbeerpflanzen gesetzt werden sollen, säen wir im zeitigen Frühjahr Erbsen aus. Sie sind bis zum August abgeerntet und bereiten als Stickstoffsammler den Boden gut vor.

Erdbeeren sind vom Ursprung her eigentlich Waldpflanzen und deshalb besonders dankbar für eine gute Mulchdecke. Erdbeeren tragen gleichzeitig Blüten und Früchte.

Wenn Sie das erste Mal Erdbeeren anpflanzen, müssen Sie sich in einer Gärtnerei oder bei Freunden Setzlinge besorgen. Bereits im nächsten Jahr bilden Ihre eigenen Pflanzen zahlreiche Ausläufer aus, die Ihnen genügend Ableger zum Neupflanzen oder Verschenken liefern. Am besten ist es natürlich, wenn man unter den Ablegern eine gewisse Auswahl vornimmt und nur die verwendet, die von Pflanzen stammen, die besonders reich getragen haben. Gut ausgebildete Ableger werden dann mit einer Gartenschere von den Ranken getrennt und vorsichtig ausgegraben. Man pflanzt sie alle 30 cm in einem Reihenabstand von etwa 50 cm ein. In das Pflanzloch sollte vorher etwas Kompost gegeben und die Setzlinge sollten mit verdünnter Brennnesseljauche angegossen werden.

Erdbeeren sollte man nach Möglichkeit frisch verzehren. Sie eigenen sich zwar auch zum Einfrieren, werden nach dem Auftauen allerdings sehr weich und etwas unansehnlich.

Erdbeerpflanzen sind von ihrer Abstammung her Waldpflanzen und daher dankbar, wenn Sie ihnen waldähnliche Bedingungen verschaffen. Das bedeutet: Nicht nur bei den frisch gepflanzten, sondern auch bei den ein- und zweijährigen Pflanzen sollten Sie für eine gute Mulchdecke aus Grasschnitt, Stroh, kleinen Zweigen, Tannennadeln, Hobelspänen usw. sorgen. Wenn dies nicht vorhanden ist, können Sie auch Senf im September oder im zeitigen Frühjahr einsäen. Im Herbst friert der Senf ab, im Frühjahr muss er vor der Blüte abgehackt werden und bleibt als Mulchmaterial auf den Beeten liegen. Nach der Ernte sollte man das gesamte Erdbeerlaub bei den ein- und zweijährigen Pflanzen abschneiden, das »Herz« muss dabei aber stehen bleiben. Außerdem werden alle überflüssigen Ranken entfernt, um jede Pflanze wird etwas reifer Kompost gegeben und zusätzlich wird mit verdünnter Brennnesseljauche gedüngt. Noch im August und September bilden Erdbeeren nämlich ihre Blütenansätze für das kommende Jahr aus und sind daher für eine Düngergabe dankbar. Im Frühling, vor der Blüte, kann noch einmal mit Brennnesseljauche gedüngt und zur Blühanregung mit Baldriantee gegossen werden. Auf diese Weise können Sie eine reiche Ernte und viele süße Früchte erwarten.

Oft wird behauptet, Erdbeeren seien empfindlich für Pilzkrankheiten, besonders Grauschimmel. Der weite Stand zwischen den Reihen, die Mulchdecke sowie Mischkulturen verhindern oder beugen dem Auftreten dieser Krankheiten vor. Ebenso sollten Sie beim Gießen der Erdbeeren während einer langen Trockenperiode darauf achten, nur mit abgestandenem Wasser und direkt in den Wurzelbereich zu gießen. Vorbeugend kann außerdem mit Brennnesseljauche oder Schachtelhalmjauche gegossen werden.

Mischkulturen

Ideale Mischkulturpartner für Erdbeeren sind alle Zwiebelgewächse (Lauch, Knoblauch, Zwiebeln), aber auch Rettiche und Radieschen, Kopfsalat und alle Kohlarten.

Sorten

Senga Sengana
Regina
Korona
Mieze Schindler
Asieta
Tenira
Monatserdbeeren Rügen

Ernte und Konservierung

Am besten sollten Erdbeeren so viel wie möglich roh gegessen werden. Sie gelten auch als Heilkost, weil sie neben reichlich Vitamin C auch noch sehr viele wichtige Mineralstoffe (Magnesium, Kalzium, Eisen, Kalium, Silizium) enthalten. Wie bei kaum einem anderen Obst können Sie den Unterschied zwischen Ihren sonnengereiften Erdbeeren aus naturgemäßem Anbau und den grün gepflückten Beeren, die oft lange Transportwege hinter sich haben, schmecken. Wer mag, kann Erdbeeren auch einfrieren, sie werden allerdings nach dem Auftauen sehr weich. Aus kleineren Erdbeeren kann Saft zubereitet werden. In Scheiben geschnitten lassen sie sich auch ausgezeichnet trocknen. Sie haben so ein unvergleichliches Aroma und sind eine leckere Nascherei im Winter, können auch gut für Milchmixgetränken verwendet werden.

Mein Tipp

Zwischen meine neugesetzten Erdbeeren pflanze ich – in die gleiche Reihe – jeweils eine Lauchstange. Bei den im letzten Jahr gepflanzten Erdbeeren setze ich den Lauch jeweils auf die »Wege« zwischen die Erdbeerreihen; zwischen die zweijährigen Pflanzen säe ich Senf ein.

Diese Pflanzung spart Platz, und sowohl die Erdbeeren als auch der Lauch entwickeln sich optimal. Als Beeteinfassung für unser Staudenbeet haben wir Monatserdbeeren gewählt. Sie ähneln der Walderdbeere sehr stark und bilden kleine Büsche ohne Ranken aus. Von Juni bis September laden die Früchte stets zum Naschen ein oder zaubern einen leckeren Nachtisch.

Himbeeren

(Rubus ideus)
Himbeeren wachsen heute noch wild in unseren Wäldern. Noch mehr als bei anderen Beerenarten sollte man bei ihnen darauf achten, dass im Garten die »Waldbedingungen« ein wenig nachgeahmt werden. Nur dann haben Sie die Gewähr, dass Sie gesunde Pflanzen erhalten und süße Himbeeren, die reich an Vitaminen und Mineralstoffen sind, ernten können.

Anbau und Pflege

Als typische Waldpflanze bevorzugt die Himbeere einen leicht sauren Boden. Er sollte deshalb nie gekalkt und stets mit einer hohen Mulchdecke versehen sein. Hierzu eignen sich am besten Stroh, Laub oder Fichtennadeln. Himbeeren können im Oktober oder März an einem Zaun oder einem einfachen Spalier gepflanzt werden: Es reicht durchaus, wenn zwei stabile Drähte zwischen zwei Pfosten gespannt werden. Untereinander sollten die Himbeeren einen Abstand von 40 cm haben, der Abstand zur nächsten Reihe beträgt etwa 1,2 m. Vor dem Pflanzen schneidet man die Wurzeln leicht an und die Ruten auf 40 cm zurück. Geben Sie in das Pflanzloch etwas Kompost und gießen Sie die Pflanzen gut an. Anschließend wird – wie oben beschrieben – der Boden mit Mulch abgedeckt. Himbeeren tragen nur am zweijährigen Holz, deshalb schneidet man unmittelbar nach der Ernte über dem Boden alle Ruten ab, an denen man Himbeeren geerntet hat.

Die Pflanzen werden im zeitigen Frühjahr und wenn die abgetragenen Ruten abgeschnitten worden sind, mit verdünnter Jauche aus Holunderblättern, Schachtelhalm oder Brennnesseln gedüngt. Die gefürchtete Himbeerrutenkrankheit ist eine Pilzkrankheit, bei der die Ruten blauviolette Flecken bekommen, die sich immer mehr verdunkeln und die Ruten letztlich absterben

lassen. Wenn man die Pflanzen – wie oben beschrieben – pflegt, stets für ausreichende Feuchtigkeit, eine hohe Mulchdecke und einen nicht zu dichten Stand sorgt, kann diese Krankheit im Allgemeinen nicht auftreten. Befallene Pflanzen sollten Sie allerdings sofort vernichten, um ein Ausbreiten des Pilzes zu verhindern.
Wer Ringelblumen als Untersaat zu den Himbeeren pflanzt, kann sicher sein, dass sich widerstandsfähige Ruten entwickeln.

Sorten

Mailing Promise
Mailing Exploit
Schönemann

Ernte und Konservierung

Die meisten Himbeeren wandern bei uns direkt vom Strauch in den Mund. Wenn ich trotzdem noch einige retten kann, verwenden wir sie fürs Müsli oder einen Nachtisch oder mischen sie mit Sahne und essen sie zu Windbeuteln, Waffeln oder Törtchen.
Für den Wintervorrat können Sie auch Himbeersaft oder mit Honig angerührte Himbeermarmelade herstellen. Wer mag, friert Himbeeren ein.

Mein Tipp

Trocknen Sie auf jeden Fall eine Anzahl Himbeerblätter. Sie ergeben, zusammen mit Brombeerblättern, die Grundlage für einen aromatischen Haustee.

Johannisbeeren, rote und weiße

(Ribes)
Johannisbeeren gehören zu den anspruchslosen Beerenarten im Obstgarten, je sonniger sie allerdings stehen, desto mehr Früchte tragen sie auch.

Anbau und Pflege

Johannisbeeren können sowohl im Herbst als auch im zeitigen Frühjahr gepflanzt werden. Graben Sie die Pflanzlöcher so tief, dass die Büsche etwas tiefer als an ihrem vorigen Standort stehen. Geben Sie etwas Kompost in das Pflanzloch und schneiden Sie die Wurzeln an. Nach der Pflanzung müssen Sie die Triebe um 2/3 zurückschneiden, wenn dies nicht schon in der Baumschule gemacht wurde.

Bis zum nächsten Strauch sollten Sie einen Abstand von 1,5 bis 2 m einhalten.
Wichtig ist, dass die Johannisbeeren stets gut mit einer Mulchdecke versehen sind. Diese kann aus Stroh, Heu

Die Himbeere ist eine alte Kulturpflanze, die vor allem auf der nördlichen Halbkugel der Erde wächst.

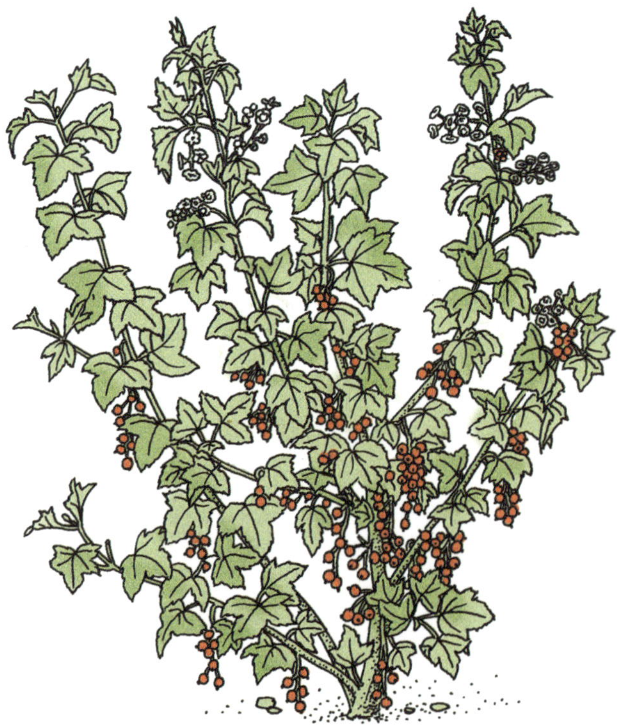

Geschmacklich unterscheiden sich weiße und rote Johannisbeeren nicht. Die roten werden allerdings wegen ihrer appetitlichen Farbe von den meisten Leuten bevorzugt.

oder sonstigem Material bestehen. Sie sollte ständig erneuert werden, um keimendes Unkraut zu unterdrücken und den Boden stets gut feucht zu halten. Unkraut lässt sich nämlich unter Johannisbeeren schlecht hacken, man könnte sehr leicht die flachen Wurzeln der Büsche beschädigen. Düngen Sie Ihre Beerensträucher im Herbst mit halbverrottetem Kompost und im Frühling und Herbst mit Brennnesseljauche. Rote und weiße Johannisbeeren tragen am zwei- und dreijährigen Holz. Deshalb müssen alle Äste mit dunklem Holz, die vier Jahre und älter sind, im Herbst oder Winter abgeschnitten werden. Am besten ist es, wenn Sie jedes Jahr nur 3 bis 4 junge Triebe stehen lassen (alle übrigen jungen Triebe werden weggeschnitten). So kann der Busch mit seinen verbleibenden etwa 12 Ästen gut Früchte ausbilden.

Aus den weggeschnittenen einjährigen Trieben können Sie Ihren Johannisbeerbestand vermehren. Dafür schneidet man diese auf 30 cm ab, steckt sie im Herbst schräg in lockeren Boden, so dass noch zwei Knospen herausstehen. Sie bilden sehr schnell Wurzeln aus und können im nächsten Jahr verpflanzt werden.

Sorten

Es gibt zahlreiche Johannisbeersorten. Wenn Sie mehrere Büsche pflanzen wollen, achten Sie darauf, dass diese zu unterschiedlichen Zeiten reif sind. Manche Sorten kann man schon im Juni, andere Mitte bis Ende August ernten.

Ernte und Konservierung

Essen Sie so viele Beeren, wie Sie nur mögen, roh: alleine, im Müsli, als Nachtisch mit Milch oder Sauermilchprodukten, als süßes Hauptgericht mit gekochtem Getreide (Hirse, Reis, Weizen) oder verwenden Sie sie zum Backen. Bei einer Johannisbeerschwemme lassen sich die Beeren auch gut einfrieren, allerdings können sie dann im Winter nicht mehr roh gegessen, sondern nur zum Backen oder für Fruchtsoßen verwendet werden.

Mein Tipp

Im Dampfentsafter können Sie schnell und gut einen ungesüßten Johannisbeersaft herstellen. Er schmeckt noch besser, wenn Sie ein paar schwarze Johannisbeeren mit entsaften.

Johannisbeeren, schwarze

(Ribes nigrum)

Die schwarzen Johannisbeeren gedeihen genauso problemlos wie die roten und weißen. Sie wachsen sogar auch in raueren Gegenden noch sehr gut und sind für die Ernährung wegen ihres sehr hohen Vitamin-C-Gehaltes besonders wertvoll.

Schwarze Johannisbeeren haben einen etwas herben Geschmack

Anbau und Pflege

Für das Pflanzen und die Pflege von schwarzen Johannisbeerbüschen gilt das gleiche wie für rote. Achten Sie lediglich auf einen etwas größeren Abstand (2 bis 2,6 m) zwischen den Büschen. Schwarze Johannisbeeren tragen allerdings, im Gegensatz zu roten und weißen, nur am einjährigen Holz. Deshalb sollten Sie möglichst die Ruten, die bereits getragen haben und alle nach innen wachsenden Triebe herausschneiden.
Lassen Sie dabei 8 bis 10 Haupttriebe stehen; bei einem luftigeren und sonnigeren Stand entwickeln sich auch größere und süßere Früchte. Wenn Ihre schwarzen Johannisbeeren im Winter dick geschwollene Knospen zeigen, sind sie von der Gallmilbe befallen. Brechen Sie diese Knospen heraus und verbrennen Sie sie. Vorbeugend gegen die Gallmilbe kann mit Rainfarntee gespritzt werden.

Sorten

Rosenthals Langtraubige
Roodknop
Daniels September
Stripa
Invigo

Ernte und Konservierung

Essen Sie so viele Beeren wie möglich roh. Probieren Sie aber auch einmal eine Torte belegt mit schwarzen Johannisbeeren und einem Guss aus Honig, Eiern und Sahne.
Für den Wintervorrat können Sie einen Saft (siehe auch rote und weiße Johannisbeeren) oder ein Gelee mit Agar-Agar herstellen.

Mein Tipp

Mischen Sie auch einmal die Blätter der schwarzen Johannisbeere frisch oder getrocknet unter Ihre Hausteemischung oder verwenden Sie sie zum Einlegen von Gurken (sie haben eine stark konservierende Wirkung).

Jostabeeren

(Ribes species)
Jostabeeren sind eine Mischung zwischen Stachelbeeren und schwarzen Johannisbeeren. Sie sind etwas kleiner als Stachelbeeren und blaurot gefärbt, wachsen aber, wie Johannisbeeren, in Trauben.
Die Kultur- und Pflegemaßnahmen entsprechen denen von Stachelbeeren.
Geschmacklich bieten sie eine reizvolle Abwechslung im sommerlichen Obstgarten.

Jostabeeren werden fast so groß wie Stachelbeeren, sind aber blaurot.

Mein Tipp

Essen Sie so viel wie möglich rohe Jostabeeren, denn sie haben einen hohen Anteil an Vitamin C. Jostabeeren kann man aber auch vorzüglich zu Saft oder Gelees verarbeiten.

Alle alten dunklen Triebe müssen bei Stachelbeeren herausgeschnitten werden.

Stachelbeeren gibt es in den Farben Weiß, Grün und Rot. Alle Sorten vertragen einen schattigen Standort.

Stachelbeeren

(Ribes uva-crispa)
Stachelbeeren wachsen in Büschen oder Bäumchen am besten auf einem kalkhaltigen Boden. Sie sind im Grunde genommen noch anspruchsloser als Johannisbeeren und können auch etwas Schatten vertragen.

Anbau und Pflege

Stachelbeeren werden wie Johannisbeeren in einem Abstand von 1,5 m gepflanzt, bei Bäumchen reicht ein Abstand von 1 m aus. Da Stachelbeeren für leichte Kaligaben dankbar sind, können Sie als Mulch Beinwellblätter verwenden, etwas Holzasche unter die Pflanzen streuen und sie zusätzlich zu den Kompostgaben im Herbst und im Frühjahr mit Jauche aus Beinwellblättern gießen. Wie Johannisbeeren tragen auch Stachelbeeren am ein- und zweijährigen Holz. Sie dürfen nicht zu dicht stehen. Entfernen Sie deshalb wie bei Johannisbeeren alle alten, dunklen Äste und lassen Sie der Pflanze nur 8 bis 10 Triebe.
Pflanzen, die zu dicht stehen oder zu viele alte Triebe haben, können vom Mehltau befallen werden (mehliger Belag auf den Blättern). Bei Befall müssen alle Triebspitzen bis zum gesunden Holz zurückgeschnitten werden. Vorbeugend können die Pflanzen mit Schachtelhalmtee gespritzt werden, außerdem kann man beim Kauf auf mehltauresistente Sorten achten.
Aus Gründen des Pflanzenschutzes empfiehlt es sich, Stachelbeeren abwechselnd mit Johannisbeeren zu pflanzen. Damit sich die Früchte gut entwickeln können, brauchen Stachelbeersträucher immer eine ausreichende Feuchtigkeit. Normalerweise reicht eine gute Mulchdecke, aber in besonders trockenen Sommern sollten Sie die Sträucher regelmäßig gießen, damit die saftigen Früchte genügend Feuchtigkeit bekommen.

Sorten

Rotfruchtig: Maucks Frühe Rote
Gelbfruchtig: Gelbe Triumph

Ernte und Konservierung

Essen Sie so viele Stachelbeeren wie möglich roh. Wählen Sie beim Pflanzen Ihre Lieblingssorte aus: Es gibt weiße und gelbe und rote Früchte, die unterschiedlich süß sind.

Für den Wintervorrat können Stachelbeeren auch getrocknet und als Rosinenersatz verwendet werden. Dies ist allerdings etwas mühsam und dauert sehr lange. Wer mag, kann bei einer Stachelbeerschwemme auch die ganzen Früchte einkochen (20 Minuten bei 75 °C sterilisieren).

Mein Tipp

Übrigens: Wenn man beim Pflücken Handschuhe anzieht, macht das Ernten mehr Spaß. Aus unreifen Stachelbeeren kann man köstliche Tortenbeläge machen. Die am Strauch verbleibenden Beeren haben dann auch mehr Platz zum Wachsen.

Ein Apfelbaum sollte in keinem Garten fehlen. Viele Apfelsorten lassen sich auch gut lagern.

Baumobst

Äpfel

(Malus sylvestris)

Äpfel sind in ihren Wildformen schon seit Jahrtausenden in unseren Breiten heimisch. Es gibt sie als Büsche, Halb- und Hochstämme in unendlich vielen Sorten.

Anbau und Pflege

Äpfel gedeihen am besten auf humusreichen Böden mit genügender Feuchtigkeit. Für Ihre Pflanzung und für ihre Pflege gelten die im Abschnitt »Arbeiten im Obstgarten« aufgeführten Maßnahmen.

Wichtig ist zu wissen, dass Sie nie einen Apfelbaum alleine pflanzen können, denn er benötigt einen anderen Apfelbaum, damit seine Blüten befruchtet werden können. (Der Apfelbaum im Garten Ihres Nachbarn reicht aber auch aus.) Wenn die Apfelbäume stets gut ausgeschnitten und über die Baumscheiben mit Brennnesseljauche und Kompost versorgt werden, treten bei Ihnen kaum Schädlinge auf.

Sollten Sie trotzdem einmal einige Maden in Ihren Äpfeln vorfinden, weil der Apfelwickler seine Eier auf den Früchten abgelegt hat, brauchen Sie nicht gleich zu schweren Geschützen zu greifen. Im Allgemeinen

fressen Schlupfwespen und Vögel die meisten Maden auf, und Sie selbst sollten alles Fallobst von den Baumscheiben entfernen, damit die Maden nicht im Boden überwintern können.

Tritt der Madenbefall gehäuft auf, können Sie die Bäume nach der Blüte mit Wermuttee spritzen und so den

Apfelwickler bei seiner Eiablage irritieren. Man kann aber auch im Juni am Stamm über dem Boden einen Wellpappekragen als Falle anbringen (nicht zu verwechseln mit dem Leimring für den Frostspanner!). Unter dieser Wellpappe verkriechen sich die Raupen und spinnen sich ein. Nach vier Wochen kann man diesen Kragen mitsamt den eingesponnenen Raupen abnehmen und verbrennen und einen neuen anlegen.

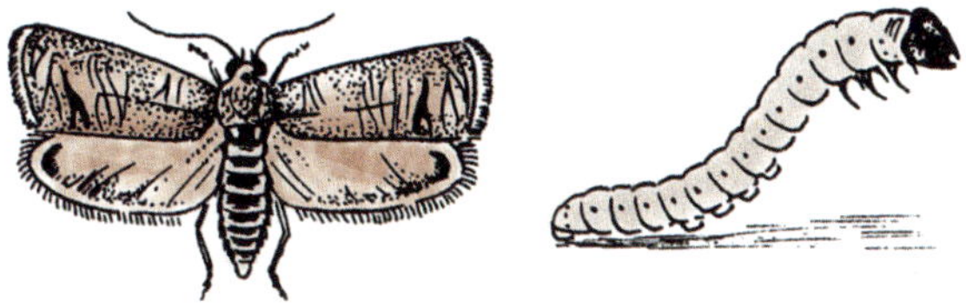

Der Apfelwickler und seine Made

Sortenauswahl

Bei der Auswahl der Apfelsorten für Ihren Garten sollten Sie möglichst Sorten, die dem jeweiligen Klima am besten angepasst sind, auswählen. Außerdem bemüht man sich heute wieder darum, gerade die alten Sorten, die schon fast ausgestorben waren, erneut zu kultivieren. Mögliche Sorten sind:

Klarapfel (reift im August, ist nicht lagerfähig.)
Gravensteiner (Anfang September reif, haltbar bis Dezember)
Goldparmäne (reift Anfang Oktober, haltbar bis Februar)
Cox Orange (reift im Oktober, haltbar bis Februar)
Freiherr von Berlepsch (reift Ende Oktober, haltbar bis März)
Boskop (reift Anfang November, haltbar je nach Sorte bis Januar oder sogar März)
Winterglockenapfel (reift im Oktober, haltbar bis März/April)
Brettacher (reift Oktober/November, haltbar bis Mai)

Ernte und Konservierung

Frühe Apfelsorten sind allein für den Sofortverbrauch bestimmt. Die später reifenden Sorten sind lagerfähig, viele bis Weihnachten, besondere Sorten sogar bis in das nächste Frühjahr hinein. Die beste Lagertemperatur liegt bei 4°C, Frost vernichtet die Lageräpfel, bei zu hohen Temperaturen verderben sie schneller. Bei der Lagerung müssen die Äpfel nebeneinander liegen. Am besten eignen sich dazu Apfelhurden (siehe Bauanleitungen Seite 215).

Von Zeit zu Zeit muss das Lagergut kontrolliert und die fauligen Äpfel aussortiert werden. Säuerlich schmeckende Äpfel, die keine lange Lagerzeit haben, lassen sich in Ringe geschnitten ausgezeichnet trocknen und sind im Winter ein guter Ersatz für fehlendes frisches Obst und Süßigkeiten.

Mein Tipp

Aus den kleinen und allen anderen überschüssigen Äpfeln, die im September/Oktober reif sind, machen wir einen naturtrüben Apfelsaft, der unübertroffen schmeckt und mit dem gekauften Saft nicht zu vergleichen ist, und schwäbischen »Most« (Apfelwein, Cidre). Aus 50 kg Äpfeln erhalten Sie dabei ungefähr 35 l Saft.

Birnen

(Pyrus communis)

Birnen gibt es für jede Gartengröße: als Spindelbusch, Halb- und Hochstamm. Sie sind etwas wärmebedürftiger als Äpfel und lieben einen gut gelockerten, tiefgründigen Boden, weil sie neben flachen, auch tiefreichende Wurzeln haben.

Die meisten Birnensorten brauchen einen geschützten Standort, um die Früchte voll ausreifen zu lassen.

Anbau und Pflege

Oft sind Birnen keine Selbstbefruchter, so dass zwei verschiedene Birnbäume zusammengepflanzt werden müssen. Erkundigen Sie sich beim Kauf in der Baumschule.

Wenn Sie wie wir in einer rauen Gegend wohnen, brauchen Sie trotzdem nicht auf Tafelbirnen zu verzichten. Ziehen Sie ihre Birnen entweder in der Nähe einer geschützten Hauswand oder wählen Sie eine robuste Sorte aus. Diese ist dann zwar meist erst im Oktober reif, kann dafür aber wie Äpfel etwa 2 Monate auf Hürden gelagert werden.

Sortenauswahl

Frühe von Trevoux
Williams Christ

Ernte und Konservierung

Frühe Sorten sind für den Sofortverbrauch bestimmt. Später reifende Sorten sind lagerfähig und werden wie Äpfel eingekellert. Außerdem lassen sich Tafelbirnen auch sehr gut süß-sauer einlegen oder kochen.

Mein Tipp

Bei uns wachsen überall auf den Wiesen und Wegrändern die kleinen Most- oder Kochbirnen. Man kann sie ausgezeichnet trocknen oder aus ihnen Birnenmost herstellen.

Süß- und Sauerkirschen

(Prunus avium und cerasus)
Bei den Kirschen unterscheiden wir zwischen Süß- und Sauerkirschen. Welche Sorte man bevorzugt, ist Geschmackssache.

Anbau und Pflege

Süßkirschen gibt es sowohl als Halb- wie auch als Hochstämme zu kaufen. Sie gedeihen normalerweise in jedem tiefgründigen Gartenboden ohne Staunässe, auch in rauen Lagen. Weil bei den meisten Sorten die Blüten etwas frostempfindlich sind, sollte man beim Pflanzen darauf achten, dass der spätere Standort der Bäume nicht in einer Senke liegt, in der sich die kalte Luft halten kann. Für Süßkirschen gelten ansonsten die allgemeinen Pflanz-, Pflegehinweise und Schnittmaßnahmen, wie sie im Abschnitt »Arbeiten im Obstgarten« beschrieben wurden. Süßkirschen brauchen mehr Platz als Sauerkirschen, weil sie eine größere Krone entwickeln.

Sauerkirschen wachsen auch in kleinen Buschformen und finden deshalb auch in einem kleinen Garten Platz. Sie gedeihen auf allen Böden ohne Staunässe. Beim Baumschnitt müssen Sie bei Sauerkirschen auf eine Besonderheit achten, um keine langen, verkahlten Ruten zu erhalten: Sauerkirschen tragen nur am einjährigen Holz. Deshalb müssen regelmäßig alle abgeernteten Triebe bis auf einen nachwachsenden, jungen Trieb zurückgeschnitten werden. Wenn Sie diesen Schnitt nicht regelmäßig durchführen (jedes Jahr), wachsen bald nur noch an den Spitzen Blüten und Früchte. Ein regelmäßiger Baumschnitt, eine gut gemulchte oder bepflanzte Baumscheibe und eine Düngung mit Brennnesseljauche und Kompost ermöglichen meist ein gesundes Wachstum der Bäume.
Für einige Schädlinge und Krankheiten können Sie noch zusätzliche, vorbeugende Maßnahmen treffen:

Kirschen sind im Juni/Juli reif und schmecken am besten frisch vom Baum.

Die schwarze Kirschlaus sitzt an Blättern und jungen Trieben. Die Triebe hören auf zu wachsen, und die Blätter verfärben sich gelblich. Meist hilft schon ein Lockern des Bodens mit der Grabegabel oder mit dem Sauzahn oder ein verdünnter Jaucheguss und eine gute Bodenabdeckung. Sie können die Läuse auch mit heißem Wasser abspritzen.
Besonders bei warmer Witterung legt die Kirschfruchtfliege, die unserer Stubenfliege ähnelt, ihre Eier an den Kirschen ab. Ihre Maden zerfressen das Fruchtfleisch und die Kirschen beginnen zu faulen. Vorbeugend kann man Kirschfruchtfliegenfallen (im Handel erhältlich) von Mai bis Juli in die Bäume hängen. Außerdem verhindert ein mehrmaliges Spritzen mit Wermuttee etwa 3 Wochen nach der Blüte die Eiablage.Unbedingt sollten alle vorzeitig abgefallenen Früchte aufgelesen werden, weil sonst die Maden in den Boden kriechen und dort überwintern. Hühner, Laufkäfer und Grasfrösche vernichten die Maden und ihre Puppen. Die Monilia ist eine gefürchtete Pilzkrankheit, die hauptsächlich Sauerkirschen betrifft. Die Zweige trocknen ein und die Früchte zeigen gelb-braune Ringe. Bei Befall müssen die Kirschen vernichtet und die kranken Zweige radikal herausgeschnitten und verbrannt werden, damit sich die Pilze nicht weiter ausbreiten können. Vorbeugend pflanzt man auf die Baumscheiben der besonders gefährdeten Sauerkirschen Meerrettich.

Sortenauswahl
Süßkirschen: Frühe Meckenheimer
Hendelfinger
Sauerkirschen: Schattenmorelle

Ernte und Konservierung
Süßkirschen isst man in der Regel roh oder verwendet sie auch einmal für einen Kuchen. Sauerkirschen sind eher zum Einmachen, Einfrieren oder zur Saft- oder Marmeladenherstellung geeignet.

Mein Tipp

Probieren Sie doch einmal, Kirschen im Ganzen mit Kern zu trocknen. Sie behalten so ausgezeichnet ihr Aroma und schmecken im Müsli oder auch einfach so.

Mirabellen und Renekloden

(Prunus domestica)
Mirabellen und Renekloden gehören zu den Pflaumen. Für Anbau und Pflege gelten deshalb die bei Pflaumen und Zwetschgen aufgeführten Maßnahmen (Seite 201). Allerdings sind beide Sorten etwas wärme- und sonnenhungriger, als ihre robusten Vettern. Mirabellen kommen ursprünglich aus Westasien, sind aber schon lange auch bei uns heimisch. Es gibt sie in verschiedenen Sorten, die auch unterschiedliche Reifezeiten haben, so dass Sie, wenn Sie mehrere Bäume pflanzen, von Juni bis in den September hinein ständig frische Mirabellen ernten können. Mirabellen bleiben recht klein – etwa so wie Kirschen – und haben im reifen Zustand eine goldgelbe Farbe. Ihr Fruchtfleisch schmeckt sehr süß und aromatisch und lässt sich leicht vom Stein lösen. Renekloden – auch Edelpflaumen genannt – werden größer als Mirabellen und haben eine grüne bis violette Farbe. Sie gedeihen auch in etwas raueren Zonen noch ganz gut.
Mirabellen und Renekloden sind sowohl zum Rohessen als auch zum Einmachen hervorragend geeignet.

Reife Mirabellen sind goldgelb gefärbt. Sie eignen sich besonders gut zum Einmachen.

Renekloden sind saftiger als Mirabellen und haben einen deutlich kürzeren Stiel.

Aus einer Pfirsichblüte entwickeln sich bei uns nur in geschützten Lagen die reifen Früchte.

Sortenauswahl
Mirabellen: Nancy-Mirabelle
Metz-Mirabelle
Renekloden: Große grüne Reneklode
Althann Reneklode
Ouillins Reneklode

Mein Tipp

Frische Mirabellen sind eine beliebte Zutat zum morgendlichen Müsli. Hat man verschiedene Sorten im Garten, kann man diese Köstlichkeit fast zwei Monate lang täglich frisch ernten.

Pfirsiche und Aprikosen

(Prunus persica und armeniaca)
In milden Klimazonen mit warmen Sommern und nicht zu kalten Wintern können auch in unseren Breiten im Freien Pfirsiche und Aprikosen gepflanzt werden. Manchmal gelingt ihr Anbau auch in raueren Lagen als Spalierobst vor einer Südwand. Lassen Sie sich auf jeden Fall von einer Baumschule in Ihrer Gegend beraten. Die Blüten beider Pflanzen, besonders die der Aprikosen, sind sehr frostempfindlich. Um sich selbst Enttäuschungen zu ersparen, pflanzen Sie sie deshalb nur, wenn Sie in einer Gegend mit Weinbauklima wohnen.

Aprikosen blühen wunderschön bereits im März/April. Aufgrund der frühen Blüte sind sie aber auch sehr frostanfällig.

Anbau und Pflege
Sowohl Pfirsiche als auch Aprikosen werden als Buschbäume gepflanzt und lieben einen leichten Boden, der trotzdem genügend Feuchtigkeit und Nährstoffe besitzen sollte.
Ansonsten gelten die gleichen Pflanz- und Pflegehinweise, wie bei anderen Obstbäumen auch (siehe »Arbeiten im Obstgarten«, Seite 29). Bei Pfirsichen müssen Sie allerdings noch eine Besonderheit beachten: Sie tragen wie Sauerkirschen nur am einjährigen Holz, deshalb muss man durch den richtigen Baumschnitt für eine ständige Trieberneuerung sorgen. Dabei werden die sogenannten Fruchttriebe (Triebe, an denen Frucht- und Holzknospen in Büscheln zusammensitzen) um die Hälfte gekürzt, Triebe, die nur mit Blütenknospen besetzt sind, auf 2 Augen zurückgeschnitten und Laubtriebe (Triebe mit Blättern) auf 5 Augen eingekürzt. Der Schnitt wird am besten zur Blütezeit im Frühling durchgeführt.

Gegen die oft auftretende Kräuselkrankheit, eine Pilzkrankheit, bei der sich die Blätter kräuseln und auf ihrer Unterseite Wucherungen auftreten, hilft ein vorbeugendes Spritzen mit Schachtelhalmtee und Brennnesseljauche und eine Baumscheibe, die mit Kapuzinerkresse bepflanzt wird.

Sortenauswahl

Pfirsiche: Mayflower
Roter Ingelheimer
Aprikosen: Mombacher Aprikose
Ungarische Beste

Ernte und Konservierung

Pfirsiche und Aprikosen schmecken roh unvergleichlich gut. Sie lassen sich aber auch einkochen, zu Fruchtmark einfrieren und ganz ausgezeichnet trocknen.

Pflaumen sind Fremdbestäuber, deshalb sollte man immer wenigstens zwei Bäumchen setzen.

Pflaumen und Zwetschgen

(Prunus domestica)
Pflaumen und Zwetschgen gehören zu den anspruchslosesten Obstarten. Sie wachsen und reifen meist auch noch unter ungünstigen Bedingungen, benötigen lediglich einen humusreichen Boden und ausreichende Feuchtigkeit.

Anbau und Pflege

Der Anbau und die Pflege von Pflaumen- und Zwetschgenbäumen sind recht unkompliziert. Auch für sie gelten die allgemeinen Pflanz- und Pflegehinweise, wie sie im Teil »Arbeiten im Obstgarten« beschrieben wurden. Vor einigen Jahren waren allerdings plötzlich alle Zwetschgen- und Pflaumenbäume in unserer Gegend übersät mit den Gespinsten der Gespinstmotte, in denen es nur so von kleinen Raupen wimmelte. Sie fressen die Blätter und Knospen an. Ihre natürlichen Feinde, die Vögel und Schlupfwespen, konnten bei uns diese Plage allein nicht beseitigen. Wir schnitten die Gespinste heraus, schüttelten die Raupen ab und spritzten mehrere Male mit einem scharfen Wasserstrahl. Nach 2 Wochen war der »Spuk« verschwunden. Ein Baumanstrich im Frühling und Herbst ist eine gute vorbeugende Maßnahme. Gegen den Pflaumenwickler kann man nicht viel tun. Seine Maden hinterlassen Fressspuren und Kot in den Früchten. Die ersten befallenen Früchte lösen sich vom Baum. Sie sollten unbedingt aufgesammelt und vernichtet werden, damit die kleinen Raupen nicht zurück auf den Baum kriechen und sich dort verpuppen können. Vögel sind die natürlichen Feinde des Pflaumenwicklers. Machen Sie auch deshalb die Vögel in Ihrem Garten heimisch.

Sortenauswahl

Zimmers
Ersinger (frühe Sorte)
Hauszwetschge (späte Sorte)

Ernte und Konservierung

Bei Pflaumen und Zwetschgen gibt es frühe und späte Sorten. Die frühen eignen sich hauptsächlich zum Rohessen, die späten zusätzlich auch zum Kochen und Backen und für den Wintervorrat. Besonders die späte Hauszwetschge kann man ganz ausgezeichnet trocknen, aber auch einfrieren und einmachen.

Mein Tipp

Probieren Sie auch einmal von den letzten Früchten ein Zwetschgenmus ganz ohne Zucker, nur mit Zimt und/oder Walnüssen gewürzt, herzustellen. Kochen Sie dazu die halbierten Zwetschgen in der Fettpfanne des Backofens etwa 4 Stunden dick ein und füllen Sie sie dann in sterilisierte Schraubgläser.

Quitten

(Cydonia oblonga)
Heute sind Quitten – einst beliebte Früchte im Garten unserer Großmütter – in Vergessenheit geraten. Erst in letzter Zeit werden sie mehr und mehr angeboten. Sie sind, was Boden und die Pflege angeht, sehr anspruchslos.

Anbau und Pflege

Man kann Quitten als Busch oder als Baum pflanzen; beide Arten müssen lediglich in späteren Jahren ab und zu einmal ausgelichtet werden. Ansonsten gelten für sie die gleichen Pflanz- und Pflegehinweise wie sie im Abschnitt »Arbeiten im Obstgarten« beschrieben wurden. Unterschieden wird zwischen Apfelquitten mit rundlichen Früchten und Birnenquitten mit länglichen Früchten. Geschmacklich gibt es zwischen den beiden Sorten kaum Unterschiede.

Sortenauswahl

Bereczki
Riesenquitte von Lescovazc

Ernte und Konservierung

Die pelzigen Früchte kann man nicht roh essen; man muss sie vor dem Verzehr abreiben, in Stücke schneiden und dann kochen. Anschließend bereitet man aus ihnen Saft, Gelee und Kompott zu oder verwendet sie als Füllung für einen Kuchen. In einem kühlen Keller kann man sie wie Äpfel und Birnen lagern. Sie sind so 2 bis 3 Monate haltbar.

Quitten blühen weiß bis hellrosa im Mai/Juni. Die Früchte kann man nicht roh essen, sie müssen erst gekocht werden.

Mein Tipp

Wir haben Quitten deshalb in unseren Garten gepflanzt, weil sie einen so angenehmen Wohlgeruch verbreiten, wenn man sie im Frühwinter in einer Schale auf der Diele oder im Wohnzimmer liegen hat, und weil die ganze Familie für ihr Leben gern »Quittenbrot« isst. 1,5 kg Quitten werden mit ¼ l Wasser und 100 g Honig dick eingekocht, mit Zimt, Zitronenschale und gehackten Mandeln gewürzt. Anschließend wird der Brei in einer Fettpfanne im Backofen ausgestrichen und 4 bis 6 Stunden bei 50 °C getrocknet.

Nüsse

Haselnüsse

(Corylus avellana)
Die Haselnusssträucher bedeckten früher weite Gebiete Europas und Asiens als Wildpflanzen. Heute werden sie wieder verstärkt kultiviert, weil sie für die Ernährung aufgrund ihres hohen Gehaltes an Proteinen, ungesättigten Fettsäuren, Mineralstoffen und Vitaminen (besonders B und E) sehr wertvoll sind.

Anbau und Pflege

Haselnusssträucher eignen sich ausgezeichnet als Heckenpflanzen. Sie können einen Teil Ihres Gartens oder, bei viel Platz, Ihres Kompostplatzes mit ihnen umrahmen. Auch wenn Sie nur einen begrenzten Raum zur Verfügung haben, brauchen Sie auf Haselnüsse nicht zu verzichten. Sie müssen ja nicht gleich eine Hecke pflanzen, jedoch mindestens 2 Haselnusssträucher in einem Abstand von höchstens 4 Metern, denn sie werden vom Wind bestäubt und brauchen, da zweigeschlechtlich, einen Partner zur Befruchtung.
An Boden und Pflege stellen Haselnüsse keine Ansprüche. Sie wachsen zu großen Sträuchern heran, die Sie ab und zu auslichten sollten, damit sie reich tragen.

Ernte und Konservierung

Ernten Sie die Nüsse im Herbst erst, wenn sie völlig ausgereift sind, weil sie sonst beim Trocknen schrumpfen. Dabei kann man zum Beispiel von einem zwanzig Jahre alten Busch in guten Jahren 8 kg Nüsse ernten. In der Küche werden sie im Ganzen zu Müsli und Gebäck, gehackt oder gemahlen zu Teigwaren, Salaten, Soßen, Obst und Reis gegeben.

Mein Tipp

Wer will, kann die Haselnüsse nach dem Knacken in einer trockenen Pfanne oder auf dem Backblech rösten, sie schmecken dann aromatischer.

Walnüsse

(Juglans regia)
Walnüsse werden besonders in Frankreich und in den USA viel angebaut, aber auch in unseren Breiten wächst der Walnussbaum gut und liefert uns in warmen Sommern eine reiche Ernte.

Anbau und Pflege

Der Walnussbaum gehört zu den größten Bäumen im Garten. Seine Krone kann einen Durchmesser von bis zu 10 m haben und seine Wurzeln reichen noch weiter. Er ist normalerweise der ideale Hausbaum, weil man unter seinen schattenspendenden Blättern gut einen sommerlichen Sitzplatz einrichten kann: Hier wird man von Mücken und Fliegen kaum belästigt, denn diese werden durch seinen Geruch vertrieben. Wenn Sie einen jungen Baum kaufen, berücksichtigen Sie beim Pflanzen seinen großen Platzbedarf.
An den Boden stellt Ihr Hausbaum keine besonderen Ansprüche, am besten gedeiht er jedoch in humusreicher, feuchter Erde und mit viel Licht und viel Sonne. Pflegen und düngen Sie ihn wie Ihre anderen Obstbäume.

Ernte und Konservierung

Pflücken Sie die Nüsse nicht vorzeitig, es sei denn, Sie wollen aus einigen grünen Nüssen einen Likör herstellen. Einmal schmecken die unreifen Früchte nämlich noch nicht, zum anderen werden Sie feststellen, dass Sie Ihre braun gewordenen Finger kaum mehr sauber bekommen. Warten Sie lieber, bis die Früchte von allein auf den Boden fallen, sie sind dann völlig ausgereift und lassen sich leicht schälen.
Walnüsse enthalten viel Kalk, Phosphor und Vitamine. Wegen ihres hohen Fettgehaltes werden sie leicht ranzig und können daher so nicht allzu lange gelagert werden. Nur unter Luftabschluss halten sie lange frisch. Walnüsse werden frisch verzehrt oder für die Zubereitung von Soßen, Kartoffelgerichten, Backwerk und Nachtischen verwendet.

Mein Tipp

Man sollte den Baum nicht an einen allzu geschützten Ort pflanzen. Er würde dann zwar früher blühen, aber seine Blüten wären durch spät auftretende Kälteeinbrüche gefährdet. An einem luftigeren Standort ist diese Gefahr nicht so groß.

Wildfrüchte

Hagebutten

(Rosa canina)
Vielleicht wachsen auch in Ihrem Garten irgendwo am Zaun Heckenrosen. Sie blühen und duften im Juli und August wunderschön, im September und Oktober können Sie die Früchte, die Hagebutten, ernten.
Vielleicht erinnern Sie sich noch daran, dass Sie als Kind aus den Kernen und den feinen Härchen Juckpulver hergestellt haben. Aus dem Fruchtfleisch können aber auch Suppen, Soßen und Hagebuttenmark (Hägenmark) hergestellt werden. Letzteres ergibt mit Honig vermischt einen ausgezeichneten Brotaufstrich und zusätzlich mit Sahne oder Vanille verfeinert einen guten Nachtisch. Fruchtfleisch und Kerne können auch getrocknet werden. Aus ihnen bereitet man im Winter dann den roten Hagebuttentee zu, der viel Vitamin C enthält.

Holunder

(Sambucus nigra)
Holundersträucher wachsen zwar als Wildpflanzen überall in unseren Wäldern, aber auch in unserem Garten können sie uns nützliche Dienste erweisen und liefern uns darüber hinaus noch die begehrten Früchte.
Auf einem etwas kalkhaltigen Boden wächst der Holunder so schnell, dass man schon nach wenigen Jahren in seinem Schatten sitzen kann. Man kann ihn aber auch als Busch in eine Hecke pflanzen und ihn durch ständiges Zurückschneiden im Zaum halten. Der Holunder selbst ist eine widerstandsfähige Pflanze. Nur im Sommer wird er ab und zu von schwarzen Blattläusen befallen, was ihm aber nicht weiter schadet.
Im Garten ist er eine ganz besondere Hilfe: Er wehrt Wühlmäuse und Maulwürfe ab. Dabei genügt oft schon das Einstecken eines Zweiges in einen Maulwurf- oder Wühlmaushaufen. Möchte man Pflanzen vor Erdflöhen schützen, verwendet man seine Blätter und junge, dünne Zweige als Mulchmaterial. Man kann auch aus Holunderblättern eine Jauche zubereiten, mit der dann Himbeeren, andere Beeren¬sträucher und Baumscheiben gegossen werden können. Wen wundert es da, dass unsere Vorfahren an die magischen Kräfte des Holunders glaubten,

Aus den weißen Blütendolden lassen sich die bekannten Holunderküchlein backen. Man tunkt sie in Pfannkuchenteig und backt sie im Fett schwimmend aus. Man kann die Blüten auch trocknen und einen Tee

Hagebuttentee enthält besonders viel Vitamin C.

Ein Holunderstrauch sollte in keinem Garten fehlen.

aus ihnen zubereiten. Wegen seiner abwehrsteigernden Wirkung wird dieser Tee bei Schnupfen, Erkältung, Grippe oder Fieber getrunken. Die schwarzen Beeren des Holunders sind roh zwar kaum genießbar, weil sie brechreizfördernd wirken, aber aus ihnen kann ein ausgezeichneter Saft im Dampfentsafter hergestellt werden. Wir trinken ihn warm mit Honig, wenn wir nach einem langen Winternachmittag heimkommen oder wenn wir uns grippig fühlen. Auch eine Holunderbeersuppe mit Äpfeln, Birnen und Grießklößchen, die schon Oma immer kochte, ist eine ausgezeichnete Herbstsuppe und beugt Erkältungen vor.

Preiselbeeren

(Vaccinium vitis-idaea)
Die Preiselbeere ist ein immergrüner Zwergstrauch, der saure, kalkarme Böden in Misch- und Nadelwäldern sowie Moorgebieten bevorzugt. Die in Trauben stehenden Blüten blühen weiß bis rosa. Frühestens im August können die kugelförmigen roten Beeren mit dem sauren herben Geschmack geerntet werden.
Sie werden meistens für Kompott, Marmelade oder Likör verwendet, da sie roh zu streng schmecken.

Sanddorn

(Hippophae rhamnoides)
Wenn Sie in Ihrem Garten über einen leicht sandigen Boden verfügen, können Sie zwei Sanddornbüsche pflanzen. Vorsicht, sie können bis zu 5 Meter hoch werden. Im September sind die orangefarbenen Früchte reif. Sie schmecken säuerlich aromatisch und enthalten sehr viel Vitamin C. Man kann aus ihnen ein Mus oder einen Saft herstellen. Das stärkt die Widerstandskraft und regt den Appetit an.

Schlehen

(Prunus spinosa)
Die Schlehe ist eine typische Wildheckenpflanze, die auf kalkigen Böden besonders gut gedeiht Sie wird bis zu 3 m hoch und blüht vor dem Erscheinen der Blätter weiß.
Die schwarzblauen Früchte sind weniger herb, wenn man sie erst nach den ersten Frösten erntet und erst dann zu Saft oder Schlehenmus verarbeitet Manche Leute verarbeiten Schlehen auch zu Wein oder Likör.

Preiselbeeren gibt es zwar inzwischen auch als Kulturpflanzen, aber in manchen Gebieten wachsen sie auch noch wild.

Auch Sanddorn gehört zu den heilkräftigen Wildfrüchten. Die orangeroten Beeren enthalten sehr viel Vitamin C.

Schlehen blühen wunderschön im Frühjahr. Die herben Früchte verarbeitet man am besten zu Saft oder Mus.

»Giftige« Pflanzen im Garten

Gerade wenn man selbst Kinder hat oder öfter Kinder zu Besuch kommen, möchte man sie am Gartenerlebnis teilhaben lassen.Deshalb sollte man im Garten auf die Pflanzen verzichten, deren Blätter oder Früchte schwere Vergiftungserscheinungen hervorrufen. Die folgende Liste soll Ihnen dabei helfen. Sie beschränkt sich auf die bekanntesten und sehr häufig vorkommenden Pflanzen im Garten. (Giftige Unkräuter werden nicht erwähnt.)

Bohnen (Phaseolus)

Buschbohnen, Stangenbohnen und Feuerbohnen sollten nicht roh gegessen werden. Kinder können sie leicht mit Erbsen verwechseln. Ihr Genuss ruft Übelkeit, Erbrechen und Durchfall hervor.

Efeu (Hedera)

Die grünlich-schwarzen Beeren des Efeus sind giftig; allerdings schmecken sie sehr bitter und werden deshalb wohl kaum freiwillig verzehrt. Bis zu 5 Beeren sollen ungefährlich sein.

Eibe (Taxus)

Eiben werden oft für immergrüne Hecken verwendet. Ihre Nadeln sind hochgiftig. Der Verzehr von bis zu 5 der kleinen roten Beeren soll ungefährlich sein.

Eisenhut (Aconitum)

Eisenhut in allen seinen Arten ist eine der giftigsten Pflanzen, die es gibt; schon wenige Gramm können gefährlich werden. Obwohl er wegen seiner schönen Blüten eine beliebte Zierstaude ist, sollten Sie ihn unbedingt entfernen oder gar nicht erst pflanzen, denn alle Pflanzenteile enthalten Gift.

Faulbaum (Rhamnus)

Alle Pflanzenteile des Faulbaums sind giftig. Besonders die Beeren sind für Kinder interessant; ihr Verzehr führt jedoch zu drastischen Durchfällen.

Feuerdorn (Pyracantha)

Im Herbst hat der Feuerdorn leuchtende, rote oder gelbe Beerendolden. Er ist ein beliebter Zierstrauch. Seine Samen enthalten sehr viel Blausäure, ihr Verzehr soll zu leichteren Beschwerden führen.

Fingerhut (Digitalis)

Fingerhut ist wegen seiner Blütenform sehr beliebt bei Kindern. Auch hier genügen schon kleinste Mengen für schwerste Vergiftungen, weshalb er auf keinen Fall in einen Garten, der von Kindern benutzt wird, gehört.

Goldregen (Laburnum)

Goldregen ist ein beliebter Zierstrauch, der in allen Teilen sehr giftig ist. Vor allen Dingen die leuchtenden Blüten und die bohnenähnlichen Früchte verlocken die Kinder.

Eibe

Eisenhut

Heckenkirsche (Lonicera)
Die Heckenkirsche hat rote oder schwarze Früchte. Sie schmecken bitter. Ihr Verzehr ruft Bauchschmerzen und Erbrechen hervor. Bis zu 8 der Beeren sollen ungefährlich sein.

Herbstzeitlose (Colchicum)
Für Kinder besteht bei Herbstzeitlosen eine Verwechslungsgefahr mit Krokussen: sie reizen sie zum Pflücken. Alle Pflanzenteile sind aber hochgiftig.

Holunder (Sambucus)
Die schwarzblauen Früchte des Holunders rufen roh verzehrt Erbrechen und Durchfall hervor. Unter Hitzeeinwirkung werden diese »Gifte« zerstört. Holundersaft und andere Speisen aus Holunderbeeren schmecken köstlich und sind ein altes Hausmittel bei vielen Erkältungskrankheiten.

Liguster (Ligustrum)
Liguster wird oft als Hecke in Gärten gepflanzt. Die Beeren können Erbrechen und Durchfall hervorrufen. Bis zu 2 Beeren sollen ungefährlich sein.

Maiglöckchen (Convallaria)
Bis zu 2 der roten Beeren der verblühten Maiglöckchen können Kinder meist ohne Schaden essen. Mehr können Erbrechen und Durchfall hervorrufen.

Oleander (Nerium)
Oleander wird als Zierpflanze in Kübeln oder Trögen gerne auf Terrassen oder auf den Balkon gestellt. Alle seine Pflanzenteile sind jedoch stark giftig.

Schneeball (Viburnum)
Die roten und schwarzen Beeren des Schneeballs führen zu Erbrechen oder Durchfall. Der Verzehr von bis zu 5 Beeren soll ungefährlich sein.

Schneebeere (Symphoricarpos)
Die Schneebeere wird auch Knackbeere oder Knallerbse genannt. Sie findet sich häufiger in Parks als in Gärten. Zum Spielen ist sie für Kinder allerdings sehr beliebt. Ihr Verzehr ruft Erbrechen und Bauchschmerzen hervor (bis zu 5 Beeren sollen ungefährlich sein).

Seidelbast (Daphne)
Seidelbast ist ein kleiner, niedriger, rosa blühender Zierstrauch, der gerne gepflanzt wird, aber äußerst giftig ist. Vorsicht bei den Blüten und den roten Beeren!

Vogelbeere (Sorbus)
Die Vogelbeere oder Eberesche ist mit ihren vielen roten Beeren ein schöner Zierstrauch oder Baum im Garten. Roh genossen führen die Beeren zu Erbrechen und Bauchschmerzen. Beim Kochen wird das »Gift« zerstört.

Zwergmispeln (Cotoneaster)
Zwergmispeln, auch Cotoneastern genannt, finden sich oft als Bodendecker in Gärten und Grünanlagen. Der Verzehr von bis zu 5 der roten Beeren scheint ungefährlich zu sein.

Fingerhut

Heckenkirsche

Seidelbast

Bauanleitungen von Michael Hirsch

Bei den folgenden Anleitungen wurde darauf geachtet, dass das benötigte Holz (immer Nadelholz) dem Standardangebot einer Holzhandlung oder eines Sägewerks entspricht Sie müssen die Bretter und Latten dann nur noch auf die geforderte Länge absägen. Die angegebenen Maße beziehen sich überwiegend auf die sägeraue Ware. Wollen Sie lieber gehobelte Bretter, Latten oder Kanthölzer verwenden, müssen Sie die Maße eventuell geringfügig verändern. Auch bei Schrauben, Nägeln und Beschlägen wurden nur handelsübliche Größen und Ausführungen verwendet Heutzutage werden meist alle Bauteile aus Holz mit Holzschutzmitteln behandelt. Ich persönlich verwende Holzschutzmittel nur für Bauteile, die Wind und Wetter ausgesetzt sind, und auch dann nur, wenn die Kosten für den Gegenstand eine solche Schutzmaßnahme rechtfertigen oder wenn er in besonderem Maße dauernder Feuchtigkeit ausgesetzt ist, wie zum Beispiel Zaunpfosten. Bitte verwenden Sie aber auf jeden Fall nur biologische Holzschutzmittel, die kein Gift in Ihren Garten bringen.
Solche Mittel stellen folgende Firmen her (dort erhalten Sie auf Anfrage auch die nötigen Informationen):

Auro Naturfarben
Alte Frankfurter Straße 11
38122 Braunschweig
www.auro.de

BIOFA Naturprodukte W. Hahn GmbH
Dobelstr. 22
73087 Bad Boll
www.biofa-de.com

LIVOS Pflanzenchemie
Auengrund 10
29559 Wrestedt
www.livos.de

Für den Garten

Kompostsammelkiste

Die meisten gekauften Kompostsammelkisten haben den Nachteil, dass sie zum Entleeren nicht von vorne geöffnet werden können. Deshalb haben wir uns eine Kiste gebaut, die vorne eine Tür hat, die man öffnen oder auch ganz aushängen kann.

Materialbedarf

Für die Kiste:
4 Kanthölzer, 60x 60 x 850 mm
15 Bretter, 24 x 100 x 1000 mm

Für die Tür:
5 Bretter, 24 x 100 x 830 mm
1 Brett, 24 x 100 x 650 mm
1 Brett, 24 x 100 x 620 mm
1 Brett, 24 x 100 x 850 mm

Außerdem:
60 Senkkopfnägel, 3,1 x 80 mm
30 Senkkopfschrauben, 4 x 45 mm
2 Ladenscharniere, 70 mm breit
2 Sturmhaken

Bauanleitung

Aus jeweils fünf 100 cm langen Brettern und zwei Kanthölzern stellen Sie die beiden Seitenwände her: Das oberste Brett schließt oben bündig mit den Kanthölzern ab, ebenso alle Bretter seitlich (siehe Abbildung 1). Der Abstand zwischen den einzelnen Brettern sollte 3 cm betragen. Schlagen Sie jeweils zwei Nägel immer leicht schräg ein, das erhöht die Stabilität Jetzt nageln Sie an den beiden Seitenteilen die verbleibenden fünf langen Bretter an, jeweils in der gleichen Höhe wie die Seitenbretter (siehe Abbildung 2). Damit ist Ihre Kompostkiste bis auf die Tür fertig. Streichen Sie eventuell die Pfosten mit einem Holzschutzmittel und graben Sie sie anschließend so weit ein, dass die untersten Bretter 3 cm über dem Boden aufhören. Die Tür stellen Sie aus den verbleibenden acht Brettern gemäß Abbildung 3 her. Schrauben Sie die einzelnen Teile zusammen. Die kürzere Seite der Tür wird mit den Ladenscharnieren (aushängbar) am rechten vorderen Pfosten der Kiste befestigt, an der anderen Seite verschließen zwei Sturmhaken die Tür (siehe Abbildung 4).

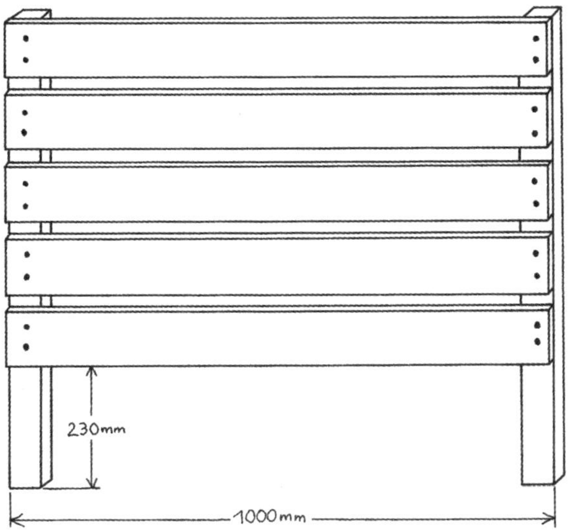

Abbildung 1: Jeweils 5 Bretter, im Abstand von 3 cm untereinander auf 2 Kanthölzer genagelt, ergeben die beiden Seitenwände.

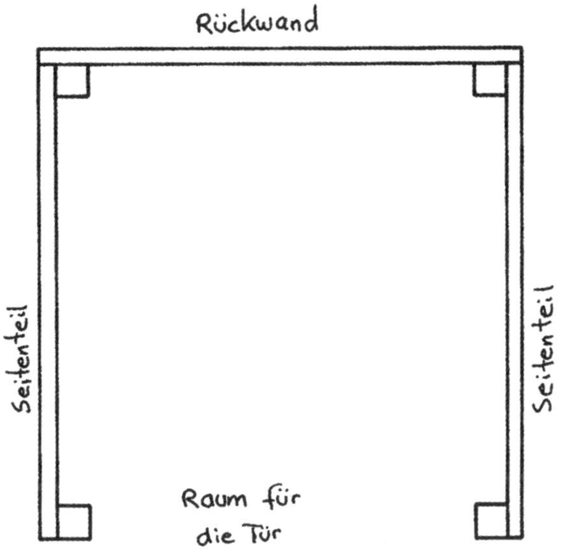

Abbildung 2: In der Aufsicht sieht man, wie die Rückwand befestigt wird und wo der Raum für die Tür offen bleibt

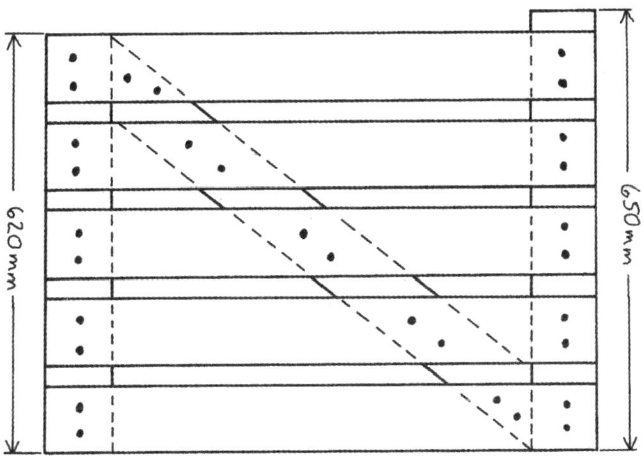

Abbildung 3: Als letztes wird das 85 cm lange Brett – wie in der Zeichnung zu sehen – abgeschrägt und schräg auf die waagrechten Bretter der Tür geschraubt.

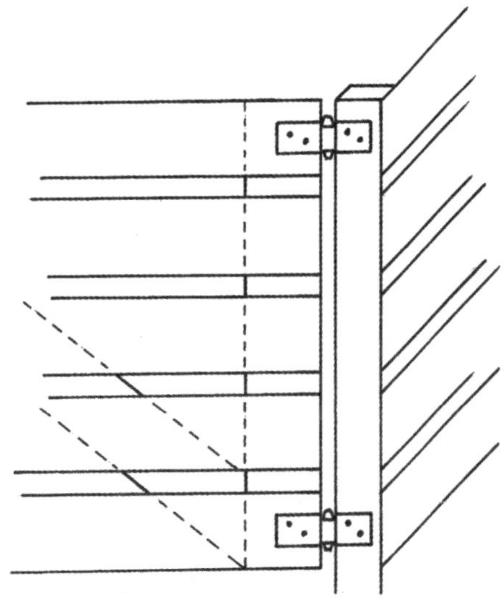

Abbildung 4: An diesen Stellen müssen die aushängbaren Ladenscharniere
angeschraubt werden. Auf der anderen Seite wird die Tür mit 2 Sturmhaken verschlossen.

Kompostsieb

Materialbedarf

3 Bretter: 24 x 80 x 1120 mm
2 Bretter: 24 x 80 x 960 mm
2 Bretter: 24 x 80 x 820mm
2 Bretter: 24 x 80 x 660 mm
32 Senk-Holzschrauben: 4 x 45 mm
70 Krampen (Schlaufennägel): 16 mm
1 Scharnier (käntig): 70 mm
(mit dazugehörigen Schrauben)
1 verzinktes, geschweißtes Drahtgeflecht
(Maschenweite 10,6 mm): 700 x 1000 mm.

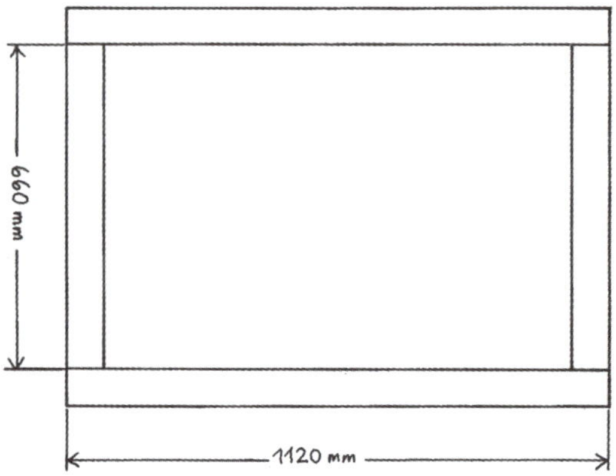

Abbildung 1: Die ersten 4 Bretter werden lose zu einem Rahmen zusammengelegt und darauf wird das Drahtgeflecht mit dem Krampen befestigt.

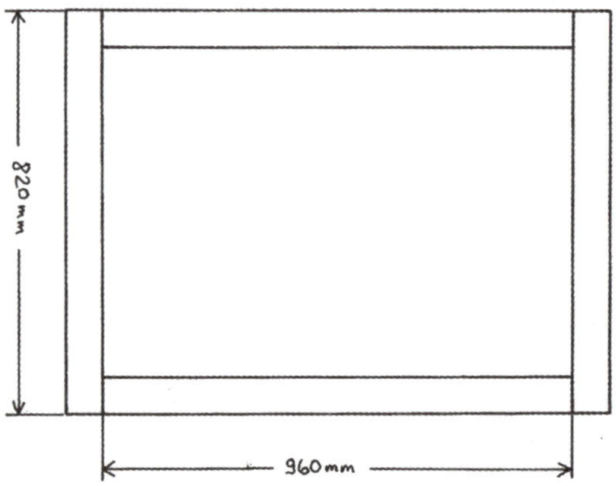

Abbildung 2: Der zweite Rahmen wird, wie die Zeichnung zeigt, zusammengestellt und dann auf den ersten geschraubt.

Bauanleitung

Legen Sie zwei der 112 cm langen und die zwei 66 cm langen Bretter zu einem rechtwinkligen Rahmen zusammen (siehe Abbildung 1). Befestigen Sie darauf das Drahtgeflecht mit den Krampen. Das Geflecht sollte dabei an allen Seiten 2 cm auf dem Holzrahmen aufliegen. Die Bretter mit 96 cm und 82 cm Länge ergeben anders zusammengesetzt wieder einen Rahmen dergleichen Größe (siehe Abbildung 2). Die Bretter beider Rahmen werden nun so miteinander verschraubt, dass das Drahtgeflecht zwischen ihnen liegt: dabei sollte man besonders in den Ecken von beiden Seiten her schrauben. Zum Schluss befestigen Sie das verbleibende Brett mit Hilfe des Scharniers in der Mitte der kürzeren Seite des Siebes. Man kann das Sieb jetzt, wie Abbildung 3 zeigt, aufstellen.

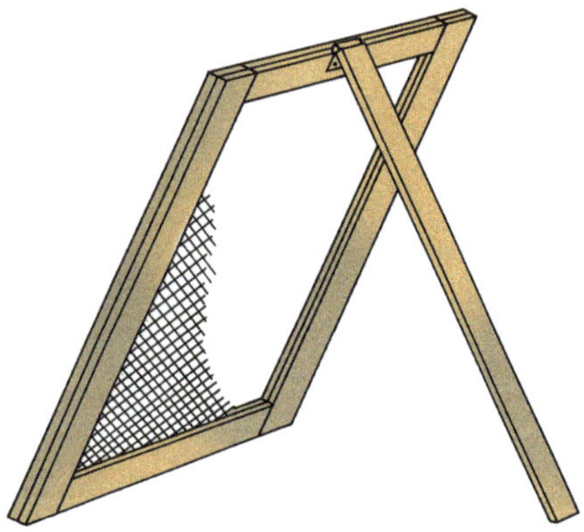

Abbildung 3: Das fertige, aufgestellte Kompostsieb.

Frühbeetkasten

Ein Frühbeet besteht aus einem Holzkasten und Fenstern, die – möglichst dicht schließend – auf diesen Kasten gelegt werden. (Diese Bauanleitung ist insbesondere für alle gedacht, die alte Fenster benutzen können. Die Maße Ihres Frühbeetes richten sich einmal nach der Fläche, die Sie unter Glas haben möchten, zum anderen aber auch nach den Maßen der Ihnen zur Verfugung stehenden Fenster. Mit der folgenden Anleitung können Sie sich den passenden Frühbeetkasten leicht selber bauen. Zuerst müssen Sie bedenken, dass Ihr Frühbeetkasten, da die Fenster schräg angebracht werden, eine etwas geringere Breite haben muss, als Ihre Fenster hoch sind. Dies macht das Beispiel in Abbildung 1 deutlich. Allgemein kann man die Maße folgendermaßen berechnen: Fensterhöhe x 0,98 =

Kastenbreite, Kastenbreite x 0,2 + Vorderwandhöhe = Rückwandhöhe.

Die Länge des Frühbeetkastens ergibt sich aus der Breite Ihrer Fenster. (Sie können bei langen Frühbeeten natürlich auch mehrere gleich hohe Fenster nebeneinander verwenden.)
Als Eckpfosten für den Kasten werden Kanthölzer mit 60 x 60 mm Querschnitt verwendet; diese sollten kurz vor dem oberen Rand des Kastens aufhören, aber über den unteren noch 25 cm hinausragen, da sie eingegraben werden. In der Mitte der beiden Längsseiten wird je ein weiterer Pfosten eingebaut. Als Bretter verwenden Sie vorteilhaft Nut- und Federbretter mit einer Dicke von 19,5 mm, wie man sie auch für Dielenfußböden nimmt; mit ihnen können Sie nämlich einen sehr dichten Kasten herstellen.
Jetzt nageln Sie alle Bretter der Vorderwand mit der Feder nach oben an die drei kleineren Pfosten, alle Bretter der Rückwand ebenso an die drei längeren Pfosten (siehe Abbildung 2). Verwenden Sie dabei 3,1 x 80 mm Senkkopfnägel und vergessen Sie nicht, die obersten Bretter Ihrer Frühbeetneigung entsprechend abzusägen. An die beiden fertigen Teile werden nun von unten beginnend die Seitenbretter befestigt (siehe Abbildung 3). Die oberen Bretter müssen dabei wieder der Neigung der Fenster entsprechend abgesägt werden. Um die Enden dieser abgeschrägten Bretter zu stabilisieren und um gleichzeitig die Auflagefläche für die Fenster zu erhöhen, wird oben an beiden Seiten von innen ein Brett (ohne Feder) angeschraubt (siehe Abbildung 4). Um das Abrutschen der Fenster zu verhindern, müssen Sie schließlich an der Vorderwand außen noch eine Leiste anbringen, die etwas über den oberen Rand hinausragt. Bevor Sie den Kasten dann in den Garten in der gewünschten Stellung in Richtung Süden einbauen, sollten Sie zumindest die Pfosten mit einem Holzschutzmittel behandeln.
Gelüftet wird das Frühbeet, indem man zwischen die Scheiben und den Kasten Kanthölzer entsprechender Länge klemmt.

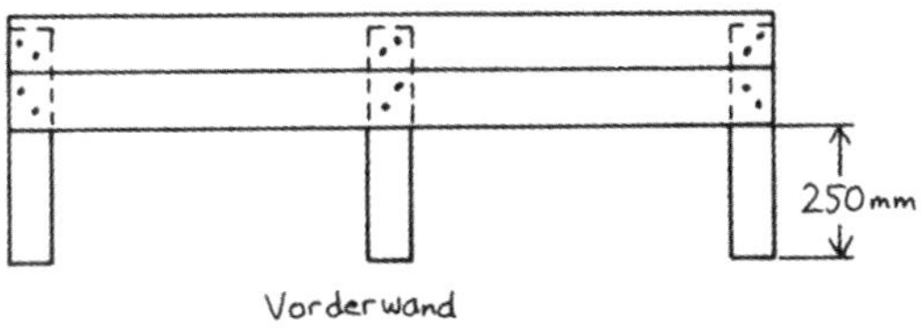

Abbildung 1: Wenn die Vorderwand des Frühbeetkastens 20 cm hoch sein soll, muss für ein 102 cm hohes Fenster der Kasten 100 cm breit und die Rückwand 40 cm hoch sein.

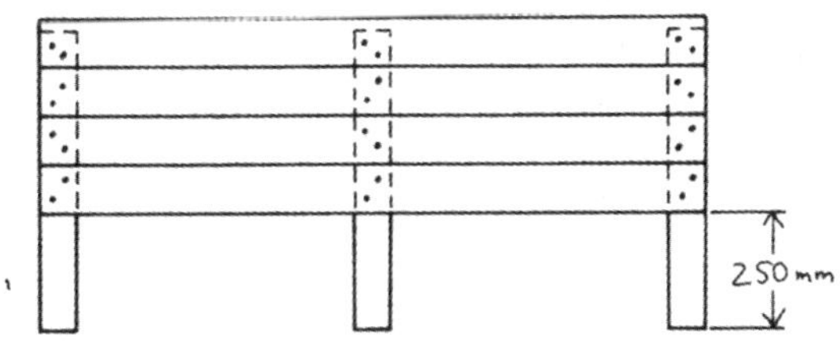

Abbildung 2: So werden die Bretter der Vorder- und Rückwand an den Pfosten befestigt.

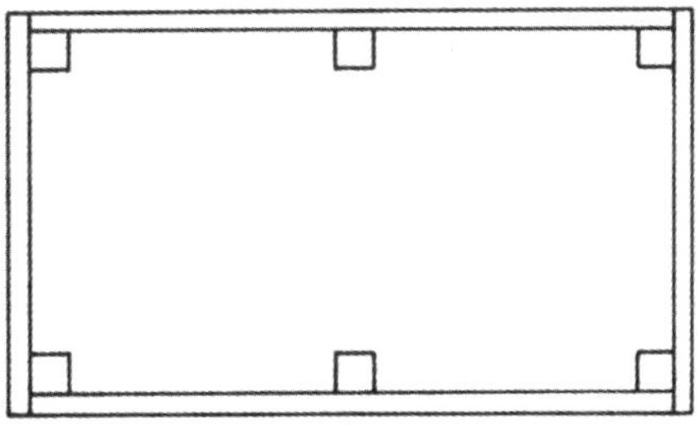

Abbildung 3: Von oben wird deutlich, wie der Frühbeetkasten durch das Annageln der Seitenwände geschlossen wird.

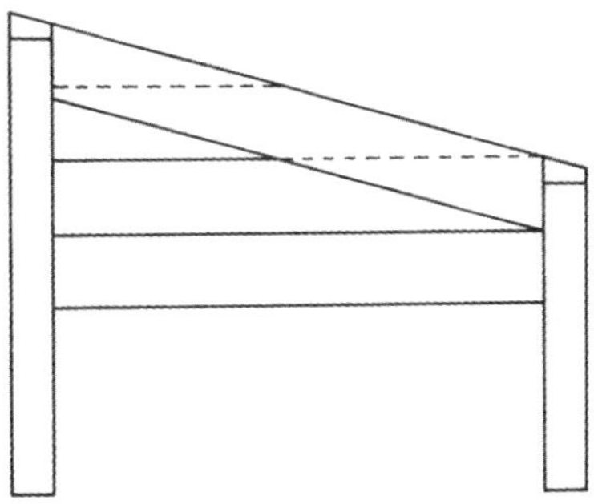

Abbildung 4: Um die Enden der abgeschrägten Bretter zu stabilisieren, wird von innen ein Brett gegen die Seitenwände geschraubt.

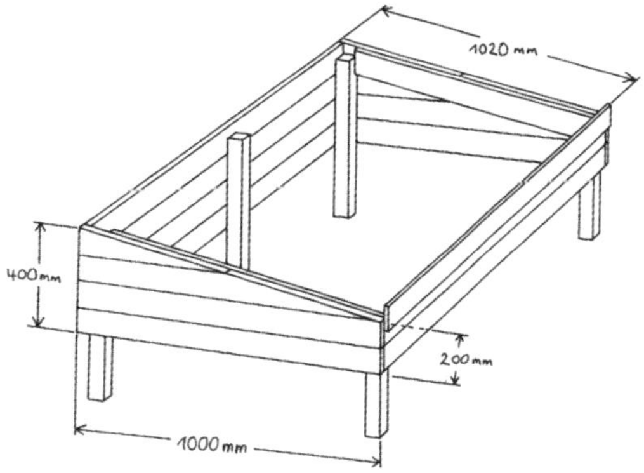

Abbildung 5: So sieht der fertige Frühbeetkasten ohne Fenster aus. Die Fenster werden zum Schluss einfach draufgelegt.

Foliendreieck

Das beschriebene Foliendreieck wird 3 m lang, 1,50 m breit und 0,75 m hoch; beide Seitenflächen sind unter einem Winkel von 45° geneigt. Zwei über eine ganze Seite reichende Klappen, die sich getrennt vollständig öffnen lassen, ermöglichen ein relativ bequemes Gießen, Jäten und Ernten. Das Foliendreieck kann aber auch ohne Schwierigkeiten transportiert werden.

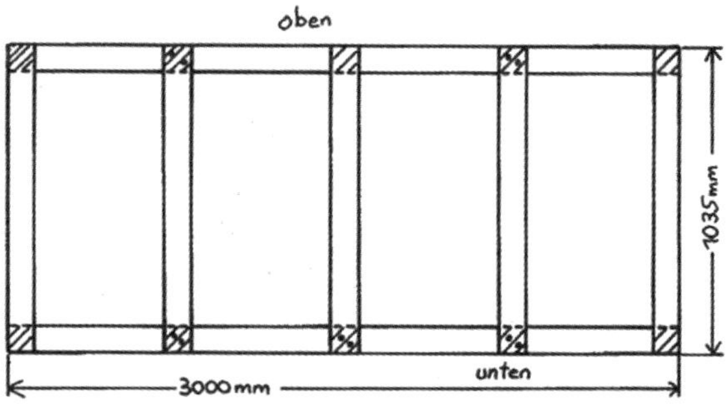

Abbildung 1: Zuerst wird der geschlossene Rahmen hergestellt. Alle in der Zeichnung schraffierten Stellen müssen dabei durch Überblatten, wie in Abbildung 3 und 4 gezeigt, aufeinander gefügt werden. An den mit Punkten gekennzeichneten Stellen werden die Bretter mit jeweils 2 Schrauben verbunden.

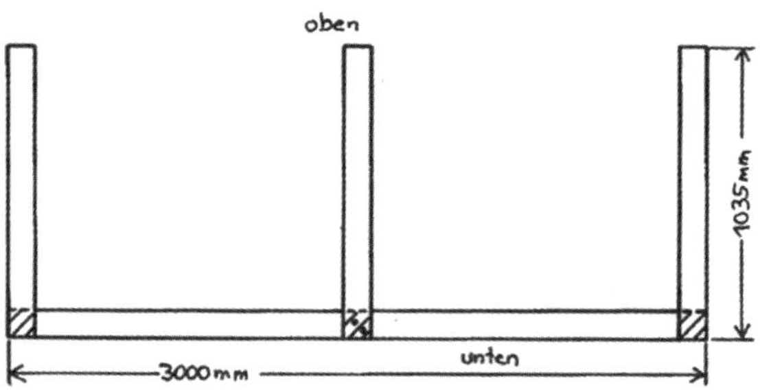

Abbildung 2: Der offene Rahmen wird auf die gleiche Weise hergestellt und auch zunächst nur an der mit Punkten gekennzeichneten Stelle mit 2 Schrauben verbunden.

Materialbedarf

4 Latten: 24 x 48 x 3000 mm
2 Latten: 24 x 48 x 1500 mm
5 Latten: 24x48x 1085 mm
3 Latten: 24 x 48 x 1035 mm
4 Latten: 24 x48 x 1475 mm
6 Latten: 24 x48 x 1010 mm
2 Leisten: 20 x 20 x 650 mm
14 Senk-Holzschrauben: 5 x 60 mm
36 Senk-Holzschrauben: 4 x 25 mm
(stehen nach Einschrauben 1 mm über und müssen dann abgefeilt werden.)
4 Scharniere (käntig): 50 mm
(mit zugehörigen Schrauben)
2 Griffe zum Öffnen der Klappen
Folie: Berechnen Sie die Maße nach der Ihnen zur Verfügung stehenden Folienbreite!

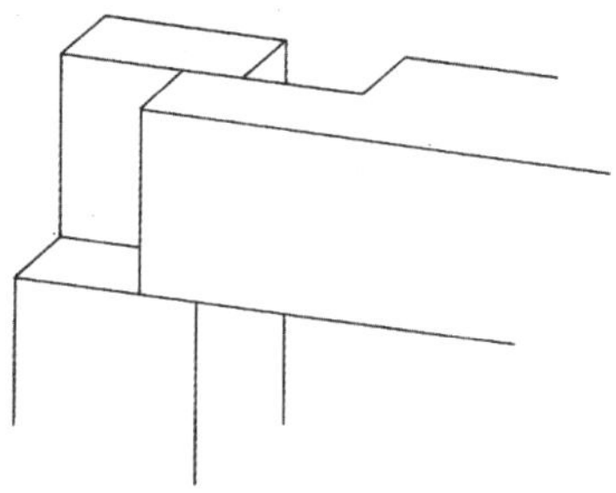

Abbildung 3: Überblatten der Eckstücke.

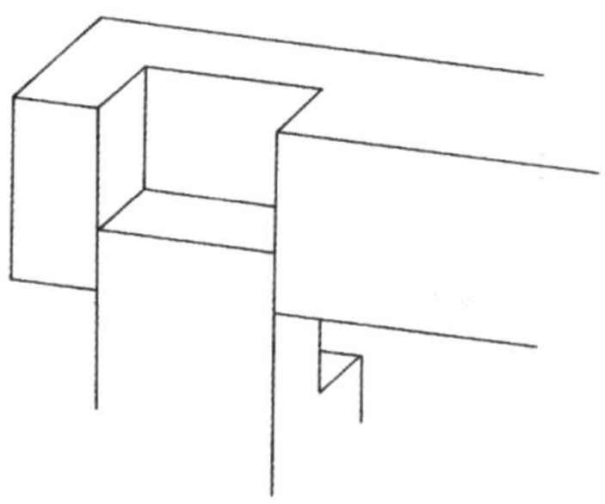

Abbildung 4: Überblatten der Mittelstücke.

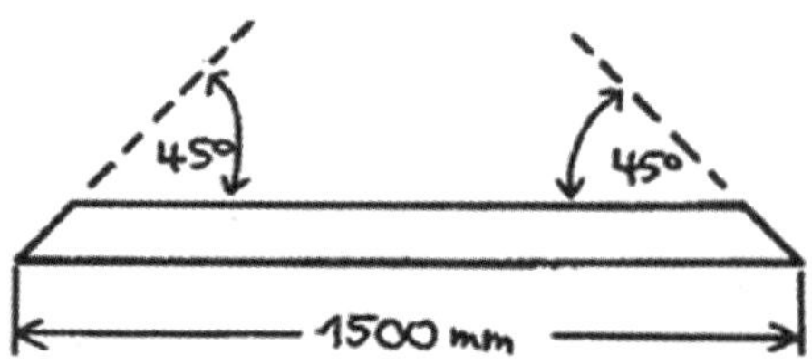

Abbildung 5: Um die Latten in einem Winkel von 45° abzusägen, benutzt man am besten eine Gehrungslade.

Bauanleitung

Zunächst müssen Sie – wie in Abb. 1 und 2 zu sehen – zwei Rahmen, einen geschlossenen und einen oben offenen, herstellen. Die Eckverbindungen führen Sie dabei durch Überblattung aus (Abb. 3 und 4). Befestigen Sie vorerst nur die Latten aneinander, bei denen dies durch Punkte in Abb. 1 und 2 gekennzeichnet ist; verwenden Sie dazu jeweils zwei kurze Schrauben.

Als nächstes sägen Sie die beiden 150 cm langen Latten an beiden Enden unter einem Winkel von 45° ab (siehe Abbildung 5). Mit Hilfe der 5 x 60 mm großen Schrauben können Sie dann die beiden Rahmen aneinanderschrauben, der geschlossene Rahmen sollte dabei oben 24 mm über den offenen Rahmen hinausragen. An jeder mit einem Pfeil versehenen Stelle in Abbildung 6 werden zwei Schrauben verwendet, dadurch werden gleichzeitig die Überblattungen, die Rahmen aneinander und die Rahmen an den abgeschrägten Latten befestigt.

Ebenfalls mit überblatteten Eckverbindungen, die Sie wieder mit jeweils zwei kurzen Schrauben befestigen, stellen Sie die Rahmen für die beiden Klappen her (siehe Abbildung 7). Diese Klappen werden so auf den ursprünglich offenen Rahmen gelegt, dass sie links, rechts und unten nur 23 mm auf dem Rahmen aufliegen. Sie werden dann mit jeweils zwei Scharnieren am oberen Dreieckrand befestigt. Die verbleibende 3 m lange Latte halbieren Sie der Länge nach und befestigen die entstehenden Stäbe rings um die beiden Klappen auf dem Rahmen; dadurch schließen die Klappen dichter. Zum Offenhalten der Klappen bringen Sie schließlich die beiden Leisten links und rechts innen am Rahmen mit Schrauben so an, dass die Leisten drehbar bleiben. Mit Hilfe einer zweiten in die Klappen eingedrehten Schraube, können Sie die Leisten dann dort aufstützen (siehe Abbildung 8). Jetzt müssen Sie Ihr Dreieck nur noch mit einer nicht zu dünnen Folie bespannen. Tackern Sie diese gut fest!

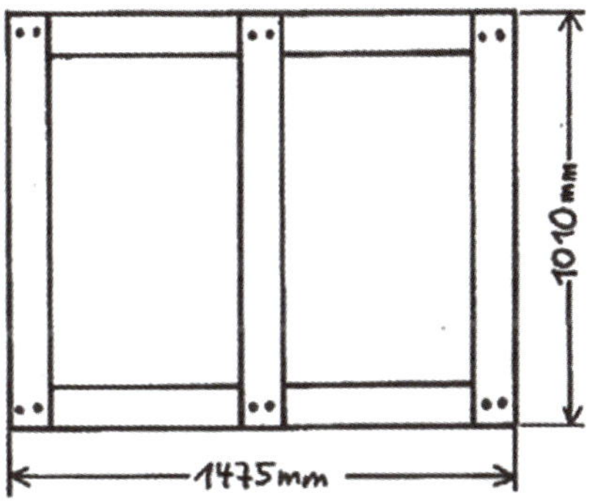

Abbildung 7: Die Klappen werden analog zum geschlossenen Rahmen hergestellt.

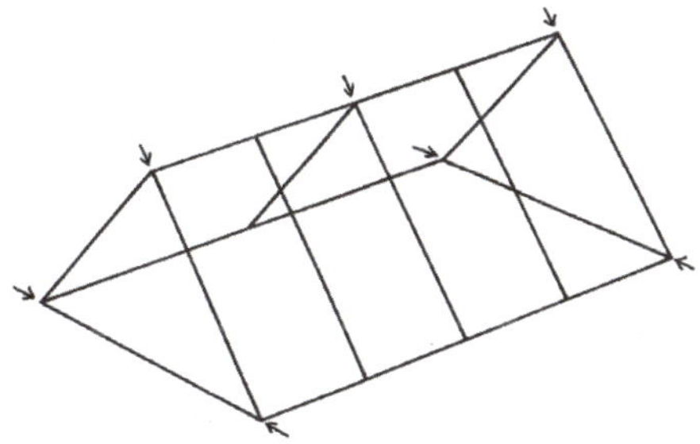

Abbildung 6: An allen mit einem Pfeil gekennzeichneten Stellen werden die Teile mit jeweils 2 Schrauben aneinandergefügt.

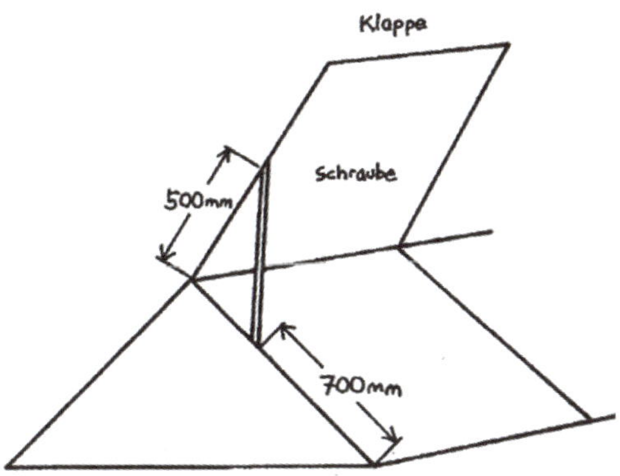

Abbildung 8: Die Lüftung des Foliendreiecks erfolgt durch Aufstellen der Klappen.

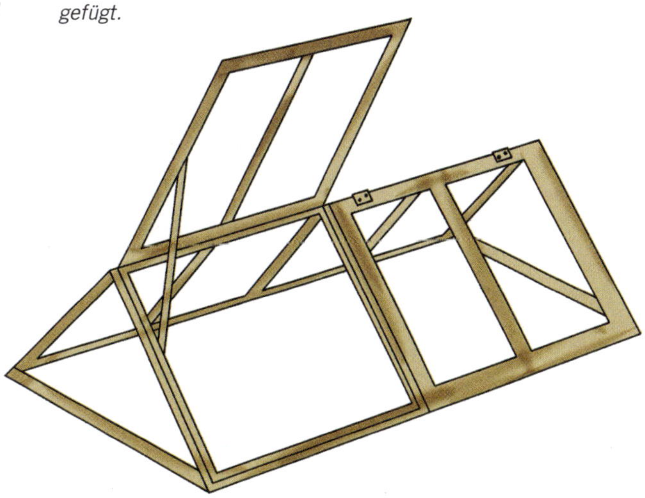

Abbildung 9: Das fertige Foliendreieck

Chinesische Kartoffelkiste

Die Erde in der Kartoffelkiste kann bis zu 1 m hoch aufgeschichtet werden, aber auch eine geringere Höhe ist jederzeit möglich. Mit Hilfe der folgenden Beschreibung kann man die Kiste (in Schritten von jeweils 4 cm) in jede beliebige Höhe mitwachsen lassen.

Materialbedarf

(für eine 100 cm hohe Kiste)
50 Bretter: 24 x 80 x 1100 mm

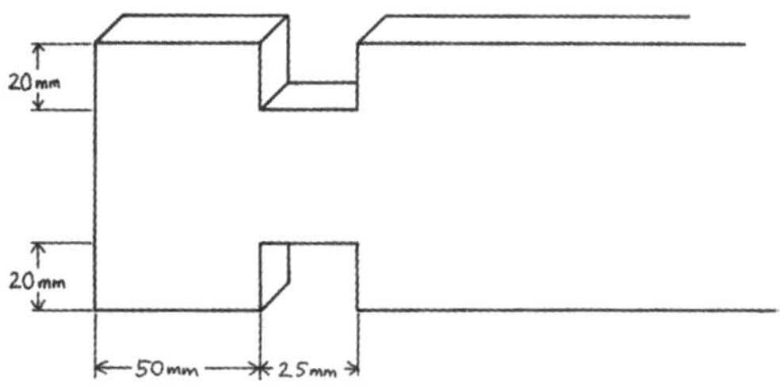

Abbildung 1: In dieser Weise müssen für eine Kartoffelkiste von 100 cm Höhe insgesamt 50 Bretter ausgestemmt werden.

Bauanleitung

Alle Bretter werden, wie Abbildung 1 zeigt, an beiden Enden ausgestemmt. Zwei dieser Bretter werden anschließend der Länge nach in der Mitte durchgesägt. Jetzt können Sie ganz nach Bedarf Ihre Kartoffelkiste in jeder Höhe aufbauen.

Den Zusammenbau beginnen Sie mit zwei halbierten (Aussparungen nach oben) und zwei ganzen Brettern: Aus diesen Brettern stecken Sie den untersten Rahmen zusammen, den Sie dann durch beliebig viele weitere Bretter von Zeit zu Zeit erhöhen können. Als Abschluss müssen Sie immer die beiden anderen halben Bretter mit den Aussparungen nach unten auf die niedrigeren Kistenseiten stecken.

Noch ein Tipp: Achten Sie beim Auf- und Abbau der Kiste darauf, dass Ihnen die Aussparungen nicht ausbrechen!

Abbildung 2: Die fertige Kiste.

Zur Vorratshaltung

Apfelhurde

Materialbedarf

2 Bretter (vierseitig gehobelt): 15,5 x 80 x 831 mm
2 Bretter (vierseitig gehobelt): 15,5 x 80 x 500 mm
4 Kanthölzer (vierseitig gehobelt): 40 x 40 x 280 mm
12 Latten (vierseitig gehobelt): 15,5 x 45 x 531 mm
20 Senkkopfnägel: 2,2 x 50 mm
48 Senkkopfnägel: 2,2 x 45 mm

Bauanleitung

Die vier Bretter werden, wie in Abbildung 1 gezeigt, an die Kanthölzer genagelt (50-mm-Nägel verwenden). Dabei müssen alle Bretter oben 15 mm über die Kanthölzer hinausragen.
Dann legen Sie den Rahmen, mit den Füßen nach oben, hin und nageln die Latten im Abstand von je 2 cm mit den kürzeren Nägeln an den langen Brettern des Rahmens fest. Die erste und die letzte Latte wird, wie Abbildung 2 zeigt, eingesägt und ganz an die Füße geschoben.
Wenn Sie genau gearbeitet haben, können Sie mehrere solcher Hurden aufeinanderstapeln. Da die Ränder jeweils etwas höher als die Kanthölzer sind, hat der Stapel einen guten Halt.

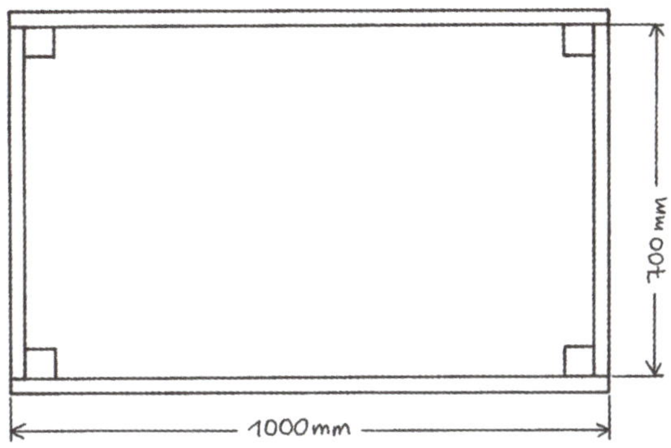

Abbildung 1: Von oben wird deutlich, wie die Bretter an die Kanthölzer genagelt werden.

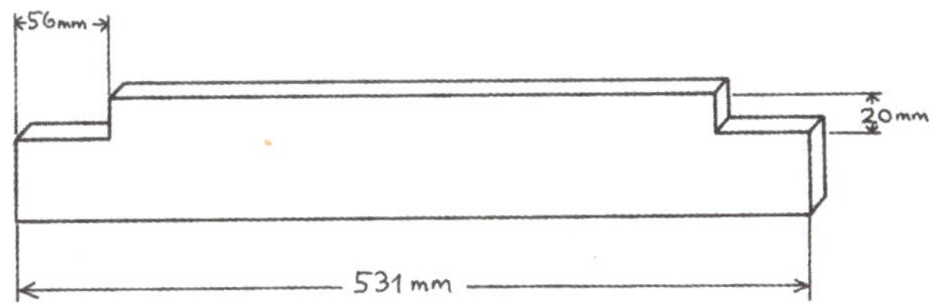

Abbildung 2: Die erste und die letzte Latte bekommt Aussparungen für die Füße.

Abbildung 3: Die fertige Apfelhurde. Wenn Sie genau arbeiten, können mehrere dieser Hurden übereinander gestapelt werden.

Dreigeteilte Einlagerungskiste

Die fertige Kiste ist 2 m lang, 55 cm breit und 50 cm hoch, die Unterteilungen können jederzeit entfernt werden, wenn Sie ein größeres Fach benötigen.

Materialbedarf

6 Bretter: 24 x 200 x 2000 mm
3 Bretter: 24 x 100 x 2000 mm
8 Bretter: 24 x 200 x 500 mm
4 Bretter: 24 x 76* x 50 mm (*aus 80 mm breiten Brettern selbst zusägen)
4 Kanthölzer: 35 x 35 x 500 mm
12 Kanthölzer: 35 x 35 x 476 mm
120 Senkkopfnägel: 2,2 x 55 mm

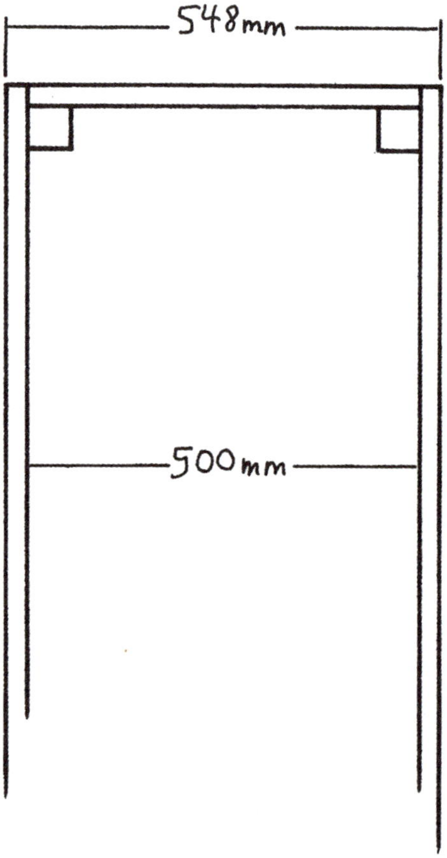

Abbildung 3: Von oben kann man sehen, wie die Seitenwände an die Vorder- und Rückwand genagelt werden.

Bauanleitung

Zuerst stellen Sie den Boden und die Vorder- und Rückseite der Kiste her, indem Sie die entsprechenden Bretter auf die Kanthölzer nageln {siehe Abbildung 1 und 2).

Beachten Sie dabei, dass die Bretter der Vorder- und Rückwand unten 24 mm über die Kanthölzer hinausragen müssen, damit später dort der Boden eingepasst werden kann. Anschließend werden das Vorder- und Rückteil mit den entsprechenden 50 cm langen Brettern verbunden (siehe Abbildung 3). Dabei müssen die Seitenbretter oben und unten bündig mit den Kanthölzern abschließen.

Stellen Sie jetzt den Rahmen auf den Kopf, setzen den Boden mit den Kanthölzern nach oben ein und nageln ihn ringsherum fest. Die Kiste ist damit fertig – die verbleibenden Bretter dienen der Unterteilung; sie brauchen nur bei Bedarf eingesetzt zu werden.

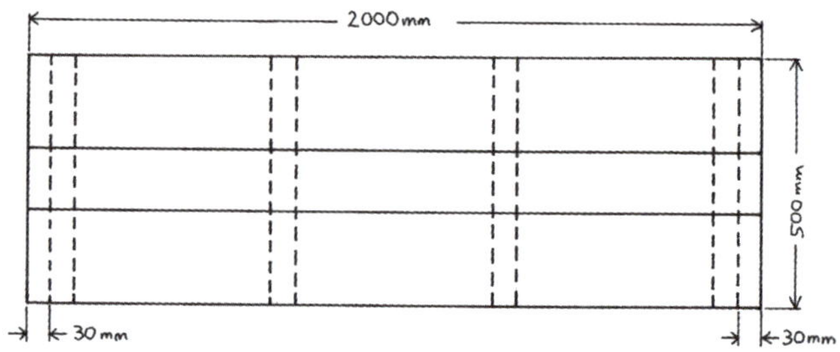

Abbildung 1: 3 Bretter werden für den Boden auf 4 Kanthölzer genagelt.

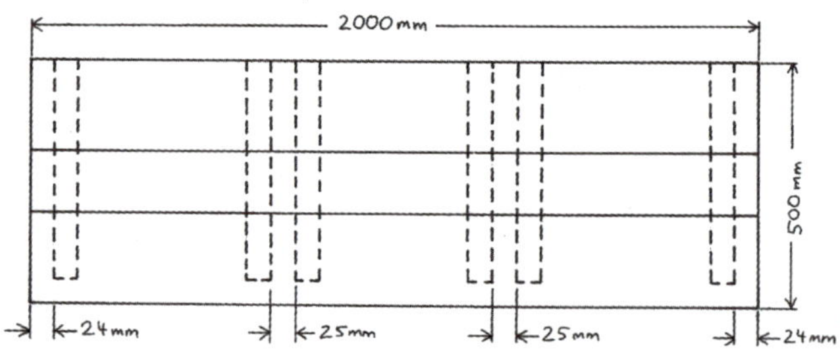

Abbildung 2: Für die Vorder- und Rückwand braucht man je 6 Kanthölzer. Die mittleren stellen die Schienen für die Unterteilungsbretter dar.

Einlagerungskiste für Kartoffeln

Die Kiste reicht für gut 100 kg Kartoffeln.

Materialbedarf:

1 Brett: 24 x 100 x 870 mm
18 Latten: 24 x 48 x 1000 mm
20 Latten: 24 x 48 x 700 mm
13 Latten: 24 x 48 x 980 mm
2 Latten: 24 x 48 x 170 mm
1 Latte: 24 x 48 x 950 mm
4 Kanthölzer: 40 x 40 x 705 mm
200 Senkkopfnägel: 3,1 x 60 mm
10 Senkkopfschrauben: 4 x 45 mm

Bauanleitung:

Zuerst werden die achtzehn 100 cm und die zwanzig 70 cm langen Latten mit jeweils vier Nägeln in einem Abstand von je 2,5 cm an den Kanthölzern befestigt (siehe Abbildung 1). Die obersten und die untersten Latten schließen dabei bündig mit den Kanthölzern ab; außerdem wird an der Vorderseite die 3. und 4. Latte von unten für die Öffnung weggelassen. Anschließend schrauben Sie das Brett in 40 cm Höhe (gemessen von der Oberkante) an zwei Latten der Rückwand fest. Für den Kistenboden nageln Sie an dieses Brett und an die zweituntersten Latte der Vorderseite alle 98 cm langen Latten im Abstand von jeweils 23 mm. Die Latten liegen schräg und ragen vorne aus der Kiste heraus. Die ganz linke und die ganz rechte Latte muss dabei für die Pfosten 22 mm tief eingekerbt werden (siehe Abbildung 2). Aus den verbleibenden Latten erhält jetzt noch der vorne aus der Kiste ragende Teil des Bodens einen Rand, damit die Kartoffeln später nicht herausfallen.

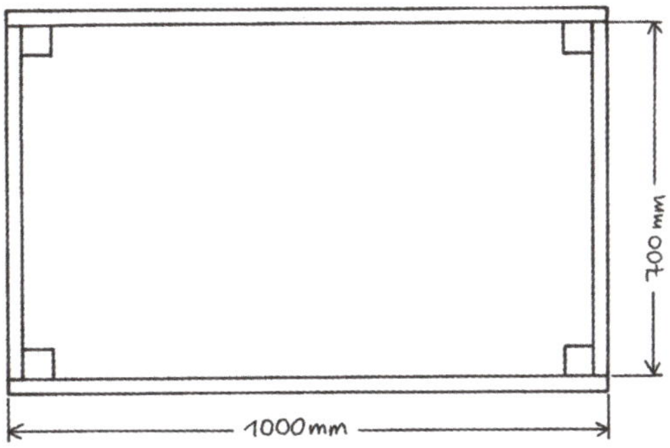

Abbildung 1: Die Latten werden so, wie die Abbildung zeigt, an die Kanthölzer genagelt.

Abbildung 2: Der Boden der Einlagerungskiste wird schräg, damit die Kartoffeln jeweils nachrutschen können, es entsteht eine Schütte.

Register

Nützliche Links

Ökologische Lebensweise
www.bund.net/service/oekotipps/ (kann als Newsletter abonniert werden)
www. oeko-fair.de
www.verbrauer.org
www.fair-feels-good.de

Ökologischer Fußabdruck
www.wikipedia.de
www.bund.net (Berechnung des Fußabdrucks)
www.footprint-deutschland.de (Berechnung des Fußabdrucks)

Garten allgemein
www.oekolandbau.de
www.nabu.de
www.oscorna.de
www.garten-der-sinne.de
www.freudengarten.de
www.gartenfreunde.de
www.gartenatelier.de
www.neudorff.de

Biologisches Saatgut
www.poetschke.de
www.biogartenversand.de
www.bingenheimersaatgut.de
www.bio saatgut.de
www.sativa-saatgut.de

Laboruntersuchungen
www.labor-balzer.de

Mondkalender
Maria Thun, Aussaattage, erscheint jedes Jahr neu. Die Broschüre ist zu beziehen über den Buchhandel.
www.mondkalender-online.de
www.krautundrueben.de/kraut-rueben-mondkalender
www.mondkraft.com

Zeitschriften eine Auswahl

Kraut und Rüben
Magazin für biologisches Gärtnern
www.krautundrueben.de

Mein schöner Garten
www.mein-schoener-garten.de

Landlust
www.landlust.de

ISBN 978-3-8094-3688-1

3. Auflage 2020
2020 by Bassermann Verlag, einem Unternehmen der Verlagsgruppe Random House GmbH, Neumarkter Straße 28, 81673 München

Projektleitung: Dr. Iris Hahner
Redaktion: Nina Andres, München
Illustrationen: Brigitte Braun, Ingrid Gabriel, Horst Lünser, Elke Steinkopf, Theresa Verspohl, Marianne Viertel, G. Weinas, Marina Wink
Umschlaggestaltung, Layout und Satz: Atelier Versen, Bad Aibling
Herstellung: Claudia Scheike

FSC
www.fsc.org
MIX
Papier aus verantwortungsvollen Quellen
FSC® C106600

Verlagsgruppe Random House FSC® N001967
Druck und Bindung: DZS Grafik d.o.o

Printed in Slovenia

67480300114